HOTÉIS

GERENCIAMENTO, SEGURANÇA E MANUTENÇÃO

HOTÉIS

GERENCIAMENTO, SEGURANÇA E MANUTENÇÃO

CÉSAR RAMÍREZ CAVASSA

ROCA

Traduzido do Original
Hoteles: Gerencia, Seguridad y Mantenimiento

ISBN: 968-24-3528-5

ISBN: 968-24-5261-9

ISBN: 85-7241-336-7

Traduzido por
Claudia Bruno Galvãn

Dados Internacionais de Catalogação na Publicação (CIP)
(Câmara Brasileira do Livro, SP, Brasil)

Ramírez Cavassa, César

Hotéis : gerenciamento, segurança e manutenção / César Ramírez Cavassa ; [traduzido por Claudia Bruno Galvãn] . -- São Paulo : Roca, 2001.

Título original: Hoteles.
Bibliografia.
ISBN 85-7241-336-7

1. Hotéis – Administração 2. Hotéis – Manutenção 3. Hotéis – Medidas de segurança I. Título.

01-2132 CDD-647.940682

Índices para catálogo sistemático:

1. Hotéis : Manutenção : Hotelaria : Administração 647.940682
2. Hotéis : Segurança : Hotelaria : Administração 647.940682

2001

EDITORA ROCA LTDA.
Rua Dr. Cesário Mota Jr., 73
CEP 01221-020 – São Paulo – SP
Tel.: (11) 221-8609 – FAX: (11) 220-8653
e-mail: edroca@uol.com.br – www.editoraroca.com.br

Impresso no Brasil
Printed in Brazil

A minhas filhas Carmen e Ana, com todo carinho e aos alunos da Escola de Turismo da Universidade Anáhuac.

APRESENTAÇÃO

O impulso que me levou a escrever a presente obra surgiu de duas motivações que foram decisivas para mim. De um lado, acolher as inquietações manifestadas pelos meus alunos da cátedra de turismo da Universidade Anáhuac do Norte, onde leciono, no sentido de que a cada dia se tornava urgente superar a evidente carência bibliográfica em espanhol, referente aos temas que se abordam na mencionada cátedra e que, além disso, deveria levar em consideração a nossa realidade. Também, as idéias e o estímulo dos meus amigos, o licenciado (em espanhol, pessoa que tem o título de bacharel) Lorenzo Salsamendi, diretor da Escola de Turismo da referida Universidade e o engenheiro Guillermo Garza, que sempre me ofereceram o apoio e o encorajamento de que eu necessitava para levar adiante esta tarefa, que constituía um desafio de proporções consideráveis. A eles, a minha gratidão.

Acredito que este trabalho não somente terá uma excelente aceitação em aula, como também será muito útil na área de capacitação do setor hoteleiro, que deve buscar, de forma constante, as alternativas mais idôneas para elevar a qualidade dos serviços e garantir estada agradável e segura aos seus hóspedes.

O AUTOR

INTRODUÇÃO

No decorrer do tempo e à medida que a tecnologia avança, o bem-estar humano cresce em muitos setores, o que exige a criação de novas infra-estruturas de recreação, orientadas no sentido de proporcionar comodidades e facilidades para o desenvolvimento do indivíduo. O hotel, como mecanismo essencial de um sistema de serviço à disposição da atividade turística, tem evoluído de forma a constituir uma organização complexa que requer administração técnica e especializada do mais alto nível. Há duas atividades gerenciais que, muitas vezes, são relegadas a um segundo plano: a segurança e a manutenção; tal proceder, em mais de uma oportunidade, propiciou desastres e tragédias que comoveram a opinião pública. Independentemente do fator acaso, impossível de ser controlado, em 99% dos casos é possível manter sob controle as circunstâncias que causam os acidentes e, portanto, as que provocam situações econômicas e financeiras negativas.

A gerência, como órgão de planejamento e previsão, é o ponto-chave para que, na organização hoteleira, exista um consenso sobre a segurança e a manutenção como fatores dinâmicos do crescimento, entre outros aspectos, de:

- Imagem do estabelecimento
- Segurança da instalação
- Confiança do usuário
- Rentabilidade do sistema

A presente obra está dirigida principalmente aos gerentes gerais de hotéis e, em particular, aos gerentes responsáveis diretos pela segurança e pela manutenção hoteleira. Neste estudo, não se pretende examinar o aspecto operacional de ambas as atividades, de forma que preferimos deixar a referida área de atuação para os outros autores especialistas no tema; mas pretendemos, sim, preencher o vazio que existe em relação ao aspecto conceitual (portanto, de rentabilidade para o estabelecimento) da segurança e da manutenção como fatores decisivos de excelente administração e como elementos extremamente positivos de rentabilidade, objetivos da administração e direção hoteleira. Todo esforço de mercado e de direção perde valor diante da má administração de recursos e de serviços; assim, a segurança e a manutenção, combinadas com o serviço personalizado, formam o triângulo do sucesso na administração hoteleira em relação ao cliente ou usuário e, portanto, ao cliente em potencial.

ÍNDICE

1

Hotelaria como Sistema Organizado

GENERALIDADES

O turismo, como fenômeno social, evolui paralelamente à industrialização em razão direta do conceito de uso do tempo livre e unido às facilidades que o mundo moderno apresenta no que se refere a transporte e hospedagem. Os fatores técnicos e os fenômenos naturais devidamente conjugados proporcionam o perfil da infra-estrutura turística, cujo diagnóstico obedece à análise e à avaliação quantitativa e qualitativa de ambos.

A uma infra-estrutura geral corresponde uma estrutura funcional, cujos aspectos se relacionam com organização, gerenciamento, questões legais, finanças, investimentos e administração do conjunto em seu caráter de sistema.

Um dos problemas básicos no âmbito internacional é a definição do turismo do ponto de vista da atividade, o que tem dado lugar a grandes divergências sobre sua natureza econômica, social, de serviço, comercial, industrial ou de viagens. Pode-se aventurar neste sentido e centralizar-se numa definição global, na qual se aceita que o turismo corresponde a um setor bem definido, como o industrial ou o de transportes, mas cujo perfil se vincula com uma atividade múltipla sob a designação: *socioeconômico cultural* e *de lazer*. Portanto, envolve uma série diversa de áreas operacionais: transportes, diversão, alimentação, eventos socioculturais, hotelaria, etc., cada uma das quais gera variadas atividades subseqüentes de índole social, cultural, econômica e recreativa.

O produto turístico se enquadra no perfil de um serviço intangível, com qualidade específica e, ao mesmo tempo, multiforme, ou seja, se diversifica numa série de subprodutos, como podemos ver na Figura 1.1.

A estrutura organizacional turística não obedece a uma regra comum ou padrão, mas está condicionada:

- À infra-estrutura turística nacional
- Às funções sancionadas de acordo com a lei de cada país
- Ao entorno sociotecnológico
- Às características particulares de cada país

Porém, como norma aceita, devemos considerar a distribuição por níveis e funções da seguinte forma:

Primeiro nível - P.E. Planejamento estratégico
Segundo nível - P.T. Planejamento tático
Terceiro nível - P.O. Planejamento operacional

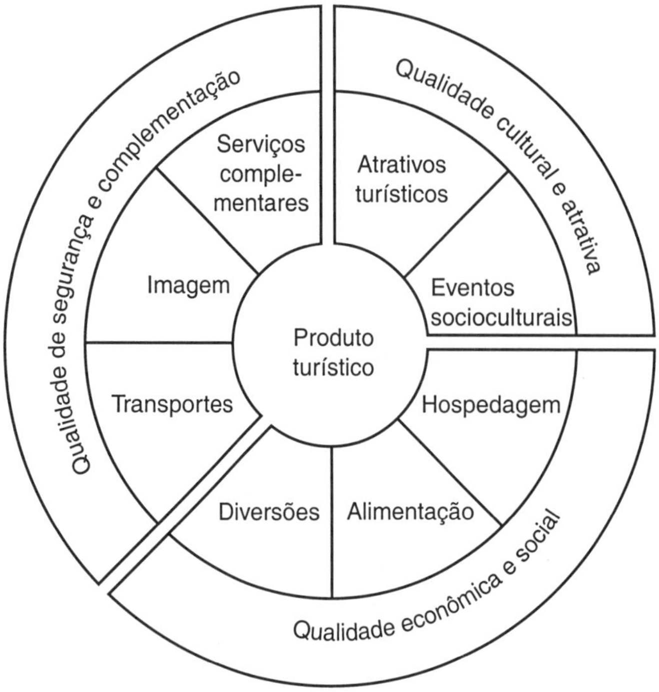

Figura 1.1

Em níveis de coordenação:

Primeiro nível: P.E. Coordenação estratégica

- Políticas
- Planejamento
- Coordenação

Segundo nível: P.T. Coordenação tática e assessoria

- Coordenação
- Assessoria
- Planejamento

Terceiro nível: P.O. Coordenação operativa e de apoio

- Processo
- Métodos
- Procedimentos

TURISMO COMO SISTEMA

Define-se como *sistema* o conjunto de elementos relacionados entre si, cuja finalidade é alcançar um objetivo previamente determinado. Todo sistema é constituído como mostrado na Figura 1.2.

Por outro lado, cada subsistema, tomado de forma independente, integra um sistema cujo entorno é constituído pelo sistema geral.

O turismo, pelo seu caráter, obedece a esse conceito, no que se pode definir como "o conjunto de atividades relacionadas entre si, com a finalidade de realizar, de forma conjunta, a tarefa do lazer do indivíduo" (Fig. 1.3).

A administração do turismo é, talvez, uma das atividades pouco consideradas no campo das técnicas administrativas; portanto, ao se referir à empresa adaptada para o turismo, se consideram a técnica geral e os princípios que obedecem à temática organizacional aplicadas a qualquer estrutura considerada como sistema.

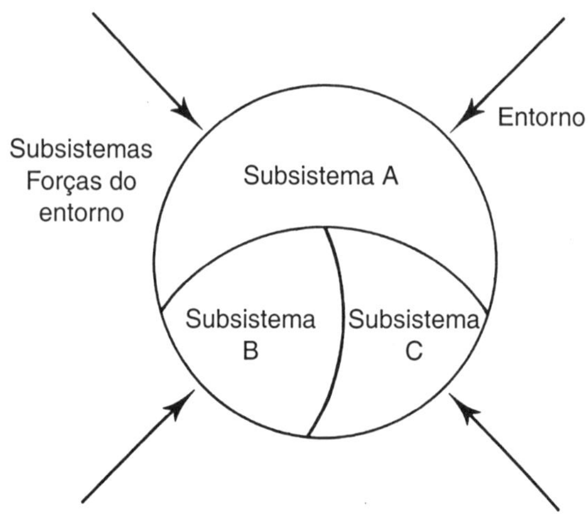

Figura 1.2

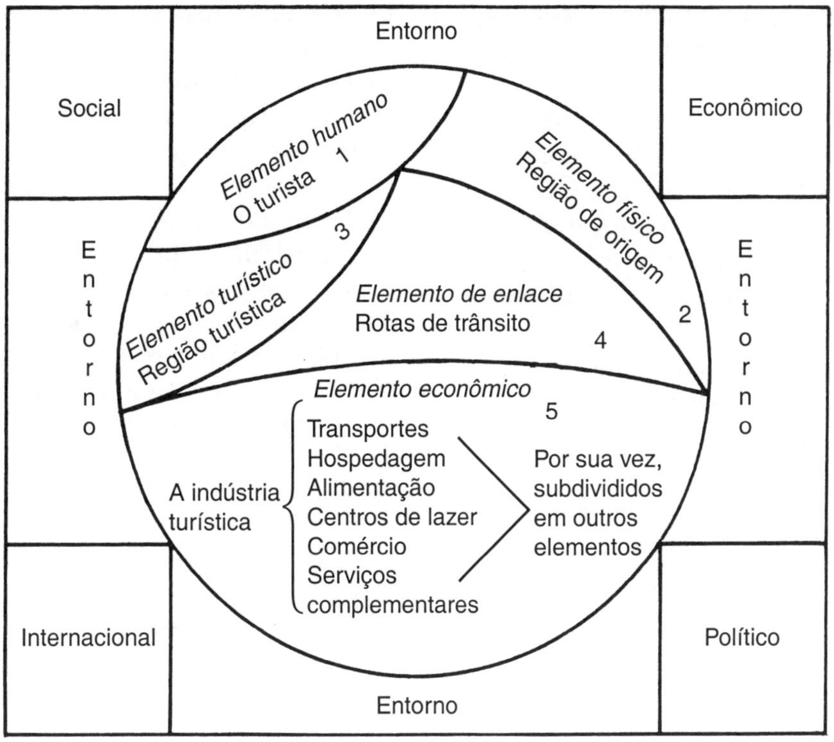

Figura 1.3

Assim, não existe um organograma-*padrão* que possa se adequar a todos os organismos nacionais de turismo, bem como não existem organogramas-modelo para qualquer empresa turística. Tal parâmetro surge, basicamente, do propósito e da política estabelecidos anteriormente, os quais se definem antes da criação de uma organização turística.

Se considerarmos que a empresa turística obedece a diversas políticas, como: a) promover o desenvolvimento do turismo, b) fomentar a infra-estrutura, c) facilitar a qualidade dos serviços prestados, d) impulsionar o desenvolvimento de recursos humanos, e) proporcionar bem-estar e segurança ao turista, as organizações ou empresas criadas em conformidade com isso deverão se organizar também dentro das referidas diretrizes.

Ao mesmo tempo, a organização administrativa obedecerá às normas e procedimentos decorrentes da estrutura de organização inicial.

A hotelaria como atividade subseqüente do turismo e como sistema integral responde a vários conceitos e necessidades, a saber:

a) Para a União Internacional de Organismos Oficiais de Turismo, é o serviço de hospedagem, alimentação e complementares requeridos pelo turista, que são oferecidos num estabelecimento com um mínimo de 10 habitantes.
b) Para o público em geral, é um lugar de descanso por um breve período em uso de seu tempo livre.
c) Para o executivo e, em geral, para o homem de negócios, é ponto de chegada com todas as facilidades e as comodidades que a sua atividade requer em situações de bem-estar e segurança, similares e melhores que as do seu próprio escritório.
d) Para qualquer indivíduo, em particular, é um lugar de hospedagem com as melhores condições de bem-estar e segurança, em situações de caráter temporal, ou quando se trata de um modo de vida escolhido em caráter permanente.

O hotel, como instalação, se relaciona com o conceito turístico, conforme responda com sucesso às expectativas dos visitantes e se comporte como elemento básico da grande massa turística dando uma excelente imagem de bom serviço e comodidade. Seus resultados no âmbito nacional se projetam em maior captação de visitantes (e, portanto, de divisas), em melhor imagem para as cidades, e em sensação de bem-estar coletivo para certas atividades da comunidade.

A tendência atual do uso do ócio e/ou do tempo para os negócios se traduz, no sistema hoteleiro, nos seguintes aspectos:

a) Criação de hotéis em maior número para satisfazer à demanda requerida pela dinâmica atual.
b) Crescimento do turismo, como resultado da atração que a moderna técnica hoteleira possui.
c) Necessidade cada vez maior de hospedagens confortáveis, em razão direta dos avanços alcançados pelo sistema de transportes.
d) Influência das novas técnicas administrativas que se integram perfeitamente à nova dimensão: a administração hoteleira.
e) Interesse dos investidores em criar mais infra-estruturas hoteleiras que contemplem todas as variáveis de bem-estar, lazer, turismo e negócios, conjugadas com os demais elementos que conformam o sistema turístico.

ORGANIZAÇÃO COMO SISTEMA

O QUE É UM SISTEMA?

Sistema é o complexo de elementos inter-relacionados por um conjunto de vínculos básicos que facilitam a consecução de objetivos ou os resultados de um conjunto. Os referidos elementos transitam por um entorno com o qual têm relações diretas e indiretas (Fig. 1.4).

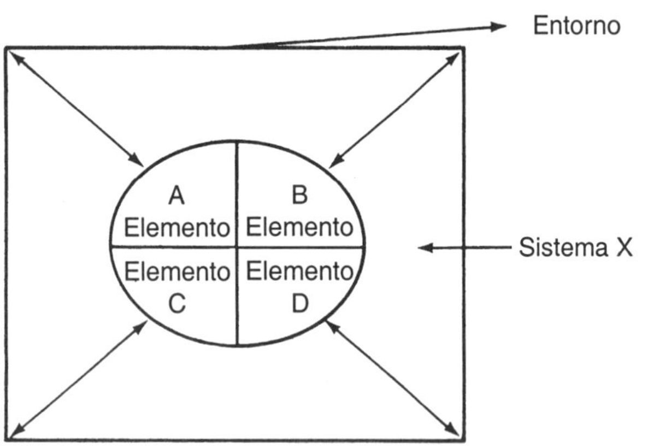

Figura 1.4

Assim, um sistema se define da seguinte forma:
a) *Objetivos do sistema* - Finalidade, alcance e resultados quantitativos ou qualitativos.
b) *Componentes do sistema* - Função e responsabilidade de cada um deles no conjunto e seus propósitos específicos em função do objetivo geral.
c) *Organização dos componentes* - Fundamentados no agrupamento das funções.
d) *Entorno do sistema* - Características e forças externas que incidem no sistema como limitantes e, às vezes, variáveis incontroláveis que obrigam à adaptação permanente do conjunto.
e) *Elementos de apoio* - Recursos presentes no sistema e que servem como meio para alcançar o objetivo.
f) *Administração do sistema* - Delimitação de objetivos e recursos para cada elemento, assim como controle dos resultados do funcionamento do sistema.

Assim, se define o sistema como um conjunto de elementos inter-relacionados e, ao mesmo tempo, vinculados ao ambiente externo ou interno (Fig. 1.5).

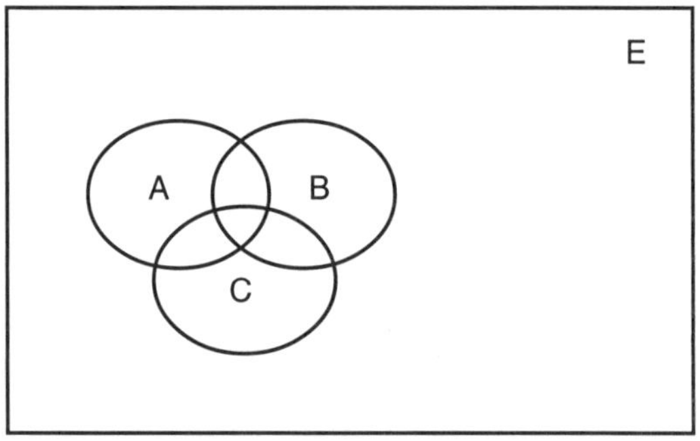

Figura 1.5

Estimando que uma parte desses elementos conforma um todo, podemos denominá-lo *subsistema*, ele opera independentemente como sistema e, ao mesmo tempo, se relaciona com outros subsistemas que formam o sistema geral (Fig. 1.6).

CLASSES DE SISTEMAS

a) *Sistema aberto* - É aquele que interage com o ambiente, por exemplo: a empresa.
b) *Sistema fechado* - É aquele que não se retroalimenta do ambiente, por exemplo: o da iluminação (interruptor).

HIPÓTESES SOBRE SISTEMAS

a) *Sistema casual* - É aquele independente na sua totalidade; os fatos acontecem ao acaso e quaisquer resultados são similares, ou seja, a decisão é incerta, por exemplo: a loteria.

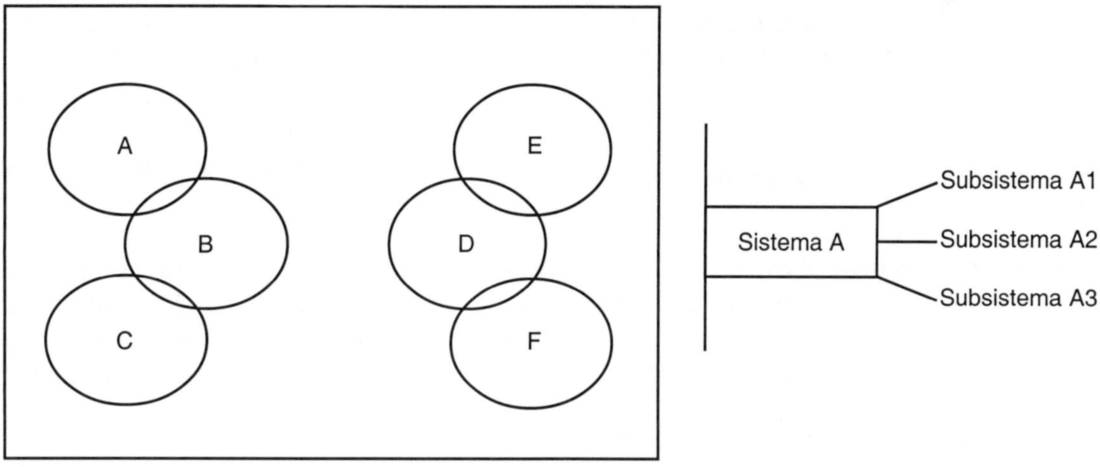

Figura 1.6

b) *Sistema instável* - É aquele sujeito a certas leis e influências fortuitas, no qual reina a incerteza e obriga a investigações mais profundas, por exemplo: o telefone vermelho, os sistemas políticos e os investimentos.

c) *Sistema estável* - Este sistema pode ser de três tipos:

- *Totalmente determinado*, mas com algumas variáveis incontroláveis, nas quais existem certas influências casuais, por exemplo: colheitas, cultivos, etc.
- *Totalmente estável e complexo*: seu conhecimento completo é impossível devido às limitações do tempo, dinheiro ou potencial humano, por exemplo, sistema financeiro, sistema nuclear, etc.
- *Completo e simples*: é fácil de se determinar, pois as influências casuais não são freqüentes e a decisão é de certeza absoluta, por exemplo: o metrô, a capacitação, etc.

CONCEITO DE ORGANIZAÇÃO

A estruturação sistematizada de pessoas, elementos materiais e tecnologia, com a finalidade de alcançar certos objetivos, é denominada *organização*. Toda empresa (e, portanto, toda instalação hoteleira) constitui uma organização e um sistema, no qual os elementos estruturados e devidamente inter-relacionados têm um objetivo final.

ORGANIZAÇÃO

Pela sua natureza, o indivíduo tende a viver, agir e trabalhar acompanhado. Surge, assim, a orientação para a organização. Um grupo é um conjunto de pessoas que trabalham, se comunicam e se inter-relacionam para atingir objetivos comuns, de forma que partilham tarefas e situações similares. O grupo entendido dessa forma e na sua expressão mais simples, nasce espontaneamente e de maneira informal (atração, interesses, ambiente, família, etc.). No nível organizacional, o grupo é o resultado das seguintes situações:

- Ambiente organizacional
- Realização de tarefas
- Tecnologia e alcances
- Política e normas
- Procedimentos
- Estruturas organizacionais (organogramas)
- Relações hierárquicas de autoridade
- Sistemas de direção e controle

Todos esses fatores, de alguma forma projetados pela organização, constituem o agrupamento formal. É claro que se deve acrescentar também o elemento dinâmico, o homem, com seu perfil de atuação, seus diversos problemas e também suas intenções pessoais e motivações.

Organização formal

A configuração prévia de uma infra-estrutura, fundamentada na filosofia, na política e nos planejamentos gerais, dá origem à organização formal, que obedece ao esquema e à localização de equipamentos e escritórios, assim como à atribuição de tarefas e responsabilidades, nas quais se hierarquiza o pessoal. Dessa forma, a configuração dos grupos segue uma seqüência de ordem prevista e a organização se traduz em um complemento dos planos previstos.

Portanto, deduzimos que, para criar uma organização formal, se devem observar, entre outros, os seguintes aspectos:

A "persona" e o indivíduo como tal

O ser humano é um todo, com suas características próprias e motivações e se expressa como *personalidade* completa; além disso, cada indivíduo possui habilidades e conhecimentos técnicos que, em determinado momento, incidem no comportamento do grupo, seja de forma positiva ou negativa. Assim, as atitudes dissímeis dos indivíduos em certos casos facilitam a integração do grupo na realização das tarefas (por exemplo, uma pessoa eufórica e outra tranqüila); em outros casos, as atitudes parecidas geram maior produtividade no trabalho; porém, as habilidades interpessoais e sociais são excelentes quando alguém do grupo assume o papel de líder, mas com sensibilidade social e certa habilidade para influenciar pessoas. Mesmo assim, pode ocorrer antipatia entre alguns indivíduos, mas que saibam trabalhar em grupo, cooperar, ouvir e evitar deixar-se levar por reações muito emotivas.

O grupo

Independentemente das pessoas e do ambiente em que se desenvolvem, outros fatores incidem no seu funcionamento, como tamanho e estrutura.

a) *Tamanho* - Os grupos pequenos (de duas a cinco pessoas) chegam mais facilmente ao consenso nas decisões.

- Os grupos *médios* (de seis a doze pessoas) tendem a tomar decisões mais acertadas que as dos grupos maiores
- Os grupos *maiores* geram mais idéias, mas, quanto maior o tamanho, mais reduzido será o número de idéias, devido à própria problemática social, o que possibilitará a formação de subgrupos cujos interesses resultarão opostos aos do grupo maior

b) *Estrutura* - Refere-se à sua organização, que de alguma forma se relaciona com a comunicação, que por sua vez permite maior ou menor efetividade nas decisões. As redes de comunicação estruturadas podem ser apresentadas da seguinte forma:

- *Roda* - A pessoa central adquire o papel da coordenação, para desenvolver tarefas simples; além disso, esta rede proporciona soluções rápidas (Fig. 1.7)
- *Círculo* - Não existe coordenador, as circunstâncias da periferia se sentem desmotivadas e os resultados são mais lentos (Fig. 1.8)

c) *Canalização* - Surge espontaneamente um coordenador; assim, nas tarefas complexas, facilita a tomada de decisões rápidas e outras alternativas podem ser encontradas (Fig. 1.9).

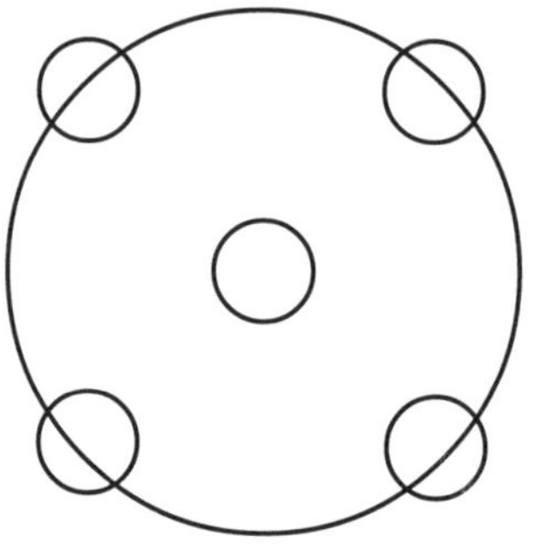

Figura 1.7

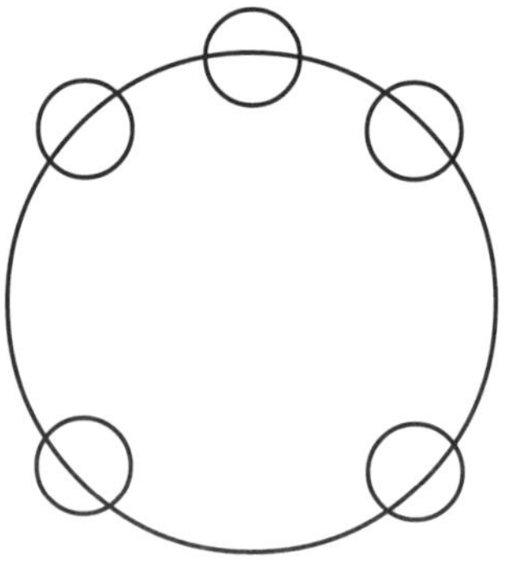

Figura 1.8

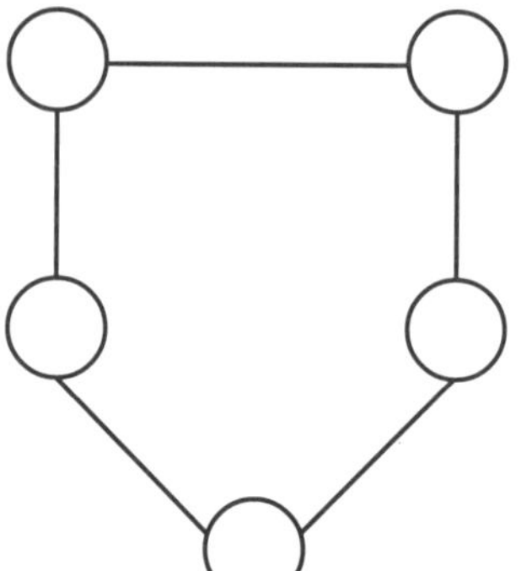

Figura 1.9

Dinâmica de grupo

A dinâmica de grupo é conformada por:

a) *Interação* - Existe quando se relacionam mutuamente os atos dos componentes do grupo. Em administração, se refere a quem fala, com quem, quando, sobre o quê e com que freqüência, analisando a comunicação em um ou outro sentido.
b) *Atividade* - É qualquer tipo de tarefa que realiza o indivíduo; freqüentemente, a produtividade é a medida das atividades para conseguir um objetivo.
c) *Sentimentos* - Incluem os processos emocionais e mentais do comportamento do indivíduo que se inferem e que se traduzem em sentimentos, opiniões e crenças do grupo.
d) *Interdependência* - Os elementos anteriores, conjugados entre si, criam tanto uma relação de interdependência no grupo como uma reciprocidade e conformam um sistema de intercâmbio, que serve de modelo para os outros sistemas. As modificações em cada uma das partes são, ao mesmo tempo, causa e conseqüência de mudanças nas outras partes. O conhecimento da interdependência facilita a análise prévia do comportamento do grupo.

Organização informal

A organização informal obedece, a priori, a uma estrutura; porém, o padrão de medida que oferece dá origem a novos sentimentos, ambições e motivações que se traduzem em identidades e atividades mais estreitamente relacionadas e que não se regem pelo planejamento inicial.

As características da organização informal podem ser sintetizadas nas seguintes:

a) Não obedece a um plano determinado.
b) O indivíduo desenvolve suas próprias técnicas, tanto para se aprimorar como para passar o tempo.
c) O indivíduo deixa um pouco de lado o sentido da responsabilidade e as obrigações hierárquicas, mas desenvolve seu próprio papel. Com isso, pretende ganhar um prestígio maior que aquele que a organização formal lhe daria.
d) Criam-se diversas normas de comportamento, como não produzir mais, não chegar na hora marcada, apoiar alguém contra seu superior, etc.; por exemplo, evitar e não considerar informações sobre qualquer aspecto que deva ser segredo para o grupo. Assim, as normas são as leis criadas para o grupo, enquanto as sanções são os meios pelos quais elas se impõem.
e) Finalmente, os grupos criam suas próprias técnicas de trabalho e ignoram as estipuladas pela organização; por exemplo, não utilizar o equipamento de segurança.

Tudo isso cria uma organização informal dentro da organização formal.

ESTABELECIMENTO HOTELEIRO

Como toda organização de caráter empresarial, não existe um modelo padrão de organização hoteleira. A constituição de um estabelecimento desta índole está em função de diversos fatores, entre outros:

a) A finalidade e o propósito que, antes de criar o estabelecimento, se consideram na sua concepção original.
b) A política de cada país.
c) A política hoteleira a seguir.
d) O perfil do estabelecimento.
e) O nível do estabelecimento.
f) A dimensão do estabelecimento.
g) A localização.
h) O tipo de serviços e suas variantes.
i) O tipo de administração.

Porém, se o estabelecimento hoteleiro se enfoca sob um ponto de vista sistemático, é possível considerar que em todo hotel existem três elementos básicos que devem ser levados em conta: a) fator humano, b) fator material, c) fator financeiro que, devidamente inter-relacionados por intermédio de uma administração dinâmica e flexível, permitem oferecer ao usuário um serviço de bem-estar.

FATOR HUMANO

O elemento humano, no serviço do estabelecimento hoteleiro, deve corresponder a um perfil profissional bem-definido, em quaisquer níveis de que se trate: "indivíduo especializado, com espírito empreendedor e extrovertido, imbuído pela hotelaria, com grande habilidade administrativa e de tomada de decisões e um excelente coeficiente potencial de relações humanas". Isso significa, antecipadamente, tanto eliminar elementos empíricos e improvisados, como contar com permanente desenvolvimento técnico-profissional dos recursos humanos em todos os níveis.

Fator material

Obedece praticamente a todos os elementos estruturais que conformam a infra-estrutura do estabelecimento. Em termos gerais, consideram-se os seguintes:

- Instalação física (o prédio)
- Instalações complementares (piscinas, saunas, casas noturnas, bares, lavanderias, etc.)
- Elementos materiais inerentes à instalação (fixos)
- Materiais de consumo (manipuláveis) para o serviço diário

Fator financeiro

É o capital investido que, mediante uma política financeira de rentabilidade bem-definida, serve de suporte à instalação e lhe permite tanto melhorar como expandir suas atividades, de acordo com a boa atuação administrativa de seus diretores.

A administração hoteleira responde às modernas técnicas de administração que abrangem desde sua conceituação como sistema, até o alcance da sua atuação no campo dos custos, o processamento de dados, o conhecimento das relações sociotrabalhistas e a importância do marketing para a captação de mercados. Isto implica inter-relacionar os três fatores essenciais para obter o produto ideal: o serviço hoteleiro em todas as dimensões e variedades.

Um novo enfoque administrativo, o *de contingências*, parece ser o mais adequado para a administração hoteleira.

Enfoque de contingências

Como a organização constitui um sistema, é lógico supor que seus elementos (pessoal, tarefas e administração) mantêm uma interdependência, de forma que sejam auto-reajustáveis. O enfoque de contingências facilita a compreensão dessa interdependência, permitindo selecionar as melhores formas de ação ao reajustar os componentes do sistema, em função das situações do momento (Fig. 1.10).

Como dito anteriormente, indica que não existe forma ou método únicos para administrar; isto é, não é possível aceitar que existam planos, estilos de direção, liderança e controles realmente necessários e eficazes. O administrador deve pensar que em diferentes situações deve aplicar diferentes procedimentos.

Por sua vez, isso se traduz em maior democratização do sistema, pois o enfoque de contingências visualiza os estilos de direção e comportamento dos subordinados como parte do sistema que deve ser reajustado com os da administração, criando-se um sistema motivacional enquadrado na teoria *Y*, que permite ao indivíduo orientar-se e controlar-se quando a situação o exigir.

Resumindo, com a teoria de contingências se pretende evitar a aplicação matemática de qualquer esquema de direção (rígido ou liberal) e, preferivelmente, aplicá-lo com base no que funciona melhor na prática em cada situação. Isso significa que nem sempre funcionará um esquema rígido de controle ou, em outros casos, um esquema de direção ou

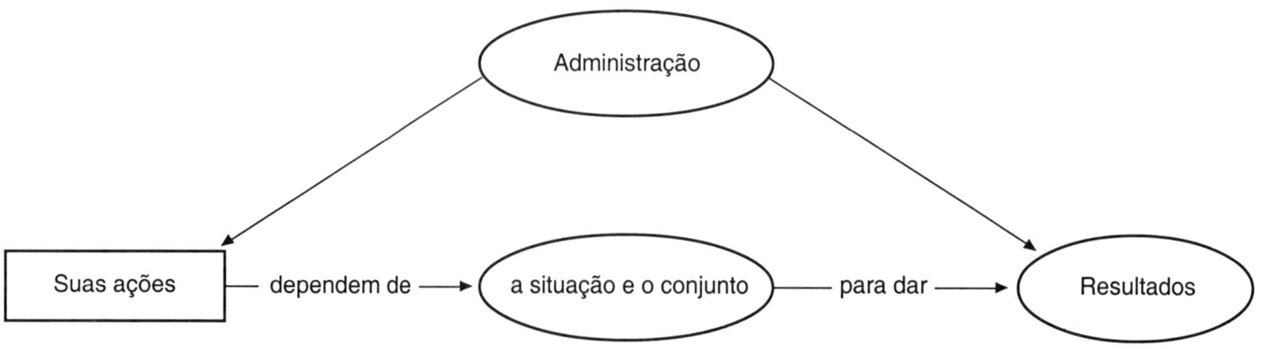

Figura 1.10

liderança paternalista. Quando isso acontecer, existirão situações em que se devam conjugar ambas as técnicas ou formas de liderança, de acordo com a organização e com a necessidade de manter os funcionários satisfeitos.

Também, podemos afirmar que, sendo a atividade hoteleira uma constante que se enfrenta com situações externas, de entorno, conjunturais e cíclicas diferentes, a flexibilidade e a adaptação da *teoria das contingências* permite administrar as instalações hoteleiras da melhor forma possível, no momento oportuno. Portanto, mesmo existindo uma organização inicial formal, a inter-relação dos seus elementos é chamada a ser uma inter-relação variável, em duração, sentido, espaço e tempo, sem que por esse motivo deva-se destruir a dependência inicial dos elementos que a compõem de forma absoluta.

ORGANIZAÇÃO DE UM ESTABELECIMENTO HOTELEIRO

Como mencionado no parágrafo anterior, a constituição do estabelecimento hoteleiro responde a uma série de fatores, que serão analisados brevemente como preâmbulo do estudo dinâmico da função hoteleira.

Finalidade e propósito - Criar um estabelecimento de hospedagem tipicamente turístico, com a tendência de satisfazer as necessidades específicas do indivíduo, como conseqüência do fluxo turístico e do crescimento da atividade comercial e de intercâmbio.

Política de cada país - Enquadra-se no âmbito das políticas e estratégias do setor, que estabelece metas e atuações específicas para realizar, conforme o plano global do Estado. Mesmo assim, a estrutura deve obedecer às políticas internas, de forma que os administradores possam determinar a estrutura de que necessitem.

Política hoteleira a ser seguida - Nela compartem a política geral de desenvolvimento do setor, a análise conjuntural da situação do país, e a delimitação e dimensionamento do mercado hoteleiro.

Perfil do estabelecimento - Obedece basicamente ao tipo de hóspede a quem se destinará; assim, temos o seguinte:

a) *Hotéis de negócios*, cuja infra-estrutura foi projetada para homens de negócios, para curta permanência e cuja atividade requer certas comodidades indispensáveis, como acomodações do tipo estúdio e ambientes para pequenas conferências de negócios. Independentemente do exposto, os hotéis de trânsito reúnem todos os requisitos de hospedagem, alimentação e segurança presentes em qualquer estabelecimento hoteleiro.
b) *Hotéis de lazer*, adotados no período de férias e conforme o tipo de atividade turística que se desenvolva, como férias no mar, na montanha ou na neve. Oferecem serviços a quem deseja descansar ou se divertir em qualquer das modalidades anteriores. Neles operam os serviços hoteleiros habituais, além do entretenimento específico para seus clientes, de acordo com o perfil do lugar em que se localizem.
c) *Hotéis-residência* ou edifícios de apartamentos, que de forma permanente oferecem serviços domésticos, desde as mais luxuosas suítes, até os menos luxuosos para indivíduos sozinhos, com quartos mais simples.
d) *Hotéis de estrada*, que geralmente se localizam nas estradas, nas entradas e nos entroncamentos das rodovias com as cidades. A principal característica dos referidos estabelecimentos é contar com unidades habitacionais do tipo bangalô, com áreas de lazer e recreação. Proporcionam serviços similares aos dos hotéis e costumam ter estacionamento gratuito para os usuários; além das viagens comerciais, a maior afluência corresponde a pessoas que viajam com suas famílias por prazer.

Nível do estabelecimento - De acordo com a qualidade e a quantidade dos serviços oferecidos, os hotéis se classificam em:

- De luxo ou superior
- De primeira categoria
- De segunda categoria
- De terceira categoria
- De quarta categoria

Localização - A localização do estabelecimento hoteleiro influencia na sua dimensão, pois a construção, independentemente dos fatores mencionados, deve obedecer às normas e às disposições legais vigentes que a esse respeito ditam as instituições edilícias, fundamentadas nas zonas de residências de descanso, na delimitação de construções, etc.

Tipos de serviço e suas variações - Isso complementa os pontos anteriores e se deve considerar maior ou menor possibilidade de oferecer conforto e serviços adicionais, como piscinas, quadras de squash e de tênis, sala de convenções, bares, restaurantes, discotecas, etc.

Tipos de administração - Geralmente, a indústria hoteleira tem estado nas mãos da iniciativa privada e, devido às finanças, tem sido possível entrelaçar a propriedade e a administração; porém, o aumento dos custos e a problemática orientaram a indústria hoteleira em direção à empresa. Isso propiciou a aplicação da administração científica, que obriga os responsáveis da direção a obter conhecimentos científicos, financeiros e operacionais, que permitirão dirigir os estabelecimentos hoteleiros no campo de ação da rentabilidade e prosperidade modernas.

Organograma no estabelecimento hoteleiro

Como em toda empresa, o organograma é a representação gráfica da estrutura da organização. Sua dimensão responde a todos os fatores mencionados em parágrafos anteriores e ao grau de inter-relação de funções e sistemas de direção, empregados no âmbito da política hoteleira. Isso facilita a informação sobre a organização sistematizada e determina claramente aspectos importantes desta, como hierarquias, autoridade e responsabilidade. De acordo com a organização formal ou preestabelecida e racional, e/ou a informal ou espontânea ou de influências de grupos, existem organogramas correspondentes (formal e informal). Segundo a forma de representação gráfica, existem verticais, horizontais, circulares, mistos e/ou padronizados. Um exemplo de organograma é mostrado na Figura 1.11.

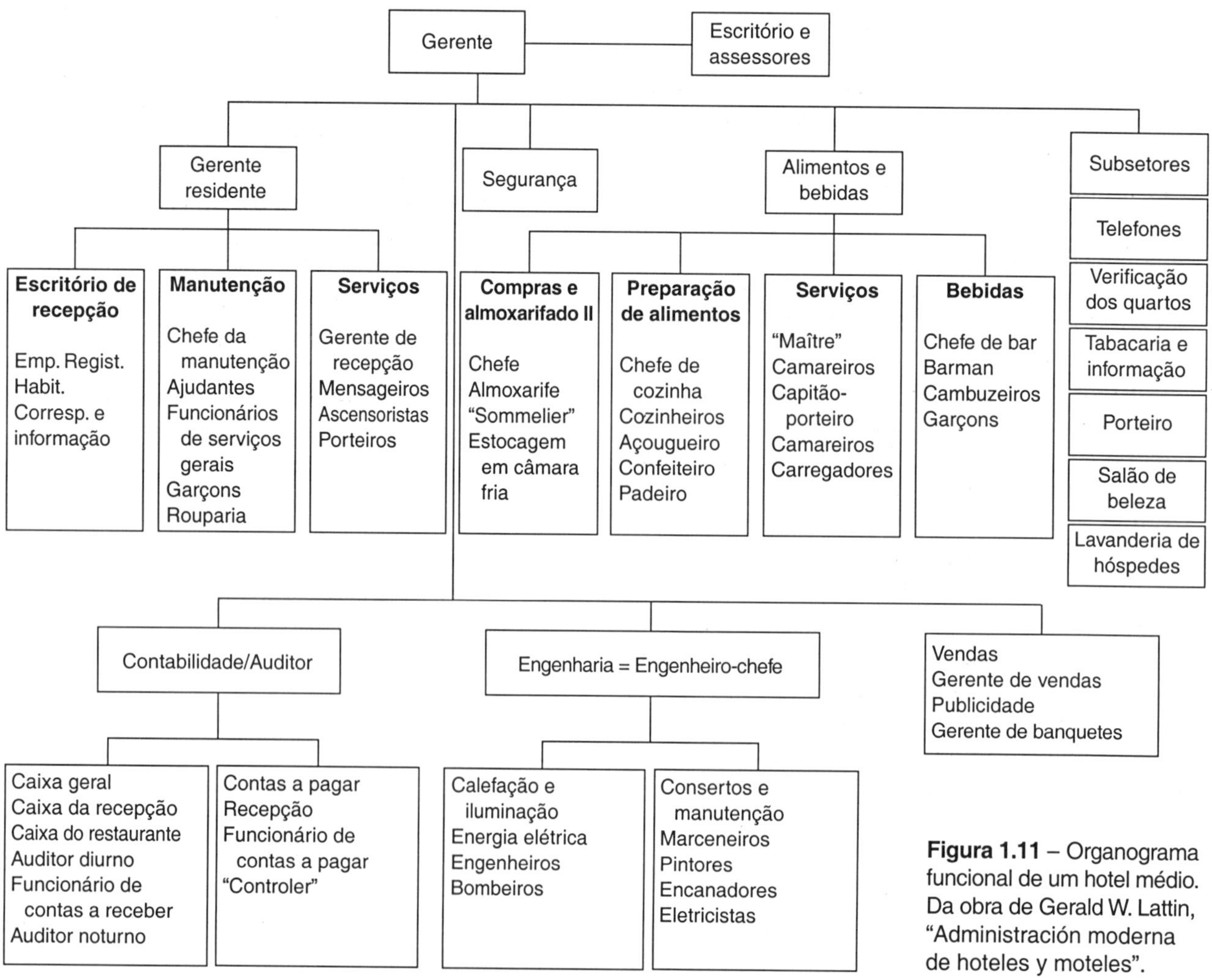

Figura 1.11 – Organograma funcional de um hotel médio. Da obra de Gerald W. Lattin, "Administración moderna de hoteles y moteles".

Os benefícios que a estrutura organizacional leva em si são, entre outros:

- Visualizar a hierarquização e os níveis de autoridade e responsabilidade
- Facilitar as dependências hierárquicas por meio da comunicação formal
- Facilitar o controle administrativo
- Apoiar a retroalimentação do sistema
- Incrementar o grau de cooperação e trabalho em equipe
- Facilitar a tomada de decisões

Para projetar uma organização, devem ser levados em consideração todos os fatores mencionados, incluindo os aspectos tecnológicos, de ambiente e de conjuntura, que permitam melhor desempenho nas referidas condições.

Um último comentário sobre os organogramas se refere a que a organização não deva se limitar apenas ao uso de um único tipo de organograma, porque ele deve obedecer à realidade do momento e à previsão, no tempo, de situações que podem ser mudadas, que permitam ajustar o organograma às novas condições estratégicas, tecnológicas e do entorno, segundo sua variação.

2

Função Hoteleira

A natureza do trabalho hoteleiro obedece à consecução de finalidade, cujo produto é de natureza intangível. Desde a origem, na sua concepção elementar, o estabelecimento desempenhou uma atividade essencialmente hospitaleira; porém, o decorrer do tempo a transformou em função socioeconômica com um papel estritamente de serviço.

A riqueza, considerada como resultado da produção de bens e serviços, é conseqüência da função sociotécnico-econômica e gerada por esta em tempo determinado. Toda atividade destinada a produzir bens e serviços se identifica com o vocábulo *produção*; não obstante, estima-se que não existem diferenças entre a ação que proporciona um resultado tangível e a que produz resultados intangíveis. Por isso, é preferível aceitar um novo vocábulo que identifique ambos e valide o sentido de produção e serviços em uma única dimensão, isto é, ambos requerem tarefas operacionais, portanto seria melhor falar de *operações hoteleiras*, e não de serviços ou produção hoteleira.

No âmbito da organização empresarial, a hotelaria cumpre uma missão, ou seja, adota um papel que determina sua funcionalidade e contribuição com o processo operativo da organização. Se partirmos do geral para o específico, estima-se que a função da hotelaria abrange vários aspectos:

a) Do ponto de vista *político*, em termos de país, um papel socioeconômico em que se estabelecem políticas e estratégias que coincidem com o consenso da política nacional.
b) Do ponto de vista da *previsão e do planejamento*, um papel claramente sociotécnico, em que se estabelecem planos gerais de atuação e se definem metas e objetivos a longo, médio e curto prazo.
c) Do ponto de vista da *organização*, um papel estrutural do sistema hoteleiro, em que se estabelece toda uma infra-estrutura de instalações, meios, inter-relações e comunicações.
d) Do ponto de vista *operacional*, um papel técnico-administrativo, em que se executam os planos preestabelecidos e se determinam funções específicas para cumprir os objetivos.

Para cumprir sua função, a hotelaria estabelece, entre outros, os seguintes aspectos:

a) *Tarefas*, nas quais se define o perfil da atividade que deve ser realizada e como se fará.

b) *Objetivos* ou metas concretas, relativas ao que se deve conseguir, sem considerar como se realizarão.
c) *Funções*, nas quais se estabelecem limitações e responsabilidades para as tarefas, de forma específica e com uma certa autonomia.

Quando se fala da *função hoteleira* em termos gerais, na definição se enquadra o conceito de todos os elementos mencionados, o que permite uma definição global.

A função hoteleira como atividade *sociotécnico-econômica* está canalizada para tarefas específicas que exigem responsabilidades, conhecimentos e execução de operações, com a finalidade de alcançar as diversas metas que a sua atividade e o entorno lhe estabelecem como incumbência.

De simples atividade hospitaleira, nos séculos anteriores, a hotelaria transformou-se em atividade organizada que obedece a aspectos técnicos, econômicos e comerciais; isso a obriga a considerar sua função socioeconômica como um papel estritamente de serviço. Tanto os turistas, aproveitando seu tempo livre, como os homens de negócios necessitam, no seu ponto de chegada ou de trânsito, de um lugar de residência e de certas comodidades e meios de trabalho, como telefone, fax, área de lazer, tradutores, secretárias, sala de leitura, etc. Isso já amplia o conceito de residência hoteleira como um todo organizado, com diversas opções, encaminhadas para cumprir seu papel de serviço, criando um mecanismo de oferta e demanda que assume, em primeiro plano, uma função econômica, de crescimento rápido, como se observa pelo desenvolvimento rápido do sistema hoteleiro orientado para o turismo e os negócios.

A seguir, a função integrada sociotécnico-econômica divide-se em componentes e se analisa brevemente cada um deles.

FUNÇÃO SOCIAL

A função social responde a uma realidade interna e do entorno em que se desenvolve a atividade hoteleira: função social interna, função em relação ao hóspede, função em relação ao próprio trabalhador hoteleiro e função em termos de país.

Função social interna

O indivíduo, em relação à organização, é seu elemento dinâmico, cuja atividade propicia a inovação permanente do sistema. Da sua parte, a organização corresponde ao indivíduo por meio da segurança trabalhista, que lhe proporciona a motivação no trabalho e, por último, o caminho que aponta para a auto-realização. Dessa dicotomia surge uma inter-relação, cujo consumo é o bem-estar do indivíduo e da organização.

Desse ponto de vista, a *função social* do hotel se traduz na busca do bem-estar de seus funcionários e dos hóspedes e na auto-realização daqueles. Para isso, devem ser considerados, entre outros, os seguintes aspectos:

Função em relação ao hóspede

Essa função inclui o seguinte:

a) Procurar que sua estada lhe permita reencontrar-se.
b) Satisfazer as necessidades dos sentidos, paralelamente às necessidades motivacionais de caráter espiritual.
c) Oferecer um ambiente de grupo e de entorno de nítida qualidade humana que lhe proporcione satisfação psicossociológica.
d) Motivar a satisfação dos sentidos, oferecendo qualidade nos meios que estão em contato direto com o indivíduo (camas, móveis, enfeites, pinturas, diversas comodidades, etc.).
e) Satisfazer o senso estético da pessoa, ofertando ambiente agradável na arquitetura e na decoração.
f) Adaptar medidas de segurança e conforto que garantam a estabilidade física e emocional do hóspede, eliminando situações que, de alguma forma, possam afetar sua tranqüilidade: riscos, ruídos, ambiente hostil ou descuidado, por meio de mecanismos de isolamento acústico, música ambiente, excelente acústica, limpeza e higiene.

Função em relação ao funcionário

Nessa função, devemos considerar o seguinte:

a) Formar e projetar o funcionário para o futuro.
b) Atualizar permanentemente o funcionário.

c) Motivá-lo na tarefa que desempenha.
d) Procurar a auto-realização do funcionário e evitar sua frustração.
e) Apoiá-lo financeiramente sem restrições.
f) Exercer um papel importante na vida cultural do funcionário.
g) Recrutar e selecionar os funcionários, assim como prepará-los e formá-los.

Função em termos de país

Nessa função, deve-se estimar o seguinte:

a) Formalizar o *turismo social*, facilitando o acesso de todas as classes trabalhadoras às férias e ao uso de suas instalações da seguinte forma:

- Para as classes economicamente fortes, hotéis de elevada categoria
- Para as classes economicamente fracas, hospedagem de caráter social

b) *Fomentar o aspecto cultural*, por meio de serviços idôneos, para a realização de eventos culturais, e orientar seu esforço e instalações para esse tipo de atividades.
c) *Facilitar o reencontro de políticos e diplomatas* por meio de reuniões e recepções, desempenhando-se como centro-chave das tomadas de decisões nestes aspectos.
d) Propiciar *reuniões de comércio e de trabalho* para executivos e homens de negócios.
e) Desempenhar-se como *elemento catalisador* das diversas classes sociais.

FUNÇÃO ECONÔMICA

De simples atividade hospitaleira, a hotelaria se transformou em atividade socioeconômica, com base nas condições de trabalho, nas novas tecnologias, etc., que lhe permitem servir os diversos grupos sociais e cada faixa etária no trabalho: negócios, congressos, conferências, reuniões sociais, etc. Não excluindo a qualidade de seus serviços, isto não impede que no campo do planejamento, da organização e do controle de gestão possa assumir o perfil de uma indústria. Como tal, o conceito de previsão ou projeção do hotel no futuro, para oferecer um serviço de qualidade abrange, entre outros, os ambientes: recepção, salas para audiovisuais para seminários, quadras de tênis, vestíbulo, administração, salas de conferências, saunas, quartos, almoxarifado, salas de reunião, área de ginástica e lazer, espaço central, restaurantes, salas e equipamento para congressos e seminários, salão de beleza, cafeterias, bar, etc.

A função econômica do hotel, como todo sistema empresarial, se canaliza em duas direções: funções intrínsecas e funções extrínsecas.

Funções intrínsecas

As funções intrínsecas constituem uma relação de ambientes internos do hotel que atuam como elementos captadores financeiros, usando diversos tipos de salas (para conferências, para espetáculos, para exposições, etc.), minishopping, bares, restaurantes, desfiles de moda, exposição de veículos, materiais audiovisuais, etc.

Funções extrínsecas

Em relação ao entorno, a função hoteleira abrange uma série de fatores que devem ser considerados, como os seguintes:

- Constitui uma fonte de consumo de produtos do mercado (insumos)
- Representa uma fonte de demanda mão-de-obra (fontes de trabalho)
- Desempenha um papel preponderante na captação de divisas, como indústria de exportação
- É um ponto de lançamento de primeira ordem, em relação à adaptação de novas tecnologias (o primeiro elevador foi instalado em um hotel)

As funções tanto intrínsecas como extrínsecas se traduzem numa inter-relação de serviços e dinheiro, o que lhes confere um papel nitidamente econômico.

Funções diversas

Entre as funções diversas se podem considerar:

a) *Higiene coletiva*, ou de melhoria da saúde mental, por intermédio de tratamento preventivo ou terapêutico.

- Por meio de uma *terapêutica preventiva* se proporciona ao indivíduo reequilíbrio em caráter permanente e continuado, sem afetar o ritmo regular de vida
- Por meio de uma *terapêutica curativa* se restabelece a saúde mental e se elimina a exaustão, provocada pelo trabalho e pelas pressões próprias das atividades nas cidades

b) *De inovação* - Sempre em busca da inovação com a oferta de novos serviços, lazer, comidas e, em geral, tudo aquilo que signifique para o usuário a quebra da rotina diária, assim como da rotina clássica da atividade hoteleira.

3

Administração e Sistema Hoteleiro

SISTEMA ADMINISTRATIVO

O sistema administrativo de toda empresa abrange a prática das quatro fases que o constituem: planejamento, organização, direção e controle. Considerando as organizações como conjunto (isto é, como sistema), onde todos os seus elementos se encontram devidamente inter-relacionados, a administração insiste neste aspecto intervindo nas condições dos planos, decisões, lideranças e controles, com o que se pretende manter a estrutura dinâmica da organização e da sua atividade permanente em função dos objetivos traçados. Porém, não existe um denominador comum na aplicação dos procedimentos, de modo que a corrente atual obedece ao enfoque sistêmico e, também, ao denominado *enfoque de contingências*. Nele, não apenas se centraliza o esforço na interdependência dos elementos da organização, como também se destaca a aplicação e a tomada de decisões administrativas diferentes para cada situação, na qual se considera a inter-relação entre a organização e o seu entorno.

Resumindo, o sistema administrativo abrange três direções bem-definidas:

a) Administração da tarefa ou enfoque tayloriano (Taylor), com a informação sobre os procedimentos e os métodos que devem ser aplicados na sua execução.
b) Administração dos recursos humanos ou enfoque eltoniano (Elton Mayo), em que se defende a adoção de condições de trabalho adequadas para maior "cooperação" e rendimento em equipe dos funcionários.
c) Administração da prática das fases que conformam o processo administrativo, ou enfoque fayoliano (Fayol), ou seja, a combinação das tarefas de planejamento, organização, direção e controle, com o objetivo de conseguir um desempenho eficaz.

No Capítulo 1, a hotelaria foi estudada como sistema. Se considerarmos isoladamente o estabelecimento hoteleiro, observaremos que sua conceituação obedece a toda uma organização de caráter dinâmico funcional, com características específicas em relação à atividade e aos fins que persegue, mas, mesmo assim, se encontra dentro da problemática da administração como sistema.

Assim, surge o conceito de administração hoteleira, que analisaremos neste capítulo como ponto de referência no qual se deve enquadrar a tarefa específica de segurança e de manutenção. Não existirá um bom serviço de segurança e manutenção em um hotel, se o administrador ou o gerente não estiver perfeitamente imbuído da teoria administrativa hoteleira e de seu alcance e, como conseqüência, se não estiver devidamente conscientizado da importância que representa a segurança e a manutenção das instalações.

Em teoria, tanto o funcionamento como a administração das empresas são praticamente o mesmo, seja qual for o tipo ou a classificação à qual pertençam (de produção ou de serviços). Geralmente, os princípios da administração se aplicam a todas elas; portanto, antes de administrar um estabelecimento hoteleiro que segue os princípios de direção, convém examinar detalhadamente o que se tenta dirigir, isto é, o complexo do hotel como instalação e como prestador de um serviço específico.

Aplicando o princípio geral de sistemas, temos que um estabelecimento hoteleiro está configurado pelos elementos descritos na Figura 3.1.

Cada um dos três elementos proporciona uma panorâmica independente em si mesma e dependente das outras duas, as quais devem ser administradas de forma isolada e conjunta ao mesmo tempo. *O primeiro grupo*, o dos meios, constitui o que denominaremos, em termos gerais, *atividades funcionais*, que podem ser facilmente descritas a seguir (Fig. 3.2).

O *segundo grupo* é formado pelas *atividades financeiras*, as que podem se enquadrar em um marco de referência como mostra a Figura 3.3.

O *terceiro grupo* corresponde às *atividades humanas* da empresa, que podem ser catalogadas como demonstra a Figura 3.4.

Para realizar uma boa administração integral das atividades mencionadas, os responsáveis pela direção administrativa devem colocar em prática os seguintes *princípios e normas* que constituem a essência da administração empresarial:

a) *Desenvolvimento e perfil* das tarefas que se realizarão: hospedagem, alimentos e bebidas, vendas, promoção, estudo de mercado, contabilidade, etc.
b) *Responsabilidade*, que implica em hierarquia e autoridade.
c) *Unidade* ou inter-relação dos diversos elementos em um marco de referência universal. Aqui cabem duas acepções: *unidade de mando*, que permite delimitar a dependência dos subordinados a um único superior e *unidade de direção*, que permite determinar os limites da atuação de cada executivo na sua área.
d) *Conscientização*, isto é, a mentalização por todos os componentes da organização, da subordinação dos interesses pessoais aos interesses gerais da empresa, quando esses não estiverem em contraposição aos interesses gerais do conjunto.

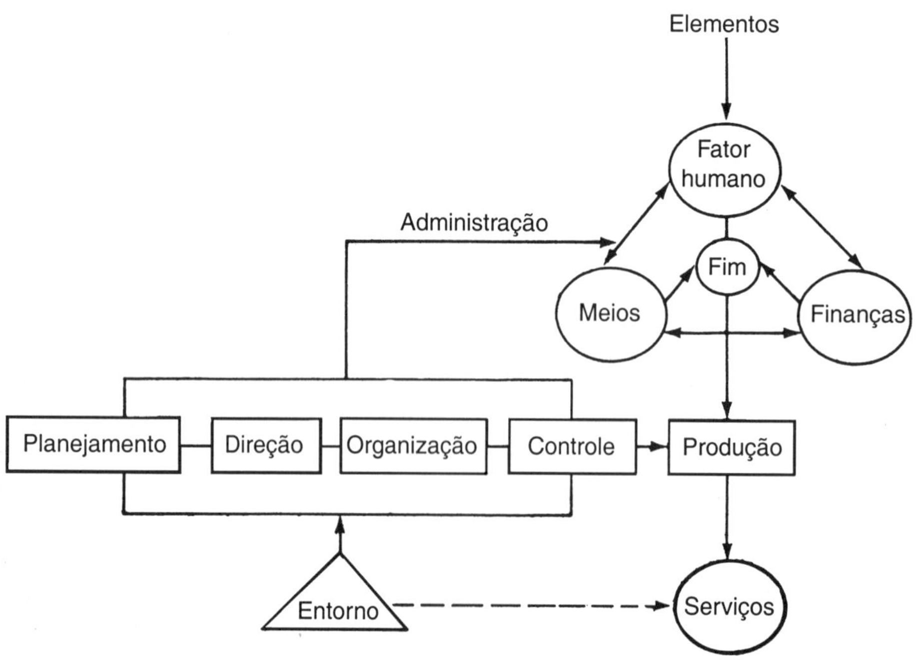

Figura 3.1

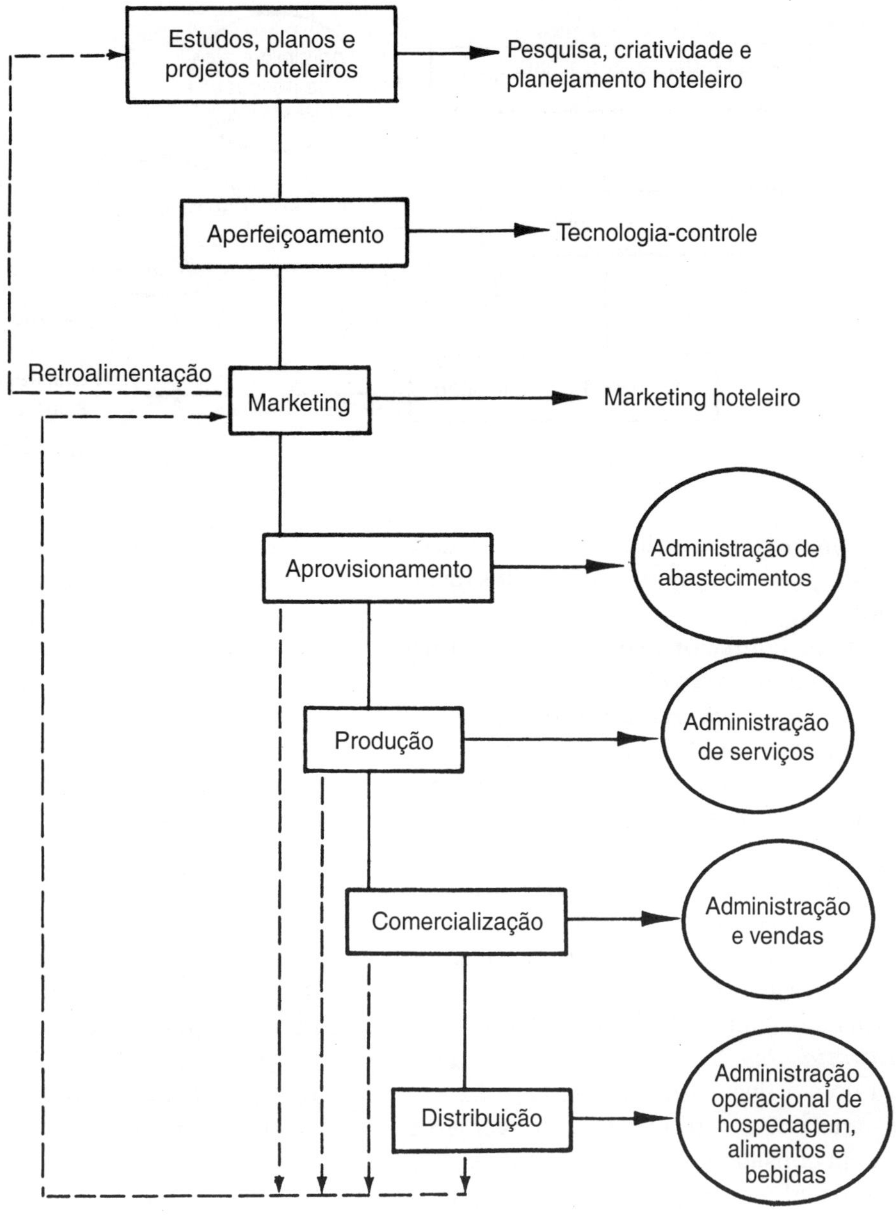

Figura 3.2

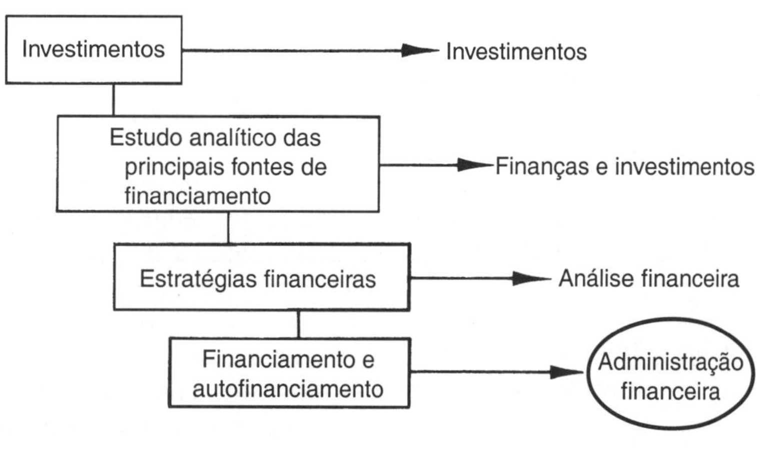

Figura 3.3

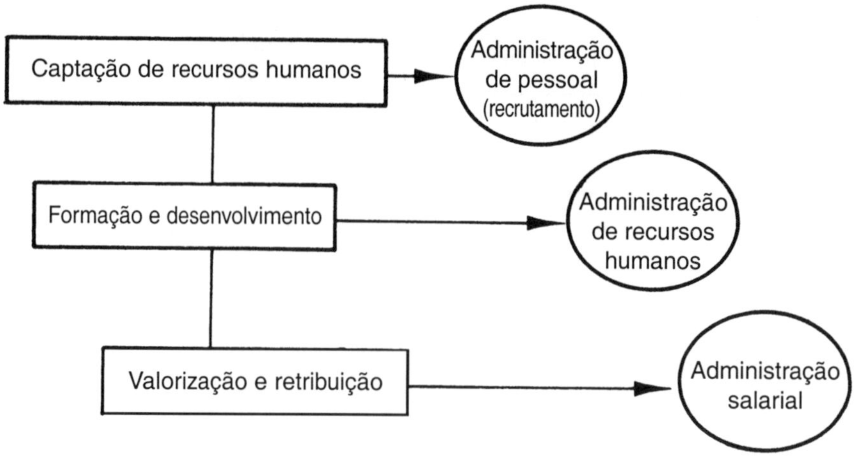

Figura 3.4

e) *Hierarquização* ou articulação das tarefas e funções que determinam os diferentes níveis de atuação.
f) *Espírito de equipe* ou espírito motivacional orientado para o trabalho em equipe.
g) *Remuneração*, eqüidade remunerativa de acordo com a atuação dos funcionários.
h) *Consciência de objetivo* - Cada elemento deve orientar seus esforços na consecução dos objetivos da organização.
i) *Coordenação* - O esforço da cada parte deve ser coordenado com base no objetivo da própria empresa, por exemplo: a atividade restaurativa não funcionará se não estiver coordenada com a atividade culinária.
j) *Continuidade* - A organização deve ser flexível com a finalidade de adaptar-se às circunstâncias. Por este motivo é conveniente levar em consideração não somente os princípios da administração científica, mas também os novos enfoques: sistêmico, de contingências e motivacional.
k) *Organização* - Fundamentada em uma estruturação formal que se visualiza no organograma da empresa hoteleira, cujo objetivo é proporcionar a distribuição de cargos, a hierarquização, a comunicação, o tempo de serviço e a responsabilidade. Cabe registrar que se deve considerar também a existência da organização informal que obedece à formação de grupos informais, como conseqüência de interesses e afinidades em comum.

Na empresa hoteleira, o âmbito organizacional pode ser resumido nas seguintes atividades que se devem administrar:

a) *Hospedagem* - Reservas, recepção, comunicação interna, andares, lavanderia e despensa (rouparia e outros).
b) *Alimentos e bebidas* - Restaurantes, cafeteria, bar, cozinha e serviços diversos (almoxarifado e serviço de quarto).
c) *Marketing hoteleiro* - Promoção, publicidade e vendas.
d) *Relações humanas* - Relações públicas, eventos e animação.
e) *Pessoal* - Administração de pessoal, administração de recursos humanos e administração salarial.
f) *Serviços* - Segurança e manutenção.
g) *Atividades diversas* - Sala de jogos, instalações esportivas e lojas.
h) *Administração operacional* - Contabilidade, compras, fornecedores, caixa e controle.

Anteriormente, foi feito um gráfico da administração e direção dos elementos componentes do sistema hoteleiro com base nos quatro fatores essenciais, que formam o sistema administrativo. A administração como sistema abrange quatro elementos básicos, conforme mostrado na Figura 3.5.

PLANEJAMENTO

Planejamento é o processo de adaptação e previsão dos recursos empresariais em relação à realidade interna e às forças externas, de acordo com os objetivos a serem alcançados. Supõe elaborar antecipadamente o que se executará fundamentado em dados históricos ou numa análise das atuais situações, tanto endógenas como exógenas, que respondem ou se inter-relacionam com objetivo final.

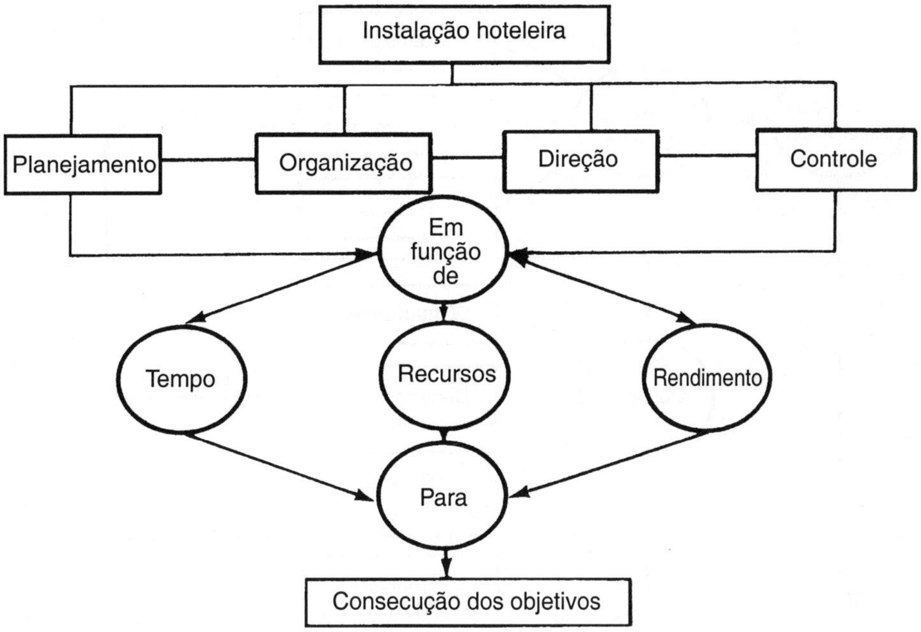

Figura 3.5

Para isso, devem se determinar previamente fins, objetivos e metas a serem alcançados, dimensionando as probabilidades e limitações próprias para reduzir a *incerteza*, contribuindo, assim, para maior segurança na aplicação da tarefa a ser executada. No campo da hotelaria, significaria aumentar a tarefa da ocupação, a produtividade gastronômica e os diversos rendimentos com que outras instalações e serviços paralelos podem contribuir.

O planejamento, mesmo parecendo exclusivamente específico para determinada área, inclui atuação de integração, já que de alguma forma, estando relacionados os elementos do sistema hoteleiro, outras tarefas nele estão compreendidas: por exemplo, se falamos de planejamento de recursos humanos, essa atividade específica repercute direta ou indiretamente nos outros elementos, como os financeiros (Figs. 3.6 e 3.7).

Um exemplo de planejamento de longo prazo ou estratégico pode ser a elaboração de um plano de investimentos em segurança de cinco anos, e outro pode ser o de oferta de preços de cinco anos, com a finalidade de aumentar as vendas.

Um exemplo de planejamento de curto prazo é o da programação de pacotes turísticos fora dos períodos de férias, com a finalidade de aumentar a taxa de ocupação nesses meses.

A tomada de decisões é sinônimo de *solução de problemas*, que ficam delimitados nos planos correspondentes.

Existem duas situações na tomada de decisões (Figs. 3.8 e 3.9):

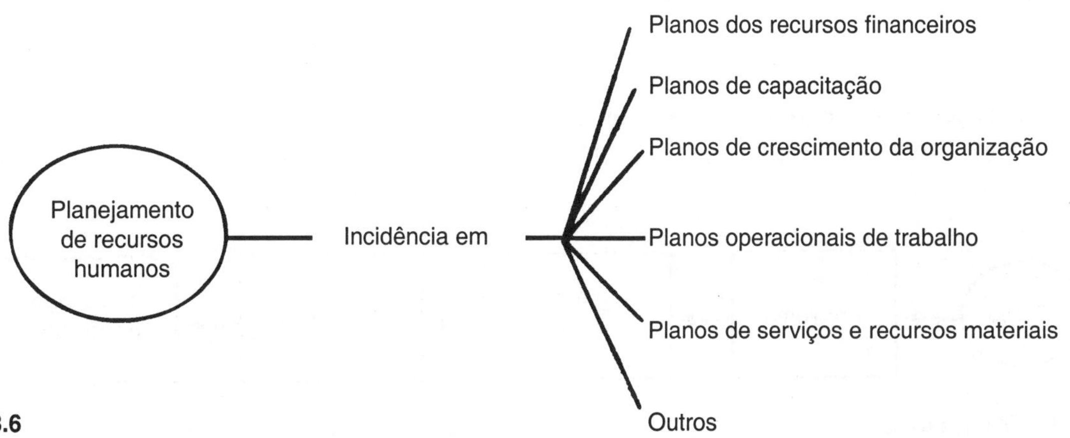

Figura 3.6

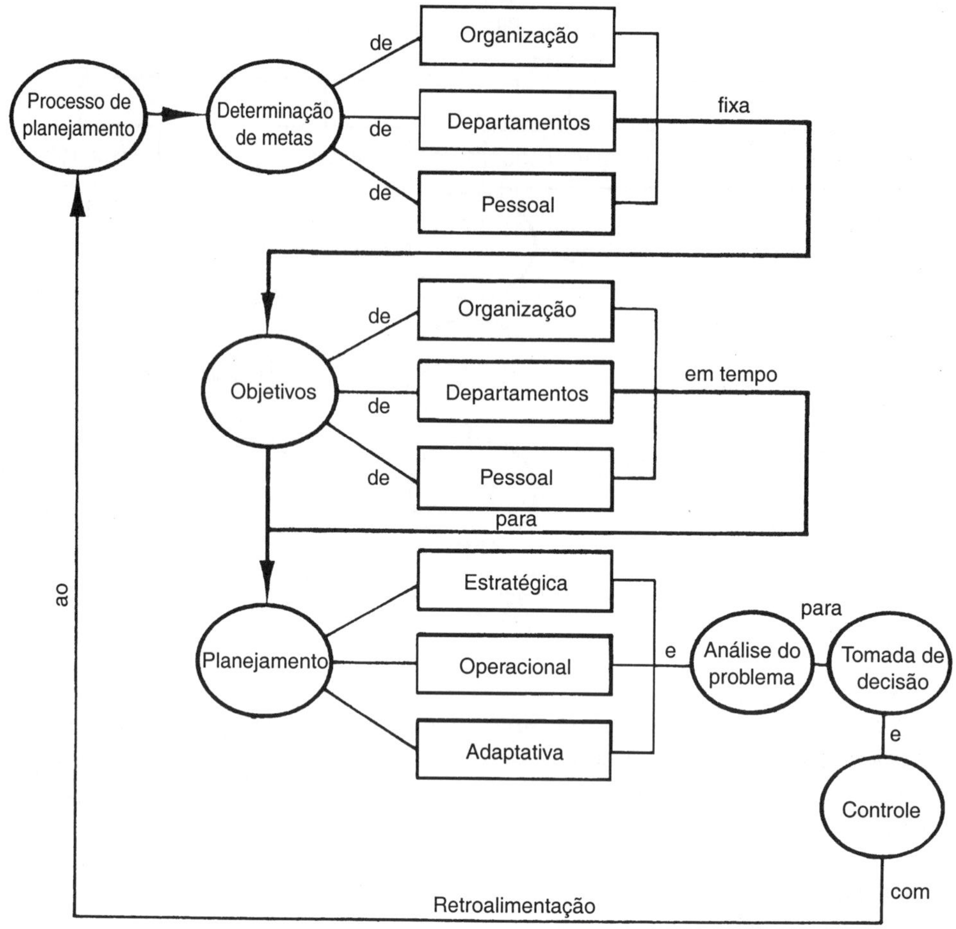

Figura 3.7 – Fluxo do processo de planejamento.

a) Decisões que devem ser tomadas pela primeira vez e que obedecem ao plano traçado que ainda não foi posto em prática, na seguinte seqüência:

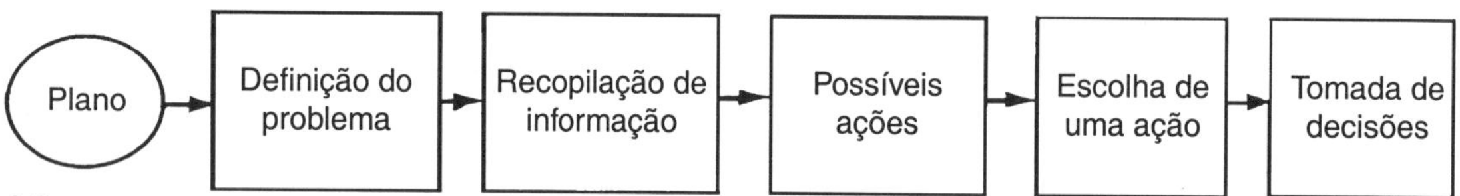

Figura 3.8

b) Decisões que se devem retroalimentar, quando o plano funciona: a respeito, podem apresentar-se três casos: enfoque clássico, enfoque sistêmico e enfoque de contingência (Figs. 3.10 e 3.11).

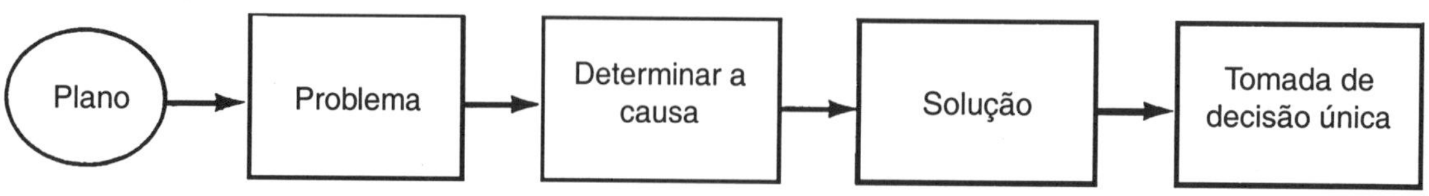

Figura 3.9 – Enfoque clássico.

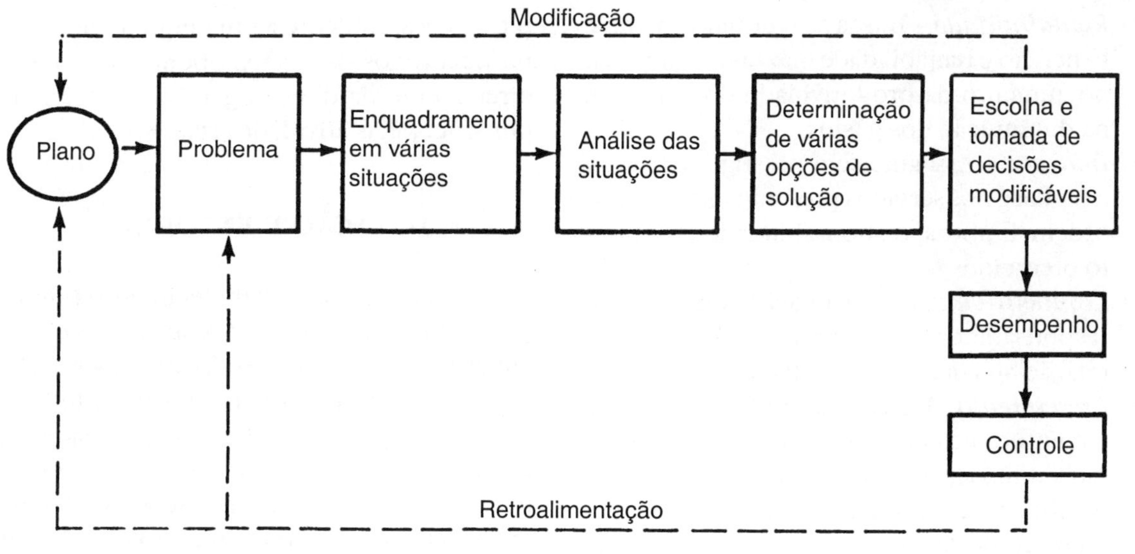

Figura 3.10 – Enfoque sistêmico.

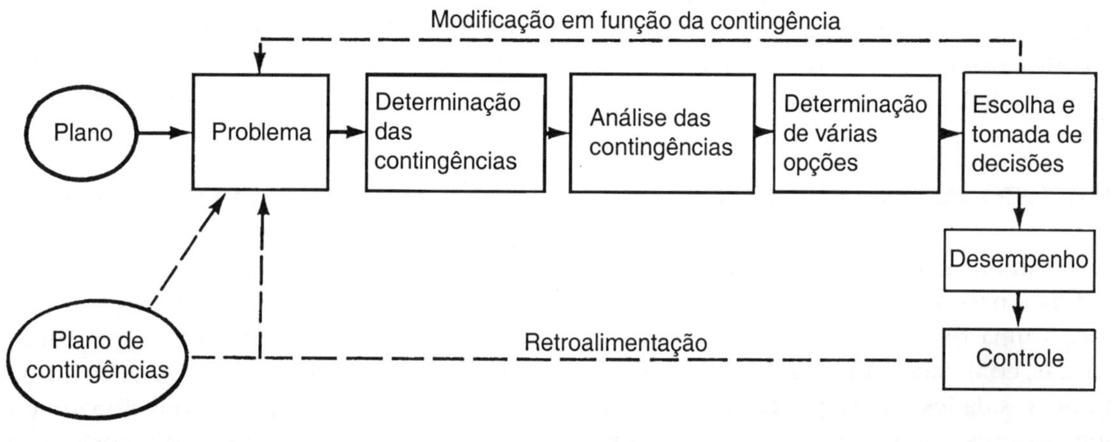

Figura 3.11 – Enfoque de contingências.

ORGANIZAÇÃO

Não existe um padrão de organização hoteleira comum a todos os estabelecimentos, porém, quando se põe em prática o conjunto de planos ou de políticas formado previamente, diversos fatores, que podem influenciar na implementação do estabelecimento, devem ser considerados:

- Objetivos da instalação
- Dimensionamento do hotel
- Localização e entorno
- Qualidade e antecedentes do elemento humano

Objetivos da empresa hoteleira

Os objetivos da empresa hoteleira são os seguintes:

a) *Captação do mercado* - Mercado potencial e mercado cativo, com a finalidade de manter a taxa máxima de ocupação do estabelecimento.
b) *Qualidade do serviço* - Qualificado pela excelência da prestação de serviços que oferece o estabelecimento: recepção, comunicação, hospedagem, conforto, cafeteria, alimentos, bebidas, transportes, segurança, etc.

c) *Rentabilidade* - Busca-se o equilíbrio entre benefício e rentabilidade máximos, com base no aumento da produtividade dos meios e na diminuição dos gastos.
d) *Imagem* - Assegura-se o prestígio do hotel com base nos serviços prestados: segurança, ordem, limpeza, responsabilidade e conforto oferecidos.
e) *Competitividade* - Ocupação, qualidade e responsabilidade dos serviços prestados em relação aos demais estabelecimentos.
f) *Crescimento* - Busca-se a ampliação e o crescimento tanto da imagem como da dimensão, com base no autofinanciamento.
g) *Estabilidade* - Superam os problemas conjunturais desfavoráveis desde que suas posições socioeconômica e tecnológica estejam suficientemente consolidadas.
h) *Serviços para a comunidade* - Criam-se fontes de trabalho, fomenta-se a influência turística e cultural na zona de influência e captam-se divisas para o país.

Dimensionamento do hotel

O tamanho da instalação influi na estruturação física e funcional do estabelecimento hoteleiro, pois obedece a uma realidade de tarefas devidamente estipuladas, com características e perfis definidos e com necessidades que requerem disponibilidades semelhantes. Assim, pode-se falar de complexos hoteleiros, de grandes, médios e pequenos hotéis. Um exemplo de organograma estrutural simples correspondente a um pequeno hotel é aquele no qual todos os órgãos operacionais dependem diretamente da direção geral do hotel, que é responsável pelas atividades (Fig. 3.12).

Localização e entorno

A localização do estabelecimento (em núcleos habitacionais desenvolvidos ou em crescimento, ou em áreas centrais ou periféricas dos referidos núcleos) compreende uma determinante que influi na organização do hotel, quando considera o nível de demanda da população, o nível econômico dos núcleos, a exigência dos serviços, as disponibilidades dos meios de abastecimento e as dificuldades que o próprio entorno envolve. De alguma forma, estes fatores influenciam no dimensionamento do hotel, na determinação dos objetivos e, portanto, na limitação das tarefas que devem ser executadas. Isto significa que o hotel deverá considerar esses fatores no momento de se estruturar.

Qualidade e antecedentes do elemento humano

O preparo dos componentes da organização, o nível de conhecimentos e a especialização facilitam ou dificultam a racionalização dos funcionários, aspecto estritamente relacionado com os fatores anteriores: objetivos, dimensionamento, níveis, localização e entorno. Quanto maior a preparação e a especialização dos funcionários, me-

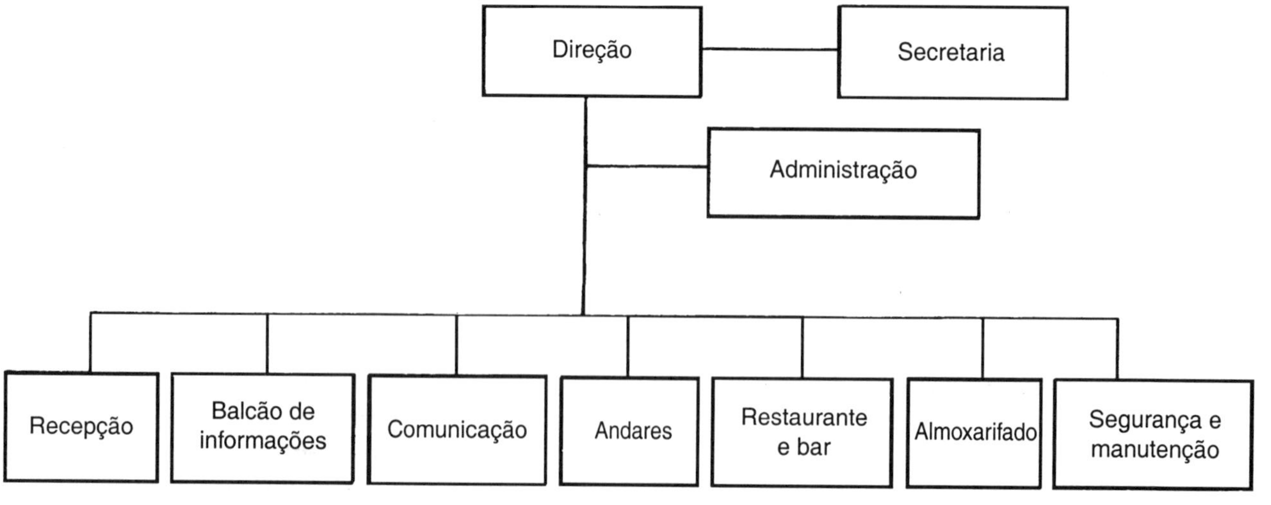

Figura 3.12

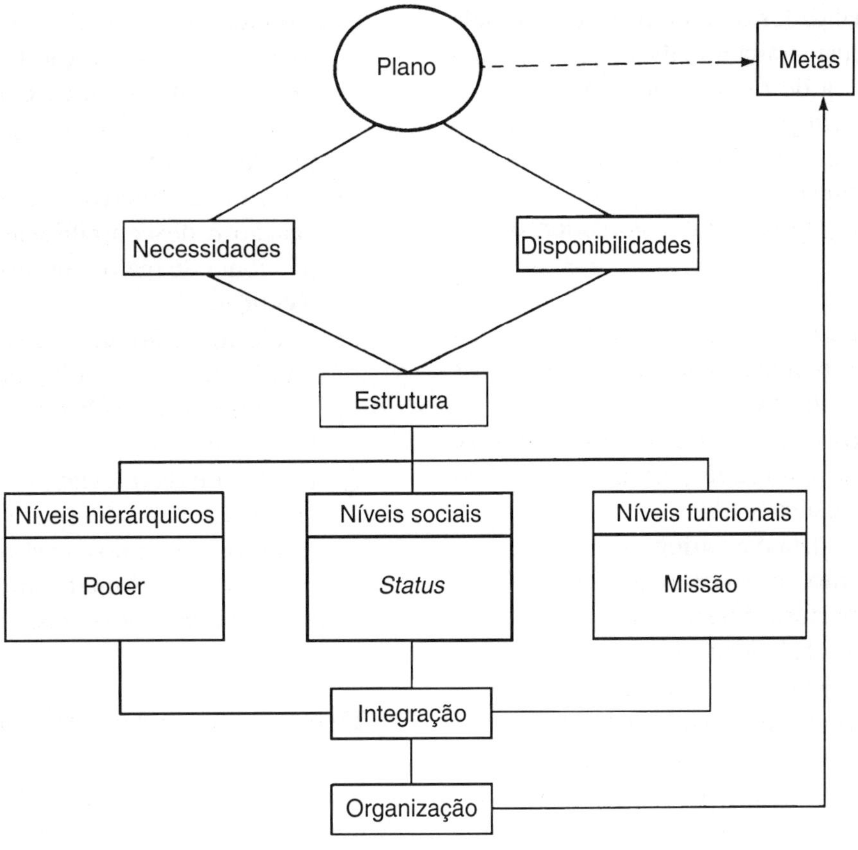

Figura 3.13

nor será o número deles e haverá redução de cargos, pois cada um pode assumir mais de uma tarefa, fato que enriquecerá o cargo como elemento dinâmico de motivação. Portanto, quanto menor for o número de cargos, mais reduzida será a infra-estrutura, ou vice-versa.

A organização se ocupa, basicamente, de estruturar e integrar os diferentes órgãos ou unidades operantes, necessários para o cumprimento do plano previsto. Isso fica evidente nos organogramas que expressam também os níveis hierárquicos, sociais e funcionais de cada órgão, os quais, por sua vez, devem se inter-relacionar de forma a evitar distorções e disfunções entre os níveis mencionados (Fig. 3.13).

DIREÇÃO

A atribuição de tarefas e responsabilidades para cada órgão deve estar em equivalência com as suas importância e capacidade, como meio de obter a eficácia. Para isso, é necessário definir uma filosofia de ação, objetivando que o funcionário se identifique com a empresa por meio de uma integração eficaz.

Os novos projetos que surgiram na administração, resultantes das mudanças sociais, políticas e econômicas, obrigam a retomar a direção num sentido mais amplo e flexível que permita, entre outras coisas:

a) Administrar de forma mais humana, por meio da motivação permanente criada pela própria estrutura e pelo modelo de administração utilizado pelo executivo.
b) Coordenar as ações e as atividades de cada organismo integrante da empresa hoteleira.
c) Criar um *clima de colaboração* por meio da intercomunicação, reduzindo os problemas ou contribuindo para solucioná-los.
d) Verificar a eficácia das atividades por meio de supervisão permanente.
e) Controlar os resultados da administração e adotar estratégias que permitam a seqüência e a continuidade das operações.
f) Controlar as distorções que se apresentam no decorrer da administração, relacionadas com os objetivos traçados nos planos.
g) Confrontar a capacidade do executivo com o desafio da redução de tempo e custos.

Entre as modalidades de administração, aquela que pode ser considerada a mais adaptável à empresa hoteleira é a de direção por objetivos, circunscrita ao *enfoque por contingências* como elemento de flexibilização do sistema e de caráter dinâmico e não único.

Todo objetivo tem seu dimensionamento próprio, dado por:

a) *Quantificação*, isto é, a quantidade de elementos a serem alcançados, se os objetivos forem quantificáveis.
b) *Qualificação*, ou a definição das características que devem reunir para que o objetivo se considere alcançado.
c) *Tempo*, ou a data para atingir o objetivo, isto é, o momento oportuno tendo como finalidade não perturbar o sistema.
d) *Risco*, ou a probabilidade de fracasso na consecução dos objetivos, devido a variáveis incontroláveis do tipo endógeno ou exógeno.
e) *Custo*, ou a conseqüência do anterior, com o que se procura para diminuir os gastos ocasionados pela problemática desenvolvida para atingir o objetivo. Na *direção por objetivos*, muitas vezes se sacrifica esse fator para mudar sua consecução.

A direção por objetivos busca marcar e inter-relacionar, de forma clara e simples, todos os fatores anteriores, usando ao máximo o *bom-senso*, a lógica e a conscientização para atingir os fins; mesmo assim, são deixados de lado os aspectos do tipo clássico e muito complexo, evitam-se excessivas limitações e se buscam soluções adequadas para cada problema que se apresente no âmbito do *enfoque das contingências*.

PRINCÍPIOS DA DIREÇÃO POR OBJETIVOS

Os princípios da administração por objetivos constituem pautas de orientação para conduzir um bom sistema de direção. Assim:

a) Todo objetivo deve ser simples, claro e viável, o que produz um efeito dinamizador no sistema empresarial.
b) Os objetivos por equipes permitem sua coesão, à medida que o interesse aumenta a motivação de seus componentes.
c) A direção por objetivos é considerada em nível superior à direção funcional, deve ser complementada por ela e pela direção de resultados e seu raio de ação em termos de quadros diretivos.
d) Determinar objetivos equivale a maior delegação e descentralização das decisões, o que concede maior autonomia aos níveis de execução.
e) A determinação de objetivos se aplica a sistemas muito motivados para conseguir resultados e com resultados independentes das circunstâncias.
f) A agilidade da direção por objetivos torna-a adequada para o desenvolvimento de novos produtos, mercados ou sistemas, nos quais é necessário aproveitar rapidamente todas as circunstâncias possíveis.

DIREÇÃO POR RESULTADOS

É semelhante à anterior. Na direção por resultados, se estabelecem objetivos realistas, apoiados pela direção funcional, com a finalidade de alcançar as metas previstas.

Princípios da administração por resultados

Os princípios da administração por resultados são os seguintes:

a) Estabelecer os principais objetivos da empresa e delegar autoridade e responsabilidade para sua consecução.
b) Os resultados obtidos devem somar o total dos objetivos econômicos buscados.

ESTILOS DE DIREÇÃO

Os estilos de direção incidem de alguma forma na dinâmica da organização, permitindo maior ou menor motivação, maior ou menor controle das atividades, maior ou menor coesão dos grupos em redor da empresa e, geralmente, fácil ou difícil gestão administrativa.

A Tabela 3.1 mostra os principais estilos de direção e os tipos de gestão que originam.

Tabela 3.1

Estilos de direção	Características	Tipos de gestão	Características
Imposta	Orientado para o funcionário pouco desenvolvido; imposição dos critérios do dirigente; estilo agressivo que às vezes superprotege, mas manipula em proveito próprio	Autoritária	Coercitiva e autoritária; controla com base no poder; a força da gestão está na estrutura e não no dirigente
Democrática	Participativo; liberdade de atuação; contestador e negociador; oscila entre o paternalismo explícito e a assessoria confiável; orientado para funcionários preparados	Persuasiva	Trata de alcançar os objetivos com o menor número de conflitos; reduz as possíveis tensões; nem sempre garante o respeito ao sistema
Liberal	Orientado para o funcionário altamente preparado; confere muita autonomia de ação e exige iniciativa, auto-avaliação e autocontrole	Cooperativa	Economiza meios; melhora o clima social; aumenta a satisfação; favorece a inovação e o autodesenvolvimento

CONTROLE

O controle constitui uma fase do processo administrativo cujo significado é *medição*. Destacamos dois conceitos que abrangem perfeitamente o termo controle:

a) *Supervisão*, como sinônimo de observação externa ao fenômeno ou atividade controlada, cuja função é *orientar* sempre o empregado no desenvolvimento das tarefas, com a finalidade de corrigir sempre e evitar grandes desvios ao seu término (Fig. 3.14).

b) *Controle específico* busca garantir que o desempenho real se ajuste ao esperado. Abrange as etapas (Fig. 3.15):

- Medição do desempenho no final das tarefas
- Retroalimentação dos resultados obtidos
- Comparação dos resultados obtidos com os planejados

As deficiências do sistema que se percebem em conseqüência do controle e incidem na administração são:

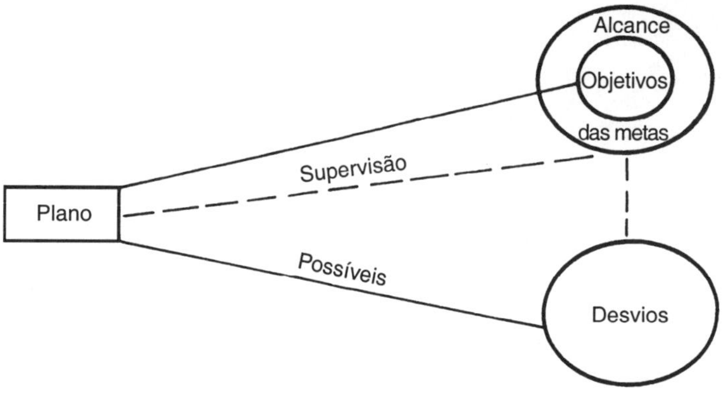

Figura 3.14

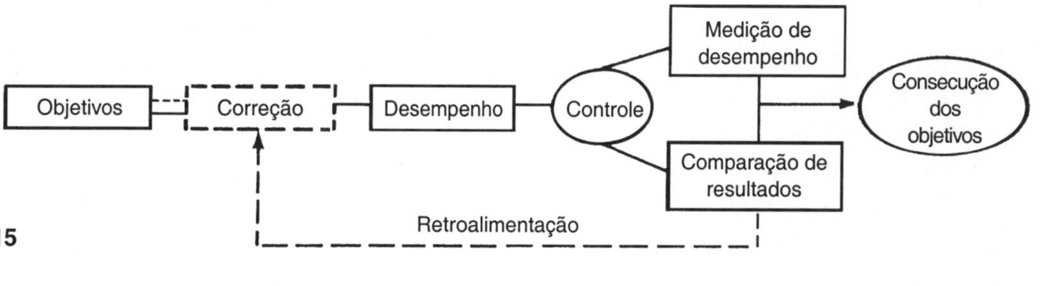

Figura 3.15

- Defeitos de organização
- Sistema de distribuição ineficiente
- Sistema informativo ruim
- Má conservação de meios e equipamentos de operação
- Falhas conceituais no planejamento
- Falhas da direção
- Métodos, processos e procedimentos ineficazes
- Supervisão insuficiente
- Negligência no cumprimento das normas
- Situações de conflito
- Problemas humanos e técnicos

Exemplo prático

Antônio Perez, diretor administrativo do "Cônsul Hotel", está angustiado com a sua responsabilidade, pois o gerente da empresa é um homem impulsivo e temperamental, que há vários dias vem insistindo sobre a problemática financeira da empresa; assim, o tem pressionado ao máximo para aumentar a liquidez e cumprir com os pagamentos previstos.

Pérez decide agir no dia 12, às 9h, mas encontra as seguintes situações:

- Não possui, no momento, os comprovantes dos rendimentos dos últimos três dias
- O distribuidor de mantimentos não faz entregas, porque a contabilidade não autorizou vários pedidos e o restaurante oferece menus muito simples
- O computador está ocupado listando relatórios solicitados pelo Departamento de comercialização e a previsão de trabalho é de três dias
- A carteira dos ativos disponíveis que ele leva com 15 dias de atraso não está em dia
- O chefe de processamento de dados tem dois dias de licença, que o próprio Pérez autorizou

A ordem do gerente é: aumentar os rendimentos ao máximo, até o dia 15.

Analise a situação, determine as falhas e assinale os elementos da organização que não foram aplicados.

4

Sistema de Segurança na Administração Hoteleira

GENERALIDADES

Para estudo do presente capítulo, o termo *hotel* será considerado em sentido genérico, abrangendo hotéis, flats, motéis e, em geral, qualquer estabelecimento cuja finalidade de serviço seja exclusivamente a hospedagem.

A segurança nas organizações constitui um ponto-chave de apoio à sua administração. Como as empresas modernas são sistemas organizados, com seus diversos elementos inter-relacionados, falaremos somente do mundo do hotel, em que os acidentes de trabalho e a segurança das instalações se inter-relacionam definitivamente com o bom funcionamento e a imagem da instalação hoteleira.

Temos, freqüentemente, notícias de incêndios e acidentes em instalações hoteleiras e a primeira coisa que nos perguntamos é se a instalação era ou não segura. Essa forma de ver as coisas é muito superficial e obedece a critérios simplistas, devido à falta de conhecimento sobre a magnitude dos resultados negativos.

Por outro lado, quando falamos em segurança surge em primeiro lugar, de forma quase rotineira, a idéia de tomar medidas contra incêndios e pensar exclusivamente em seguros e outros elementos de caráter puramente mecânico; porém, no fundo, a problemática da segurança e da manutenção excede esses conceitos gerais e se projeta mais sobre a profundidade da sua importância, dos seus resultados e da própria sobrevivência da instalação.

NECESSIDADE DE SEGURANÇA

A segurança hoteleira se apresenta como necessidade primordial por muitas razões, as quais podemos enumerar:

a) A expansão hoteleira, com seus mecanismos de diversificação tecnológica, obriga a um conhecimento maior e alta especialização.
b) O trabalhador pertence a um sistema organizado e, portanto, se ampara na segurança pessoal que o defende de qualquer risco.
c) Reduzir a freqüência de acidentes e lesões decorrentes, negativas para o pessoal da instalação e para o usuário.
d) Aumentar o moral dos próprios funcionários.
e) Manter a boa imagem da instalação hoteleira.
f) A confiabilidade do turista e do usuário na segurança oferecida pela instalação.

g) Conscientizar todos os componentes da instalação sobre a importância da segurança.
h) Organizar e planejar, de forma permanente, um programa de segurança integral.
i) Controlar o referido programa.
j) Reduzir custos por acidentes.
k) Integrar e coordenar a segurança no âmbito das atividades.
l) Determinar a responsabilidade do pessoal da segurança, a partir da convicção do gerente geral do hotel a respeito da importância do programa.
m) Aumentar a rentabilidade da instalação como resultado de um plano de segurança bem executado.

Critérios para a consecução de uma boa segurança hoteleira

Os critérios para se desenvolver uma boa segurança hoteleira são:

a) Conscientização, convicção e conhecimento da gerência sobre a importância, a necessidade e os resultados da aplicação da segurança nas instalações hoteleiras.
b) Preparação e motivação dos funcionários hoteleiros sobre a importância da segurança na instalação.
c) Participação ativa da gerência e dos outros componentes nos planos de segurança a serem desenvolvidos.
d) Estar ciente de que todo plano de segurança significa investimento e, portanto, envolve gastos.
e) Todo plano de segurança significa renovação, atualização e racionalização dos métodos e dos processos.
f) Todo gasto com a segurança se reverte, em médio prazo, em aumento da produtividade e, portanto, da rentabilidade hoteleira.
g) A segurança é um elo a mais na cadeia de atividades da instalação hoteleira que permite realizar as políticas e os programas do hotel em circunstâncias seguras e com menores custos.
h) A segurança ajuda no desempenho de todas as outras funções que se desenvolvem no hotel.
i) Finalmente, a segurança incide no crescimento da demanda dos serviços hoteleiros pelos usuários.

Quando se fala em segurança hoteleira, é conveniente refletir um pouco sobre o *ponto essencial* da sua razão de ser, isto é, o estudo do fenômeno a ser prevenido ou eliminado.

Esse fenômeno é o resultado de uma série de *variáveis de entrada* mais ou menos conhecidas e observáveis, mesmo que em determinado momento, quando se inter-relacionam num sistema operacional disfuncional, proporcionem combinações em situações de incerteza, cujos resultados podem anunciar-se de forma probabilística, mas cujas medições nem sempre obedecem às previstas a princípio. Pelo exposto, as variáveis de saída nem sempre obedecem a resultados homogêneos, para variáveis de entrada similares; não obstante, estes resultados podem ser medidos e são conhecidos como acidentes.

Do livro do mesmo autor, "Seguridad industrial", publicado pela Editora Limusa, transcrevemos o seguinte:

> Uma empresa geralmente se desenvolve em um meio cheio de incertezas; um *método* trata de diminuir esse grau de incerteza e risco, sob orientação e coordenação dos seus diversos elementos, para consecução dos seus objetivos. Sabemos, antecipadamente, que o objetivo principal de toda empresa é criar benefícios para ela mesma, mediante a minimização dos custos operacionais. Se considerarmos o acidente em relação à empresa como um indicador da insegurança, devemos estudá-lo nos seus diversos componentes e causas, que podemos esquematizar conforme mostrado na Figura 4.1.

Centralizando o presente estudo na atividade hoteleira, encontram-se múltiplas interpretações sobre as causas e os resultados dos acidentes nos hotéis; porém, buscaremos essa seqüência de causalidade por meio da relação entre as *variáveis de entrada* e a *probabilidade* de acidente, resultante da acumulação mais ou menos aleatória de fatores desfavoráveis, sejam eles técnicos, humanos ou do ambiente.

Como podemos considerar o fenômeno acidente? Trataremos de simplificá-lo no esquema da Figura 4.2.

Determinado o acidente, na organização de serviços, mais que uma transformação, isto leva a centralizar muita atenção nas causas humanas como as de primeira urgência, mas sem deixar de analisar as causas técnicas correspondentes; porém, para a presente obra, é mais importante dar uma visão panorâmica de acordo com a organização como sistema.

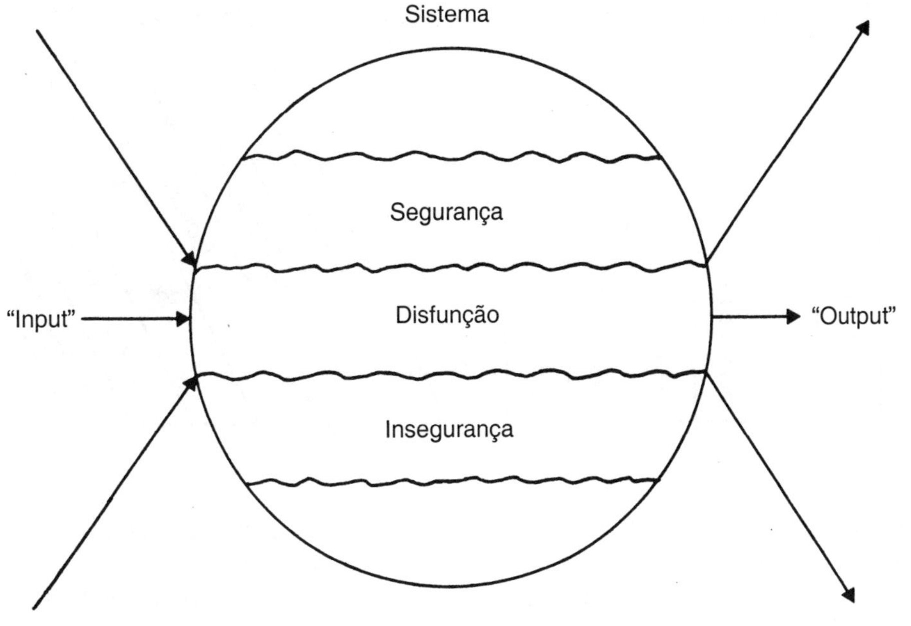

Figura 4.1

Geralmente se fala de acidentes (ou seja, de fatos consumados) que, de uma forma ou de outra, permitem analisar seus efeitos, medir suas conseqüências e adotar medidas preventivas para evitar que se repitam; contudo, é melhor considerar o conceito *incidente*, isto é, uma situação anômala, proveniente de circunstâncias inseguras com tendência a originar uma série de incidentes e que, posteriormente, termina em acidentes. A descrição destes elos constitui a origem do acidente, que pode ser representado como na Figura 4.3.

Quando falamos de acidentes e pensamos em prevenção, devemos buscar o enquadramento das ocorrências que os precedem: isto permite, sem diminuir a importância do conceito probabilístico ou do acaso, propor esquemas racionais e objetivos da origem do acidente, partindo dos antecedentes que o provocaram.

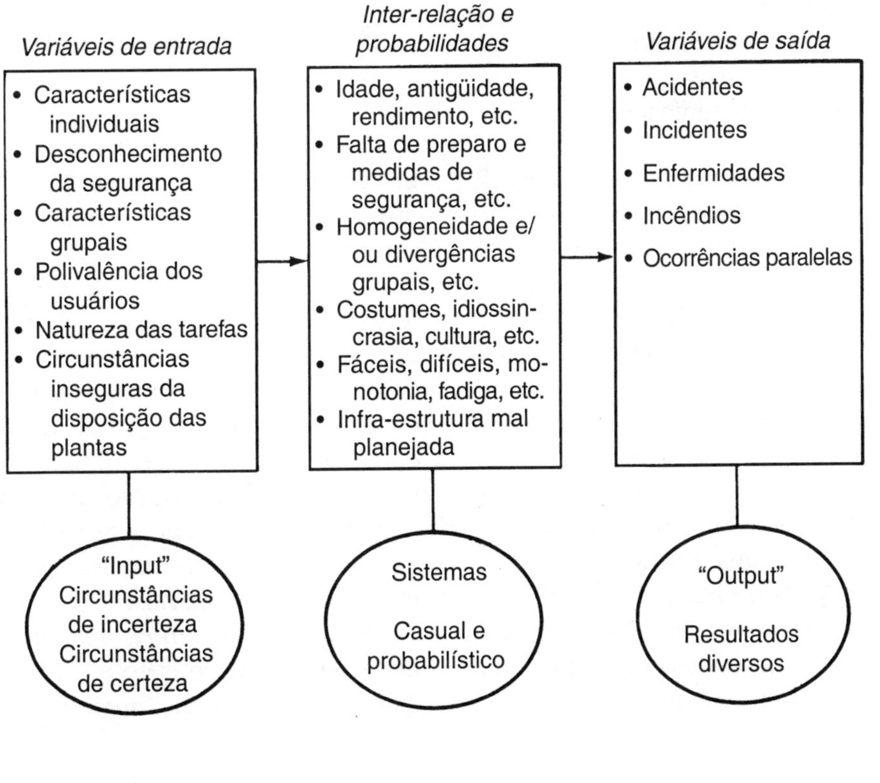

Figura 4.2

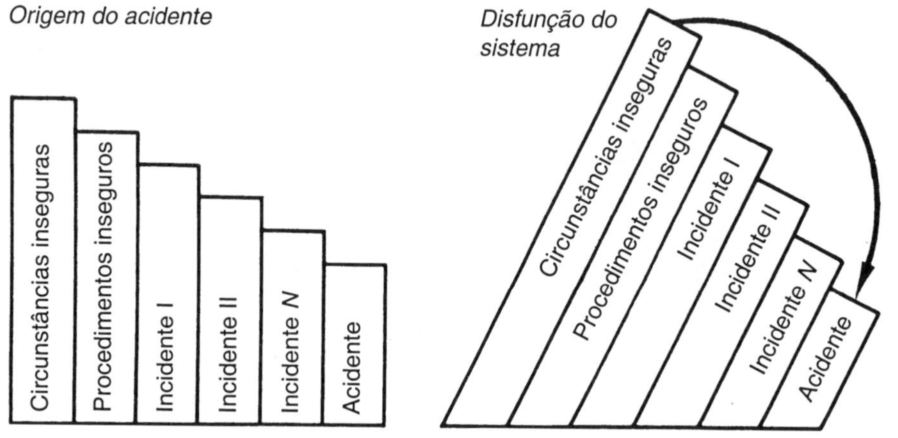

Figura 4.3

Todo sistema de segurança, no qual as situações repetitivas de acidente são poucas, indica confiabilidade, o que, por sua vez, se vincula com a inter-relação positiva segurança-produtividade, ou seja, não se deve sacrificar uma pela outra, mas aumentar a importância de cada uma em proveito do conjunto; contudo, quando isso não for possível, será dada maior relevância à segurança, porque no final se traduzirá no bem-estar dos funcionários e na possibilidade de retomar, com força maior, o aspecto da produtividade.

A confiabilidade na organização hoteleira reside nos seguintes termos:

- Prevenção, para localizar pontos e áreas de maior perigo
- Heterogeneidade dos trabalhos
- Limites entre funções
- Falta de coincidência entre as divisões administrativas e as funcionais
- Confiabilidade nas comunicações

Em toda instalação hoteleira existem áreas de maior perigo potencial, como as de serviços, às quais se deve dar maior prioridade na prevenção e na segurança. Por outro lado, quanto maior for a distância hierárquica, maior distorção haverá na coordenação entre o chefe e a linha (e, portanto, a intercomunicação), enquanto confiabilidade se enfraquecerá na linha, o que obriga a considerar as mencionadas fronteiras, porque ali a confiabilidade do sistema é vulnerável e, portanto, a segurança. As interferências devidas à falta do conceito unidade (isto é, dependência de somente uma autoridade para efeitos de trabalho) propiciam uma ambigüidade que predispõe à disfunção do sistema de segurança, o que se traduz em erros cometidos pelo indivíduo e que acarretam nefastas conseqüências.

Se faltar comunicação ou ela for deficiente, haverá também um decréscimo na confiabilidade da organização. A importância da comunicação na prevenção dos acidentes se reflete nos estudos realizados por Neuloh, Ruhe e Graf (1957). Eles relataram que, do total de acidentes ocorridos em três fábricas durante dois anos, 10% ocorreram exclusivamente por falha na comunicação ou por má interpretação: o receptor parecia ser o causador duas vezes mais que o emissor.

Em se tratando de hotelaria, a comunicação costuma ser por meio telefônico, que deve ser enriquecido com mensagens escritas e verbais, devidamente codificadas, sinalizações e outros, que serão estudados mais adiante.

FUNDAMENTOS DA SEGURANÇA HOTELEIRA

O termo *hotel*, considerado como conceito genérico, abrange flats, motéis, hotéis, todo estabelecimento que tenha como finalidade proporcionar serviço de hospedagem. A segurança como filosofia não tem limitação, surge no projeto tanto em termos de esboço como de obra, para ser projetada depois na condução e direção do estabelecimento hoteleiro. Assim, diversos aspectos devem ser considerados: localização do hotel, segurança na construção, material e equipamento que receberá, uso correto, administração eficaz, manutenção permanente, estratégia de segurança e higiene, observância legal das medidas de segurança e o treinamento dos funcionários.

O conceito *segurança* abrange a segurança física da instalação, a proteção e o controle da propriedade, a segurança dos funcionários da instalação e dos hóspedes, a segurança dos pertences individuais, a supervisão de pessoas e serviços, assim como as outras responsabilidades da organização. Também constitui um elemento indispensável da administração dos hotéis, se estimarmos que na atual conjuntura devem-se considerar diversas situações de caráter exógeno que podem fugir à organização, como seqüestros, assaltos e atos terroristas. Isso nos obriga a reconhecer que a segurança pessoal representa uma tarefa especialmente importante.

A definição de segurança hoteleira é: conjunto de medidas destinadas a proporcionar bem-estar e segurança aos hóspedes e a seus pertences, minimizando os possíveis riscos decorrentes de circunstâncias inseguras da instalação, eliminando, dentro do possível, os procedimentos inseguros provocados por funcionários do hotel e pelos próprios hóspedes e visitantes, combatendo situações negativas do entorno, ocasionadas por crimes, desastres naturais, desordens civis, guerras e outros, que pertencem à categoria de riscos incontroláveis.

A eliminação dos acidentes nas suas diversas classificações é de vital importância para o usuário, o hotel e o trabalhador.

a) Para *o usuário*, significa segurança, tranqüilidade, confiança, vontade de retornar e agente promocional da instalação.
b) Para *o hotel*, significa redução de perdas econômicas e sociais, melhora da imagem da instalação, crescimento da produtividade hoteleira e aumento da rentabilidade.
c) Para *o trabalhador*, significa ambiente agradável, trabalhar em circunstâncias de segurança e higiene, crescimento da produtividade pessoal e aumento da motivação pessoal, que se traduz na auto-realização do indivíduo.

Objetivos da Segurança Hoteleira

O objetivo básico da segurança hoteleira é minimizar os possíveis riscos e desastres que ocasionam acidentes pessoais e deterioração da instalação, com a finalidade de dar segurança às pessoas, segurança física e manutenção das instalações e segurança aos pertences dos usuários.

Como objetivos complementares da segurança podemos enunciar:

- Considerá-la como tarefa permanente que requer pessoal especializado, devidamente apoiado pela gerência
- Proporcionar segurança nas instalações externas e internas
- Preparar o pessoal e conscientizá-lo da importância da segurança
- Manter ordem perfeita, limpeza e higiene
- Controlar os riscos próprios da atividade hoteleira
- Descobrir e eliminar ou neutralizar as principais causas dos acidentes

Alcances da Segurança Hoteleira

Além de evitar os acidentes, a segurança hoteleira deve-se preocupar, entre outros aspectos, com:

- Descobrir as circunstâncias de risco que a instalação apresenta
- Evitar procedimentos arriscados por parte dos funcionários e, em geral, por todos aqueles que se encontrem na instalação
- Manter a boa imagem da instalação
- Diminuir catástrofes que, na ordem social, constituem carga econômica e moral
- Criar um ambiente de confiança para os usuários do país ou estrangeiros
- Aumentar a satisfação do usuário quanto à segurança física e de seus pertences
- Diminuir ao máximo os custos ocasionados por acidentes e riscos

POLÍTICA INTEGRAL DE SEGURANÇA

A segurança hoteleira obedece a uma série de indicadores que, em conjunto, proporcionam o perfil da política integral de segurança. Por sua vez, os referidos indicadores devem estar perfeitamente delimitados, com objetivos e fins precisos e bem concatenados para que os resultados se orientem pelo esforço comum do estabelecimento hoteleiro em toda sua estrutura. Esse conceito se expressa na Figura 4.4.

Política de Segurança

O conceito *política* é o conjunto de normas adotadas pela instituição para selecionar um modo de ação e de decisão final. Isto permite estabelecer

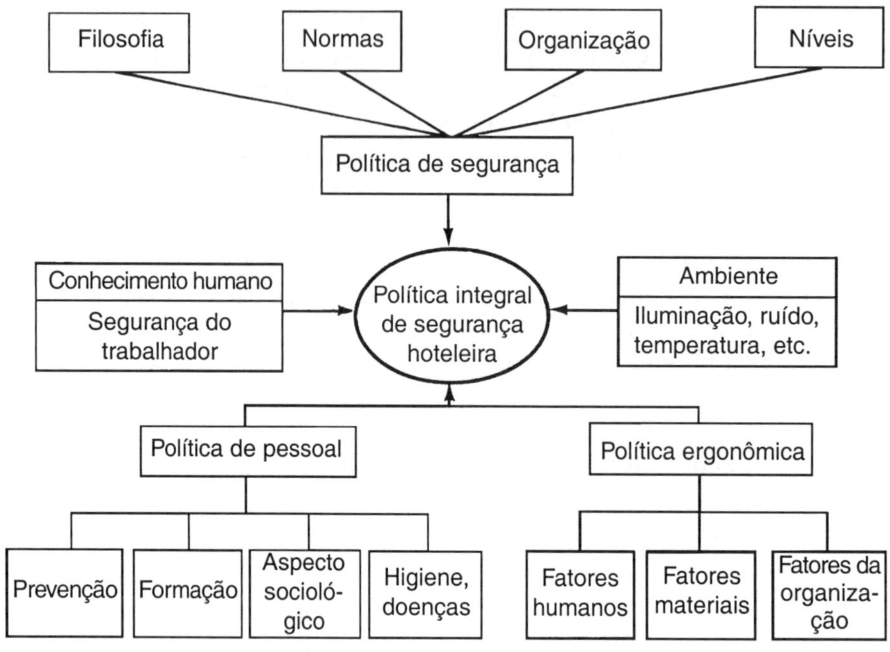

Figura 4.4

um padrão inicial e genérico que rege o uso da informação relacionada com os acontecimentos e sua aplicação na execução. A política como termo genérico abrange, entre outros conceitos: filosofia, política de segurança e normas.

Filosofia

A filosofia é um conceito ético-motivacional permanente que orienta a atividade da organização visando alcançar as metas estabelecidas previamente. Constitui um marco de referência para o desempenho da empresa, em cujos limites deverá ser enquadrada a conceituação de estratégias e planos que permitam chegar, de forma satisfatória, a resultados acordes com o referido conceito.

A filosofia da segurança hoteleira apresenta um quadro de referência muito amplo e específico que abrange, entre outros, os aspectos:

- Conhecer a instalação hoteleira, com suas deficiências e limitações
- Estabelecer um plano geral de segurança
- Implantar normas concordes com a segurança e o bem-estar da instalação e dos usuários
- Proporcionar máxima segurança à instalação e aos seus ocupantes
- Fazer uma avaliação econômica dos custos e dos resultados
- Facilitar a atualização e as correções oportunas

Os fins da filosofia hoteleira no âmbito da segurança são de caráter explícito, isto é, abertamente declarados para que sejam do conhecimento de todos; além disso, obedecem ao interesse, desejo e motivação dos elementos da empresa, assim, como à confiança dos usuários, no sentido de estarem apoiados de forma concreta por uma atuação firme no que se refere à segurança de todos os que intervêm na instalação hoteleira.

Com a política de segurança, busca-se um equilíbrio dinâmico entre os fins determinados pela filosofia hoteleira de segurança pessoal, de segurança física da instalação, da diminuição de custos e de melhoria da imagem, com tendência a uma permanente atualização e modificação daqueles, de acordo com a sua importância relativa e com o surgimento de outros novos conceitos ou fins que a filosofia possa incluir.

Entre as políticas de segurança podemos considerar:

1. *Política de segurança propriamente dita* – Adota-se desde o momento em que se decide instalar ou construir um hotel, no estudo e na análise da disposição das plantas, o que se examinará em outra seção. Ao passo que a instalação e os sistemas modernos se modificam, a segurança também deve se adaptar a esta realidade: em termos de pessoal e de organização, a delegação é necessária no que se refere à autoridade, mas não no que diz

respeito à responsabilidade, que é comum a todos. A eficácia dos funcionários deve melhorar e os custos dos investimentos aumentam, surgindo a problemática do gasto, que produz um esforço menor para combater o risco.

2. *Política de comodidade* - Surge como conseqüência da anterior; por sua vez, a segurança adquirida impulsiona a comodidade e os desejos de melhorias, o que leva à simplificação de todo o sistema e a torná-lo mais acolhedor.
3. *Política do benefício* - Toda organização hoteleira busca um lucro concreto nas suas operações. Geralmente, o objetivo é de prazo imediato, quando se trata de comparar investimentos e medir os resultados; porém, a segurança como investimento pode ser analisada sob os aspectos:

   - *Rentabilidade imediata*, medida pelos efeitos da segurança e do bem-estar permanente dos clientes
   - *Rentabilidade a curto e a médio prazos*, que se pode medir e avaliar por meio de critérios contábeis (gastos com a segurança), custo por acidente e outras conseqüências da má política de segurança, assim como benefícios e economias decorrentes de uma boa política de segurança
   - *Rentabilidade a longo e a muito longo prazos*, que obedece a um investimento em segurança cada vez menor, como conseqüência da excelente implantação de um sistema integral de segurança desde os primeiros anos de operação do hotel. Isso permite manter a capacidade e o potencial adquiridos em matéria de segurança, o que torna os custos menores e os benefícios maiores.

Normas

Norma é uma regra à qual a operação a ser implantada deverá ajustar-se. Também pode ser definida como guia de atuação a ser seguido ou como um padrão de referência.

As normas podem ser: a) *estáticas*, quando se referem a determinados padrões ou modelos estabelecidos previamente e que apenas desempenham o papel de avisos aos quais devemos nos ajustar, ou b) *dinâmicas*, quando se referem a situações de atuação em circunstâncias determinadas (procedimentos e métodos de atuação).

As normas de segurança podem ser consideradas:

- Normas de caráter geral: as universalmente aceitas
- Normas de caráter específico: as que são estritamente acordes com a infra-estrutura do hotel
- Normas gerais da organização (particulares, comparadas e verificadas)

Vantagens das normas, entre outras:

- Representar um elemento de sistematização da segurança
- Facilitar a compreensão e a execução das tarefas de segurança de forma clara e precisa
- Permitir o direcionamento eficaz do sistema de segurança
- Impedir a existência de vazios na segurança
- Facilitar a rápida formação e a conscientização do pessoal
- Permitir o excelente uso das instalações e do equipamento
- Homogeneizar meios e procedimentos, além de facilitar a comunicação e a segurança
- Aumentar o senso de segurança no usuário

Normas gerais de segurança hoteleira

As normas gerais de segurança são:

1. Manter permanentemente as instalações em bom estado de limpeza.
2. Fazer a limpeza dos ambientes internos quando o usuário não estiver presente, para ventilar os locais e para que o hóspede não se sinta incomodado.
3. Extremar a limpeza nos lugares de operação, como cozinhas, lavanderias, almoxarifado e imediações de máquinas perigosas.
4. Conservar sempre os pisos livres de óleo, gordura ou qualquer material escorregadio.
5. Cada trabalhador é responsável por manter sua área de trabalho limpa e em bom estado.
6. Extremar a limpeza de vidros, janelas, clarabóias e tudo o que facilite a iluminação natural dos locais.

7. Sinalizar os pontos de água que não se deve beber, por não ser potável.
8. Delimitar a circulação do pessoal interno e do usuário em certas áreas do hotel.
9. Ao se pintar o almoxarifado dos diversos materiais utilizados no hotel, atentar para não interromper:
   - a distribuição adequada da luz natural ou artificial
   - a passagem livre nos corredores
   - a comodidade para usar os extintores
10. Conservar nivelado o piso das cozinhas e dos locais de trabalho, lavanderias, etc., a fim de evitar acidentes por desníveis.
11. Definir e marcar corretamente as áreas de serviço.
12. Ter escadas de mão sólidas e seguras para usos diversos.
13. As escadas de mão deverão ter antiderrapante na base ou ganchos para firmar a parte superior.
14. Em qualquer lugar, evitar o excesso de calor ou de frio e os odores desagradáveis.
15. A iluminação deverá ser apenas a necessária, de acordo com os locais e as suas funções,
16. Intensificar a iluminação nos pontos de trabalho de risco e nas áreas de vigilância externa.
17. Fazer limpeza periódica das luminárias, para garantir sua transparência constante.
18. Dispor de uma fonte alternativa de energia para os casos de emergência.
19. Situar os setores com potencial elétrico totalmente afastados da área habitacional, de reuniões e de circulação.
20. Todo o equipamento e outros elementos com potencial elétrico devem dispor de adequada conexão à terra e ser periodicamente verificados.
21. Em princípio, por razões de segurança e de estética, evitar fios elétricos aéreos em qualquer área do hotel.
22. Manter em bom estado os condutores, os interruptores e, de forma geral, toda a instalação elétrica ao alcance das pessoas.
23. Não realizar trabalhos em instalações de alta tensão sem adotar as precauções técnicas de praxe.
24. Colocar o quadro de distribuição em compartimento fechado à chave.
25. Classificar e distribuir cuidadosamente os extintores em lugares visíveis e de fácil acesso, com placas de identificação para o tipo de incêndio.
26. Organizar uma brigada de incêndio em toda a instalação hoteleira, a fim de facilitar o combate a possíveis princípios de incêndios.
27. Efetuar, periodicamente, simulações de combate a incêndios, fuga e uso dos meios e aparelhos de alarme.
28. As portas de saída deverão estar livres de obstáculos e acessíveis à saída das pessoas, em caso de emergência.
29. Periodicamente, de acordo com o plano geral de segurança, efetuar inspeções médicas, de engenharia, de segurança de locais e quartos, etc.
30. A comunicação em todos os seus aspectos, níveis e meios é importante para manter a eficácia de um bom plano de segurança.

Organização da segurança hoteleira

Toda política ou todo plano de segurança fracassará se não existir organização como elemento motor, capaz de pô-lo em marcha. Partindo do ponto de vista de que qualquer mudança na organização melhora o funcionamento do sistema, podemos afirmar que a organização de segurança tem caráter flexível, de acordo com necessidades, meios e disponibilidades do hotel. Portanto, a organização deve ser enfocada sob os aspectos:

- Objetivos gerais e específicos da segurança hoteleira
- Perfil das tarefas físicas e mentais que devem ser cumpridas
- Agrupamento das tarefas e atribuição das funções e responsabilidades ao pessoal hoteleiro
- Informação que deverá ser proporcionada a esse respeito
- Capacidade física, intelectual e motivacional dos componentes da organização
- Dimensão do hotel e de sua categoria
- Meios e materiais físicos e técnicos disponíveis

O modelo de organização de segurança hoteleira deve reger-se por um conceito de reação em cadeia, na qual o fluxo de tomada de decisões ocorra em ambos sentidos:

a) Do cume à base, para as medidas de segurança, preparação, organização, direção e controle do sistema.
b) Da base, ou de qualquer nível, para os extremos, quando o sistema sofrer as conseqüências de sua disfunção (acidentes, incêndios, ataques e outras situações de maior envergadura), em cujo caso cada indivíduo ou cada parte da organização assumirá sua responsabilidade e tomada de decisões no momento preciso, de forma que coordenem e informem aos outros componentes.

O citado implica que, em um determinado momento, a organização administrativa e estrutural do sistema hoteleiro se transforme em uma organização paralela de segurança, cuja direção e controle ao experimentá-la é tarefa do chefe máximo da segurança hoteleira. Isso, por sua vez, obriga à conscientização de todo o pessoal e em todos os níveis sobre seu papel e responsabilidade na segurança do conjunto.

Medidas de organização

Para se ter sucesso na proteção do pessoal, será imprescindível se organizar em termos de segurança, de modo que essa organização seja completa e constante. Será completa no sentido de que deverá atender à provisão de todas as medidas preventivas e constante, porque os períodos de apatia criam, entre os trabalhadores, a impressão de que a direção age somente em circunstâncias especiais, quando se vê obrigada a fazê-lo (por exemplo, uma lesão grave), sem que verdadeiramente exista uma autêntica preocupação pela segurança. Assim, a atuação nos campos de segurança e higiene deve ser constante, intensa e cuidadosamente orientada para a consecução dos melhores resultados.

O sucesso da organização reside na inclusão de todos os usuários e funcionários do hotel, bem como na participação ativa de uns e de outros. Nesse sentido, todos devem aceitar sua participação e sua responsabilidade, a fim de prestar a colaboração necessária para conseguir o clima de segurança que deve existir em toda atividade. Cada chefe deve estar consciente de que é diretamente responsável por garantir o mais alto nível de segurança no seu próprio departamento ou seção. Freqüentemente, nas linhas hierárquicas da organização hoteleira, se considera que, em primeiro lugar, estão serviço e produtividade e que, num plano de menor importância, encontram-se as questões relativas à segurança, o que de forma alguma é excludente.

Sabemos que os acidentes podem ser classificados em dois tipos: os ocasionados por circunstâncias de perigo (instalações e ambiente) e os causados por falhas humanas, seja por falta de instrução ou por não agir com as devidas precauções.

A partir desta base, se tratará, por um lado, de conseguir que a segurança técnica seja à prova de imprudências e, quanto à segurança humana, responsável pela maioria dos acidentes, consolidá-la mediante inspeção, cooperação e permanente instrução do pessoal. Essa segunda causa é o principal problema enfrentado, pois envolve a criação de um processo psicológico por meio do qual se infundirá, na mente e na vontade do indivíduo, uma consciência de segurança, de modo que a prática da segurança apareça como um reflexo condicionante.

Para atender a todos estes aspectos, a administração do hotel deve pensar seriamente em organizar a segurança e projetar a estrutura mais adequada, de acordo com a sua natureza (serviços para pessoas e para seus bens) ou com seu dimensionamento e imagem. Cabe afirmar que a responsabilidade da administração se concretizará nos seguintes pontos essenciais: dotar a instituição dos meios humanos e materiais necessários ao desenvolvimento de uma política de segurança acorde com as suas necessidades e ser o principal promotor e animador das ações preventivas.

Independentemente das normas que existem em cada país sobre a organização de segurança, e que devem ser consideradas, a organização dos meios para prevenir acidentes e doenças profissionais incidirá não somente sobre a gerência geral, mas também sobre o organismo de segurança (comitê, departamento ou vigilante de segurança). Geralmente, a presença do engenheiro de segurança é necessária em uma organização hoteleira.

O organismo de segurança (departamento ou comitê) é o órgão permanente do hotel, cuja função consiste em zelar pela aplicação das medidas de segurança e ser o elemento coordenador entre funcionários e gerência. Algumas de suas funções podem ser:

- Promover a observância das disposições vigentes
- Informar sobre o regulamento interno da segurança do hotel
- Inspecionar as circunstâncias perigosas existentes
- Controlar o combate a incêndios
- Conhecer as investigações relacionadas com acidentes e doenças e pesquisar as causas
- Cuidar da formação dos funcionários, promovê-la e fomentar a colaboração dos mesmos
- Cooperar com as campanhas de segurança
- Controlar a segurança física do estabelecimento
- Examinar os padrões de higiene em relação à segurança e ao bem-estar do pessoal
- Vigiar o pessoal interno, o usuário e o visitante
- Verificar e manipular a bagagem
- Resguardar andares e locais em que os usuários se hospedam e desempenham as suas atividades

Entre os membros da organização de segurança, a gerência e os funcionários devem estar representados; entre os primeiros está o próprio gerente, o chefe de pessoal, o médico do hotel e o engenheiro de segurança. É conveniente que o número de membros seja elevado, pois interessa que a participação seja autêntica.

Para hotéis pequenos, se considerará um vigia, com funções orientadas para salvaguardar a segurança, em menor medida, em função do tempo que lhe permita seu posto habitual. Suas funções consistirão em:

- Promover o interesse e a cooperação dos funcionários a respeito da segurança
- Comunicar à direção as circunstâncias de perigo e propor medidas para sua supressão
- Supervisionar e inspecionar, de forma constante, as instalações
- Controlar e corrigir os procedimentos inseguros do pessoal

A figura do engenheiro de segurança deve desempenhar um importante papel na organização da segurança; deve pertencer à organização e se dedicar inteiramente à área. Em geral, será a pessoa que tornará operacionais as decisões gerenciais, com o que se ganhará em eficácia. Isso obedece, em parte, ao conceito da regra 244, parágrafos 27 e 28, da OIT, que se adapta, por sua vez, aos hotéis:

> Nos grandes estabelecimentos industriais com alto risco, o empregador deverá designar um funcionário, em jornada completa, cujas obrigações devem ser exclusivamente concernentes à segurança e higiene industrial.

Os grandes hotéis devem contar com um engenheiro de segurança.

Se um estabelecimento industrial com alto risco for composto de vários departamentos separados, se devem:

a) Nomear uma pessoa encarregada da prevenção de acidentes, em jornada completa, em cada departamento com pelo menos 250 funcionários permanentes; e
b) Destinar para o estabelecimento industrial um funcionário-chefe, encarregado da prevenção de acidentes.

Como os grandes hotéis se compõem de várias áreas com determinados riscos, justifica-se igualmente a nomeação de um engenheiro de segurança à frente ou não da organização da segurança e cujas funções podem ser, entre outras:

- Controlar o cumprimento das medidas de segurança
- Assessorar a gerência
- Inspecionar os perigos existentes
- Analisar as causas de acidentes
- Elaborar normas e instruções de segurança, como também o regulamento de segurança e higiene
- Supervisionar a formação e as ações próprias da organização da segurança
- Examinar os meios de proteção e de extinção de incêndios
- Estar em coordenação com os elementos de segurança públicos e privados

A organização da segurança consistirá em definir as funções de todos os que ocupam cargos de responsabilidade. Foram mostradas as funções relativas à gerência, à organização da segurança e ao engenheiro da segurança. Mesmo assim, devem ser determinadas as dos outros responsáveis; além disso, deverão se estabelecer linhas de iniciativas e de propostas, as decisões, sua execução e o controle da aplicação e os resultados obtidos.

A organização poderá incluir a formação de outros departamentos ou seções, ou simplesmente de reuniões para assuntos mais específicos, conduzindo reuniões periódicas dentro de um mesmo nível (comunicações horizontais), como é o nível de gerentes ou encarregados, ou reuniões verticais: gerentes ou chefes de departamento com seus encarregados, seus chefes de equipe e seu pessoal de base.

Em todos os casos, uma vez criados e definidos todos os órgãos de administração da segurança, suas reuniões, sua periodicidade e datas, os assuntos básicos próprios e outras circunstâncias deverão ser regulamentados por meio de um manual de organização de segurança, que será a expressão escrita da estruturação no hotel, do âmbito da segurança e da higiene.

A segurança se concretiza quando as funções estão especificadas e cada pessoa tem a sua responsabilidade.

A linha de demarcação entre a gerência e os funcionários recai na autoridade para ditar ordens ou para dirigir o trabalho. Em termos de segurança, a gerência é responsável por ela e fica sob seu controle a existência de circunstâncias de risco, assim como a correção e a eliminação dos procedimentos de risco do pessoal. Os atos de risco são as causas pessoais, pelo que a gerência deve preparar e instruir seu pessoal nos aspectos da segurança: deste modo, as regras de segurança serão devidamente aplicadas.

A segurança em estabelecimentos maiores está a cargo de um departamento ou uma gerência, sem que isso isente o resto do pessoal do hotel de suas responsabilidades a respeito. Nas instalações pequenas, a segurança geralmente se reparte entre várias seções.

Descrição e Características da Tarefa de Segurança Hoteleira

A tarefa de segurança é um conjunto de atividades diversas direcionadas para um mesmo objetivo: proporcionar segurança, tranqüilidade, confiança e perfeito estado de conservação das instalações, e evitar qualquer tipo de incidente ou acidentes individuais ou coletivos.

Entre as diversas atividades, podem-se enunciar as seguintes, que constituem, em conjunto, o perfil da tarefa de segurança:

a) Segurança física do pessoal (da planta e do usuário): evitar qualquer acidente ou incidente, dentro da instalação, que possa atentar contra a integridade do indivíduo.
b) Segurança biológica do pessoal (da planta e do usuário): evitar qualquer elemento contaminador capaz de trazer danos à saúde do indivíduo.
c) Proteção dos pertences dos usuários: evitar perdas ou deterioração da bagagem e das roupas dos usuários.
d) Proteção do dinheiro e das jóias: evitar furto e roubo do dinheiro e das jóias dos usuários.
e) Segurança contra incêndios: proteger o pessoal contra o perigo do fogo.
f) Segurança da instalação: proporcionar à instalação todos os sistemas de segurança nos seus diversos serviços e em todas as áreas do hotel.
g) Segurança externa: assegurar-se de possíveis assaltos, invasões e roubos por pessoas estranhas à instalação.
h) Segurança e ordem internas: vigiar corredores, recepção, salas de estar e demais ambientes, observar atividades suspeitas de funcionários e turistas.
i) Tranqüilidade e ordem: impedir a entrada de visitantes ou viajantes indesejáveis, assim como de desocupados e pessoas suspeitas.
j) Cumprimento das normas: todas as que se referem à segurança, como métodos, procedimentos, ordem, silêncio, etc.
k) Controle interno e externo do pessoal: observar e controlar possível entrada e saída de pessoas estranhas ao hotel.
l) Capacitação do pessoal: referente ao sistema de segurança; conscientizar os funcionários para que não roubem os hóspedes.
m) Segurança nos eventos: proporcionar controle e segurança adequados dentro e fora do local do evento.
n) Segurança nos estacionamentos: proporcionar vigilância e segurança contra roubos, avarias ou possíveis acidentes e incêndios dentro do estacionamento, com a finalidade de garantir a integridade do veículo e das pessoas.
o) Segurança nos serviços: investigar os maus serviços de cafeteria, restaurante e cozinha, no que se refere à falta de higiene.
p) Segurança no almoxarifado: evitar o desaparecimento de objetos e artigos dos almoxarifados, assim como favorecer a aplicação correta das técnicas de armazenamento.

q) Segurança nos alimentos: examinar todos os artigos e comestíveis, assim como a sua preparação e distribuição, condicionando-as às mais estritas regras de higiene.
r) Segurança de arquivos e documentação: para evitar desaparecimentos ou perdas de documentos importantes ou de valor.
s) Colaboração com as autoridades: facilitar a detenção de pessoas que se encontrem à margem da lei, assim como coordenar os aspectos de segurança com as autoridades do país.
t) Inspeções de segurança: realizar inspeções permanentes em questões de segurança.
u) Acidentes: investigar os acidentes e suas causas.
v) Relatórios: informar detalhadamente sobre acidentes ocorridos e oferecer recomendações para seu controle e correção.

Antes de propor uma organização de segurança, estudaremos os *tipos de segurança* ou *de serviços* conforme o elemento executor:

1. **Segurança proporcionada pela própria organização (o hotel)** - Aquela que o organismo interno de segurança do hotel oferce (gerência, comitê, etc.). O resultado é uma instituição mais responsável e duradoura, obedecendo a um conhecimento mais adequado da realidade hoteleira.

Vantagens

- Permite o controle completo da segurança do hotel pelo pessoal interno, que conhece perfeitamente sua instituição
- Facilita o controle do sistema, por tratar-se do próprio pessoal que está conscientizado e vinculado à organização
- O hotel mantém controle direto sobre seu pessoal e pode prepará-lo de acordo com suas habilidades e qualificações pessoais
- A gerência de segurança conhece mais profundamente as necessidades e as limitações referentes à segurança e as circunstâncias da instalação

Desvantagens

- Em certos casos, o resultado pode ser muito caro (salários, gastos de gerência, relatórios, gastos diversos, incentivos, etc.) se o pessoal da segurança não realizar outras tarefas de rentabilidade imediata
- Podem existir problemas devidos a faltas e férias do pessoal
- O pessoal da segurança pode deixar em segundo plano suas tarefas relacionadas à segurança e dar preferência às do tipo rotineiro, quando começarem a ter afinidade com os outros integrantes da organização

2. **Segurança proporcionada por empresas competentes** - A cargo de organizações externas, as quais fornecem ao hotel, dependendo de suas necessidades:

- Pessoal de segurança
- Investigadores privados
- Venda ou aluguel de equipamentos de alarme
- Equipamentos eletrônicos de segurança
- Especialistas em segurança, estudo e análise
- Pessoal de segurança de trânsito, para transporte de dinheiro, etc.

Vantagens

- Pode ter resultado menos caro e bastante agradável, pois se solicita somente o absolutamente necessário
- Está garantida a presença do pessoal e de recursos
- O pessoal especializado será utilizado apenas quando requerido

Desvantagens

- O pessoal contratado nem sempre é bem recebido; além disso, quebra-se o espírito de grupo
- O pessoal contratado nem sempre conhece bem a política e as normas internas de segurança do hotel
- O aspecto legal, com suas limitações de contrato, pode reduzir a eficiência do pessoal contratado em situações normais ou de emergência

Organização do departamento de segurança

A configuração do departamento de segurança em um hotel estará em consonância com o perfil da tarefa mencionada e com o grau de dificuldade existente na direção das operações e do pessoal, que obriga a delegar responsabilidades, o que depende de muitos fatores:

- A dimensão do hotel
- O tamanho do departamento
- As facilidades e o equipamento
- As atividades (perfil da tarefa)
- Os aspectos vulneráveis da segurança
- A classificação e a imagem do hotel
- As instalações e sua vulnerabilidade em relação à segurança
- O entorno e o ambiente (características da população, do mercado turístico, do nível do turismo receptivo, etc.)

Organograma de segurança

O organograma constitui a representação gráfica da estrutura existente em uma organização determinada e inclui:

- Funções ou atividades com responsabilidade dos diversos componentes da organização
- Centros de trabalho ou criação de departamentos com base no agrupamento de funções similares
- Cargos e cargas de trabalho, bem como identificação específica da sua atividade e sinais de atuação
- Relações, ou interdependência, dos diversos elementos que compõem a organização
- Linha de comunicação, que obedece à comunicação formal, isto é, de acordo com a hierarquização, a interdependência e a política de participação existentes na organização

O organograma facilita a interpretação das inter-relações e das responsabilidades dos componentes da organização e facilita, principalmente, o conhecimento das relações formais; também, permite programar a futura evolução das estruturas, atribuir incumbências, exigir responsabilidades, realizar um esforço profundo de análise da organização e servir como meio eficaz na direção desta última (Fig. 4.5).

Tipos de organogramas de segurança

Organograma linear - Quando não se dispõe de pessoal permanente de segurança, como nos hotéis pequenos. Em todos os níveis, cada trabalhador deve zelar e ser responsável pela segurança, além de realizar seu próprio trabalho na organização. Geralmente, os conhecimentos sobre segurança são adquiridos por meio das normas e da experiência na instalação.

Organograma por departamento - Talvez seja o mais adequado à realidade hoteleira. Existe um responsável direto, o gerente de segurança, sobre quem recai a responsabilidade da segurança da instalação e que conta, por um lado, com a delegação de autoridade da gerência geral e, por outro, com a responsabilidade completa para levar adiante suas funções específicas, trabalhando em colaboração estreita com os outros departamentos do

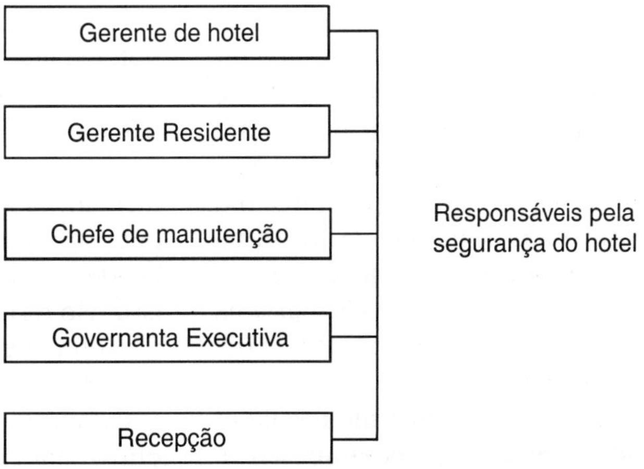

Figura 4.5

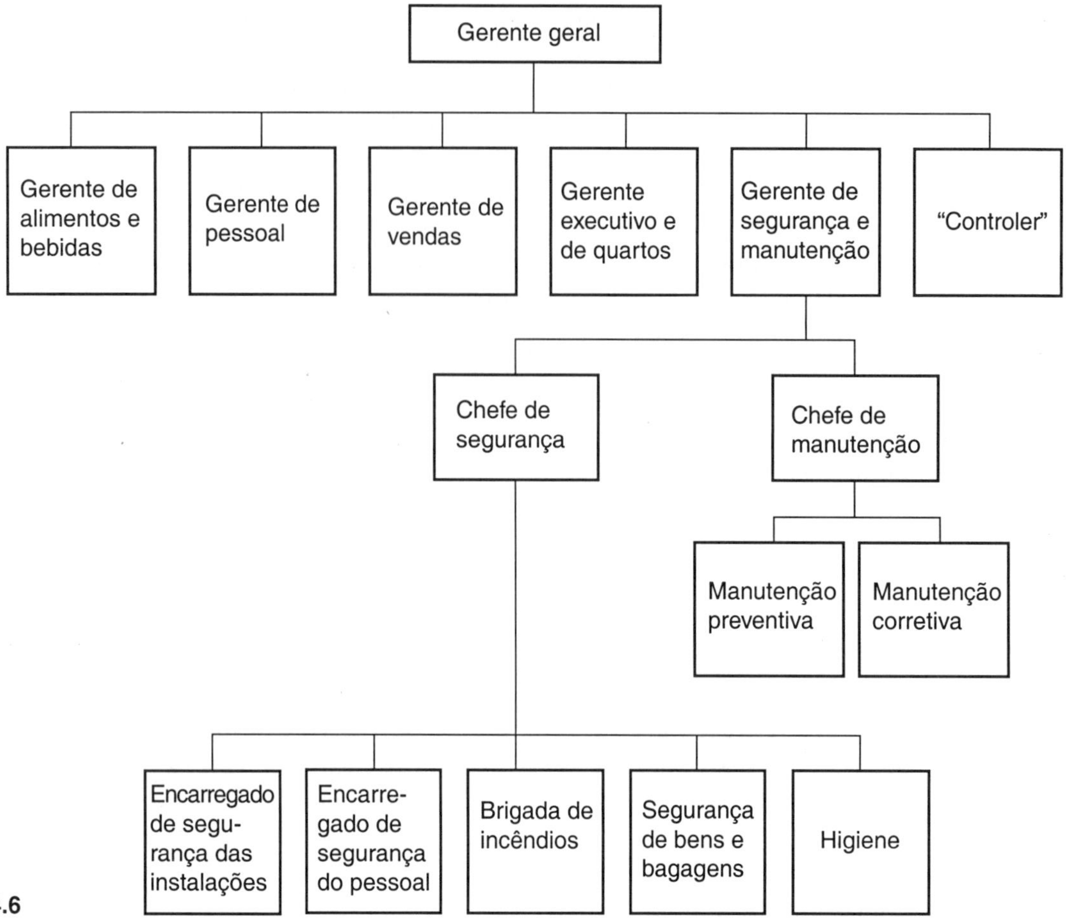

Figura 4.6

hotel. A grande vantagem dessa organização é ter à disposição a experiência e os conhecimentos especializados do pessoal da segurança, assim como o conhecimento administrativo da organização hoteleira. Esse organograma pode ser aplicado em hotéis de médio e grande portes (Fig. 4.6).

Níveis hierárquicos

A hierarquização existe em toda a estrutura, já que pressupõe classificar os diversos níveis de organização aos quais corresponde determinada autoridade e responsabilidade ao tomar decisões e avaliar os resultados da gestão. Em princípio, quando se fala em segurança e manutenção hoteleira, pode-se afirmar que todos os integrantes da instalação são responsáveis por ela, cada um com a sua responsabilidade e que os efeitos produzem uma reação em cadeia; no caso de serem negativos, podem ser prejudiciais ao hotel.

A propósito, o seguinte exemplo é muito válido: uma camareira descobre um fio elétrico desencapado, mas não lhe dá importância e nem informa o fato. A governanta executiva se limita a receber relatórios escritos e não se preocupa em inspecionar os lugares; por sua vez, o chefe de manutenção não realiza suas visitas periodicamente, o chefe de segurança comete o mesmo erro e o gerente de segurança não tem um plano de visitas e inspeções periódicas. Por outro lado, o departamento de segurança não se preocupou em instruir os hóspedes sobre as possíveis causas de acidentes e como evitá-los. Como nunca antes aconteceu um desastre no hotel, o gerente geral dá pouca importância à segurança. Certo dia, um hóspede, usando um equipamento pessoal, tem contato com o fio desencapado e acontece uma tragédia: um curto-circuito; começa o incêndio e ocorre a catástrofe. Se todos estivessem conscientizados da sua responsabilidade em relação à segurança, em 99% dos casos isso não teria acontecido.

Assim, de forma geral, cada componente deve ter o mesmo grau de conscientização em relação à segurança e à sua importância no hotel; por outro lado, cada um deve ser responsável pela segurança que lhe cabe, pela tarefa que deve executar e pelo conhecimento que deverá ter em relação à segurança.

CONHECIMENTO HUMANO

ASPECTOS PSICOLÓGICOS DO FUNCIONÁRIO

Como entidade organizacional, o hotel é um sistema de *caráter social* que cumpre objetivos e fins específicos, com tarefas de caráter sociotécnico e que oferece a seus funcionários segurança física, de trabalho, de bem-estar social e de projeção para a auto-realização.

Como *ser social*, o indivíduo oferece a inovação, no seu caráter de elemento dinâmico, sem a qual ela ficaria permanentemente estática e obsoleta; porém, nessa convergência social de organização e indivíduo, surge como circunstância perturbadora o fator técnico, em que ambos se apóiam quando se trata da separação entre eles. Nessa ordem de idéias, a empresa prioriza o fator técnico e relega o fator humano a segundo plano, enquanto este oferece resistência como chantagem, quando domina o fator técnico e não se identifica com a organização, criando problemas posteriores. Em ambos os casos, a organização e o indivíduo terminam perdendo.

Para uma união bem ajustada entre a organização e o indivíduo ou vice-versa, os responsáveis pela direção geral da empresa devem possuir conhecimento geral do indivíduo, a respeito de seu comportamento e especialmente de sua personalidade, a fim de poder orientá-lo melhor em relação à conscientização sobre a tarefa e a importância da segurança.

Na tarefa integral do hotel, existe um equilíbrio dinâmico dado por todos os elementos que constituem a organização; quando o referido equilíbrio se altera por uma situação decorrente de incidente ou acidente, a atividade se transtorna e o objetivo imediato é solucionar as causas anômalas, para evitar que a dinâmica da instalação se deteriore. Geralmente, pensa-se que no indivíduo existam três funções, talvez não tão bem delimitadas e que, em determinado momento, podem ser a causa do incidente. Em relação ao conjunto, o empregado hoteleiro sente que uma das suas funções é *servir*, assim como prestar um bom serviço, seja qual for a tarefa que deva realizar. Por tal motivo, às vezes essa função se encontra no subconsciente; uma segunda função é *prevenir* qualquer situação anômala na sua atividade e, uma terceira, é tratar de *corrigir* o que estivesse ou pudesse sair mal. Quando no indivíduo se insere, quase inconscientemente, o sentimento de servir melhor e de imediato, pode-se produzir um desgaste entre essa função e as outras duas, apesar de serem intrinsecamente compatíveis e integradas. Portanto, se recorrermos à escala de necessidades, cabe dizer que o indivíduo associa o servir bem com a satisfação da necessidade primária (sobreviver), e a prevenção de causas de acidentes com segurança, depois de ter suas necessidades satisfeitas. Essa situação, um tanto anacrônica, deve ser corrigida mostrando-se que, para um bom serviço, deve-se dar igual importância à segurança nas atividades que conformam o proporcionar o referido serviço. A coerência entre serviço e segurança é equivalente ao sistema cibernético, no qual o autocontrole ou lei do termostato impede que a água se aqueça além do limite, o que pode ser perigoso.

Antes de falar diretamente do empregado em relação a seu trabalho, cabe estudar, de forma breve, a personalidade do indivíduo.

INTEGRAÇÃO DO *EU*

O *eu* é o elemento integrador da personalidade; a mesma integração produzida entre todos os componentes internos do indivíduo determinam sua essência. Como exemplo comparativo pode-se considerar o conceito de *empresa*, que consta de elementos humanos, materiais, financeiros e tecnológicos funcionando de forma integrada e coordenada e constituindo um sistema interno, que produz seus intercâmbios com o exterior. A empresa aglutina os elementos internos, cria a imagem que todos têm dela e faz com que colaborem para fins e atividades comuns, cujos resultados afetam a todos. Da mesma forma, o *eu* é o elemento hipotético que aglutina os componentes internos do indivíduo e os subordina a um sistema integrado.

Os *mecanismos de projeção* configuram a unidade do *eu*. Toda informação recebida, os conteúdos adquiridos e a conduta desenvolvida se projetam no sistema anterior, se identificam com ele, se integram e se reconhecem como parte sua. Os sistemas mesomórfico, endomórfico e ectomórfico integram-se e constituem-se partes especializadas do indivíduo nas funções físicas, afetivas e mentais, da mesma forma que os sistemas simpático e parassimpático, os impulsos erótico e fanático, os pólos masculino e feminino, a condição criança, pai e adulto e os níveis consciente, inconsciente e subconsciente. Cada um deles age de forma distinta, mas, quando integrados, sentem-se partes da unidade superior, que é o *eu*, e agem quando suas funções são requeridas e de forma coordenada com os demais. Mesmo assim, suas motivações e seus condicionamentos são considerados por todo o sistema, para agir de forma coerente e compatível com eles.

O *autoconceito* é a imagem que se tem dessa unidade, de modo que existe uma para cada componente da personalidade. Existe uma imagem consciente, outra inconsciente e uma outra subconsciente, assim como uma mental ou bioelétrica, outra afetiva ou bioquímica e, outra, mecânica ou biofísica. O comportamento de cada parte do organismo se dá de acordo com a imagem que ela tem do *eu*; assim, resultam compatíveis, mesmo quando constituam representações diferentes, de forma a não provocar comportamentos inadequados para as outras. Quanto mais integrado e desenvolvido esse autoconceito, mais forte será a personalidade do indivíduo.

Denominam-se *papéis* as funções que o indivíduo acredita desenvolver de acordo com a sua imagem e que o levam a adotar postura ou comportamento não contraditórios com a sua forma de ser. Cada pessoa, conforme sua situação social, familiar, empresarial, política, religiosa, etc., adota vários papéis que tendem a integrá-la nos grupos aos quais pertence. Da mesma forma, cada componente interno do indivíduo adota alguns papéis que definem o papel e as funções que os outros esperam que desempenhe. Tudo isso dá origem a sistemas de peças psicológicas e triângulos dramáticos.

A *auto-afirmação* é conseqüência de um conceito ou imagem positiva do *eu*. O desenvolvimento de um autoconceito integrado e coerente leva à auto-afirmação, desenvolvendo a eficácia do indivíduo; além disso, as experiências positivas que ele teve ao longo da vida o influenciam de forma essencial. A valorização da imagem é algo subjetivo, em função das atitudes e posturas internas, mais que da própria realidade interna do indivíduo. O importante para a auto-afirmação é que o indivíduo se sinta satisfeito com a sua imagem e a considere positiva. A auto-afirmação origina um estado geral de satisfação, segurança, autocontrole, integração, equilíbrio emocional e aumento da capacidade energética, além de produzir uma visão positiva da vida, impulsos eróticos positivos e sentimentos de superioridade.

Os *mecanismos de defesa* são sistemas mediante os quais se intenta proteger a imagem do *eu*, evitando que se deteriore; por isso, são fundamentais para elaborar a auto-afirmação. Eles tendem a modificar a percepção das coisas, fazendo com que se veja apenas o que é interessante para o indivíduo, suprimindo o que o prejudica, complementando-a com coisas positivas, substituindo e transferindo aspectos dos outros em relação a ele e vice-versa, etc. Isso pode chegar à negação da realidade e à criação imaginária de fatos que não ocorreram. O juízo se distorce, se modifica e tende a valorizar positivamente o que se faz e de forma negativa o que foi feito pelos outros.

É natural transferir para os outros os próprios defeitos e buscar justificativas racionais para uma conduta inadequada. Outras vezes, se levam para o inconsciente os conteúdos negativos ou se os reprimem no subconsciente, sem querer admiti-los de forma consciente.

A *autonegação* se origina da imagem negativa do *eu*. Para isso, contribui um autoconceito não integrado e incoerente, que determina críticas e a não aceitação dos componentes internos, que não se sentem identificados com ele. As experiências negativas, os fracassos e a rejeição social são causas freqüentes disso; também pode contribuir uma imagem idealizada e demasiado elevada sobre como se deve ser. Uma imagem elevada em determinado nível de consciência, que não corresponda à que se tem em outros níveis, pode dar lugar à autonegação naqueles em que é inferior. Tudo isso cria sentimentos de inferioridade, culpa, fracasso, insegurança, diminuição energética, tensões, instabilidade e visão negativa da vida, com impulsos fanáticos e de agressividade. A autonegação pode voltar-se contra si mesma e produzir autopunição ou autocomiseração, ou contra os outros, atribuindo-lhes a culpa de seus problemas.

Os *mecanismos de superação* podem surgir como reação aos sentimentos de inferioridade e de negação, buscando corrigir os fracassos e as deficiências; é a postura mais positiva, que procura a auto-afirmação como contrapeso às causas de autonegação. Isso leva à atividade excessiva do indivíduo e à superação contínua, que o fazem se destacar no campo escolhido e produzir a chamada *supercompensação*. Outros mecanismos positivos de defesa contra as causas de autonegação são a resignação, o sacrifício e a sublimação, localizados na linha parassimpática frente à simpática da superação.

A *auto-realização* é o desenvolvimento da capacidade potencial do indivíduo, que lhe permite realizar aquilo para o qual se encontra capacitado e expandir-se de acordo com as suas possibilidades. É uma fonte de auto-afirmação, da mesma forma que a baixa realização tende a originar sentimentos negativos e frustrações. Os indivíduos que não conseguem se auto-realizar encontram-se insatisfeitos e tendem a buscar as possibilidades de o conseguir, quando adotam uma postura positiva de superação. As atitudes negativas impedem que se auto-realizem, porém, podem se resignar. Quando as pessoas se encontram em cargos ou posições relevantes demais para eles e não os podem desempenhar adequadamente (níveis de incompetência), a menos que se desenvolvam de forma rápida, não poderão nem se auto-realizar e nem se auto-afirmar, pelo que adotarão posturas defensivas para se manter nesse nível (Fig. 4.7).

O temperamento e o caráter são os motores iniciais e antecedentes lógicos da conduta humana. A motivação ou a desmotivação incidirão finalmente no comportamento do indivíduo. Entendemos por *temperamento* a vitalidade congênita que obedece a três tipos de energia, de acordo com os sistemas que conformam o indivíduo: *mesoderma*, que cria sua energia biofísica e proporciona um temperamento atlético; *endoderma*, de energia bioquímica e temperamento pícnico; e *ectoderma*, de energia bioelétrica e temperamento astênico. Segundo esses tipos de temperamento, o indivíduo terá um temperamento forte,

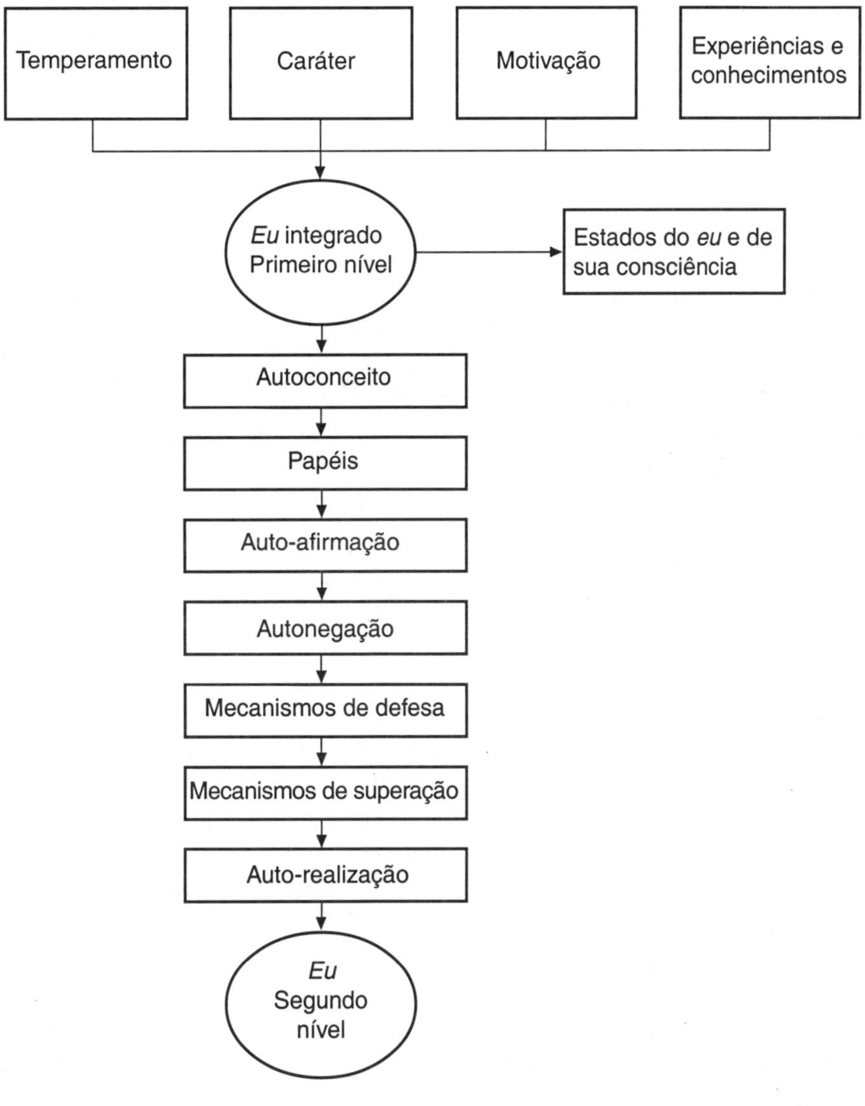

Figura 4.7

audacioso, frio e calculista (atlético); sensível e sociável (pícnico), ou intelectual, ordenado e planejador (astênico).

Caráter é o direcionamento dessa vitalidade para a consecução dos objetivos do indivíduo; assim, terá um caráter atlético, emotivo, intelectivo ou de ressonância.

Conduta é a vitalidade levada à prática ou, em ouras palavras, o *modus operandi* do *eu*; é a atitude do sujeito em relação ao fato, situação que pode servir para prever, em determinados casos, o comportamento do indivíduo que, para efeitos de segurança, se traduz em *procedimentos de risco*. Conhecer essas atitudes e poder canalizá-las, a fim de adotar condutas seguras, é o objetivo particular do conhecimento humano; porém, deve-se levar em consideração e desenvolver antecipadamente o sentido da percepção humana, que facilita o dimensionamento e a coerência do lugar que se ocupa neste mundo; além disso, em relação à segurança, valerá determinar os juízos a respeito dos outros não como uma simples eventualidade, mas como uma análise empírica.

Cabe mencionar e distinguir dois tipos de conduta para efeitos do seu estudo em relação à segurança: uma conceitual e outra operacional. A conduta conceitual serve para determinar o grau de conscientização que o indivíduo tem sobre o que se refere à segurança como sistema de prevenção de acidentes, e pode ser identificado mediante questionários que se regem por perguntas lógicas e de critério, com as quais se busca inter-relacionar seu possível comportamento com as situações potenciais de perigo. Da sua parte, a conduta operacional facilita o conhecimento da atuação, a reação e os hábitos do indivíduo diante de situações de periculosidade.

A conduta ou o comportamento do indivíduo podem ser avaliados sob três ângulos diferentes:

1. *Frente à segurança como sistema*, antes de qualquer acidente ocorrido. Em outros casos, se trata de avaliar e identificar a tendência do indivíduo a riscos, ou não. Para isso, se usam questionários do tipo interrogativo, usando-se o condicional, por exemplo:

   - Deveria existir uma gerência de segurança Sim Não
   - Seria o primeiro a atravessar um quarto em chamas Sim Não
   - Se tivesse problemas com o chefe de segurança, ignoraria qualquer condição de risco sem avisar Sim Não

Os acidentados costumam ser mais sensíveis ao risco que os outros, entre os quais podemos determinar os temerosos que, embora sem conhecimento, são contrários a qualquer situação que ofereça perigo e os temerários ou imprudentes que, em geral, minimizam as referidas situações.

2. *Comportamento diante da tarefa e sua execução*. Geralmente existe um comportamento, por um lado, seguro, diante de situações perigosas e, por outro, demasiado confiante ou indiferente, quando as circunstâncias não são perigosas. O conflito economia-segurança ou produtividade-segurança cria, às vezes, um comportamento diferente do conceitual. Costuma-se sacrificar a segurança pela produtividade e o aspecto econômico, com o que temos dois comportamentos diferentes: o econômico e o seguro. A decisão surge do balanço que o sujeito deva fazer desses dois componentes; porém, cabe mencionar que a conscientização mais as situações-estímulo que o ambiente de trabalho apresenta permitirão modificar e orientar o comportamento próprio para o pólo extremo da segurança, sem que por isso se deva descuidar do econômico ou do produtivo.

3. *Comportamento depois do acidente*. Nessa situação, cabem duas reações:

   a) Em certos casos, a tendência é aumentar imediatamente os efeitos dos acidentes, com a finalidade de permanecer ausentes da empresa. Em geral isso é regido por questões psicológicas ou sociológicas e acontece com maior freqüência com funcionários pouco experientes na empresa e não identificados com ela.
   b) Funcionário que não informa o acidente, mas não o agrava e continua trabalhando. Trata-se de funcionário antigo, identificado com seu trabalho e com a empresa e financeiramente bem; não obstante, em ambos os casos, o aspecto salarial também influi para declarar e aumentar ou não os efeitos do acidente.

O aspecto da declaração ou não dos acidentes, como aconteceram em suas causas e efeitos, incide na medição e estatística quando se trata de encontrar taxas de freqüência e de gravidade, com o que se criam algumas possíveis distorções na interpretação dos resultados obtidos por meio desses critérios.

O GRUPO

Quando se fala de grupo de trabalho, entendemos o conjunto de indivíduos que realizam a mesma tarefa ou tarefas similares, devidamente coordenados e inter-relacionados, em busca de um objetivo comum e de resultados eficazes para atingir a respectiva meta. Ao mesmo tempo, os que integram esse grupo desempenham um papel importante na segurança, o que dá ao conjunto um grau de *confiabilidade* ou *de riscos de acidentes*, conforme a atitude de cada indivíduo.

Tanto o grau de confiabilidade como o de risco de acidentes do grupo estão em função da coesão, da comunicação e do espírito de equipe que exista entre seus componentes. Isso os integra melhor e os conscientiza em maior grau da importância da segurança e da necessidade de adotar um comportamento de colaboração que chega a se traduzir na ajuda e no apoio entre seus elementos, que se protegerão mutuamente. Muitas vezes, acidente ou incidente em um departamento ou com um indivíduo qualquer (empregado ou hóspede) podem ser causa ou conseqüência do incidente provocado por outro empregado ou por outra atividade diferente. Se levarmos em conta esse aspecto, poderia-se pensar que o turista pode ser um indivíduo totalmente irresponsável, com hábitos negativos em relação à segurança e que se transforma em um elemento potencial de incidentes ou acidentes; e vice-versa, um empregado inexperiente e irresponsável pode ser um elemento potencial de acidentes para os usuários.

Portanto, grande parte da preocupação da gerência de segurança deve estar voltada para manter a segurança coletiva, mediante o estabelecimento de normas, conscientização, métodos e previsões referentes a:

- Incidentes e acidentes
- Defeitos e circunstâncias de risco
- Comportamento e procedimentos perigosos

EXPERIÊNCIA

O fator experiência, com relação à segurança, incide no indivíduo em duas direções:

- Maior domínio da situação, maior conscientização e menor grau de riscos de acidentes
- Maior domínio da situação, maior confiabilidade, incremento da rotina e maior grau de riscos de acidentes

A experiência se refere a tempo de trabalho, não à idade, sendo esta outro fator que também incide no aspecto da segurança; mesmo assim, a experiência se traduz no domínio das tarefas, conhecimento das situações perigosas, conscientização dos procedimentos perigosos e habilidade ou hábito que se adquirem no cumprimento das normas de segurança. Por outro lado, o tempo de serviço facilita a projeção ascendente do indivíduo, o que se traduz em responsabilidade para as tarefas mais complexas. Independentemente dos conhecimentos adquiridos, a aprendizagem no próprio meio de trabalho cria no indivíduo, como conseqüência da relação com o meio, uma adaptação de conduta, ou melhor, uma espécie de conduta estereotipada que lhe permitirá enfrentar as situações de risco. O conhecimento teórico se transforma em experiência ao executar a tarefa no trabalho, no qual as atividades se inter-relacionam, interferem ou criam circunstâncias inseguras, que são as causas dos acidentes. Essa situação transmite um conhecimento prático que permitirá prevenir os riscos. Desse modo, surge a adaptação ou não adaptação ao meio; os não adaptados são os mais propensos a sofrer acidentes, enquanto os adaptados aprendem facilmente a evitá-los, pois reconhecem com maior facilidade os perigos e evitam os procedimentos de risco.

FATOR SOCIAL

A integração em um grupo humano com características próprias do ambiente em que se desenvolve, de hábitos e costumes bem definidos, de nível cultural determinado e de estereótipos de conduta bem definidos, orienta o indivíduo sobre segurança de formas diversas. O indivíduo tirado respeitosamente de certo meio social e incorporado ao da empresa necessita adaptar-se ao meio em que trabalha e, portanto, posicionar-se no âmbito de atuação e de normas dessa pequena sociedade. O funcionário que, depois de determinado tempo, se transforma em um empregado experiente, adapta sua conduta à realidade da empresa e deixa de lado certos hábitos e antigos conceitos do seu meio social.

O FENÔMENO ROTINA

A rotina, assim como a automatização, diminui os reflexos e as reações de salvaguarda, o que faz com que o indivíduo mostre um completo desinteresse pelos riscos e se traduz em um fenômeno de costume; a capacidade para se defender dos acidentes cresce irracionalmente, criando uma situação que não corresponde à realidade.

H. Kuyer menciona que quanto maior a idade e o tempo de serviço, menos se utilizam os meios de proteção; assim, os coeficientes de correlação encontrados são os seguintes: idade, -0,42; tempo de serviço, -0,27.

AMBIENTE

Quando se fala de ambiente, incluem-se os seguintes aspectos e fatores:

- Localização
- Ambiente externo
- Ambiente interno

Desse modo, por ambiente se entende o entorno físico de conforto, segurança, facilidades e circunstâncias ambientais concordes com a atividade e o perfil do hotel.

LOCALIZAÇÃO

É necessário ter em mente uma série de aspectos que incidem na instalação definitiva do hotel como atividade socioeconômica rentável. A localização precisa do hotel obedece basicamente aos valores que visualizam a funcionalidade e a rentabilidade da instalação:

a) *Aspecto mercadológico*, em função da clientela potencial, considerando-se os diversos estratos sociais que devem ser captados para a instalação. Atualmente, isso se complica, já que pessoas de níveis sociais inferiores não deixam de ir a hotéis de primeira categoria, pois seu nível econômico às vezes é maior.

b) *Aspecto de comunicação*, em função da rede de comunicações, que permite o fluxo dos turistas, pontos obrigatórios de chegada e de partida e espaços turísticos de recreação onde se concentram os diversos meios de transporte. Isso facilita a captação natural de diversos turistas.

c) *Aspecto de segurança*, no qual se devem levar em consideração, entre outros, os fatores:

- Quanto maior a densidade populacional urbana, maior será o índice de delinqüência e, portanto, se requererão maiores medidas preventivas de segurança
- A proteção policial do ambiente estará em função dos efetivos com que a área possa contar
- O tipo de clientela deve ser levado em consideração na elaboração da segurança do hotel. Esse aspecto está estreitamente relacionado com a localização da instalação e com o nível cultural e socioeconômico do hábitat

AMBIENTE EXTERNO

No ambiente externo, deverá ser considerado o possível crescimento da população, que incide, de alguma forma, em maior ou menor dependência do entorno. A falta de previsão ou de crescimento factível do entorno permite que, a médio e a longo prazos, as instalações hoteleiras fiquem às vezes, rodeadas por construções diferentes, como fábricas ou outros, o que reduz tanto a independência de ação, como a imagem de instalação turística.

As comunicações telefônicas, no decorrer do tempo, podem sofrer alterações, em função do crescimento excessivo da população. A segurança física da instalação torna-se difícil pois, ao ficar inserida numa área de construção ativa, qualquer ação de sabotagem tende a ser mais fácil, por estar protegida pelo trânsito e pela movimentação constante de pedestres.

Por outro lado, deve-se ajustar o projeto às necessidades para as quais está sendo construído o hotel; também devem ser previstas as situações conexas, como terrenos disponíveis, documentação, natureza do solo, subsolo, clima, entorno e especialmente a influência do crescimento ou da área urbana em ampliações futuras.

Mesmo assim, devem ser estudadas as áreas limítrofes na previsão da instalação de fábricas e indústrias que contaminem, as quais, de certa forma, diminuem a imagem e a segurança da instalação hoteleira.

Os fatores ambientais externos como chuva, calor, frio, ventos, contaminação, etc., são elementos que incidirão, de um modo ou outro, na estruturação e na adequação do ambiente interno da instalação.

Os elementos e dispositivos de segurança existentes são outro fator a ser considerado no âmbito do meio externo: a proximidade dos quartéis de bombeiros, assim como de entidades policiais e de saúde pública (farmácias, consultórios, etc.), proporcionará maior confiança para a própria organização e para o usuário.

Os costumes e os hábitos do núcleo populacional são de importância vital para a segurança do hotel, em virtude de possíveis assaltos, como para o comportamento do pessoal interno, já que este procederá da mencionada população.

AMBIENTE INTERNO

É importante que o ambiente interno seja agradável, em função das necessidades físicas e da predisposição mental. Procurar-se-á compensar as circunstâncias antinaturais originadas pelo trabalho (fadiga, tensão) e as provocadas pelas circunstâncias ambientais externas (muito frio, calor, etc.). Deve-se procurar a maximização do rendimento dos servidores internos e do bem-estar do usuário. Entre outras coisas, devem ser levadas em conta as normas referentes ao ar condicionado, à acústica, à iluminação e à decoração, para o que se deverá estudar a disposição de plantas em função de:

- Atividades da instalação
- Necessidades do usuário
- Intensidade do uso, isto é, o número de pessoas/ambiente
- Áreas habitacionais
- Diversos acesos, corredores, portas, etc
- Nível e categoria do cliente
- As áreas de serviço e manutenção (almoxarifado, rouparia, lavanderia, despensas, alojamento para pessoal de manutenção, espaços de segurança, geradores elétricos, etc.)

No interior do hotel se deve evitar o ar viciado, assim como excesso de calor, frio, umidade e odores desagradáveis; além disso, também se devem evitar pó, fumaça e os gases desprendidos das áreas de serviços ou, no caso de defeitos, extraí-los rapidamente.

A iluminação geral deverá obedecer à natural, a qual se combinará tecnicamente com a iluminação artificial. A limpeza é um elemento básico de bem-estar e deve ser mantida durante as 24 horas do dia.

Exemplo de estudo de mercado, no qual se consideram, entre outros aspectos, o ambiente externo, o entorno e a localização[1].

O motel asteca

Jorge entregou ao Sr. Sebastião o orçamento da agência, que ele se esforçou para ler cuidadosamente naquela mesma noite. Era assim:

Programa de trabalho proposto pela empresa de pesquisa de mercado

I. MARCO ESTRUTURAL DA CIDADE

a) Localização.
b) Área de influência.
c) Comunicações e transportes.
d) Serviços básicos (água, gás, telefone e energia elétrica).
e) Serviços municipais (polícia, limpeza, bombeiros, etc.).
f) Serviços médicos (hospitais, categoria, especialidade, capacidade, etc.).
g) Centros de ensino (nível, tipo, capacidade, etc.).
h) Diversões (pesca, caça, eventos esportivos, atrações, teatro, música, dança, centros noturnos, etc.).

[1]Ao efetuar as estimativas, os cálculos e as projeções dos Capítulos 6 e 7, serão considerados os níveis de acupação do motel na base de 65, 75 e 85%.

i) Atrações turísticas (paisagens pitorescas, parques, jardins, praias, áreas arqueológicas ou históricas, etc.).
j) Taxas de impostos sobre a atividade hoteleira.

II. Análise econômica da cidade e sua área de influência

a) População (composição, parcela economicamente ativa, estratos de rendimentos, salários mínimos, etc.).
b) Atividade industrial.
c) Atividade comercial.
d) Atividade agropecuária.
e) Finanças.
f) Serviços.

III. Avaliação do terreno proposto

a) Localização.
b) Dimensões.
c) Valor estimado.
d) Utilização e rendimentos atuais.
e) Distância de lugares selecionados.
f) Acesso.
g) Visibilidade.
h) Serviços disponíveis.
i) Área circunvizinha.
j) Avaliação.

IV. Demanda

a) Clientes.
b) Clientes regulares.
c) Representantes comerciais.
d) Turistas.
e) Convenções.
f) Clientes da localidade.
g) Determinação do nível de entradas por tipo de clientes.
h) Análise e evolução da demanda.

V. Motel proposto

a) Tipo e preços.
b) Características e número de quartos.
c) Características e capacidade do restaurante.
d) Características e capacidade da sala de eventos.
e) Características e capacidade do bar.
f) Características e capacidade do estacionamento.
g) Jardim e piscina.
h) Salão de jogos.
i) Serviços (ar condicionado, lavanderia, etc.).
j) Características técnicas (estruturas, pisos, tetos, portas, paredes, acabamento, instalações elétricas, etc.).
k) Estimativas de custo (terreno, construção, mobília e equipamentos, financiamento, colaboração, impostos, seguros, etc.).

VI. Projeção de rendimentos e gastos

1. *Rendimentos*

a) Por quarto.
b) Com comidas e bebidas não alcoólicas.
c) Com bebidas alcoólicas.
d) Com serviço telefônico.
e) Outros rendimentos (tabacaria, máquinas, lavanderia, etc.).

2. *Gastos*

a) Por quarto.
b) Com comidas e bebidas em geral.
c) Com serviço telefônico.
d) Gastos administrativos.
e) Publicidade e promoção.
f) Serviços gerais (água, ar condicionado, energia elétrica, etc.).
g) Reparos e manutenção.
h) Gastos de capital.
i) Impostos.
j) Seguros.
k) Vários.

VII. Apêndice estatístico

a) Projeção de rendimentos por quarto.
b) Projeção de benefícios pelo serviço de quartos.
c) Projeção de benefícios pelo serviço de alimentos e bebidas.
d) Gastos administrativos.
e) Gastos com promoção e publicidade.
f) Estimativa de gastos com folha de pagamento.
g) Estimativa consolidada de rendimentos e gastos.

VIII. Mapas e planos

Orçamento

I = $	7.600,00
II = $	6.200,00
III = $	7.700,00
IV = $	25.000,00
V = $	16.000,00
VI e VII = $	7.500,00
VIII e IX = $	0,00
Total = $	70.000,00[2]

A primeira coisa que Sebastião fez ao acordar no dia seguinte à visita do namorado da sua sobrinha, que lhe entregara o plano transcrito, foi escrever para ela a seguinte carta:

"Minha querida Terezinha: ontem, desde que vocês partiram e até eu ir dormir, estive lendo e relendo o plano da empresa de pesquisa de mercado que seu namorado tão gentilmente me apresentou. Meu sonho tem sido um pesadelo constante em volta do mesmo assunto e estou entendendo cada vez menos. Gostaria que voltassem aqui no próximo domingo para me explicar melhor tudo isto. Espero vocês.

Abraços do tio que a ama, Sebastião."

No domingo, apareceram os namorados, porém, não vieram sozinhos, mas acompanhados de um senhor que apresentaram como professor de comercialização do IPADE, em cujo curso D-1 estudava Jorge.

O Sr. Sebastião explicou ao professor que tanto seu primo (o chefe de turismo do Estado), como Tereza e seu sobrinho, insistiram para que ele abrisse um motel e ele, num primeiro momento, achara uma boa idéia. Disse também que, se fosse por ele, já o teria, mas que lhe tinham aconselhado fazer uma certa pesquisa um pouco complicada, com um plano do qual nada entendia e que teria um resultado caríssimo.

O professor leu atentamente o plano da empresa e limitou-se a fazer as seguintes perguntas ao Sr. Sebastião:

- Seu primo, o chefe de turismo, estaria disposto a nos ajudar?

- Em tudo e para tudo.

- O senhor conhece bem a cidade, tanto geográfica como economicamente?

- Não conheço outra coisa. Aqui tenho morado os 50 anos de idade que tenho.

O professor disse que estudaria minuciosamente o plano da empresa, portanto o levou e tirou um peso enorme do Sr. Sebastião.[3]

POLÍTICA DE PESSOAL DE SEGURANÇA

Segundo Russell L. Ackoff[4], "Política é uma norma para selecionar um curso de ação, uma norma para decidir"; continua: "uma política apropriada é uma norma que leva em consideração as circunstâncias pertinentes ao tempo em que a ação é necessária. As políticas, portanto, permitem o uso de toda a informação que seja possível conseguir no momento da decisão. Por tal motivo, permitem maior flexibilidade que os cursos específicos de ação. Como conseqüência, o planejamento deverá utilizar os cursos de ação somente no presente e, as políticas, quando a ação for requerida no futuro".

Isso significa que, estabelecida uma política, surge a determinação de uma série de variáveis que permitem planejar e controlar seu objetivo final. Em uma política apropriada de pessoal de segurança serão consideradas as circunstâncias inerentes ao fator humano em relação às tarefas que realiza, de forma que a informação se estima pertinente à segurança.

Determinando uma política de pessoal relacionada à segurança, deve-se começar tendo um conceito mais ou menos integral do indivíduo como personalidade; logo será necessário conceituar *a tarefa* que desempenha e, finalmente, estimar a inter-relação *indivíduo/tarefa*, cuja análise proporcionará os valores em cada caso para ditar as normas que permitam tomar as decisões pertinentes, que consolidem um bom sistema de segurança pessoal.

O indivíduo, prevenção

Além das circunstâncias perigosas (segurança técnica) sabe-se que os procedimentos perigosos

[2]Seu custo foi detalhado nos capítulos anteriores, principalmente no 5.

[3]Retirado de um caso prático do IPADE.

[4]Russell L. Ackoff, "Planeación de empresas", Editora Limusa, págs. 49 e 50, 1984.

(segurança humana) originam os acidentes. Geralmente, se atribuem os acidentes aos fatores humanos, difíceis de se identificar e eliminar. Podem ser de *origem física*, como as deficiências sensoriais e musculares (força, firmeza, visão, ouvido, etc.) ou psíquico, que obedecem à personalidade de cada indivíduo, a que de forma geral determina o comportamento. Segundo o estudo psicológico da conduta humana, ela depende tanto dos *estímulos* como da própria *individualidade*. Os estímulos são provenientes de causas externas, enquanto a personalidade está definida por uma série de aptidões mentais e pelo temperamento. Além disso, os *hábitos e atitudes* intervêm e influenciam tanto os acidentes como suas causas e exercem influência entre si, de forma que não podem ser considerados isoladamente. Isso tem como conseqüência a complexidade do estudo.

Em primeiro lugar, devem-se levar em conta as causas externas ao indivíduo, as que configuram o ambiente de trabalho e as relativas à sua vida privada, pois umas e outras influenciam os riscos de acidentes; por exemplo, uma situação familiar delicada, hábitos anteriores diferentes, péssimas relações com o mundo, ritmo excessivo de atividade, organização deficiente, etc., criam um ambiente que pode propiciar a atividade de risco no indivíduo. É claro que uma ação preventiva não pode descuidar dessas circunstâncias, se quiser ter êxito com a segurança.

Até o momento, somente se tem associado, de forma aceitável, as *características individuais* e a freqüência dos acidentes em um limitado número de fatores humanos, como idade, sexo, falta de formação e horário, na jornada de trabalho.

Dessas estatísticas, deduz-se que a *freqüência dos acidentes* é maior em horas avançadas da jornada e que os índices são extremamente altos entre os trabalhadores jovens. Os fatores profundos inerentes à juventude devem encontrar explicação na inexperiência, na imaturidade e em atitudes particularmente físicas dos jovens. A freqüência também é maior no começo da aprendizagem e diminui com o tempo de serviço. Também se comprovou a eficácia de uma formação adequada.

Atualmente, realizam-se pesquisas sobre a influência dos *aspectos psicológicos* do indivíduo na freqüência dos acidentes e muitos consideram as atitudes muito importantes. Por isso, a maior parte da educação e da propaganda, em relação à segurança, tem por objetivo criar atitudes positivas diante da segurança, o que significa conseguir o "espírito de segurança" na empresa.

Entre as causas de acidentes cabe estudar a atitude ante o perigo, que predispõe o indivíduo a agir de certa forma numa circunstância mais ou menos perigosa. O empregado pode adotar a atitude de quem sabe tudo, de superioridade, menosprezar o perigo e confiar em si. Por exemplo: querendo obter a máxima remuneração e trabalhando por produção, sem descansar, pode forçar-se até um limite que resulte em perigo. Também é importante a atitude do indivíduo diante de seus chefes ou da direção da empresa. Por exemplo, quanto ao uso dos meios de proteção pessoais existem duas razões: uma física, ergonômica, de que o meio de proteção incomoda para trabalhar, e outra de ordem psicológica, que consiste na situação de conflito mais ou menos latente diante da autoridade. Uma atitude de independência recusa o contato pessoal com quem manda, pois os conselhos incomodam o funcionário, mesmo que eles sejam para o seu próprio bem e ele recebe mal as ordens dadas. Ante tais atitudes contrárias, se deve concluir que as boas maneiras e a consideração pela pessoa humana criam um clima sadio que favorece a segurança.

As atitudes podem se modificar desenvolvendo o "senso de segurança"; além disso, as atitudes variam de acordo com os níveis diretivos e o pessoal de base.

Atitudes dos diretores

Geralmente, os diretores adotam uma atitude indolente e indiferente, devido à sua falta de conscientização sobre a importância da segurança; em outros casos, adotam uma postura policial e tentam exigir o cumprimento de certas normas, muitas vezes nem valorizadas por eles em sua área, criando uma espécie de desmotivação nos seus subordinados. A atitude do responsável pela segurança deverá ser suficientemente objetiva e exemplificadora; por sua vez, a do gerente geral e a dos outros gerentes deverá ser uma demonstração prática de conhecimento, conscientização, aplicação e preocupação pela segurança em todos os momentos; os mencionados executivos devem ser os promotores da segurança, com seu exemplo e esforço em prevenir acidentes.

Atitudes dos funcionários

O pessoal costuma adotar uma atitude de pouco interesse pelas normas e disposições que se referem à segurança. Os hábitos e costumes dos funcionários incidem muito em seu comportamento e a falta de preparação cria neles a falta de conscientização, de resultado perigoso para a segurança da instalação. Por isso, deve-se procurar ter uma atitude positiva e motivadora em relação a tudo o que constitua a filosofia da segurança.

Cabe afirmar que, além do *temperamento*, se devem levar em consideração as aptidões mentais, ou seja, as capacidades. Aqui é necessário incluir os conhecimentos teórico-práticos sobre a profissão, o trabalho e os conhecimentos específicos relativos à segurança. É freqüente encontrar um funcionário novo que não conhece o perigo que corre e mesmo quando o conhece, pode acontecer de não saber como o evitar. A formação profissional é importante. Estima-se que o melhor seria transmitir essa formação desde a escola, pois as crianças poderiam adquirir os reflexos que fazem parte das atitudes e dos movimentos habituais. A criança costuma aceitar sem crítica e tem sempre boa vontade para admitir, reter e agir em conseqüência. Em parágrafos anteriores foi mencionado o risco a que se expõem os novos empregados por falta de conhecimento, mas com os antigos isso também ocorre, pelo excesso de confiança no seu domínio de trabalho e na sua própria experiência, fazendo com que fiquem expostos a riscos superiores.

Outras aptidões como inteligência, iniciativa, memória, atenção e concentração também podem ser causas de acidentes; por exemplo, a capacidade para manter a atenção no que se faz é essencial em muitos aspectos, principalmente para a segurança. A atenção no trabalho deve ser mantida a cada instante. Alguns testes psicológicos podem revelar as aptidões que se tem, motivo pelo qual devem ser aplicados quando se ingressa, ao menos para determinados cargos.

Um dos aspectos mais interessantes da prevenção de acidentes é aquele em que se estuda a relação entre as exigências ou os requisitos da tarefa e as aptidões do executante.

É claro que, para o indivíduo desenvolver o trabalho em circunstâncias normais, é necessário um certo equilíbrio entre as condições que o trabalho requer e as capacidades da pessoa. Pelo contrário, quando existir um claro desequilíbrio, este necessariamente afetará a execução e o próprio indivíduo, de forma que é possível considerar duas situações diferentes: a) quando as aptidões do funcionário são de nível inferior ao requerido, e b) quando ambos influenciam negativamente o funcionário, que pode, no primeiro caso, sentir-se impotente para conseguir a qualidade ou manter o ritmo exigido e, no segundo, sentir a frustração de fazer um trabalho inferior ao que está consciente de poder desenvolver. Especialmente, deve-se atender ao primeiro caso, pelo risco de acidentes que ele pode gerar.

Percepção e motricidade - Devem ser conhecidos os resultados que obteve Draken, em 1940. Os indivíduos predispostos a acidentes reagem mais rapidamente à suas percepções, enquanto os não predispostos reagem com menos rapidez. Quem reage à suas percepções mais rapidamente está mais disposto a se acidentar que aquele que não reage com rapidez.

Habilidade e coordenação motoras - Na maioria dos estudos, há consenso em afirmar que a precisão dos resultados nos testes de habilidade e de coordenação motoras apresentam validade satisfatória para distinguir os riscos de acidentes.

Resumindo, apesar das inevitáveis limitações na administração das provas psicofisiológicas, é necessário e útil estudar as aptidões e as características da personalidade de cada trabalhador, pois isso pode proporcionar resultados interessantes, tanto no que se refere à sua segurança no trabalho, como à sua eficiência.

É claro que uma mudança de cargo, procurando incorporar o homem a um posto de trabalho mais idôneo a ele, compensará, de forma vantajosa, tudo quanto se fizer nesse sentido na empresa.

Tanto a *orientação* como a *percepção* são conseqüência dos elementos descritos na Figura 4.8.

Existem características pessoais referentes aos fatos acidentais, isto é, à *predisposição* ao acidente. A teoria da predisposição aos acidentes define alguma peculiaridade pessoal como o oposto a algumas características do ambiente e que predispõe certos indivíduos a sofrer mais acidentes que outros, em condições de trabalho similares.

Segundo Arbous e Kerrich, a vantagem da teoria mencionada é que, depois de se ter observado quem dentre as pessoas do grupo tem predisposição aos acidentes, seu afastamento do referido grupo provocará a diminuição na freqüência relativa de acidentes correspondentes aos membros que o integram.

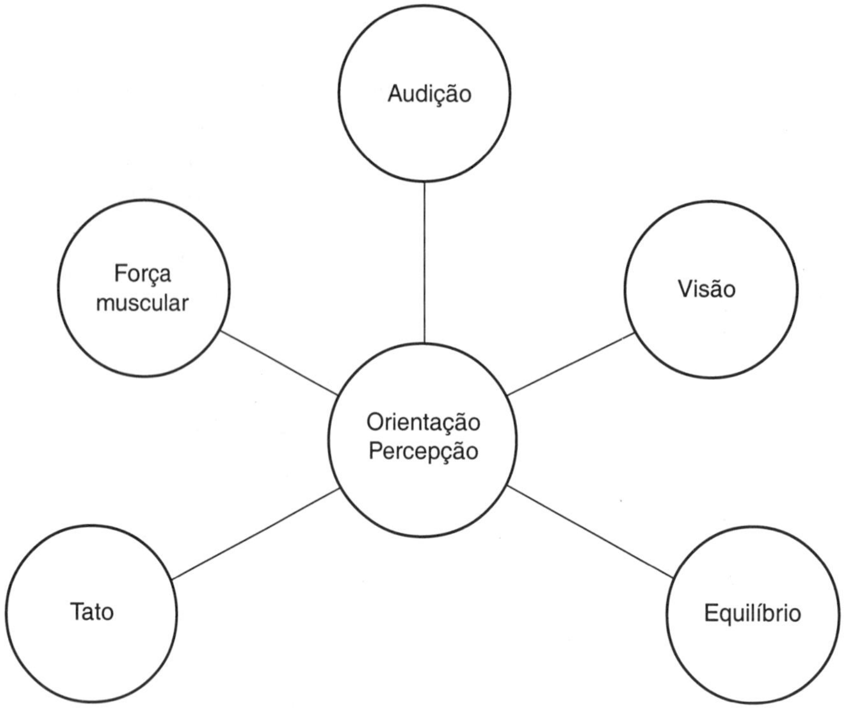

Figura 4.8

Os trabalhos mais recentes sobre a predisposição dedicam muita atenção às suas causas. Para J.D. Keehn, as expressões mais significativas da personalidade que encontrou foram a extroversão acompanhada de neurose. Outros autores observaram que os indivíduos mais acidentados possuíam um histórico de agressividade, impulsividade e intolerância pelas limitações de seu comportamento.

De acordo com Arbous e Kerrich, provavelmente a essência da causa de um acidente é a inter-relação intrincada que existe entre o indivíduo e o ambiente que o rodeia. Sobre isso, há métodos de análises tendentes a simplificar demasiadamente o problema.

Talvez, o maior destaque da teoria da predisposição seja admitir a grande variedade de diferenças entre as diversas pessoas, as quais não se reconhece com o sentido de massa e, sim, como personalidades distintas, em cada caso.

Existem estudos sobre os principais fatores acidentais, que se resumem em:

a) *Deficiências sensoriais*, que incidem na ocorrência dos acidentes; não obstante, muitas vezes o próprio indivíduo cria mecanismos de superação por meio do seu desempenho empírico, com a finalidade de superar as mencionadas deficiências. Em outros casos, é difícil realizar algumas atividades sem correr graves riscos.
b) *Desenvolvimento da inteligência*, dado pela correlação entre os acidentes e os níveis de inteligência menores. Nesses níveis, a capacidade de adaptação aos riscos tem resultado deficiente. A isso se agregam os níveis culturais e sociais das pessoas que, de uma forma ou de outra, são coadjuvantes em flexibilizar o fator inteligência.
c) *Atitudes psicomotrizes*, como reações de opção, condução, controle, etc. e que colocam o indivíduo em relação com o conflito segurança-produtividade, ou seja, surge o confronto diante de duas exigências: produção e segurança; de um lado, está sua motivação e a sua atitude diante da produção e, de outro, sua atitude em relação à segurança e sua tendência a correr riscos.
d) *Personalidade*, problemas psicológicos, sociológicos e familiares, quebra da relação crianças-pais e outras que futuramente podem incidir no comportamento dos indivíduos e que, segundo T. Jenkins[5], originam as seguintes síndromes, associadas à disposição a acidentes:

[5]T. Jenkins, "The Accident-Prone Personality, Identifying the Accident-Prone Employee Personel", 1956.

1. DISTRAÇÃO - O multiacidentado se distrai facilmente da tarefa que executa.

   Exemplo: "Dificilmente me concentro no que estou fazendo".

2. FALTA DE DISCERNIMENTO - O multiacidentado mostra certa irresponsabilidade e falta de discernimento quando deve agir prudentemente.

   Exemplo: "Faço coisas perigosas para brincar".

3. SENTIMENTO DE INDEPENDÊNCIA SOCIAL - O multiacidentado sente que não é afetado pelas regras sociais.

   Exemplo: "Me sinto só quando estou em grupo".

4. FALTA DE SENSIBILIDADE PARA COM OS OUTROS - O multiacidentado é pouco sensível diante dos sentimentos e atos das outras pessoas.

   Exemplo: "Gosto de acalmar as discussões dos outros (negação)".

5. ATITUDE POUCO RACIONAL ANTE UM PREJUÍZO CAUSADO - O multiacidentado não se importa com o prejuízo e, talvez, sinta satisfação.

   Exemplo: "Acho que as pessoas sentem muito medo de me machucar".

6. CONFIANÇA EXAGERADA EM SI MESMO - A confiança do multiacidentado o impede de prever as complicações ou as dificuldades.

   Exemplo: "Decido rapidamente".

7. ATITUDE SOCIAL AGRESSIVA E POUCO INTEGRADA - O multiacidentado não partilha os fins do grupo a que pertence e sente que os outros não se interessam por ele.

   Exemplo: "Em um desfile, não permito que as pessoas fiquem na minha frente".

Avaliando esse questionário, o autor obtém resultados muito significativos; assim, informa uma correlação de 0,74 com uma qualificação de negligência; sobre os acidentes com afastamento do trabalho, afirma que 70% dos não acidentados têm, em seu questionário, uma qualificação global mais alta que a média do conjunto da população, pois essa porcentagem é apenas 19% nas pessoas acidentadas.

FORMAÇÃO DO PESSOAL

Para falar da formação em segurança, é conveniente considerar, no presente capítulo, um enfoque conceitual sobre a capacitação, válido para a formação individual e de grupos em termos gerais. Nos próximos capítulos, será estudada a formação específica em segurança, principalmente a segurança e a manutenção hoteleira.

Política de formação

A sociedade como sistema cresce e se desenvolve por meio de diversos fatores e elementos complementares e indispensáveis, entre os quais figura, em primeiro plano, a *formação humana*. O indivíduo, como integrante básico dessa sociedade, constitui-se no suporte essencial desta, e ela representa o reflexo fiel do que é aquele; por isso, a atenção primordial que se tem de prestar deve estar orientada para o aperfeiçoamento humano, mediante formação e capacitação permanentes (Fig. 4.9).

1. **Capital humano** - Cada pessoa em si mesma é um capital que deve ser aproveitado e trabalhado. O capital humano considerado como elemento gerador de desenvolvimento e inspirador de tecnologia, produtividade e riqueza é mais operativo e rentável quanto mais capacitado se encontre. Dessa forma, a capacitação é a permanente alimentação e retroalimentação de conhecimentos, técnicas, pesquisas e normas que, abrangendo todos os campos do saber e apresentada de forma livre, dinâmica e sem limitações, aplicada sempre à prática da vida, permite, finalmente o desenvolvimento permanente do indivíduo e, portanto, da sociedade.

Desde que nascemos, carregamos variadas deficiências, adormecidas em um mar de potencialidades que palpitam em nosso interior. Mediante a aprendizagem, eliminamos aquelas e ressuscitamos estas, pois a educação não abrange somente a infância ou a juventude, mas também se torna necessidade permanente. O potencial que o indivíduo carrega dentro de si, como agente de mudanças,

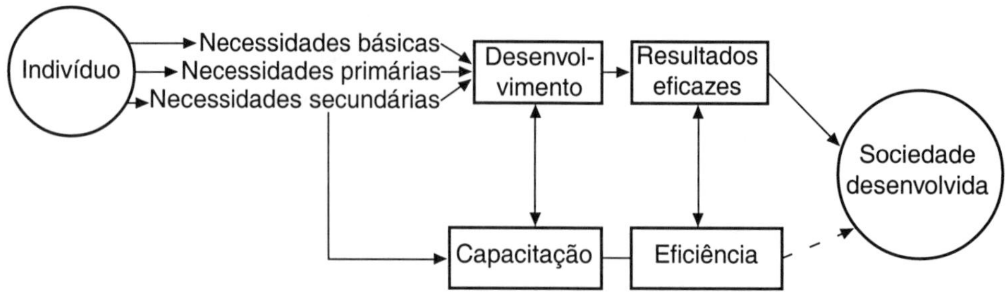

Figura 4.9

elemento de desenvolvimento e fator da sua própria realização é o mesmo que devemos usar, aumentar e desenvolver como objetivo único da educação, tanto para a pessoa em si, como para o grupo, a sociedade e a história.

Deduz-se que o que o homem aplica em si mesmo para o seu aperfeiçoamento integral pode se denominar *capital de investimento pessoal*; se a isso agregarmos a série de valores potenciais nele acumulados, teremos o que se chama de *capital humano*, elemento básico da economia de um país. Quando se pergunta por que países cheios de riquezas naturais são tão pobres, em oposição a outros tão ricos, mesmo contando com poucos recursos (naturais), cabe responder que tal situação se deve a que o esforço daqueles é dirigido à capitalização do fator não humano, criando desproporção entre o crescimento econômico-físico do país e o crescimento econômico-humano, o que se traduz no empobrecimento e na dependência permanentes.

2. **Capacitação** - É válido fazer uma dimensão qualitativa e quantitativa dos recursos humanos; assim, o número de homens/hora e a porcentagem da população ativa de um país são unidades dimensionais de tipo quantitativo, enquanto habilidade, conhecimentos e aprendizagem são unidades dimensionais do tipo qualitativo.

O investimento na melhoria qualitativa do indivíduo obedece estritamente ao critério de capacitação e abrange, entre outros, os gastos causados por:

- Formação profissional individual ou de grupo
- Formação específica ou de especialização
- Treinamento de novas disciplinas e tecnologias
- Reciclagem ou atualização dos conhecimentos adquiridos

O problema da análise está centrado na capacitação do indivíduo, necessidade cada vez mais evidente, devido à importância que tem para a empresa. Na maioria dos países industrializados, as empresas ponderam esse ponto com seriedade e, para isso, recorrem à ajuda financeira e à capacitação dentro e fora da empresa. Num artigo, publicado na revista italiana "Lettera Dall Italia", ano 5, número 7, de 26 de abril de 1975, Edek Osser manifestou o seguinte:

> "Os sindicatos italianos conseguiram, no final de 1973, o direito ao estudo pago para os trabalhadores: 150 horas de escola pagas pelo patrão, diferentes das horas do trabalho da fábrica, às quais os mesmos trabalhadores deverão agregar outras 150 do seu tempo livre. A política desse acordo se resume na seguinte fórmula: *as horas de estudo devem servir aos trabalhadores para melhorar sua própria cultura em relação à atividade da sua empresa.*"

A capacitação entendida dessa forma significa uma exigência, porque desenvolve valorização constante do potencial humano, adaptação real do homem à sociedade em que vive, transmissão permanente de idéias e de cultura e contribuição do capital humano, para a melhoria e para a transformação das sociedades. Seus resultados são esperados para o futuro, e serão eficazes ao preparar o homem para o amanhã.

A capacitação tem como ponto de partida o caudal científico e técnico que se possui e age no fator humano quando se enfrenta a problemática do entorno, constituído por analfabetismo, desigualdades sociais, indiferença cultural, explosão demográfica, aceleração da tecnologia e defasagem entre a evolução tecnológica e a evolução socioeconômica. Portanto, a capacitação não pode ficar de lado, mas deve estar de acordo com a realidade, utilizando o armazenamento científico-técnico de conhecimentos que se possui. A evolução tecnológica avança num ritmo 10^6 mais rápido que a evolução natural; assim, cabe apontar que alguns cientistas, entre eles, Richte, afirmam que metade dos conhecimentos adquiridos por um cientista é superada em 25 anos, enquanto outros afirmaram que quem se preparou, em 1970, para exercer uma profissão, não o poderá fazer em

1990, a não ser que depure seus conhecimentos mediante a *capacitação e reciclagem de conhecimentos atualizados*.

O analfabetismo, considerado em toda sua extensão, incluindo o desconhecimento de novas técnicas e procedimentos, ou a obsolescência dos próprios conhecimentos, é a expressão clara e a manifestação do *desperdício do potencial humano*. Isso se traduz no aumento da pobreza no nível social, no subdesenvolvimento dos povos, no incremento da ignorância e, *em termos de profissionais e diretores, no incremento de uma nova classe rotineira e paralisada*, até onde se chegou, com o desperdício de um capital humano no qual se investiram em 15 ou 20 anos de escolaridade, esforço e dinheiro.

3. **Prospectiva educacional** – A capacitação, como em toda empresa ou departamento, requer, para sua aplicação, certas normas e técnicas auxiliares para que ocorra da forma mais racional e rentável possível. O futuro da capacitação parte da experiência histórica para analisar sua projeção, o que, em termos de planejamento, se conhece como previsão, ou seja, dos antecedentes para chegar aos conseqüentes; portanto, o porvir estará constituído por tais conseqüentes, mais ou menos influenciados pelo entorno do momento, como resultado da projeção das próprias tendências atuais (Fig. 4.10).

Mediante a *prospectiva* como tal, com a ajuda da previsão, se pretende conseguir o que foi predito para o futuro, ou seja, executar os planos de acordo com o desejado.

Para aplicar a prospectiva à capacitação, são necessários os seguintes elementos:

- Fases de estudo da aplicação mencionada
- Análise parcial
- Comparações
- Avaliação final
- Execução

Esses elementos estão resumidos na Figura 4.11.

4. **Dinâmica pedagógica** – A capacitação empresarial enfrenta uma realidade complexa de inovações e dinamismo que a obriga a não ficar defasada, sob a ameaça de ficar obsoleta. O fator humano empresarial deverá manter o mesmo ritmo que os processos constitutivos do entorno; assim, bem se sabe que os indivíduos não aprendem no mesmo ritmo que as sociedades nas quais se desenvolvem. Por isso, para suprir tal defasagem, deverão recorrer a uma aprendizagem inovadora, isto é, absorver uma ampla gama de contextos, de situações e de possibilidades, com o que realizarão uma interação do tipo criativo.

O complexo individual, de grupo ou de direção anacrônica, que evita ou dá pouca importância à capacitação, é eliminado somente pela conscientização da necessidade de poder se antecipar a qualquer situação imprevista, ou seja, de tomadas de decisões num futuro imediato em função do presente, e não olhar o presente em função do futuro. A necessidade de desenvolver uma *participação* efetiva aumenta a magnitude da aprendizagem inovadora no nível social e vislumbra a autonomia e a integração tanto individual como social.

A *autonomia individual* permite ao sujeito valer-se por si mesmo, ter atuações lógicas e racionais e assumir responsabilidades pessoais, de forma que se desenvolva nele um sentido de análise e um critério de crítica construtiva e de autocontrole; tudo isso fará com que se sinta verdadeiramente auto-realizado. Porém, como o indivíduo não se desenvolve em um ambiente impessoal, surge a necessidade de integrar-se com o conjunto, por meio das relações humanas e do intercâmbio de conhecimentos e experiências que permitam eliminar, em algum momento, tanto os pensamentos rígidos, como também as atividades autocráticas.

Por outro lado, na *capacitação inovadora* deverá ser considerada uma escala de valores que incidem na tomada de decisões; certamente, os mencionados valores não são absolutos, mas variáveis e dinâmicos, permanentemente adaptados às necessidades que surgem na vida empresarial. Se assim não fosse, resultariam estáticos e obsoletos em um tempo mínimo inimaginável. A capacitação ino-

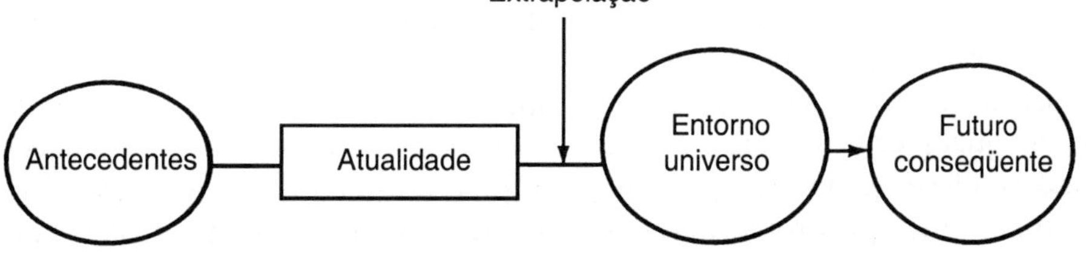

Figura 4.10

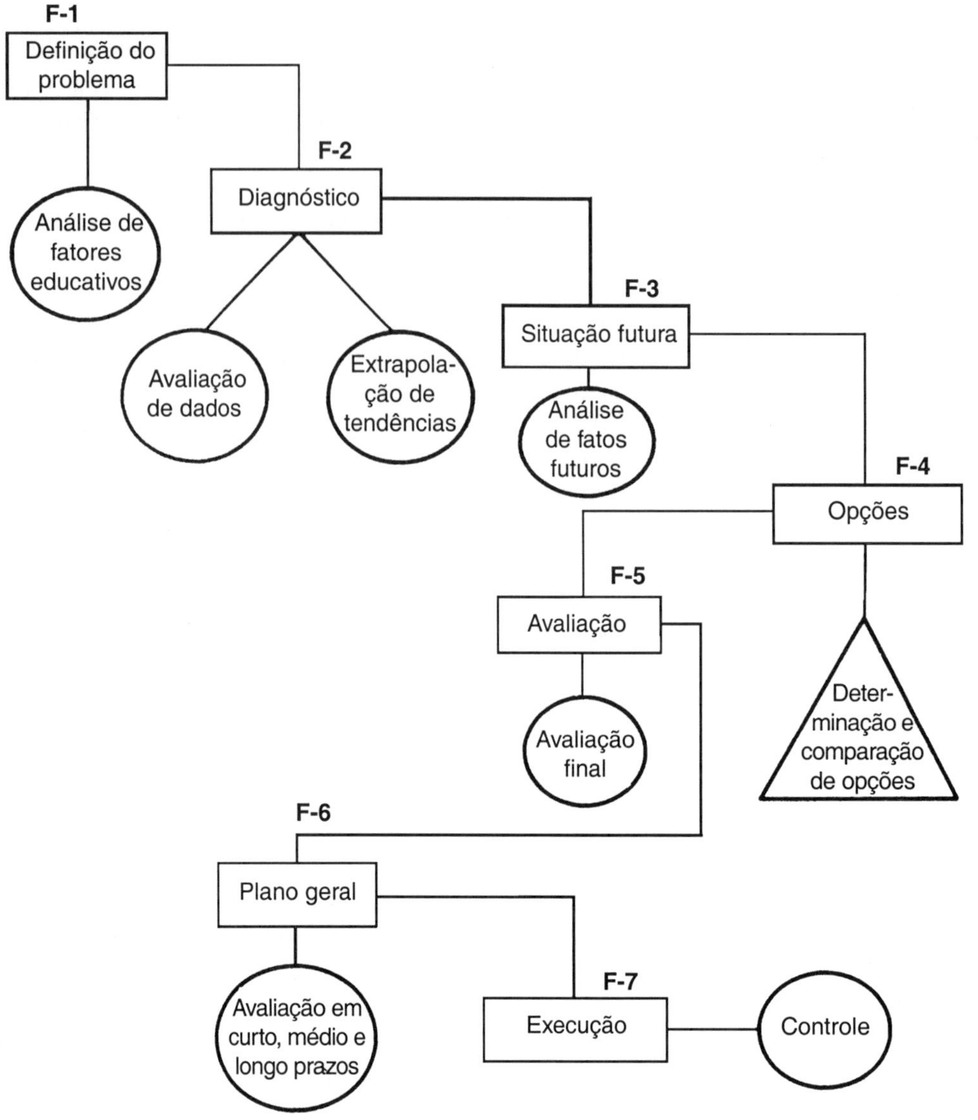

Figura 4.11 – Prospectiva para a capacitação. Fase de estudo.

vadora permite confrontar sempre os mencionados valores variáveis; assim, os problemas do momento sempre se manterão estabelecidos, sistematizados e atualizados, de forma a se integrarem e sintetizarem, o que permitirá projetar seu raio de ação à empresa em geral.

Para chegar à capacitação inovadora, basicamente se deve pensar em *capacitação permanente*, com a qual se consegue que a dimensão do conhecimento caminhe paralela à da atuação e da existência humanas e que a potencialidade do indivíduo seja aproveitada ao máximo. Com esse propósito, o sistema de formação deverá ser orientado a criar no indivíduo, em qualquer nível empresarial, uma adaptação fácil às diferentes tarefas que tem de cumprir, assim como a mutação profissional, ou seja, atualizar-se e atuar de forma paralela à evolução social e empresarial, de acordo com as tendências do momento, ao participar de forma mais integrada nas decisões do sistema.

5. **Rentabilidade da capacitação** - Diante de uma crise, como medida de prevenção e para enfrentá-la, a primeira atitude da empresa é a de suprimir "gastos supérfluos"; porém, o curioso é que entre esses "gastos" se considera em primeiro lugar a capacitação. Se a empresa quiser sobreviver, deverá enfrentar o problema e não fugir dele; em todo caso, deverá planejar e reajustar melhor seus investimentos, seus programas de produção, seus gastos comerciais, mas jamais eliminá-los; o capital humano não pode ficar obsoleto e sem a realimentação pertinente. Como o homem é o mo-

tor da empresa, não pode permanecer estático diante da crise, porque o sistema, de forma geral, tentaria ficar no mesmo lugar e isso significaria o desaparecimento da empresa, quando na realidade se trata de salvá-la e desenvolvê-la. A seguir, analisaremos a rentabilidade da capacitação em todos os níveis, comprovando que é um absurdo eliminá-la nos momentos de crise.

A capacitação tem, como se supõe, um custo denominado de formação. Segundo Becker, a formação geral é aquela em que o empregado arca com os custos da sua formação recebendo salários menores que a sua produtividade; mas quando a empresa o capacita, o funcionário (em todos os níveis) continua recebendo suas remunerações habituais e os possíveis custos de oportunidades são absorvidos pela empresa, como parte dos custos de formação. Da mesma forma que os custos são absorvidos pela empresa, os rendimentos do funcionário também o são e, portanto, o aumento da produtividade.

Como foi mencionado, todo indivíduo possui um potencial inicial que, em termos de conhecimentos, poderia ser chamado de *capital humano inicial de conhecimentos*, com rendimento proporcional ao mesmo, ou seja, muito baixo. Partindo dessa hipótese, se poderá definir que o capital humano estará constituído de potencial inicial de conhecimentos, ou seja, $CHi = \lambda\, i$, com rentabilidade inicial de h_o e capacitação permanente, dada pelos sucessivos planos de formação, a qual proporcionará produtividade marginal positiva e decrescente, isto é:

$$f\,\lambda\,(\lambda, \mu) > 0$$
$$f\,\lambda\,\lambda\,(\lambda, \mu) < 0$$

λ = investimentos
μ = incerteza do universo

Efetivamente, a produtividade marginal da capacitação é positiva, enquanto a renda do investimento mencionado $y' = f\,(\lambda, \mu)$ está em função do investimento e da incerteza.

O investimento é realidade, enquanto a incerteza, em relação à capacitação programada e específica que está em concordância com as necessidades da empresa, praticamente diminui, com tendência a zero, ou seja, $\mu = 0$, com o que a rentabilidade se incrementa de acordo com a função $y' = f\,(\lambda) > 0$, isto é, positiva.

O aspecto da decrescente produtividade da capacitação se analisa desde o ponto de vista do desgaste e da defasagem dos conhecimentos sobre a dinâmica permanente do entorno, assim como das novas tecnologias; portanto, alcança sua rentabilidade máxima quando se desempenha em conformidade com as técnicas do momento e decresce progressivamente à medida que se produzem mudanças na dinâmica empresarial. Isso tem um efeito similar ao das máquinas, que deixam de ser rentáveis, mas mantêm um valor residual, pois os conhecimentos não se perdem totalmente e a maior parte deles permanece operativa. Infere-se que o objetivo primordial da capacitação é manter o nível operativo do capital humano, de acordo com as necessidades e as políticas da empresa. Cabe agregar um novo parâmetro: o da experiência, que incrementa o rendimento e, portanto, a rentabilidade da capacitação. Nas Figuras 4.12 e 4.13 (retiradas do livro "Seguridad industrial", do autor, Editora Limusa, 1986) se analisa o citado processo. Assim, podemos ver:

a) Na Figura 4.12, o fator experiência diminui o consumo do capital humano por meio do incremento Δ (experiência), o que diminuirá, no futuro, os gastos de capacitação.
b) O valor residual (*R*) aumenta de período a período, fazendo com que a capitalização do indivíduo seja cada vez maior, até o ponto em que os gastos de aperfeiçoamento se reduzam a simples gastos de atualização. Isso se deve à evolução paralela do indivíduo com o universo dinâmico empresarial, com o qual seu rendimento aumenta ou se mantém no grau ótimo necessário. Na Figura 4.13, não existem novos investimentos e o desgaste ou consumo segue sua curva normal descendente, aumentada em parte pela experiência.
c) Como não há investimentos adicionais na capacitação, o ponto de partida de período a período será dado pelo valor da experiência, pois sua preparação permanece estática em oposição ao dinamismo requerido pela tarefa.
d) O valor residual (*R*) do conhecimento diminui e ao final da vida útil do período considerado chega a se igualar, o que poderia ser chamado de valor residual inicial potencial.
e) Um novo investimento, nesse caso, seria mais custoso, enquanto para o primeiro caso o investimento é menor, em princípio pela

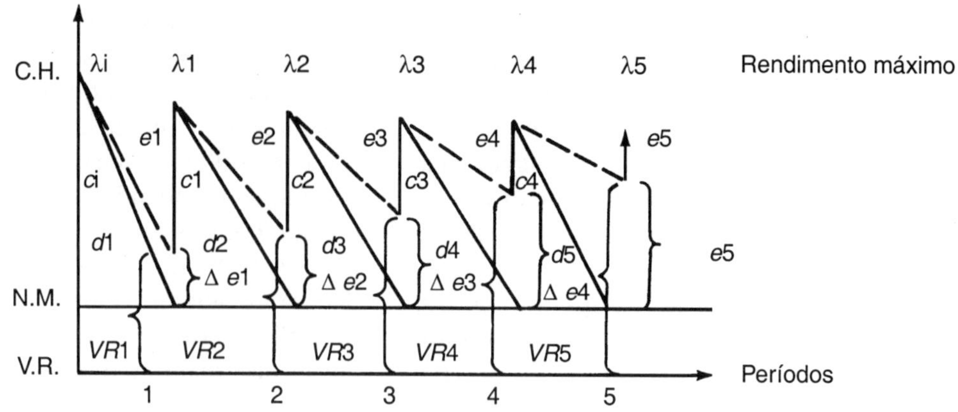

Figura 4.12 – Fator decrescente e aumento do capital humano.

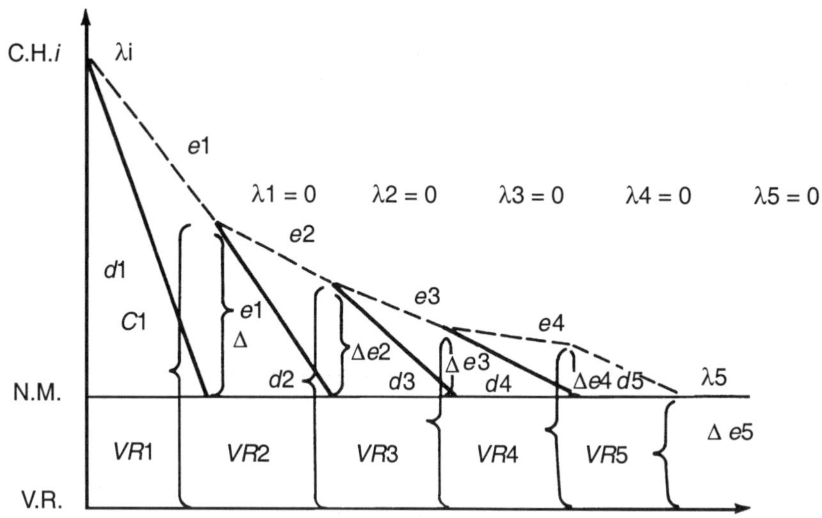

Figura 4.13 – Fator decrescente, sem aumento do capital humano.

contínua atualização (que se traduz em investimentos menores) e depois porque, se aplicarmos o conceito financeiro, um peso atual terá maior valor que dentro de cinco anos. Isso nos faz supor que o investimento em formação em cinco anos será muito maior e mais custoso.

Cabe mencionar que assim como se demonstra que o consumo de capital humano é decrescente e positivo, se determina a necessidade de contar com investimentos sucessivos como a melhor forma de *aumentar a rentabilidade da capacitação e, portanto, a rentabilidade da empresa.*

Conclusões

Podemos concluir que tanto o desenvolvimento individual como o desenvolvimento do sistema empresarial estão em função direta da formação humana e em razão inversa da falta de capacitação. Todo ensino e toda aprendizagem são rentáveis para o indivíduo e, em maior grau, para quem aproveita ao máximo o rendimento daquele, como as empresas. Uma empresa com pessoal idôneo e treinado permanentemente tem maiores probabilidades de êxito que uma similar que não conta com um potencial humano desenvolvido e capacitado. A capacitação constitui o eixo do desenvolvimento e do bem-estar dos povos[6].

[6]César Ramírez Cavassa, "Seguridad industrial" ("Notas").

ASPECTO SOCIOLÓGICO

A investigação dos acidentes mostra que as falhas causadas pelo empregado são provocadas, por sua vez, por fatores de índole diversa. Alguns são puramente psicológicos, decorrentes de personalidade, hábitos, costumes e atitudes próprias do empregado perante a segurança. Outros fatores, sociológicos, afetam em grande medida o comportamento humano no trabalho. O entorno social da pessoa, dentro e fora da empresa, é objeto de estudos freqüentes, nos quais ele é relacionado a riscos de acidentes de determinados indivíduos. Isso leva a analisar os seguintes aspectos:

1. Conhecer o entorno social do empregado fora da empresa, com a finalidade de prestar uma assistência social adequada, que permita modificar suas atitudes; por exemplo, conhecer o grau de integração na família, assim como a situação e o comportamento dos seus componentes, para saber se existe alguma fonte de conflito, além dos dados relativos à moradia (localização, distância do trabalho, nível de bem-estar), costumes, hobby, etc.

As pesquisas mostram que, em circunstâncias de igualdade, os empregados com problemas familiares sofrem maior número de acidentes. A gerência do hotel deve ajudar, quanto possível, a resolver ou aliviar esses problemas depois de detectá-los, seja concedendo empréstimos, facilitando créditos, contribuindo para resolver o problema da moradia, abrindo creches, etc., porém, não se deve esquecer que, em muitos casos, não se trata de necessidade material e, sim de ajuda moral, orientação ou conselho, que freqüentemente poderão ter resultados inestimáveis.

2. Adequar a pessoa ao cargo, mediante estudos psicológicos ou psicotécnicos e a determinação correta do perfil da tarefa. Com isso se procura um equilíbrio entre suas capacidades (aptidões) e as exigências das tarefas do cargo. Para isso, é necessário conhecer profundamente as características de cada cargo, agrupadas sob os seguintes critérios:

- *Capacidades* requeridas, sejam intelectuais (inteligência, percepção, rapidez de reflexos, memória, conhecimentos, etc.), psicológicas ou físicas (força, visão, tato, firmeza, etc.)
- *Esforços* de todo tipo exigidos pela aplicação das capacidades que a pessoa desenvolve. Aqui devemos considerar a intensidade dos esforços e a freqüência ou continuidade
- *Responsabilidades,* relativas à execução do trabalho, à segurança pessoal e à dos outros, à qualidade e à quantidade, ao tratamento, ao equipamento, aos outros materiais que usa, etc.
- *Condições do ambiente e riscos não eliminados*, como temperatura e umidade, emanação de gases, contaminação do ar, luz, ruído, odores, vibrações e os riscos de acidente ou doenças

No hotel que valorizou os cargos, ter-se-á um bom conhecimento de todos esses fatores. Essa informação deverá ser complementada com a referente às capacidades próprias de cada indivíduo, a qual deverá proceder de reconhecimento médico, do psicólogo (como resultado das provas psicotécnicas) e do analista do trabalho (por meio dos estudos de movimento). Esse conjunto de informações proporcionará à gerência os elementos necessários para aplicar uma política racional de adaptação do homem ao cargo.

3. Estudar a fundo a organização informal dos grupos no trabalho, a fim de neutralizar as atividades negativas. A realidade conhecida por todos é que, à margem da organização formal materializada no organograma e nas relações funcionais, sempre existe outra organização, que surge dos próprios indivíduos e que os leva a se relacionarem de forma espontânea e a criar entre si grupos com fins próprios. A princípio, os objetivos de ambas as estruturas não coincidem, embora não sejam antagônicos; todavia coincidem parcialmente e o grau de coincidência determina o grau de colaboração.

É importante que a gerência estude e conheça as características dos grupos mencionados, assim como seus objetivos e o número de pessoas compreendidas em cada um, pois o sucesso da organização consiste em conseguir que esses grupos, por intermédio da sua própria satisfação no trabalho, tenham como proposta os mesmos fins que o hotel persegue.

Para que a atitude de um funcionário seja positiva frente à segurança, é importante que ele se sinta à vontade no grupo e que *esteja integrado nele*; do contrário, se sentirá desconfortável no trabalho e, como conseqüência, no que se refere à segurança, trabalhará com um maior risco.

Uma vez que o hotel conheça as características de cada grupo e pessoais dos seus indivíduos, deverá procurar que cada trabalhador se integre ao grupo de acordo com seus interesses pessoais e profissionais, com o que terá dado um passo importante em relação à prevenção.

4. Criar um bom ambiente de trabalho. É extremamente importante o clima do ambiente de trabalho em relação à freqüência dos acidentes. Para isso, a gerência deverá ter a preocupação de conhecer profundamente o estilo pessoal de cada chefe, na sua tarefa de conhecer seus subordinados, dirigi-los em seu trabalho e atendê-los nos seus pedidos. O cargo intermediário é um cargo-chave para a segurança do pessoal no trabalho.

Se as autoridades estiverem bem preparadas, com formação intensiva em relações humanas com seus subordinados e na forma de instruir, de dar ordens e de atender à segurança na execução do trabalho, será reduzido o número de acidentes.

HIGIENE

A segurança e a higiene caminham juntas quando se trata de preservar a saúde e a integridade física do empregado. Todo funcionário está exposto a uma série de situações que incluem perigo direto ou indireto, o que resulta em acidentes ou doenças do trabalho. Portanto, é importante estabelecer princípios e normas sobre higiene, cujo controle deve ser considerado prioritário na organização. A higiene trata de conservar e melhorar a saúde do indivíduo e as condições de trabalho no qual se desenvolve; procura eliminar as causas que motivam as alterações de saúde; modificar os maus hábitos pessoais; estudar as características ambientais do lugar de trabalho; verificar periodicamente a saúde dos empregados, a fim de detectar qualquer possível doença derivada do trabalho; detectar e controlar os agentes contaminadores, derivados do próprio trabalho, dos desperdícios e dos maus hábitos higiênicos do pessoal.

A ordem e a limpeza são dois fatores básicos da higiene. Geralmente, a desordem possibilita acidentes, pelas diversas circunstâncias de insegurança que proporciona; além disso, a falta de limpeza ou os maus hábitos provenientes de má educação familiar, bem como os costumes do meio ambiente habitacional em que se desenvolve o indivíduo, são acompanhados por uma série de mecanismos de produção de doenças e riscos trabalhistas. Assim, pode-se falar da falta de higiene pessoal, que causa doenças cutâneas; falta de limpeza no local de trabalho, que acarreta doenças das vias respiratórias, originadas por agentes químicos ou biológicos que se encontram no ambiente; e maus hábitos de higiene alimentar, devido à falta de asseio com alimentos e com lugares de consumo que provocam doenças, especialmente do trato digestivo.

Com o aspecto da higiene também se relaciona o cumprimento das normas sobre esse particular aplicadas a situações puramente do trabalho, como o uso de equipamento de proteção (luvas, óculos, roupas, etc.), que evita a contaminação, além dos horários de refeição e de uso dos refeitórios, os serviços de higienização, seu uso racional e ordenado.

Manter limpo e em ordem o lugar de trabalho e apresentar um aspecto de beleza tanto da instalação como dos funcionários, além de oferecer uma boa imagem do hotel, causam no usuário um efeito de tranqüilidade e bem-estar, assim como de segurança sobre possíveis contágios de doenças. A conscientização de que a higiene deve focalizar os seguintes pontos de vista:

1. *Do empregado*

- Manter a sua saúde
- Ter uma apresentação asseada, que seja agradável ao usuário
- Evitar ser agente contaminador de doenças para seus colegas e para os hóspedes
- Evitar ser contaminado por outros colegas ou pelos hóspedes, tendo sempre presente, as normas mais elementares de higiene e limpeza

2. *Do usuário*

- Dar comodidade ao usuário
- Confiar no estabelecimento
- Eliminar qualquer possibilidade de alteração psíquica como conseqüência da falta de higiene alimentar, ou de possíveis acidentes devidos à desordem ou à falta de asseio das instalações

3. *Da instalação*

- Ter uma imagem positiva
- Evitar reclamações por situações acidentais causadas tanto pela falta de higiene, como por falta de ordem e asseio

POLÍTICA ERGONÔMICA

HOMEM-MÁQUINA-ENTORNO

A harmonização dos elementos homem-máquina-entorno, que caracterizam basicamente o sistema de produção ou de serviço, necessita da integração de todos eles, objetivando buscar, a todo momento, seu maior rendimento. A ergonomia possibilita o uso de equipamentos capazes de causar menos fadiga ao funcionário além de analisar a melhora do sistema ambiental, as circunstâncias de segurança e o aspecto ergonômico das características físicas e psicológicas do homem com o propósito de aumentar sua eficiência.

A ergonomia, ciência para uns e filosofia para outros, é um valioso instrumento de trabalho nas mãos dos encarregados de aumentar a produtividade, técnicos ou responsáveis pela organização e direção dos equipamentos de produção.

Os fatores essenciais que, uma vez projetado um equipamento, devem ser levados em conta:

- Não considerar as preferências do projetista como representação geral do conjunto-homem
- Considerar que toda concepção do equipamento foi feita em função do homem e para seu uso

Uma falsa idéia que circula atualmente, devido à aparição do automatismo, é considerar que as máquinas não foram desenhadas para o homem; nada é mais contraditório. A máquina, ainda como fator de desemprego, necessita de operador, programador e encarregado de manutenção, que a farão trabalhar para o proveito do homem. Nessa atividade de criar a máquina para o homem, intervêm desde o projetista, o arquiteto, o engenheiro e o construtor, até o diretor da empresa, o chefe da oficina e o operador, com maior responsabilidade dos últimos, por serem os usuários diretos do equipamento, que proporcionam os dados e as sugestões mais afins a respeito das necessidades, características, medidas e adaptação. Tudo isso induz a considerar como objetivo final da concepção do equipamento o nível da inteligência, a habilidade manual, as características gerais e a formação do usuário.

Dentro do conjunto homem-máquina-ambiente, a teoria dos sistemas aplicada ao projeto de um elemento permite considerar sua divisão em subsistemas e analisar separada e paralelamente os três elementos em completa inter-relação.

O subsistema elemento humano permite realizar um estudo analítico do fator humano, como elemento motor-diretor e executor, como um fator de características particulares, cujas diferenças somáticas proporcionam bases para conceber o equipamento e a adequação das circunstâncias ambientais e, finalmente, como elemento potencial, que necessita de formação específica sobre a manipulação e a manutenção do equipamento, para:

- Tarefas que o equipamento deverá executar
- Formação e treinamento do pessoal
- Provas para determinar o grau de capacidade alcançado e a porcentagem de deficiências que devem ser eliminadas

A confiabilidade do fator humano e seu controle são de grande importância para sua transcendência no sistema e para constituir o elemento de concepção dos outros elementos: máquina-entorno.

Dois aspectos que devem ser levados em consideração ao determinar a confiabilidade humana são o estudo e a redução do erro humano, nos quais se estimam as relações existentes entre as características da tarefa e as probabilidades de erros na sua execução. Do intercâmbio direto homem-máquina podem-se obter os possíveis tipos de combinação de resultados, em ordem de dificuldade e maior probabilidade de erros (Figs. 4.14 e 4.15).

FATORES ERGONÔMICOS

A ergonomia trata de adaptar o trabalho ao homem e vice-versa; é como a pretensão de fazer a máquina sob medida para o homem. O homem e a máquina estabelecem entre si diversas interações uma comunicação que é o trabalho e o conjunto de homem, máquina e comunicação, que têm um fim comum e constituem o sistema homem-máquina. Nisso se diferencia a ergonomia das técnicas anteriores; enquanto as anteriores têm estudado o homem e a máquina, a ergonomia estuda o sistema homem-máquina. Considera o homem nas suas acepções mais completas: psicológica, fisiológica, patológica e sociológica; máquina, como o material, as ferramentas, os sinais e os registros que emite; o entorno como o ambiente dos demais funcionários, tudo o que não é o próprio homem que trabalha e tudo o que conforma o posto de trabalho.

A ergonomia, como qualquer outra técnica de análise de trabalho, também surge de critérios econômicos. Com ela se busca o maior rendimento do sistema, mas esse maior rendimento está condicionado a um mínimo de erros, maior bem-estar e maior satisfação no trabalho, *melhor prevenção contra riscos* e *melhor higiene física e mental*. Os resultados do sistema homem-máquina identificam-se como saúde, qualidade, rendimento e segurança (Fig. 4.16).

O professor B. Metz classifica os fatores ergonômicos nos seguintes grupos: a) fatores humanos, b) fatores materiais, c) fatores de organização.

a) *Fatores humanos*: aptidão, idade, fadiga, motivação, percepção, memória, decisão e ação.
b) *Fatores materiais*

- Do meio físico (audiovisual), assim como fatores físicos e sociais (de situação)
- Do processo físico: sinais, efeitos e direção

c) *Fatores de organização*: seleção, hierarquia, e fatores sociais: remuneração, formação profissional, instruções para o trabalho, método de trabalho e comunicação.

Segundo esse critério, o estudo ergonômico do sistema homem-máquina pode ser detalhado como segue:

1. *Exigências do trabalho*

- Reduzir ou limitar os esforços musculares relativos ao movimento de peças, ferramentas ou controles da máquina
- Reduzir ou limitar as exigências psicofisiológicas pela percepção de sinais, manipulação simples dos controles e situação acertada de sinais e controles entre si
- Dispor racionalmente o posto de trabalho e conseguir uma posição fácil para alcançar os objetos, o direcionamento, os sinais e registros, assim como uma altura conveniente do plano de trabalho e a possibilidade de trabalhar sentado ou em pé, indistintamente

2. *Ambiente*

- Reduzir o ruído que chega ao posto (agir na sua origem), prover de iluminação suficiente a área de trabalho, proporcionar boa temperatura e ventilação

3. *Segurança*

- Descobrir as possíveis causas de acidentes nos processos e nas máquinas e eliminar essas causas com defesas ou protetores, comandos duplos, comandos de parada, de urgência e modificações dos movimentos perigosos

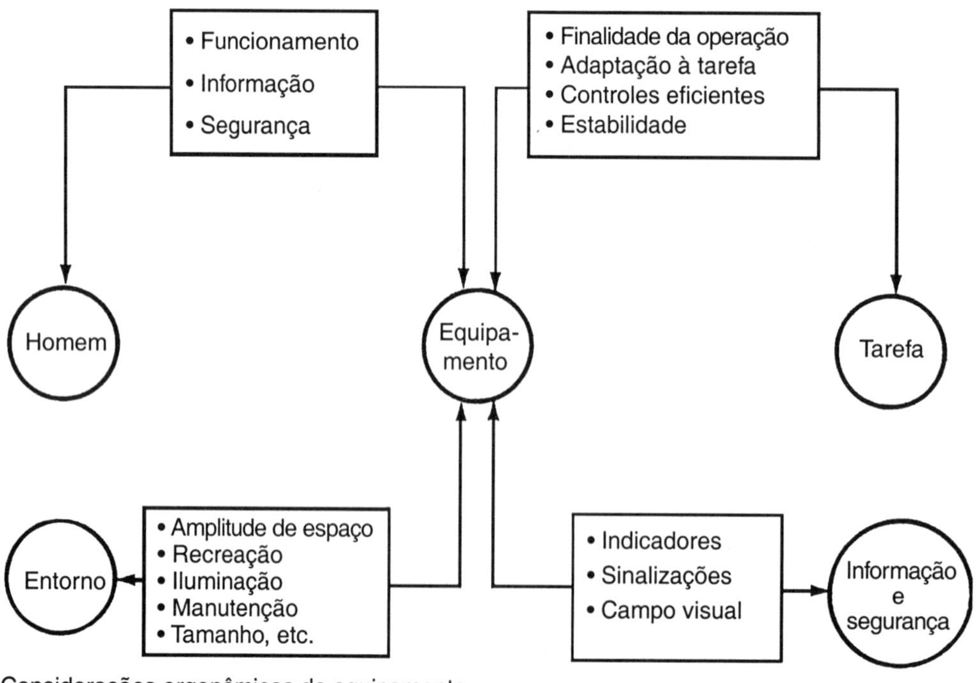

Figura 4.14 – Considerações ergonômicas do equipamento.

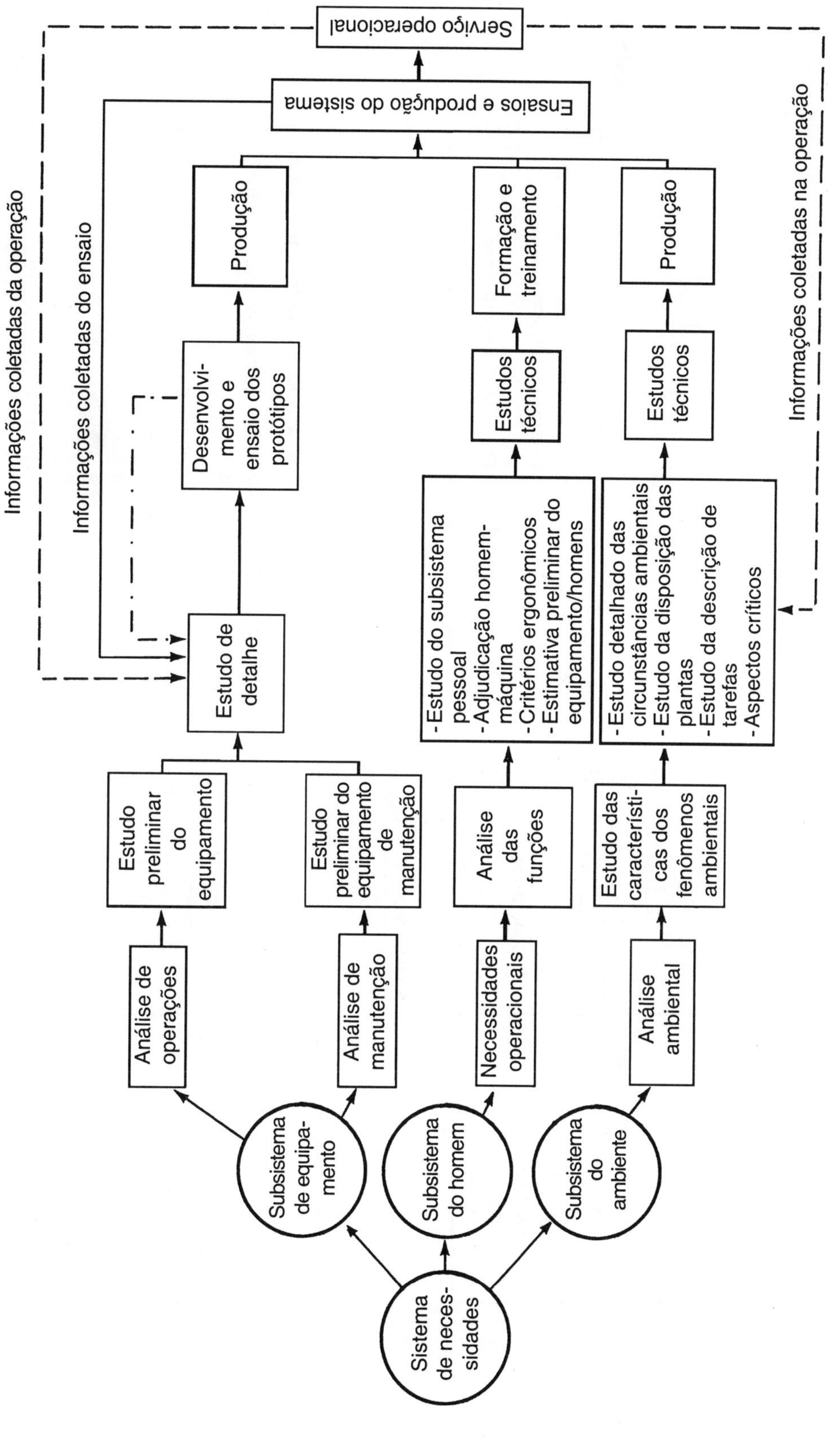

Figura 4.15 – Interação homem-máquina-entorno.

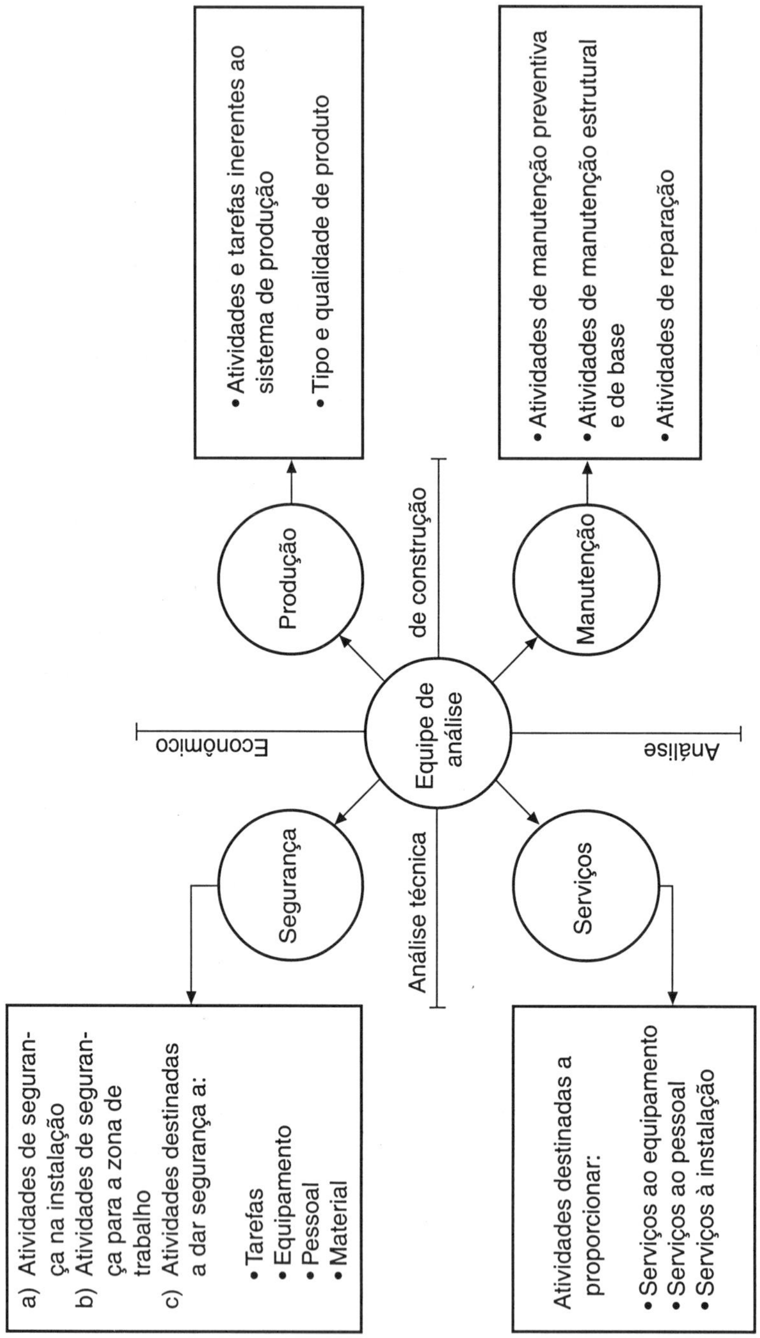

Figura 4.16 – Análise das características da equipe.

4. *Higiene*

- Prever a eliminação dos contaminadores da atmosfera (captação de pó, vapores, fumaça)

A Figura 4.17 mostra o esquema de Shannon a respeito do sistema homem-máquina, que esclarece os conceitos expostos neste capítulo; inclui-se também um questionário de controle para a disposição fisiológica do posto de trabalho (Quadro 4.1).

ASPECTOS ERGONÔMICOS

De acordo com o explicado anteriormente, a ergonomia como técnica e disciplina se diferencia das outras pelos objetivos visados. Com efeito, é conhecido o triplo objetivo do estudo ergonômico: *eficiência, saúde e bem-estar*, sempre presentes e inter-relacionados, de forma que não é ergonômico um estudo que contemple somente um ou dois desses aspectos e descarte um terceiro, seja qual for. Em toda organização, a análise ergonômica pode ser da competência do responsável pelos métodos e tempos de trabalho, do engenheiro da segurança, do médico da empresa, do psicólogo industrial, etc. A enciclopédia de medicina, da higiene e segurança do trabalho (OIT, 1971-1972) sugere a criação de um comitê de ergonomia dentro da empresa, constituído dos responsáveis pelo plano de estudos e aplicações ergonômicas. Destaca a importância da participação do médico nos estudos ergonômicos, pois eles sempre estão relacionados com diversos aspectos, como dados anatômicos, cifras antropométricas, órgãos dos sentidos, capacitação física para o trabalho e o esforço, aptidão geral para desempenhar um posto determinado (seja pelo trabalho em si ou pelo risco de sofrer acidentes ou doença profissional), fadiga industrial e bem-estar físico do empregado. O médico contribuirá com seus conhecimentos anatômicos, antropométricos, fisiológicos e patológicos.

No terreno da metodologia ergonômica, devem ser consideradas sempre quatro etapas sucessivas:

- Análise e detecção dos problemas
- Experimentação
- Aplicação
- Validação

Na prática, essas etapas se sobrepõem, mais ou menos, no decorrer do estudo.

Na etapa da análise, o objetivo mais importante consiste em detectar e definir os fatores que geram o problema. É o diagnóstico da situação, que muitas vezes não resulta fácil; para isso, deverá ser feita uma minuciosa análise do posto e do método de trabalho utilizado.

Na etapa de experimentação, serão estudados praticamente os fatores da fase anterior. A ergonomia deve experimentar e do experimento, deduzir.

Antes da etapa da validação, os resultados da experimentação devem ser submetidos a provas, que podem ser realizadas de diversas formas, seja em oficinas-piloto, em laboratório ou nas próprias dependências da organização. Daqui pode surgir um protótipo ou um novo sistema, que deverá passar para a etapa seguinte.

A etapa de validação consistirá em controlar o comportamento real do novo procedimento, e deverão intervir na solução final todos os responsáveis, na empresa, que se sintam afetados pelos resultados propostos.

Para terminar a exposição do tema ergonômico, cabe transcrever, da citada enciclopédia, os seguintes pontos: a) a ergonomia é uma ciência em fase de desenvolvimento e, mesmo quando as pessoas parecem reconhecer que cumpre uma finalidade, sua esfera de ação ou suas fronteiras não estão ainda bem definidas; b) o técnico em ergonomia e sua equipe se ocuparão principalmente da segurança e da saúde física e mental do empregado, mas no interesse da eficiência, da confiabilidade e da humanidade; é provável que desempenhem um papel cada vez mais importante na direção e introdução da nova tecnologia.

Dois exemplos da aplicação ergonômica no projeto e colocação de telas protetoras de máquinas estão nos Quadros 4.2 e 4.3, respectivamente.

ENGENHARIA HUMANA

Em contraposição ao automatismo, que praticamente elimina o fator humano do sistema produtivo, a engenharia humana inverte o conceito e busca orientar os esforços para o melhor uso e aproveitamento do homem, considerando a máquina como um prolongamento dele. Ergonomia, biomecânica e outras disciplinas são ciências que se com-

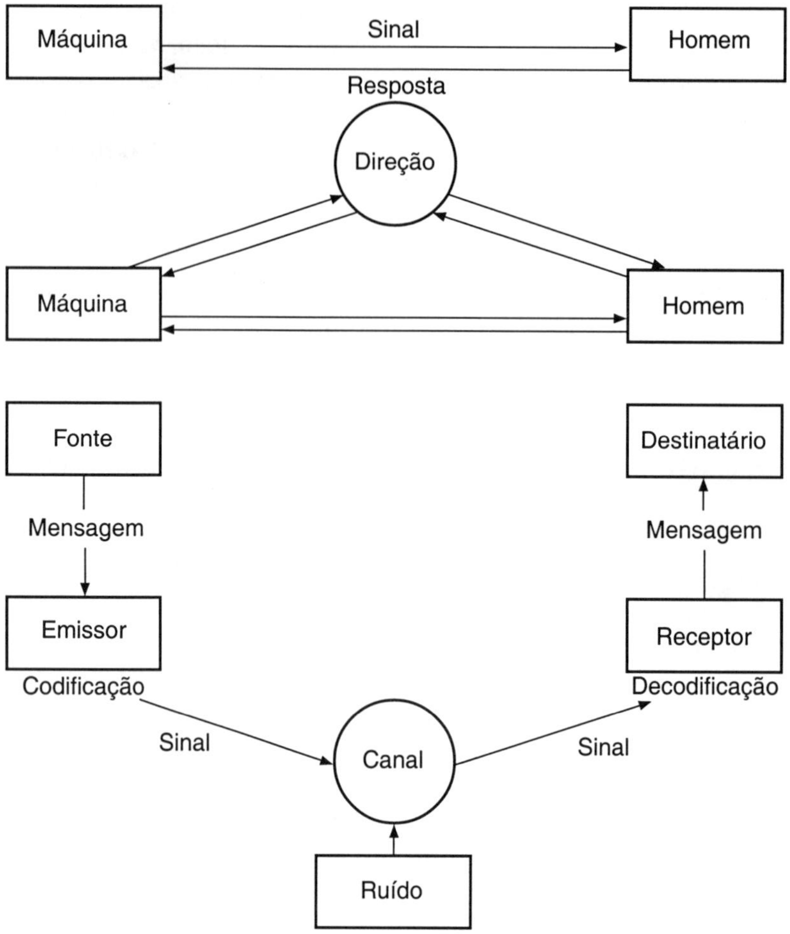

Figura 4.17 – Modelos ergonômicos do posto de trabalho. Em terceiro lugar aparece o esquema Shannon.

Quadro 4.1 – Questionário de controle para a disposição fisiológica do posto de trabalho[7].

1. *Questões prévias sobre a definição do tipo de carga do trabalho*

   1.0 Atividade principal

   Atividade secundária

   1.1 Trata-se de um trabalho árduo?
   1.2 O trabalho exige muita destreza e atenção? Exige grande esforço de percepção?
   1.3 O operário está exposto a fatores externos incômodos (clima, ruído ou iluminação)?
   1.4 O operário sofre mal-estar, devido à forma de organização do trabalho (trabalho contínuo, sem intervalos e por produção)?
   1.5 O operário tem grande responsabilidade?

2. *Questões sobre a redução das cargas físicas*

   2.0 Posição no trabalho (sentado, em pé ou inclinado)

   2.0.0 A atitude exige um considerável esforço estático?
   2.0.1 A altura do plano de trabalho é boa?
   2.0.2 São corretas, do ponto de vista anatômico, as áreas para trabalho com as mãos?

[7]Documento original de E. Grandjean, publicado na revista suiça "Revue Suisse pour l'Organisation Industrielle".

2.0.3 É suficiente o espaço livre previsto para os movimentos?
2.0.4 O controle visual do trabalho ou dos instrumentos de leitura permite uma postura natural?
2.0.5 O operário deve adotar uma postura forçada, para acionar os pedais?

Para o trabalho sentado:

2.0.6 O assento está adaptado à altura do plano de trabalho?
2.0.7 Reclama do assento?
2.0.8 Faz falta um apoio para os pés?

2.1 Trabalho muscular

O trabalho muscular é essencialmente estático ou dinâmico?

2.1.0 O operário deve fazer grande esforço para manter a peça?
2.1.1 Pode substituir a mão por um porta-peças?
2.1.2 O esforço pode ser minimizado por meio da instalação de apoios para a mão e o cotovelo?
2.1.3 O operário tem que levantar as cargas?
2.1.4 O peso das cargas é admissível?
2.1.5 Utiliza-se um bom método de manutenção manual?
2.1.6 O operário deve realizar um grande esforço dinâmico?
2.1.7 O ritmo de trabalho permanece inferior ao limite correspondente ao esforço prolongado?
2.1.8 A eficiência é boa?

3. *Questões referentes à redução do esforço de percepção e de atenção e da destreza requerida*

3.0 Esforço de percepção

3.0.0 A iluminação é boa?
3.0.1 A transmissão da comunicação foi bem planejada?
3.0.2 As cifras, as palavras, os símbolos e as graduações estão adaptados à distância de leitura?
3.0.3 Os elementos que o operário necessita ver (instrumentos, materiais, textos, etc.) estão colocados de forma que permita um controle visual fácil e sem falhas?
3.0.4 Devem ser previstos aparelhos ópticos de aumento?
3.0.5 Os relatórios (do ponto de vista espacial e de informação) entre os aparelhos de verificação e os órgãos de comando são lógicos?
3.0.6 Todos os sinais acústicos são perceptíveis sem dificuldades e na sua integridade?

3.1 Esforço de atenção

3.1.0 A atenção é perturbada por ruídos ou outros estímulos acústicos?
3.1.1 A atenção é perturbada pela atividade de outras pessoas?
3.1.2 A atenção é perturbada por ocorrências no mesmo local de trabalho?

3.2 Destreza adquirida

3.2.0 O trabalho de destreza é feito sob controle visual?
3.2.1 O trabalho necessita de um período prolongado para se colocar tudo em dia?
3.2.2 Estão reunidas todas as circunstâncias que permitem a fácil aquisição dos automatismos profissionais?
3.2.3 O sentido e o desenvolvimento dos movimentos estão de acordo com os estereótipos usuais?
3.2.4 A disposição dos órgãos de comando está preparada de forma que permita uma atitude natural?
3.2.5 A utilização dos órgãos de comando necessita de um gasto significativo de energia?
3.2.6 O órgão de comando está adaptado às operações previstas (é funcional)?

4. *Questões referentes à adaptação do ambiente ao trabalhador*

4.0 *Iluminação e cromatismo*

4.0.0 A iluminação natural é suficiente?
4.0.1 A iluminação artificial é suficiente?
4.0.2 Há contraste de luminosidade nas áreas para onde se olha com mais freqüência?
4.0.3 O olhar deve passar de uma superfície ou de um objeto claro para outro escuro e vice-versa?

(Continua)

Quadro 4.1 – *(Cont.)*

4.0.4 Há superfícies refletoras no local de trabalho?
4.0.5 As fontes luminosas estão corretamente colocadas?
4.0.6 As fontes luminosas emitem luz uniforme no tempo (sem lâmpadas piscando, deslocamento de fases nem efeitos estereoscópicos)?
4.0.7 As cores do local de trabalho provocam contrastes de luminosidade incômodos?
4.0.8 Têm-se utilizado, de forma inteligente, as cores destinadas a captar o olhar?
4.0.9 O local está pintado com cores que transmitem uma sensação de calma e bem-estar?

4.1. Clima

4.1.0 As temperaturas do ar são compatíveis com o bem-estar?
4.1.1 As temperaturas das paredes são compatíveis com as do ar?
4.1.2 É possível sentir correntes de ar?
4.1.3 A umidade relativa está em conformidade com as exigências fisiológicas?
4.1.4 Os radiadores estão colocados corretamente?

Questões relativas ao trabalho sob calor:

4.1.6 A exposição ao calor está dentro dos limites admissíveis?
4.1.7 As roupas de trabalho estão adaptadas ao tipo de atividade?
4.1.8 O abastecimento de líquidos é suficiente?
4.1.9 É possível pensar em medidas de ordem técnica para reduzir a carga térmica?

4.2 Proteção contra o ruído

4.2.0 O ruído perturba a atenção ou o trabalho intelectual?
4.2.1 O ruído perturba a comunicação verbal?
4.2.2 O ruído poderia produzir lesões auditivas?
4.2.3 É possível pensar em medidas de ordem técnica para reduzir a ação do ruído?

4.3 Proteção da saúde

4.3.0 O ar ambiente contém substâncias tóxicas?
4.3.1 Seria possível reduzir, na fonte, a difusão de substâncias nocivas?
4.3.2 É possível pensar na instalação de uma rede de ventilação?
4.3.3 Os operários estão em contato com substâncias capazes de provocar eczema?
4.3.4. As instalações poderiam provocar acidentes?
4.3.5. A forma de executar o trabalho envolve risco de acidente?
4.3.6. Os acidentes poderiam ser provocados por terceiros?
4.3.7. Existe risco de incêndio ou explosão?

plementam ou das quais se serve a enge nharia humana para cumprir seu propósito. De forma geral, a engenharia humana contempla os aspectos:

- Limitações biológicas do indivíduo no uso dos sistemas e equipamentos
- Obtenção de um local de trabalho apto para desenvolver suas funções
- Controle ambiental: luz, som, ventilação, temperatura, umidade, vibrações, cor, etc
- Posição do corpo e posturas de trabalho para evitar fadiga e deformações físicas
- Estímulos ambientais e sensoriais para incrementar a concentração e o interesse pela tarefa (mudanças de iluminação, sonorização, etc.)
- Satisfação das necessidades biológicas, como comer, beber o racionalmente necessário, por meio de regime alimentar e esportes
- Clima organizacional afetuoso que atue positivamente nas suas motivações e na sua segurança
- Ação psicológica pela conscientização do aumento da colaboração do indivíduo
- Treinamento e formação, por meio de um processo de aprendizagem útil
- Adaptação dos utensílios (ferramentas e outros instrumentos utilizados nos diversos serviços) ao indivíduo
- Incremento da eficácia em função dos movimentos e da aplicação de métodos racionais de trabalho

Quadro 4.2 – Proteção de máquinas e ergonomia[8].

É comum proteger certos tipos de máquinas com uma barreira ou uma tela e, assim, considerá-los sem risco. A que distância da máquina é conveniente colocar a barreira ou a tela?

A amplitude do gesto por cima da barreira está limitada pelo contato do corpo com a barreira. Quando é pouco alta, o corpo pode-se dobrar e, então, a distância de acessibilidade será maior que o braço. Quando a barreira se encontra na altura da axila, a amplitude do gesto está em função do comprimento do braço. Se a barreira ultrapassar a altura das costas, esta amplitude se encontrará limitada pelo cotovelo e, quando a altura for ainda maior, pelo pulso ou pelos dedos. Os diversos casos são mostrados na Figura 4.19.

A Figura 4.18 indica a distância conveniente para a colocação dos protetores (de diferentes alturas) em relação aos elementos perigosos (situados também em diferentes alturas no chão) para adaptá-la aos valores médios da amplitude do gesto.

O braço de um homem, ao passar por cima de uma barreira, pode descrever um semicírculo. Essa curva determina as distâncias da barreira, por cima das quais as peças perigosas da máquina, situadas a diferentes alturas, não apresentam riscos. A Figura 4.20 mostra uma série de curvas determinadas experimentalmente; cada uma delas é definida pela altura correspondente da barreira ou do protetor. Essas curvas levam às dimensões que se indicam na Figura 4.18.

Como se devem utilizar, na prática, as Figuras 4.18 e 4.20? Para começar, vamos considerar a Figura 4.18. A coluna da esquerda indica a altura sobre o chão da peça perigosa. Vamos supor que essa altura seja 1,37m: os valores apontados horizontalmente à direita indicam a distância em que devem ser colocados os protetores, conforme suas diferentes alturas, que se indica na parte superior das colunas.

As curvas de amplitude do gesto da Figura 4.20 devem ser interpretadas analogamente. Para obter a distância mínima entre protetor e órgão perigoso colocado a 1,37m do chão (ou da plataforma de trabalho), se segue a horizontal de 1,37m para a direita, até a sua inserção com as curvas. As abscissas dos pontos de interseção mostram as distâncias de acessibilidade correspondentes; assim, a horizontal de 1,37m corta a curva correspondente a um protetor de 1,52m de altura em um ponto no qual a abscissa (lida sobre a escala inferior) é igual a 0,68m; isso significa que um protetor de 1,52m deve ser colocado a 0,68m de distância do elemento perigoso (Fig 4.21).

Figura 4.18 – Amplitude do gesto para diferentes tipos de protetores.

Figura 4.19 – Amplitude do gesto por cima de uma barreira.

[8]Retirado do Departamento de Trabalho da Nova Zelândia e publicado pelo CIS de Genebra.

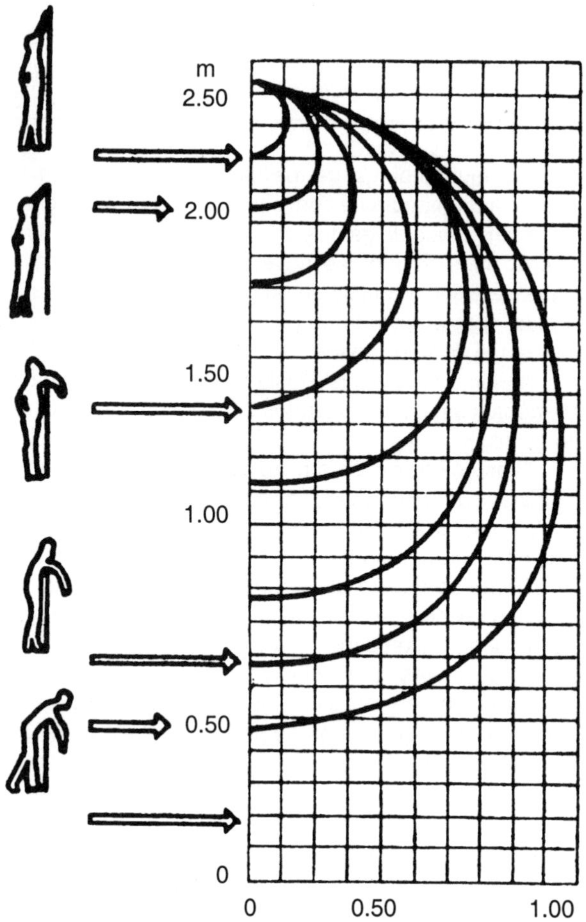

Figura 4.20 – Diagrama para determinar a amplitude do gesto por cima de uma barreira.

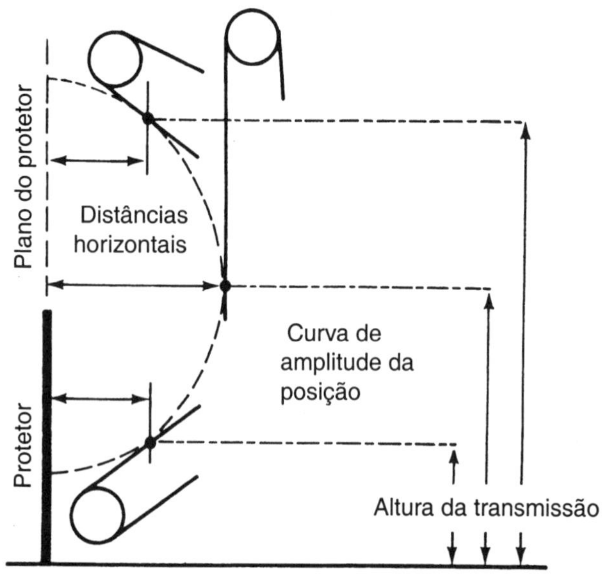

Figura 4.21 – Modo de medir a distância dos protetores para diferentes disposições de órgãos de transmissão.

Quadro 4.3 – Proteção de máquinas e ergonomia[9].

A amplitude do gesto no interior do recipiente é, na realidade, a mesma que a do gesto por cima de uma barreira: determinada pela altura da parede do recipiente sobre o nível do chão (Fig. 4.22). A zona normal de acessibilidade para recipientes de diferentes alturas pode ser determinada, experimentalmente, do mesmo modo que para as barreiras; destaca-se na Figura 4.23.

A amplitude do gesto depende, nesse caso, da largura do obstáculo e da posição do corpo. Quando o corpo se encontra nas proximidades de uma barreira-base, a amplitude do gesto é maior que o comprimento do braço, pois o corpo se pode dobrar.

Se a barreira tiver parede lateral, a amplitude do gesto estará limitada pela articulação do cotovelo ou, para dimensões maiores, pela do pulso (Fig. 4.24*b*). A Figura 4.24*c* mostra a amplitude efetiva quando o braço deve passar primeiro através de um orifício e depois em volta de uma barreira.

Os valores empíricos da amplitude normal do gesto, indicados anteriormente, podem também servir de base para determinar a amplitude do gesto ao redor de um obstáculo. A possibilidade de alcançar um ponto contornando um obstáculo depende da distância da articulação do cotovelo e do pulso à curva de amplitude do gesto (quer dizer, à extremidade dos dedos).

Pelas experiências realizadas para determinar as curvas de amplitude do gesto, a distância média do cotovelo até as pontas dos dedos é de 46cm. Portanto, se a beirada da tela horizontal se encontrar a 43cm ou menos da correspondente curva de amplitude do gesto, o antebraço não poderá se flexionar totalmente para contorná-lo (Fig. 4.25) e a superfície listrada poderá ser considerada não perigosa, do ponto de vista da sua posição.

Porém, retirando o braço até que o pulso fique perto da aresta da borda, a mão poderá flexionar-se ao seu redor e alcançar uma peça perigosa que esteja próxima. A experiência tem demonstrado que, nesses casos, é razoável prever que a mão não possa alcançar um objeto situado a uma distância de 20cm, como máximo, da aresta (Fig. 4.26*a*). A curva de amplitude do gesto para mão flexionada ao redor da aresta de uma tela será, pois, um círculo de 20cm de raio, tomando como centro essa aresta.

Quando não for possível à totalidade da mão flexionar-se em volta de uma barreira ou tela, ainda fica a possibilidade de flexionar os dedos. Comprovou-se que a amplitude do gesto somente para os dedos não excede de um raio de 8cm (Fig. 4.26*c*).

Figura 4.22 – Amplitude do gesto no interior de um recipiente.

[9]Retirado do Departamento de Trabalho da Nova Zelândia e publicado pelo CIS de Genebra.

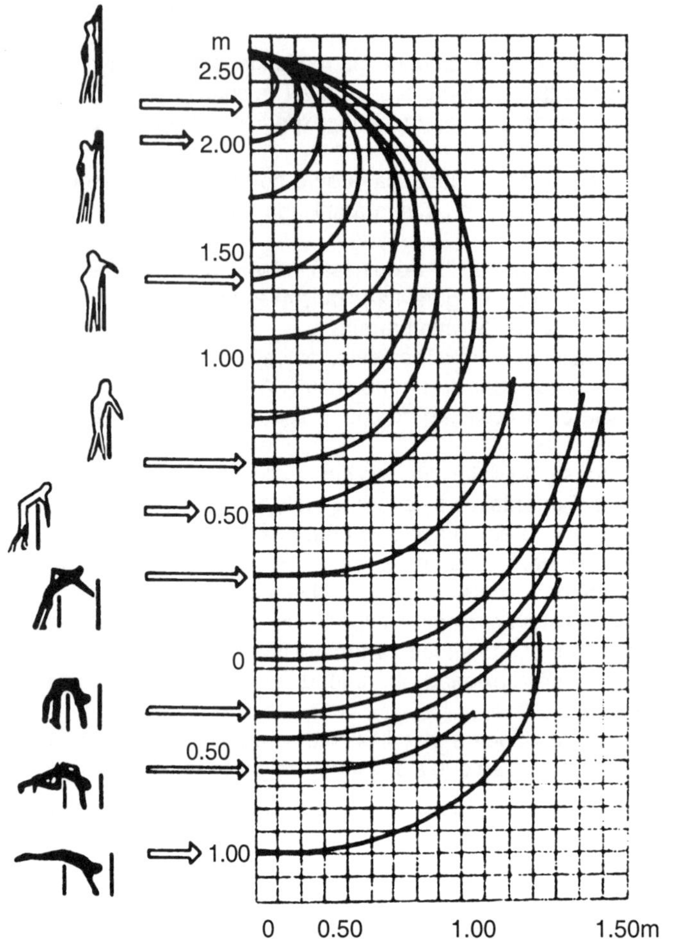

Figura 4.23 – Diagrama para determinar a amplitude do gesto em recipientes de diferentes alturas, combinado com o diagrama da Figura 4.20.

Figura 4.24 – Amplitude do gesto ao redor de um obstáculo.

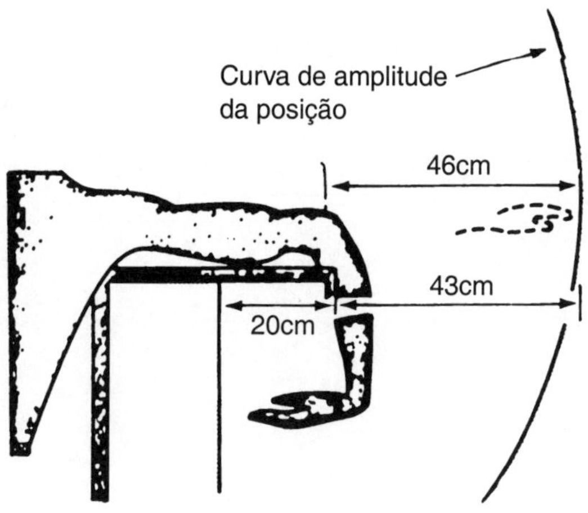

Figura 4.25 – Barreira prolongada por uma borda horizontal.

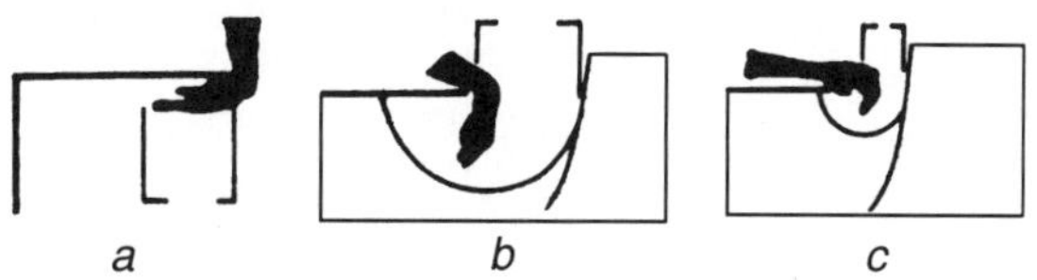

Figura 4.26 – Amplitude do gesto para a mão e para os dedos no caso de uma barreira prolongada por uma borda horizontal (c = curva de amplitude do gesto).

5

Papel da Gerência na Segurança e na Manutenção Hoteleiras

GERÊNCIA

A empresa é a unidade criadora de riquezas; porém, essa unidade requer direção e controle para o bom gerenciamento e funcionamento. As pessoas que ocupam cargos de responsabilidade devem estar cientes de que, para dirigir (isto é, conduzir a organização visando atingir as metas estabelecidas), deve-se considerar que o avanço tecnológico, a dinamização do sistema empresarial, as novas exigências conjunturais da sociedade e as mudanças obrigam à conscientização profissional sobre o papel a desempenhar nas tarefas de direção.

No meio hoteleiro, existem quatro tipos de gerentes, que surgem em quatro situações diferentes:

1. *Gerente puramente familiar*: aquele que procede da família proprietária do negócio e que, portanto, ocupa o cargo pelo seu conhecimento prático do negócio. Seu nível acadêmico é deficiente e sua visão geral pode ser ou não eficaz.
2. *Gerente empírico*: aquele que escala posições na empresa, por meio da experiência e da boa visão para os negócios. Seu nível acadêmico é medíocre, mas sua visão gerencial é suficientemente positiva, devido à experiência, apesar das muitas lacunas pela falta de informação gerencial.
3. *Gerente acadêmico*: aquele que chega a cargos de direção pelo fato de possuir um título universitário, mas não tem a experiência gerencial, nem a de trabalho empresarial. Seu nível acadêmico é alto, mas sua visão gerencial não é boa.
4. *Gerente profissional*: aquele que domina o âmbito do conhecimento e as técnicas gerenciais; que possui ou não uma preparação universitária, além da formação e do desenvolvimento gerencial, assim como sua experiência empresarial. Sua visão gerencial é tão elevada quanto profunda e realmente é considerado um verdadeiro profissional da direção empresarial.

Ao falar da gerência, se faz referência ao gerente de forma geral, porque os conceitos de direção de empresas são gerais e válidos em qualquer nível gerencial e para qualquer latitude geográfica, de forma que o mecanismo de direção está aberto aos diversos critérios e capacidade de análise das pessoas que aplicam a atividade gerencial.

Quando se fala de gerência hoteleira, os mesmos conceitos e elementos que integram o conhecimento da gerência se aplicam à hotelaria, somente com os matizes necessários, que a atividade hoteleira obriga o gerente a considerar. Portanto, é possível fazer uma análise integral da conceitualização da gerência, pois esta obra pretende também orientar todo gerente hoteleiro quanto ao papel que deve desempenhar e, que como tal, não se limite a uma única atividade, que finalmente se traduz em 90% da sua atividade dedicada às relações públicas.

Para desempenhar a gerência, se deve conduzir. Para conduzir, é necessário desenvolver certas capacidades e atividades que, em conjunto, facilitem a função gerencial.

Capacidades

O gerente deve desenvolver fundamentalmente a intuição e o sentimento, que lhe permitam agir de forma prática, realista e concreta quando se trata de tomar decisões com rapidez.

A capacidade de imaginação é aumentada pelo sentido da criatividade, que se traduz em supervisão permanente e em segurança e firmeza no aspecto mutacional das suas decisões.

O gerente deve saber integrar e conjugar sua atividade individual com a empresarial, familiar e social; além disso, sua capacidade de autodesenvolvimento lhe permite obter de todo o pessoal:

- Confiança, por sua capacidade profissional na solução de problemas
- Obediência, pela segurança e pela força para impor suas idéias
- Cooperação, devido à capacidade para integrar suas necessidades com as necessidades dos outros
- Respeito, como conseqüência de personalidade, firmeza na tomada de decisões racionais e de consideração para com os outros

Atividades

Em primeiro lugar está a de planejar, que obedece a situações prévias observadas e busca objetivos determinados.

A atividade organizacional realiza a integra os meios disponíveis que permitam alcançar as metas. Para isso, usa a síntese e a indução. A execução dos planos é uma atividade que abrange realização, realismo e intuição para alcançar sucessos concretos. Finalmente, a supervisão e o controle são atividades técnico-humanas, que permitem orientar os empregados , corrigir defeitos e desvios, análise prévia e dedução dos fatos, para retroalimentar a atividade gerencial. Por outro lado, a integração e o equilíbrio de todos os aspectos, capacidades e atividades presentes obedecem ao período de amadurecimento gerencial e determinam a possível eficácia que se procura em toda entidade diretiva.

A direção de uma empresa supõe, entre outros aspectos, a convivência e a participação de todos os seus componentes, o que se traduz em maiores possibilidades de integração, de contribuição e de motivação coletiva em relação às decisões em jogo. O estilo gerencial deve inclinar-se a que todos os grupos de trabalho participem fundamentalmente da definição e da exposição geral das atividades, de forma que se sintam integrados no alcance e na responsabilidade de seus objetivos. A gerência é o elemento informativo, por excelência, de todo o sistema participativo, para o qual se deve promover reuniões e comunicações que permitam manter um clima informativo integrado.

A participação que a gerência propicia dá lugar a consultas, que permitem reunir informação desde a base até os altos níveis e coletar opiniões que devem ser consideradas ao se tomar uma decisão. Deste modo, se produz a discussão, que facilita a abertura a processos de criatividade crítica, mediante contribuição com idéias e aprofundamento dos temas, os quais, uma vez analisados, possibilitam alcançar conclusões lógicas e racionais.

Uma das principais atividades da gerência é negociação ou forma superior de participação, pois com ela se trata de organizar/relacionar e equilibrar os interesses individuais e de grupo com os da organização. Isso resulta em conscientização da adaptação de interesses, assim como em maior nível de desenvolvimento e colaboração, conseguindo-se excelentes soluções de conjunto. A gerência deve promover tanto o diálogo como a negociação e tratar de encontrar soluções para os diversos pontos de vista das partes.

Finalmente, a gerência é responsável, no mais alto nível, pela *tomada de decisões integrais*, que serão projetadas aos níveis hierárquicos inferiores para aplicar os conceitos mencionados em situações de certeza e de curto prazo, ou imediatos quando se trata de níveis operacionais; entretanto, no nível gerencial, as tomadas de decisões enfrentam um entorno de incerteza e de médio e longo prazos, com variáveis quase sempre inconstantes.

Na tomada de decisões gerenciais em nível interno se devem considerar:

- Os pontos de vista dos componentes da organização
- O grau de participação de cada elemento
- As necessidades individuais e de grupo
- O grau de compromisso da empresa com seus componentes
- Os interesses da organização do indivíduo
- As variáveis incidentais do sistema organizacional
- A solução de conflitos e suas formas
- A inter-relação grupal e seus conflitos
- A motivação grupal, individual e dos líderes
- O grau básico de acordo ou desacordo, fundamentado em critérios análogos ou divergentes dos grupos e da gerência

O gerente hoteleiro deve ponderar sobre o exposto acerca do papel gerencial; também como líder da empresa hoteleira, deverá:

- Garantir e incrementar sua criatividade em direção e gerenciamento
- Tomar decisões racionais e facilitar a tomada de decisões em grupo (em termos de diretoria do hotel)
- Fazer respeitar e cumprir as decisões tomadas, assim como as normas e regras que delas derivem
- Propiciar autonomia e participação a todos os níveis de atuação e impor sua decisão onde o processo de decisão não seja operacional

Para sua atuação gerencial, o gerente hoteleiro deverá atentar para as atividades a cumprir:

1. *Atividades não delegáveis* – Aquelas que obedecem ao aspecto estratégico e de longo prazo. Geralmente, a política hoteleira e as decisões sobre problemas econômico-financeiros e de promoção se regem por esse tipo de atividade, que o gerente não deve delegar com facilidade.
2. *Atividades delegáveis* – Como seu nome indica, podem ser delegadas a níveis menores, com certo grau de segurança de que serão cumpridas de forma adequada. Para isso, o gerente hoteleiro deve considerar critérios como:

- Determinar objetivos bem claros e definidos em curto prazo
- Escolher as pessoas adequadas de acordo com o perfil do objetivo
- Definir seu grau de responsabilidade e autoridade
- Conhecer o grau de aptidão para a tomada de decisões
- Proporcionar os meios necessários e facilitar a participação por meio de consulta
- Ajudar a resolver os problemas, quando necessário
- Intervir excepcionalmente, apenas quando necessário

Finalmente, cabe mencionar que o gerente, ao atribuir tarefas e responsabilidades, deve deixar bem claros os objetivos, ou seja, os resultados e as normas que devem ser observados.

Resumindo, um quadro sinóptico é visto na Figura 5.1.

Ante o conceito de que a *segurança começa de cima*, qualquer outro elemento da empresa não poderá alcançar resultados positivos se a própria gerência não der o exemplo no incentivo e aplicação das normas de segurança. O interesse da gerência na segurança deverá evidenciar-se nas medidas adotadas e na boa manutenção, ordem e limpeza do hotel. A gerência deverá mostrar-se permanentemente preocupada com a segurança de todos os seus componentes; por exemplo, se o gerente, depois de ocorrido um acidente, não somente prestar a devida atenção ao relatório sobre o fato e as causas que o provocaram, mas se preocupar também com o acidentado, dará a impressão, ao pessoal, de sua preocupação com a segurança e de sua responsabilidade como gerente do hotel. A gerência deverá aceitar sua plena responsabilidade e dedicar parte do tempo ao estudo da política de segurança no hotel, caso realmente deseje alcançar e manter um sistema eficaz de prevenção de acidentes. Para conseguir o máximo de responsabilidade, a gerência deve conhecer plenamente as perdas que os acidentes provocam, como afetam a eficácia do trabalho e o que significa a prevenção

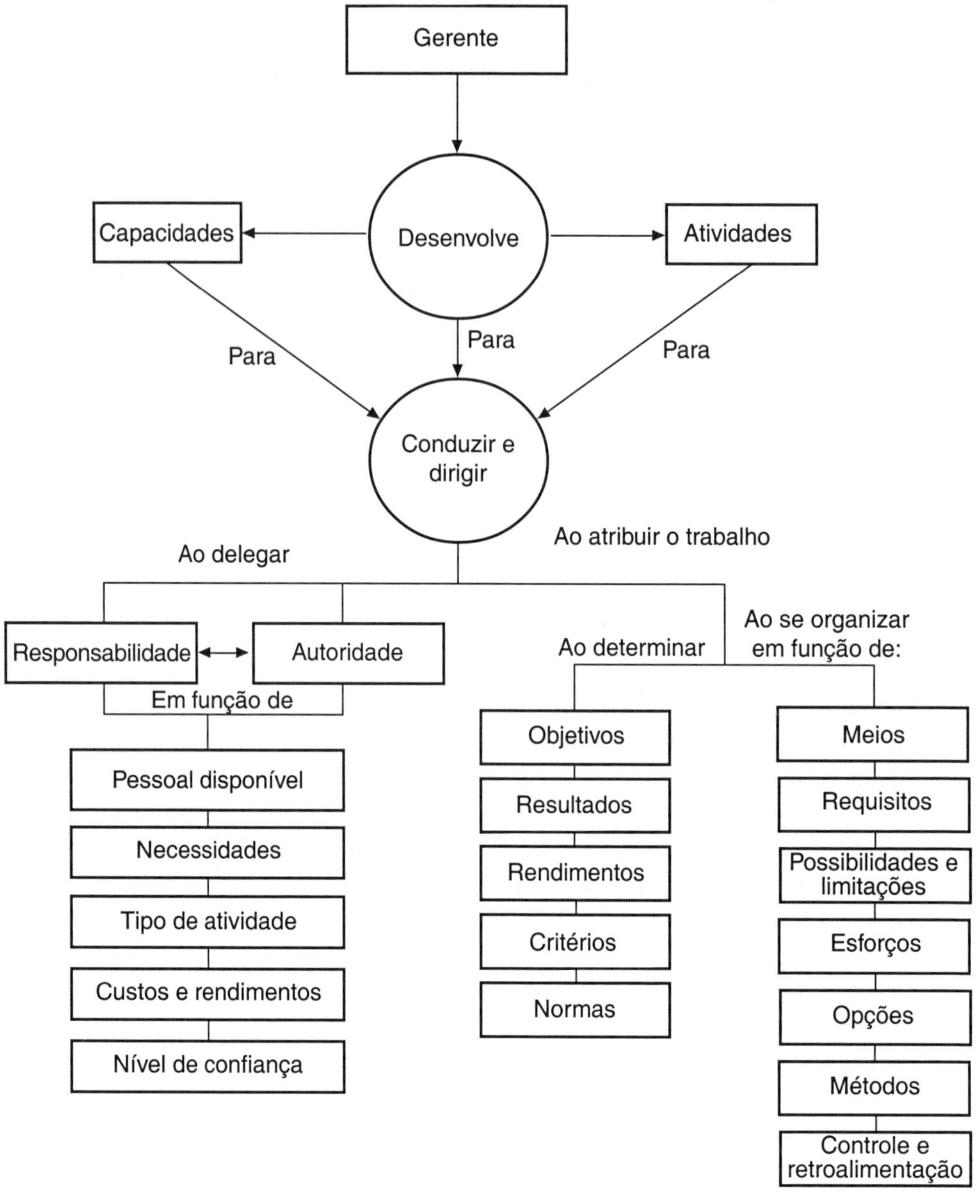

Figura 5.1

de acidentes na motivação e segurança do pessoal e na imagem do hotel. Assim, a gerência assumirá a responsabilidade absoluta pela segurança do pessoal do hotel, dos hóspedes e das instalações.

A atividade de manutenção relaciona-se intimamente com a de segurança. Não é possível entender uma sem o complemento da outra. Toda instalação, equipamento ou ferramenta necessita de manutenção permanente para que seja operativa e para prolongar seu tempo de vida útil, o que se traduz em segurança de uso, bem como em maior rentabilidade para o usuário. O hotel, como qualquer instalação, à medida que passa o tempo, deteriora-se gradualmente, pelo que é indispensável a tarefa da manutenção, além do já mencionado no sentido de manter a boa imagem. O real alcance da manutenção escapa, à primeira vista, dos usuários e dos observadores; porém, cabe expressar sua fundamental importância sob qualquer ponto de vista.

Quanto maior a dimensão da instalação e maior a complexidade do estabelecimento hoteleiro, mais complexa será a tarefa de manutenção, devido às freqüentes avarias e aos desgastes funcionais de uma série de sistemas técnicos e de operação da própria instalação. Isso requer maior atenção da gerência, pois, à medida que a função de manutenção for bem executada, ela será boa e eficaz para o hotel, para o cliente e para aquele que a realiza; logicamente, a tarefa de manutenção é responsabilidade de todos, incluindo os hóspedes, devendo a formação e a capacitação, nesse sentido, reger-se por um programa de conscientização permanente. Para aplicá-lo, o sistema de manutenção requer um investimento que deve obedecer a um plano de manutenção fundamentado na política gerencial pertinente, com a finalidade de conseguir resultados excelentes e rendimentos adequados de cada componente da estrutura hoteleira.

Dentro do papel geral da gerência, a manutenção e a segurança são muito importantes, da mesma forma que o marketing e/ou a promoção, pois, com base em uma boa política de segurança e manutenção, ela serve como efeito multiplicador daqueles.

SEGURANÇA E GERÊNCIA

O problema da segurança hoteleira está representado na Figura 5.2, ligeiramente modificada de sua similar, publicada no livro "Seguridad industrial", do mesmo autor.

A gerência do hotel tem a máxima responsabilidade sobre a segurança e a higiene em relação à legislação pertinente, ante os empregados e os hóspedes da instalação. Com o conceito de que "a segurança começa de cima", se estabelece claramente a condição fundamental para realizar um trabalho eficaz em matéria de prevenção de acidentes. A segurança hoteleira, como conceito, abrange segurança física da instalação, segurança interna, segurança externa em relação ao entorno, prevenção de acidentes do trabalho e de risco, prevenção de riscos para os usuários, segurança dos bens dos usuários, comodidade ambiental, higiene alimentícia, segurança no lazer, segurança no transporte e segurança contra incêndios e catástrofes.

SEGURANÇA FÍSICA

A segurança física da instalação obedece à necessidade de se proteger contra riscos controláveis que provêm de situações puramente técnicas, humanas e do entorno. As situações de caráter técnico se apresentam desde a concepção do edifício no projeto, no qual se deve considerar a eliminação de riscos, causas potenciais de acidentes, como defeitos de construção (acabamentos malfeitos, escadas mal localizadas e que não obedecem às normas de construção, ambientes com elevações menores ou saliências perigosas, más condições de iluminação, ventilação precária, acabamentos elétricos deficientes, etc.).

As situações de caráter humano obedecem aos hábitos e aos costumes do pessoal que fará parte da organização: a segurança investigará permanentemente todo funcionário e empregado potencial, com a finalidade de assegurar-se de seus hábitos de limpeza e higiene, lealdade, grau de cultura, respeitabilidade, honestidade e rendimento no trabalho. Dessa forma, se prevê a segurança da instalação e seus hóspedes sob os aspectos de higiene, atenção e segurança das pessoas e seus bens.

No que se refere ao entorno, a segurança tem como objetivo o estudo do hábitat, de cultura, nível socioeconômico, instalações que o rodeiam, negócios e atividades desenvolvidas ao seu redor, com a finalidade de detectar possíveis infiltrações de elementos indesejáveis que provoquem mal-estar e insegurança ao hóspede. Por outro lado, se buscam determinar possíveis riscos de acidentes, incêndios e/ou contaminação do ambiente do hotel, originários das atividades das instalações do entorno. Além disso, essa segurança obriga a montar um mecanismo de vigilância e controle externos, a fim de garantir a segurança física da instalação e contar com um elemento de assessoria legal para persuadir e dissuadir os elementos estranhos de atitudes, atividades e hábitos perniciosos, nocivos para segurança, higiene, limpeza e boa imagem do hotel. Quanto à segurança física, podem-se considerar tanto a segurança interna como a externa.

SEGURANÇA INTERNA

A segurança interna abrange da entrada até o interior dos quartos. Para isso, cada hotel requer diferentes distribuições ou disposições de plantas, segundo o projeto original e que se considerem locações e medidas de segurança pertinentes, com a finalidade de garantir a segurança de todas as áreas internas da instalação. Assim, para a segurança interna, o ponto de partida é importante, ou seja, a construção do hotel em função dos pontos vulneráveis, como janelas grandes, portas estreitas, bordas pouco visíveis, etc., que constituem causas de acidentes. Um programa genérico, determinado pelo nível gerencial, sobre segurança abrangeria as áreas:

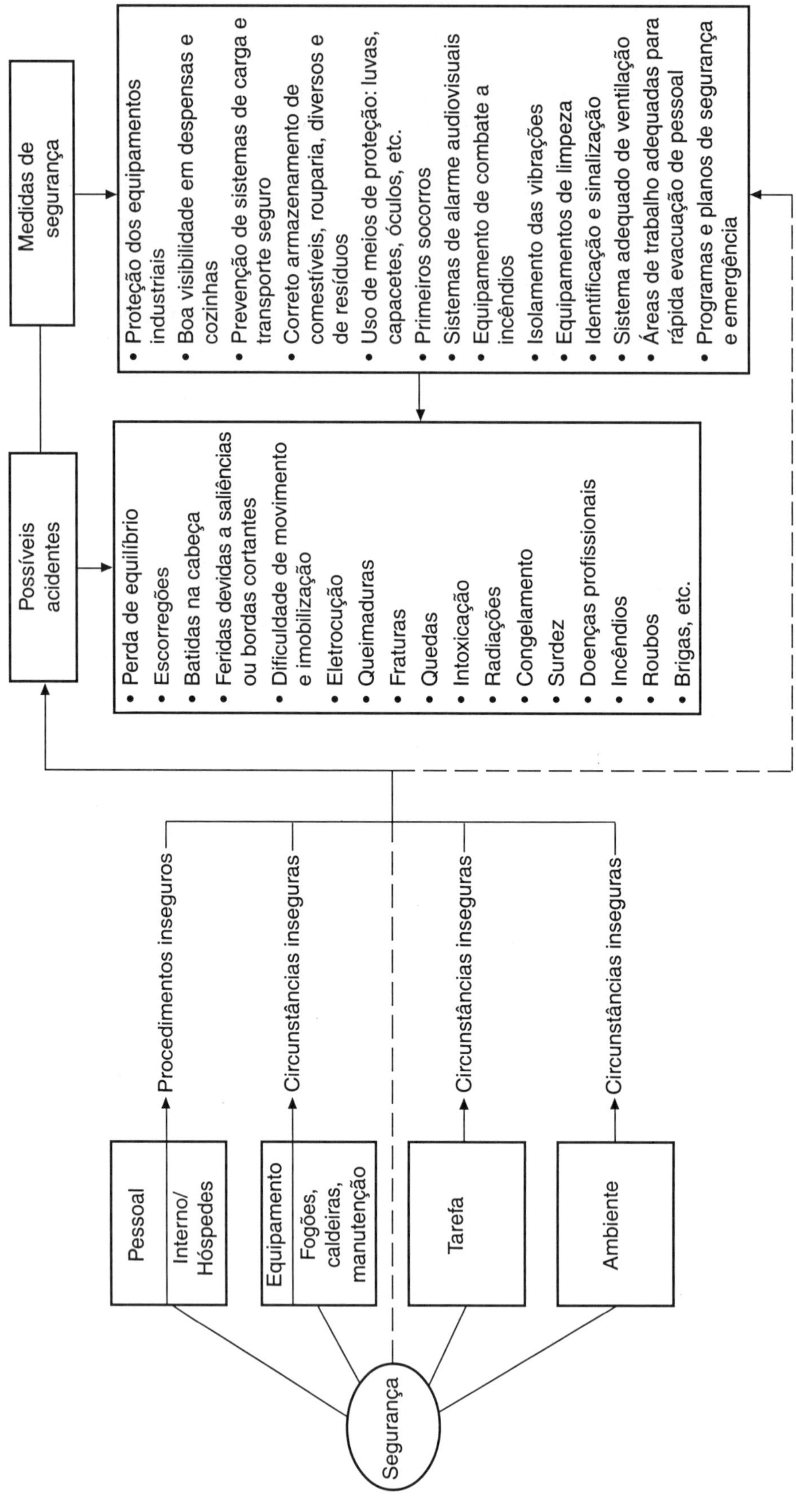

Figura 5.2 – O problema da segurança.

1. *Área de alimentos e bebidas* - Além das regras de segurança e higiene, as que correspondem ao código alimentício compreenderiam os seguintes ambientes:

   - Almoxarifado
   - Cozinhas
   - Restaurantes e cafeterias
   - Salões de festas
   - Serviços de mordomia

2. *Área de hospedagem* - As regras de segurança e higiene, assim como as medidas de segurança dos bens dos hóspedes e prevenção de tumultos, incluiriam os campos:

   - Balcão de informações
   - Andares
   - Central telefônica

3. *Área administrativa* - Segurança e higiene, segurança contra roubos e prevenção de incidentes englobariam:

   - Recepção
   - Caixa
   - Relações públicas
   - Promoção e vendas
   - Departamento econômico-financeiro

4. *Área recreativa* - Segurança e higiene e as medidas contra possíveis tumultos compreenderiam os ambientes:

   - Bares
   - Clubes noturnos
   - Piscinas
   - Espaços esportivos

Segurança externa

O hotel deve proporcionar ao pessoal segurança física durante as 24 horas, o que inclui medidas preventivas do exterior ao interior do prédio. A segurança externa abrange basicamente a segurança perimetral e a entrada do hotel. Às vezes, a disposição e a distribuição do hotel dificultam a vigilância por existirem muitas entradas e saídas, o que não acontece quando o prédio é compacto. Assim, a segurança externa estará conformada por um elemento físico de controle de acessos, guarita, pelas próprias entradas e por uma pessoa encarregada de supervisionar e avaliar, entre outros aspectos:

- O serviço de polícia próximo
- Os tipos de clientes que freqüentam o hotel
- A localização do hotel, para conhecer as pessoas que rodeiam a instalação
- O controle de entradas e saídas de visitantes

Para tanto, conta-se com um pessoal permanente de segurança, cujo número estará em função do tamanho do hotel e do tipo de construção e antigüidade. Haverá atenção especial no controle das saídas de emergência para situações de risco de incêndio, assim como o controle de entrada e saída de valores, bebidas e comidas, etc. Finalmente, se controlará e analisará o comportamento do pessoal que trabalha no estabelecimento, por meio dos horários de entrada e saída, pacotes e pessoas que os acompanham, a fim de detectar possíveis procedimentos desonestos ou atestar a honestidade dos empregados.

Prevenção de acidentes de trabalho e de risco

Como em toda organização que desenvolve uma série de atividades, existem os riscos potenciais inerentes que, se não forem analisados previamente, causarão possíveis incidentes e acidentes. Os acidentes podem ser atribuídos diretamente à falta de prevenção, a um plano de segurança incompleto, ao projeto inadequado de construção do imóvel, a projetos deficientes de construção dos equipamentos, à falta de manutenção e segurança e ao próprio indivíduo, na presença de problemas psicológicos ou o deslizes físicos. Entre os fatores psicológicos, cabe mencionar: ignorância, tédio, fadiga, depressão, insensibilidade, frustração, raiva, etc. Os problemas físicos obedecem a movimentos e controles errados, ao uso dos meios e das ferramentas e a outros aspectos físicos desestabilizadores, como comer muito, trabalhar depois de tresnoitar, falta de higiene no próprio local de trabalho, desordem pessoal nos materiais e ferramentas que manipula, etc.

Os acidentes do trabalho, da mesma forma que os riscos, obedecem às duas causas clássicas de acidentes: circunstâncias inseguras e procedimentos inseguros.

1. Os *procedimentos inseguros* obedecem à atitude e ao comportamento do indivíduo e resultam de uma série de situações inerentes

à pessoa ou de uma conseqüência indireta. Entre as primeiras, cabe considerar diversas situações como hábitos, costumes e falta de conscientização da importância da segurança; aspectos psicológicos como temperamento, caráter e conduta conflituosa; problemas motivacionais, conseqüência do ambiente em que se desenvolve o indivíduo; conflitos familiares, sociais e de trabalho; além de fadiga, tédio e falta de motivação, devidos à má administração. Entre as segundas, podem estar a mudança de métodos e sistemas e, principalmente, a falta de comunicação e capacitação.

2. As *circunstâncias inseguras* são situações de risco que trazem perigo potencial, devido, entre outros fatores, a projetos ruins de máquinas, construções deficientes, à falta de ordem e higiene, que provoca situações de perigo; à má distribuição de ferramentas e depósitos, ao uso errado dos meios disponíveis e à falta de higiene ambiental. Todo acidente de trabalho ocorre quando o empregado enfrenta sua tarefa.

Quando se fala da relação homem-máquina, homem-ferramenta e homem-processo, é necessário observar todos os aspectos da segurança no momento de analisar o trabalho; primeiro, descobrindo todos os possíveis riscos que a tarefa apresenta para o trabalhador e, depois, tratando de eliminar ou reduzir esses riscos em cada fase elementar em que foi dividida a operação.

A análise minuciosa do trabalho é essencial para um bom estudo técnico e das condições perigosas da execução. Ela proporcionará as normas requeridas para a segurança e o conteúdo das instruções e do treinamento do pessoal. Na realidade, sabe-se que o plano de formação dos empregados em matéria de segurança é uma das atividades mais importantes do programa de prevenção de acidentes em hotéis. Assim, o conjunto das normas deduzidas das folhas de análise e apresentadas em forma de instruções de segurança e higiene deve servir para programar o ensino prático da segurança do pessoal. É muito importante criar modelos de instruções específicas para os novos empregados e para aqueles que, por mudança de cargo, são considerados novos.

Outros resultados obtidos do estudo da tarefa são determinação das ferramentas e dispositivos de trabalho que garantam a segurança na execução. As tarefas de limpeza, manutenção, operações de cozinha, grupos eletrogêneos, serviços de bar, utilização de escadas, pisos, manipulação de instalações elétricas, caldeiras, etc. oferecem uma série de dados que devem ser considerados sob o aspecto da segurança, como veremos no próximo capítulo. O treinamento na prevenção de acidentes por tarefa se fará:

a) Executando o trabalho no mínimo duas vezes; o instrutor o fará na primeira vez e o explicará, enquanto, na segunda demonstração, ressaltará os pontos-chave de cada fase, entre eles os que se referem à segurança.
b) O empregado ou estagiário repetirá a tarefa. A primeira vez, fará sem explicar nada, concentrando-se apenas nos movimentos. O instrutor o corrigirá assim que fizer algo de forma distinta de como foi ensinado. Na segunda vez, o instrutor formulará perguntas para verificar se ele assimilou os pontos-chave. Repetirá o trabalho tantas vezes quantas forem necessárias, para ter a certeza de que foi aprendido.

Se o treinamento do pessoal novo for intensivo e fundamentado no plano que acabamos de indicar, muitos acidentes que costumam ocorrer nos primeiros dias, pelo desconhecimento do perigo, serão evitados. É importante preparar o pessoal dos níveis intermediários para que saibam aplicar um bom sistema de instruções e se habituem a usá-lo sempre.

Na análise das atividades de um processo, utilizam-se símbolos a fim de anotar, enunciar, expor e facilitar o modo operativo.

O estudo do trabalho sob três perspectivas (psíquica, ambiental e técnica) fornece um perfil suficientemente definido da tarefa, resultado da coleta de dados, análise e tratamento e da apresentação de resultados que alguns autores chamam de *professiograma*, uma síntese gráfica esquematizada e algo quantificada da tarefa a ser executada (Tabela 5.1.).

Do ponto de vista psíquico, a análise da tarefa deve se conjugar com o nível de aptidão, conduta e temperamento do empregado no seu desempenho. O aspecto ambiental se mede pelos princípios ergonômicos referentes a medidas, estudos e disposições de sistemas coerentes e coadjuvantes ao desempenho da tarefa. Disposições sobre projeto de equipamento e ferramentas, posição e distribuição

Tabela 5.1 – Modelo de professiograma.

Aspectos	Atributos	Muito	Regular	Pouco	Seguro	Inseguro	Freqüente	Pouco freqüente	Nulo	Alto	Intermediário	Baixo	Excessivo	Médio	Mínimo	Presente	Ausente	Nunca	Ocasional	Sempre
	Graus	3	2	1	3	1	3	2	1	3	2	1	3	2	1	3	1	1	2	3
Área de trabalho																				
• Lobby					x								x							x
• Serviços						x							x							x
• Quartos					x									x						x
• Estacionamento						x									x					x
• Escritórios					x									x					x	
Postos de trabalho		x			x						x									
Posição de trabalho																				
• Em pé					x		x												x	
• Sentado													x							
• Em movimento						x	x												x	
• De joelhos								x												
• Inclinado						x	x													
• Levantado																			x	
• Empurrando						x		x												
• Jogando																		x		
• Manipulando							x											x		x
• Iluminação			x		x		x				x			x						x
• Temperatura fria								x				x			x				x	
• Temperatura quente		x				x	x			x			x							x
• Temperatura média			x					x			x			x					x	
• Ruídos				x					x						x		x	x		
• Vibrações									x						x		x	x		
• Ar contaminado				x				x											x	
• Ar limpo		x					x			x										x
• Riscos				x		x		x				x		x					x	
• Procedimentos inseguros		x				x	x				x					x				x

dos equipamentos, alcances, medidas e níveis de temperatura, iluminação, ruído, cores, vibrações, sinalizações, etc. formam uma gama de conhecimentos, assim como normas de sinalização e controles dos equipamentos, em que tudo obedece aos estudos próprios da ergonomia antropométrica.

Prevenção de riscos para os usuários

Os hóspedes do hotel estão expostos aos acidentes, por diversas causas:

a) Circunstâncias de insegurança apresentadas pela própria instalação e que obedecem a:

- Manutenção precária das instalações
- Não cumprimento das normas sobre segurança pelos responsáveis do hotel

b) Procedimentos inseguros dos funcionários e empregados do hotel, que podem causar situações de risco e incidentes perigosos.
c) Situações externas de risco, provocadas por pessoas estranhas à instalação, que podem causar incidentes perigosos, como quebra de cristais, intoxicação por utilização de alimentos deteriorados, violência dos visitantes e pessoas alheias ao hotel, perigos provenientes de instalações vizinhas, etc.
d) Procedimentos inseguros do próprio usuário, decorrentes de hábitos perigosos ou por falta de informação sobre as regras de segurança do hotel ou por violência.
e) Falta de proteção dos meios e equipamentos disponíveis na instalação, que podem ocasionar acidentes imprevistos.
f) Falta de conscientização das autoridades hoteleiras no que se refere ao aspecto legal, que se traduz nas seguintes atuações:

- Ter um registro dos hóspedes
- Considerar e conhecer os direitos civis e humanos do indivíduo
- Admitir hóspedes e pessoas em circunstâncias suspeitas, ou de incidentes que possam ocasionar riscos para os usuários
- Cuidar da segurança do pessoal por meio de informações e normas escritas, com indicações sobre a prevenção de acidentes

A lista subseqüente mostra determinadas situações causadoras de danos corporais para os hóspedes do hotel:

1. *Perda de equilíbrio decorrente de um obstáculo* que está no percurso - O risco é maior com iluminação insuficiente, quando se carrega bagagem ou se está com pressa.
2. *Escorregões* - Perigo, principalmente em pisos molhados com água ou óleo.
3. *Batidas na cabeça*, por portas baixas e obstáculos muito baixos - Não sendo possível evitar tais condições, elas devem estar sinalizadas. Também podem ser causadas por objetos que caem, devido à má colocação, localização e disposição.
4. *Lesões por arestas ou bordas cortantes* - Arestas ou bordas podem estar no mobiliário, no equipamento de serviço, em utensílios do refeitório, etc.
5. *Esgarrão* - Ocasionado por peças salientes que dificultam os movimentos ou pelas que podem prender a roupa, por descuido ou perda de equilíbrio.
6. *Perigos da eletricidade* - Devido a fios desencapados ou tomadas em estado precário de conservação ou derramamento de líquidos sobre os condutores que produzam curtos-circuitos. O movimento brusco ante um choque elétrico pode ser causa de lesão por outra máquina ou objeto.
7. *Riscos de queimaduras* - Sempre devem ser levados em conta qualquer que seja a causa, como materiais quentes, ácidos ou como conseqüência de curtos-circuitos.
8. *Esmagamento* - Deve-se prevenir o risco de esmagar a mão com uma porta, gaveta ou tampo ou de receber nos dedos um peso excessivo, assim como cuidar do local onde serão guardadas as ferramentas e os utensílios de cozinha e diversos, segundo esses riscos.
9. *Quedas de escadas ou de equipamentos auxiliares de trabalho* - O projetista deve prevenir o risco de quedas, mediante grades, corrimãos, cintos de segurança, etc.
10. *Acelerações* - As acelerações e desacelerações, impactos, oscilações, etc. são circunstâncias que também devem ser observadas, mas nunca ultrapassar os valores suportáveis. Esse aspecto deve ser previsto principalmente nos elevadores.

11. *Ruído* - Além do dano ao próprio ouvido, deve-se considerar a fadiga eventual que um ruído contínuo pode provocar e a dificuldade de ouvir um sinal sonoro de segurança, bem como o aumento da tensão emocional.
12. *Luz viva* - A cegueira momentânea devido à luz brilhante pode representar um risco importante. Devemos considerar a possibilidade de lesão da retina.
13. *Substâncias tóxicas* - É necessário evitar os materiais ou as substâncias tóxicas para a pele, ou aqueles produtos que, por reação química, geram gases tóxicos.
14. *Temperatura* - O projetista deve atentar para os riscos originados pelas temperaturas altas ou baixas, por materiais frios ou quentes e para os meios de proteção. A mão úmida pode causar acidente, e os dedos intumescidos podem deixar cair uma ferramenta ou uma peça. Muito calor é sufocante e irritante e não permite descansar, da mesma forma frio extremo na instalação gera mal-estar.
15. *Esforço físico* - O empregado hoteleiro que levanta um grande peso pode romper um órgão ou deixar o peso cair sobre os pés; além disso, pode acidentar os próprios usuários do hotel.
16. *Explosão e incêndio* - Mesmo que esses riscos sejam comuns, os projetistas não costumam dar muita importância às causas e prevenção.

Cada projetista deve analisar cuidadosamente os perigos correspondentes a todos os problemas encontrados, a fim de determinar todos os riscos que afetam a segurança e tomar as medidas necessárias para projetar um material que não os apresentem.

Segurança dos bens dos usuários

Deve-se compreender que todos aqueles que se hospedam em um hotel, qualquer que seja o motivo, buscam três situações que lhes proporcionem tranqüilidade:

- Facilidade de repouso por meio de um excelente conforto
- Facilidades dos meios que lhes permitam desenvolver, de forma eficaz, sua atividade (trabalho, lazer, repouso, etc.)
- A segurança própria e de seus pertences. Essa segurança deve ampliar a comodidade esperada e fazer parte dela

A segurança dos bens do usuário começa pela *honorabilidade dos funcionários*, o que se traduz em conscientização das instalações, eliminação de possíveis maus hábitos, a idéia permanente do serviço honesto e da honestidade e lealdade tanto ao superior como à instalação. A tarefa do organismo de segurança consiste em impedir que o pessoal interno do hotel chegue a cometer delitos.

O pessoal da segurança, entre outras funções, além da segurança das pessoas e da instalação, mediante métodos e procedimentos especiais de controle, tem a da segurança física dos bens e das bagagens dos usuários.

Do ponto de vista legal, o hotel é responsável pela segurança do pessoal, de seus pertences e dinheiro e deve dar a proteção adequada aos bens e às bagagens dos usuários. Para isso, deve-se treinar, preparar e organizar o pessoal e, ao mesmo tempo, *compartimentar* o estabelecimento em áreas de segurança, a fim de provocar paralelamente, no usuário, a responsabilidade pessoal de seus bens em determinadas situações. Desse modo, unem-se esforços e asseguram-se a tranqüilidade do usuário e a responsabilidade do hotel.

Em conseqüência da responsabilidade pela segurança do hóspede e seus pertences, determina-se a demarcação das áreas comuns (como "lobbies" e ambientes sociais) e as áreas privadas (como os quartos). Em ambos os ambientes devem ser considerados a segurança do hóspede e o conhecimento da conduta dos visitantes e dos funcionários, com o que se evitarão situações de perigo e se informará ao hóspede sobre elas. Existem perigos devidos ao acaso, como a quebra de um cristal (que pode causar um acidente) ou um escorregão por causa do ânimo do indivíduo; porém, deve-se estar mais atento às ofensas que os hóspedes possam receber de pessoas estranhas à instalação, por mau comportamento dos funcionários, por desrespeito, etc. Tanto os perigos causados por negligência, como os do tipo pessoal, devem ser eliminados de forma permanente.

No que se refere à segurança dos pertences, os furtos podem ser perpetrados: a) por empregados; b) por empregados em cumplicidade com pessoas de fora; c) por empregados em cumplicidade com outros usuários.

Não obstante o já mencionado, deve-se considerar que também existem furtos dos pertences do hotel, perpetrados por essas mesmas pessoas, como:

- Furtos nos quartos
- Furtos nas outras instalações públicas do hotel
- Furto nas lavanderias
- Furtos na entrega e recepção de roupa do hotel
- Furtos nas recepções e banquetes
- Furtos nos depósitos de alimentos e bebidas
- Furtos no caixa

Os furtos podem ser por subtração sub-reptícia (funcionários e visitantes) ou de forma violenta, por bandos de assaltantes, que quebrem objetos ou fechaduras, entrem no hotel e agridam as pessoas, ou as ameacem, etc.

Finalmente, os próprios usuários e os provedores se aproveitam, da mesma forma, do furto típico, que é a subtração oculta dos objetos.

COMODIDADE AMBIENTE

Qualquer hotel, sem importar a categoria, deverá preocupar-se, de forma geral, com o objetivo primordial de oferecer uma excelente qualidade de serviço ao hóspede, o que se traduz em comodidade e bem-estar permanente durante a estada. O hotel representa, em maior dimensão a transferência da comodidade familiar, porque, além de quebrar a rotina do lar, oferece situações de comodidade e bem-estar maiores das que o hóspede possui, pois, durante sua estada, por ser transitória, considera, entre outros, o prazer da mudança. O "relax" que se pretende somente é conseguido combinando-se todas as possibilidades e situações com todos os meios ao alcance, para ofertar a melhor comodidade possível.

A comodidade ambiente é o principal fator de motivação prazerosa na estada do hóspede. Essa comodidade vai desde a iluminação excelente e racional até a decoração interna do ambiente, incluindo alto nível de limpeza e higiene, ar condicionado ou calefação segundo as circunstâncias e uma racional, mas excelente, mobília, que permita ao hóspede utilizar comodamente os serviços oferecidos pelo hotel. A ausência de ruídos e vibrações, assim como a eliminação de maus odores e outros, complementará a comodidade ambiental.

Entre os requisitos da segurança, a iluminação externa, além de dar uma imagem agradável ao estabelecimento, proporciona excelente segurança e facilita o controle de situações potencialmente conflituosos para o estabelecimento. A iluminação interna, além de constituir um elemento essencial na decoração do ambiente, facilita a segurança e elimina situações tendentes a criar problemas de segurança para o hóspede.

A iluminação interna pode ser de dois tipos: incandescente ou fluorescente.

a) *A incandescente*, do tipo filamento, obedece a radiações de altas temperaturas, que produzem iluminação suave (principalmente com as cores vermelha e amarela) de uso preferido em ambientes como cafeteria, restaurantes e quartos.
b) *A fluorescente* obedece a radiações ultravioletas ou de vapor de mercúrio; é mais eficaz, com maior vida útil e produz menos contrastes. Utiliza-se preferencialmente nas áreas de trabalho, como recepção, corredores, cozinhas, salas das máquinas, etc.

Os padrões de iluminação se determinam com base no seguinte:

a) Necessidade de visibilidade perfeita em ambientes de trabalho.
b) Características visuais do indivíduo: visão de perto, visão de longe, visão binocular, distinção das cores, grau de percepção, grau de ofuscamento que se deseja evitar, cansaço devido a trabalhos prolongados, horários de trabalho (durante o dia ou a noite), etc.
c) Eliminação de contrastes excessivos.

Apresentamos uma tabela de padrões de iluminação, extraída do IES (Illuminating Engineering Society) (Tabela 5.2).

Calefação, isolamento do ruído, ventilação e cor devem ser considerados como parte do planejamento geral para manter um excelente e aceitável ambiente, pela tipologia biométrica e biopsíquica do indivíduo.

Tabela 5.2 – Padrões de iluminação*.

Área	Lux	Lumens/pé^2
"Lobby"	200	20
Recepção	400	40
Ambientes comuns	100	10
Caixa	400	40
Cafeteria	200	20
Salas de descanso	100	10
Quartos	200	20
Banheiros	100	10
Cozinhas em geral	200	20
Cozinhas (preparação de alimentos)	400	40
Almoxarifado	200	20
Lavanderia	200	20
Adegas e almoxarifado de licores	200	20
Escritórios	400	40
Máquinas de contabilidade e computadores	600	60

*Extraída de IES, "Code of Recommendation for Good Interior Lighting", Illuminating Engineering Society, Londres, 1988.

Calefação

A calefação permite manter agradável a temperatura interna quando as circunstâncias externas apresentam temperaturas baixas, proporcionando o bem-estar que o organismo humano requer. O hotel pode contar com um sistema de calefação central que origine o reaquecimento uniforme da instalação, ou com o sistema de radiadores (calefação secundária). O calor é transferido por:

- *Condução*, ou seja, pelo contato da energia com materiais adequados, variando segundo o material
- *Convecção*, produzido pelo contato de fluido, água ou ar com uma superfície quente
- *Radiação*, que é um processo similar ao da radiação da luz

Ventilação

A boa ventilação caracteriza-se por ambiente fresco e puro ou suficientemente cálido para:

- Substituir o oxigênio consumido na respiração e na combustão
- Evitar concentração excessiva de umidade.
- Reduzir o excesso de calor, prejudicial ao comportamento humano e ao funcionamento de algumas máquinas
- Reduzir a concentração de bactérias e vírus do ambiente
- Eliminar maus odores que procedam de fontes de decomposição e outros

Há três tipos de ventilação:

- *Mecânica* - De extração e renovação
- *De ar quente* - O ar quente que procede de uma caldeira passa por ventiladores de absorção, é filtrado e se esquenta antes da sua distribuição segundo as necessidades e temperaturas existentes
- *Ar condicionado* - Frio ou quente

Tanto a calefação quanto a ventilação desempenham um papel importante na sensação de bem-estar e descanso do hóspede. A discriminação tátil da temperatura produz uma sensação de sossego, sendo mínima a reação ante o calor e o frio devido aos limites de tolerância resultantes do controle; elimina condições físicas adversas; permite manter o hóspede em estado de ânimo normal, pouco alterado e de satisfação geral; facilita a resistência ao esforço; agiliza os traslados, elimina tanto os irritativos respiratórios e cutâneos como os tóxicos superficiais.

Cor

O efeito psicológico da cor é essencial, ainda mais se considerarmos o efeito positivo ou negativo resultante da sua combinação com a iluminação. Mesmo assim, a cor tem a ver com a decoração, pelo que se devem considerar os diferentes matizes, o tom ou a diferenciação na escala de valores da cor clara à escura, a intensidade ou pureza e as cores neutras ou acromáticas (o preto e o cinzas intermediários entre preto e branco).

Fatores que afetam a cor

Os principais fatores que afetam a cor são:

a) A *fonte de luz*, tanto natural como artificial, que incide nas cores e, dependendo do tipo de material, produz maior ou menor reflexo.
b) O *olho do observador* - Uma visão normal percebe bem as cores e diferencia entre 160 matizes e tons da cor. O defeito na visão das cores pode ser genético, pode desenvolver-se por idade, cansaço excessivo da vista, doenças, incapacidade natural de distinguir o vermelho do verde, etc.
c) O *entorno ou posicionamento* da cor de um artigo, que está relacionado com as cores que o circundam. Uma cor em fundo escuro parecerá mais clara que no fundo branco ou claro, ou contra ele, quando escurece, dando aparente mudança de tom.

De acordo com a disposição das cores na Figura 5.3, podemos considerar:

a) *Esquema monocromático de cores* - Corresponde a uma cor em diferentes tons (azul claro, intermediário e escuro).
b) *Esquema complementar de cores* - Conformado pelas cores opostas do círculo (busca-se combinar da seguinte forma: amarelo-violeta).
c) *Esquema harmônico de cores* - Cores contíguas colocadas no mesmo quarto do círculo (laranja, laranja-vermelho e vermelho).
d) *Tríade de cores* - Considera-se sua ampla separação no círculo, usando-se as cores com fundo neutro.

Ruído

O ruído é um elemento dissociador do temperamento humano, já que age diretamente sobre o fator psicológico, criando tensões de caráter violento e falta de concentração; além disso, do ponto de vista do estado de tranqüilidade, impede a concentração mental, o repouso físico e cria um ambiente desagradável para as condições auditivas, além de quebrar o equilíbrio geral e a estabilidade emocional das pessoas. É um elemento perturbador da memória e, portanto, da concepção de detalhes, idéias e ordens verbais e escritas; mesmo assim, cria desassossego e não permite desfrutar de clima de paz, tranqüilidade e repouso.

Nos hotéis o ruído vem de duas direções:

a) *Do interior do estabelecimento* - Ocorre nas áreas de trabalho (recepção, "lobbies",

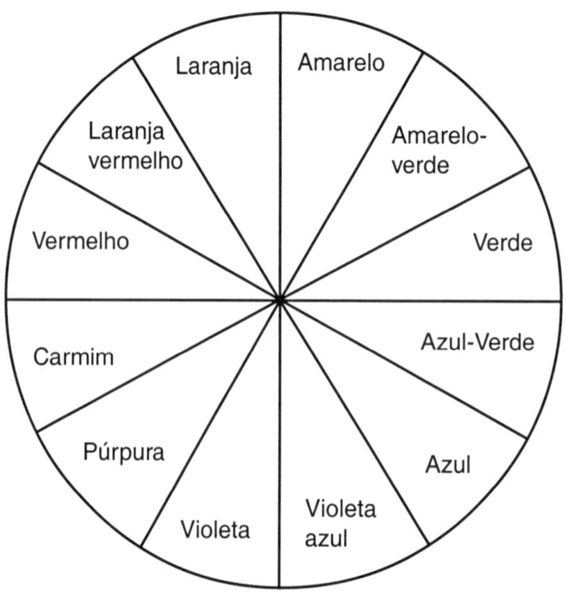

Figura 5.3

cozinhas e serviços), áreas de lazer (piscinas, jogos, cassinos, bares, etc.) e áreas de relações públicas (sala de convenções, etc.). O ruído pode ser gerado de forma independente pelos diversos serviços técnicos, como caldeiras, ar condicionado, grupos eletrogêneos, máquinas da lavanderia, jogos eletrônicos, etc.

b) *Do exterior do estabelecimento* - Provêm do trânsito, das vias de acesso, da vizinhança, de passeatas, aeroportos, estacionamentos, etc.

Por outro lado, o problema do ruído pode ser focalizado da seguinte maneira:

a) *Ruídos diretos*, percebidos do exterior como conseqüência de manter as janelas abertas, ou produzidos por ventiladores e aparelhos de ar condicionado.
b) *Ruídos indiretos*, percebidos das atividades próprias do hotel, como os ruídos de cozinhas, motores e compressores da lavanderia e de atividades recreativas, incluindo áreas de praia, piscinas, etc. e das atividades do entorno, como os núcleos de fábricas, trânsito, etc.

A Tabela 5.3 mostra a distribuição e os ruídos por áreas de população.

Higiene alimentar

Em todos os hotéis, ofertam-se três elementos: alimentos, bebidas e serviços, dos quais os dois primeiros são tangíveis e, o terceiro, intangível. Aos efeitos da segurança, os três se conjugam perfeitamente.

A fórmula eficaz de rentabilidade alimentar pode ser traduzida, de forma geral, como segue:

$$R = (A + S + P)\,B$$

rentabilidade = bom alimento + bom serviço + bom preço.

Desse modo, para que a segurança alimentar seja rentável para o hotel, pode-se traduzir, em termos empíricos e gerais:

$$Rs = Sa + Sp + Ss$$

segurança na aquisição de matérias-primas + segurança na preparação até alcançar o produto acabado + segurança no serviço dos alimentos para os hóspedes.

Segurança na aquisição (Sa)

É indispensável garantir o máximo da qualidade e do frescor dos alimentos e ingredientes que servirão como matéria-prima. Para isso, é necessário que os responsáveis diretos se conscientizem das obrigações e tarefas que devem ter presentes nessa fase do abastecimento.

O primeiro passo é contar com uma lista de verificação semanal, na qual se incluem basicamente os cardápios diários e o número aproximado de clientes. Assim, se terá uma apreciação global das necessidades, dos diversos artigos a adquirir e do período de aquisição, conforme se trate de artigos não perecíveis ou perecíveis (Tabela 5.4).

O segundo passo será a seleção de vários fornecedores, os quais independentemente do preço e da pontualidade do serviço, devem reunir as melhores condições de segurança dos alimentos e a máxima condição de higiene, tanto na expedição, como nos locais e nas pessoas que manipulam os comestíveis.

Os artigos de consumo comum, em geral, são adquiridos duas ou três vezes por mês, de forma que se procura manter a armazenagem adequada, higiênica e sem contaminação, evitando a satura-

Tabela 5.3

Áreas	DBA
1. Centro da cidade: maiores vias de tráfego	De 56 a 70
2. Áreas suburbanas: tráfego secundário	De 45 a 55
3. Área rural: tráfego local	De 43 a 50

Tabela 5.4 – Lista de verificação de alimentos (semana 15).

Cardápios por dia	**Número aproximado de clientes**	**Compra de artigos**						
		Semanal				**Diária**		
		Legumes	***Massas***	***Bebidas***	***Outros***	***Carnes***	***Mariscos***	***Frutas***
Segunda-feira A	500	kg	kg	Litros	kg	kg	kg	kg
Terça-feira B	600	Idem	Idem	Idem	Idem	Idem	Idem	Idem
Quarta-feira C	700	Idem	Idem	Idem	Idem	Idem	Idem	Idem
Quinta-feira D	600	Idem	Idem	Idem	Idem	Idem	Idem	Idem
Sexta-feira E	500	Idem	Idem	Idem	Idem	Idem	Idem	Idem
Sábado X	400	Idem	Idem	Idem	Idem	Idem	Idem	Idem
Domingo Y	200	Idem	Idem	Idem	Idem	Idem	Idem	Idem

ção do almoxarifado, que pode causar deterioração de alguns alimentos; além disso, deve-se controlar o estoque mínimo e de segurança, para não ficar sem a quantidade necessária.

Porém, o período de aquisição está em função da qualidade perecível ou não do alimento, da localização e disponibilidade das mercadorias e dos métodos modernos de preservação de alimentos.

O controle inicial das condições de segurança e higiene dos alimentos se aprova posteriormente, no recebimento. Nesse momento, verificam-se a qualidade e as condições de higiene com as especificações do artigo e com as respectivas normas de higiene. Os artigos de consumo diário se trasladam para a cozinha, para serem utilizados nas 24h seguintes, enquanto os outros artigos são trasladados para o depósito correspondente, para conservação e respectiva saída, mediante autorizações do responsável pelos cardápios.

Dois procedimentos garantem que nenhum alimento permanecerá mais tempo que o devido no depósito:

a) Etiquetar todos os alimentos indicando a data da compra e a data máxima de saída do depósito (Fig. 5.4).
b) Armazenar, pela ordem de chegada, de trás para frente, segundo o sistema e a distribuição das estantes, e de cima para baixo, nos congeladores. Dessa forma, evita-se a conservação de artigos (carnes, pescados e produtos avícolas) por muito tempo na geladeira, facilitando o uso daqueles com data mais antiga.

Durante o período de armazenagem, os alimentos podem estar, segundo suas características, em:

- Armazéns de secos
- Armazéns de verduras
- Produtos lácteos e carnes
- Produtos congelados diversos

Em todos eles se deve zelar pelas condições de segurança e higiene, controlar limpeza e ordem nos armazéns de secos e de verduras e pro-

Número 30

Entrada: 6 de agosto de 1986

Saída: 12 de agosto de 1986

Artigo ....

Fornecedor ....

Quantidade e/ou peso ....

Custo ....

Figura 5.4 – Etiqueta para armazenagem.

porcionar a ambos a ventilação suficiente. Para os de produtos lácteos e congelados, além da ordem e das técnicas de armazenagem similares às anteriores, é necessário fazer o controle técnico sobre o grau de refrigeração, bem como evitar qualquer problema de descongelamento e falhas elétricas. Para tanto, se deverá contar com geradores adicionais, que permitam manter a refrigeração dos armazéns em caso de falhas na corrente elétrica. Assim, o responsável pelos armazéns deve evitar o acúmulo de mercadorias antigas, já que implicam em perigo, por possível decomposição e deterioração. Do ponto de vista da segurança física do depósito, o chefe somente entregará artigos mediante solicitação devidamente especificada e assinada pelo responsável pela cozinha ou por quem autoriza a entrega.

Segurança na preparação (Sp)

Geralmente, o processo de preparação ocorre na cozinha e em seus ambientes complementares. A manipulação dos alimentos passa por grupos pequenos de pessoas: ao mesmo tempo, a segurança na preparação começa pela higiene do local, como ambiente de trabalho, higiene, ordem e limpeza de todos os meios materiais usados no processo de preparação dos alimentos, higiene do pessoal, limpeza das vestimentas, uso dos complementos (gorros, luvas, etc.) que impeçam o contato direto do alimento com mãos, cabelos, suor, etc. e por causa do trabalho, fadiga e calor.

As condições ambientais, como luz, ventilação e isolamento do pó e lugares para resíduos são fundamentais para uma boa e sadia preparação dos alimentos. O tratamento dos resíduos é de vital importância para a segurança dos alimentos, pois se evitam os maus odores, a presença de insetos e roedores e a contaminação do ambiente e dos próprios alimentos. A umidade é outro fator que deve ser considerado no ambiente de trabalho da cozinha, assim como no depósito, pois causa a deterioração de certos alimentos, principalmente se utilizados de um dia para o outro. O plano de rotação dos cardápios de 21 dias, que permite a variação constante dos alimentos, impede que produtos perecíveis fiquem armazenados durante muito tempo e que os grupos de trabalho caiam na rotina, o que pode causar fadiga mental, despreocupação e a seqüência de acidentes pessoais, como cortes, escorregões e queimaduras, passíveis de contaminar os alimentos preparados. Finalmente, do ponto de vista da preparação de alimentos, cabe assinalar o aspecto técnico, ou seja, o conhecimento exato das porções, doses e qualidade dos artigos que se integram para apresentar o produto final. Sob tal enfoque, a má preparação pode causar, aos usuários, transtornos intestinais e de outro tipo; além disso, excesso de gordura e picantes, muito sal, muito açúcar, ingredientes em mau estado, etc. são causas de doenças, com problemas de reclamações e deterioração da imagem do hotel.

Segurança no serviço (Ss)

A segurança no serviço começa com a apresentação do restaurante, cafeteria ou bar. Deverá levar-se em conta o tipo de cardápio para colocar os talheres e utensílios adequados. Os copos e as baixelas devem dar a mais perfeita sensação de limpeza e higiene, assim como a organização da baixela e das mesas, porque revela a segurança que inspira o estabelecimento. Portanto, não se deverá usar jogo de mesa sujo ou manchado, pois causa péssima imagem da limpeza. Por outro lado, a apresentação pessoal do garçom está relacionada com a segurança alimentar: assim, limpeza pessoal, roupa limpa, unhas aparadas e ausência de odores extravagantes ou estranhos são condições essenciais da apresentação do garçom: a isso devemos acrescentar educação, amabilidade, compreensão e delicadeza, evitando-se gestos desagradáveis ou de mau gosto.

O garçom deve estar consciente de que sua função é servir, *com ou sem gorjeta*, o que significa não somente alcançar pratos e copos, mas também ouvir, ser solícito, servir com boas maneiras e retirar o serviço com palavras de cortesia. Tudo isso aprimora o serviço de mesa. Qualquer reclamação, por mais ilógica que pareça, deve ser ouvida e atendida. As técnicas para servir alguns pratos, assim como o cuidado para não dar lugar a um incidente desagradável no momento de atender o cliente, devem ser lembradas e treinadas de forma permanente. A verificação diária e constante da limpeza e do estado dos uniformes, assim como a dos salões, galheteiro, açucareiros e outros acessórios, no sentido de que estejam sempre limpos e perfeitamente apresentáveis, da mesma forma os jogos de mesa (que, além de limpos, não apresentem partes esgarçadas ou com manchas que desvalorizem sua apresentação) e, de forma geral, qualquer aspecto desagradável ou qualquer condição de insegurança, deverá ser considerada como procedimento operativo vigente de rotina.

Bebidas

A compra de licores é mais simples em relação à sua armazenagem e distribuição; porém, são necessários certos cuidados no controle da qualidade do licor, e depois, da aquisição das bebidas que, de forma geral, sejam as preferidas dos hóspedes. É conveniente fazer teste de sabor, para determinar qualidade e estado de segurança. O controle é feito posteriormente na recepção dos licores, com o objetivo de evitar desaparecimentos inexplicáveis: para isso, os dados do licor adquirido, a quantidade e o preço se registram em formulários de recebimento e se comparam com as notas fiscais, para depois armazenar o produto. Geralmente, armazenam-se em adegas ou caves, de forma que um estoque mínimo seja mantido nos bares que servem os diversos restaurantes. No fim do dia, as garrafas vazias devem ser enviadas à adega, para reposição no dia seguinte; além disso, é necessário controlar o consumo, incluindo as perdas por quebra, quedas, etc.

A preparação e o serviço de bebidas requerem, igualmente, ordem, limpeza e técnica. A ordem se traduz na excelente distribuição, no lugar do serviço, de todos os licores e em ordenamento racional dos acessórios empregados no preparo dos componentes e misturas habituais.

A limpeza das garrafas e dos copos evita qualquer contaminação, além da boa imagem que representa. A limpeza dos balcões e dos garçons do bar deve ser impecável a todo momento.

O conhecimento técnico do preparo de bebidas, independentemente do aspecto econômico, é de extrema importância sob o aspecto do serviço, pois os licores e coquetéis preparados nas melhores condições possíveis terão delicioso sabor e sua apresentação infundirá confiança e desejo de consumo.

O serviço do chefe de garçons se complementa com as sugestões que ele faça: o mesmo acontece com os garçons de restaurantes, que devem oferecer, inicialmente, aperitivos ou diferentes tipos de vinho durante as refeições.

O responsável pela segurança alimentar é o gerente de alimentos e bebidas e, portanto, no seu trabalho, deverá: a) estar coordenado com os chefes de departamentos de custos e fornecimento; b) participar das reuniões do comitê de segurança ou estar coordenado permanentemente com o gerente da mesma; c) dar sugestões e aplicar novas idéias que ajudem na segurança e higiene alimentar; d) praticar a boa política de inventário de alimentos e de todos os utensílios e equipamentos da cozinha, do bazar, da cristaleria, etc.; e) supervisionar de forma constante cafeterias, restaurantes, bares, cozinhas, zonas de armazéns e área de lixeiras, a fim de verificar se a qualidade, a higiene e a segurança do serviço alimentar estão de acordo com as normas estabelecidas; f) reunir-se com os responsáveis diretos por alimentos e bebidas, para analisar os problemas, que incluem limpeza, higiene, segurança, armazenamento, abastecimento, serviço, etc.

Todo o exposto mostra uma visão geral da segurança na saúde de hóspede e se transforma em redução de possíveis gastos e responsabilidades por isso, proteção da imagem do hotel, mínima assistência médica, etc.

SEGURANÇA RECREATIVA

As instalações de caráter recreativo, como piscinas, discotecas, salas de jogo, banheiras de hidromassagem, casas noturnas, espetáculos esportivos e outros devem responder ao conceito de segurança desde seu planejamento. Nesse momento, devem ser consideradas todas as medidas preventivas, tanto do projeto como da construção e, uma vez que as instalações entrem em funcionamento, se complementarão com normas específicas.

As atividades recreativas implicam, também, em risco de acidentes e incidentes; assim, pisos escorregadios, derrame de líquido oleoso, objetos e resíduos diversos nos pisos de boates e piscinas, etc., podem causar acidentes. Da mesma forma, a ordem e a limpeza nas salas de jogos, o controle da venda de bebidas para evitar excessos e as normas sobre a segurança contra incêndio e catástrofes em clubes e salas noturnas são outros aspectos a ser observados. Para isso, o gerente de segurança deverá ter seus próprios planos específicos, por meio dos estudos e eliminação das possíveis circunstâncias inseguras, de um lado e da informação e normas para compensar os procedimentos inseguros, do outro. O conhecimento de cada área de diversão, suas características, finalidades e as diversas atividades nelas realizadas, determinará planos e normas de segurança, condições de uso das instalações, nomeação dos responsáveis e especificação de horários e atividades conexas que impeçam qualquer tipo de acidente. Cabe enfatizar as atividades recreativas para menores de idade, porque a atuação imprevisível e, às vezes, imprudente das crianças implica em riscos maiores.

Segurança no Transporte

Sobre a segurança no transporte podem ser consideradas três situações diferentes: transporte interno, transporte externo e transporte de grupos ("tours").

1. **Transporte interno** nas zonas de estacionamento, quando serão praticadas todas as normas para dar segurança ao usuário em relação à:

   a) Segurança do seu veículo em qualquer acidente envolvendo outros veículos ou paredes/pilares.
   b) Segurança do seu veículo contra roubo (parcial ou total).
   c) Segurança pessoal contra qualquer acidente decorrente de circunstâncias inseguras (pisos escorregadios, óleo, graxa, obstáculos, etc.).
   d) Segurança contra incêndios.

2. **Transporte externo** (chegada e saída do hotel em viagens de traslado, em táxis a serviço da instalação). Embora possa haver variantes da responsabilidade do hotel no transporte mencionado, em cada país, deve-se aceitar que, se os proprietários dos veículos (mesmo pertencendo a um sindicato) trabalham para o hotel e vivem do serviço à instalação, sua responsabilidade é maior, nos acidentes que possam provocar. Isso facilitaria a imposição das normas do hotel, como número máximo de passageiros, tarifas autorizadas, limpeza e segurança interna do veículo; condições de segurança verificadas, razoável velocidade de marcha e responsabilidade do motorista em relação a danos e prejuízos a pagar, além da responsabilidade civil, em caso de acidentes graves com morte.

3. **Transportes de grupos ("tours")**. Quando se trata de "tours" organizados pelo hotel, este se responsabilizará totalmente pelos possíveis acidentes e incidentes. Em conseqüência, deverão ser observadas medidas preventivas:

   a) Para sublocação de veículos que não pertencem ao hotel ou à rede:

      - Verificação do veículo (manutenção e segurança de funcionamento)
      - Estado de limpeza e ordem
      - Análise dos antecedentes profissionais do motorista e conhecimento sobre a segurança exigida pelos turistas
      - Constatação do itinerário da viagem, com lugares visitados, tempos de paradas, para evitar improvisos
      - Duração do passeio e velocidade regulada de acordo com o plano
      - Interação entre motorista e guia, para evitar desacordos

   b) Para veículos do hotel, são válidas as mesmas considerações que as do inciso anterior. Os motoristas deverão ser conscientizados permanentemente sobre a importância da segurança dos usuários, da máquina e, portanto, da boa imagem da organização.

Segurança contra Incêndios e Catástrofes

De tempos em tempos, aparecem notícias desagradáveis, como as da publicação do jornal "Excélsior" de 7 de maio de 1986, transcritas a seguir.

O excesso de confiança na nova tecnologia de construção de hotéis faz acreditar que, por existirem estruturas de aço e concreto, estão livres dos efeitos do fogo, o que é totalmente falso. A estrutura arquitetônica se encontra circundada e revestida por uma série de materiais inflamáveis, como papel, pintura, tapetes, cortinas, rouparia, circuitos elétricos e diversos aparelhos, que podem ocasionar, a qualquer momento, um fogo acidental. A isso se somam as atitudes e os comportamentos das pessoas que, na maior parte das vezes, são as que propiciam a causa inicial do fogo.

Queimou um hotel em Morelia; 25 feridos, 11 graves.

(Por José Elizalde e Alfredo González D., correspondentes de "Excélsior")

Morelia, Mich., 6 de maio. O Hotel Presidente se incendiou às 13h30min de hoje, em conseqüência de vazamento de gás que deixou um saldo de 25 feridos, 11 deles em estado grave. Até o momento, se desconhece o paradeiro das cozinheiras que trabalhavam no local no momento do acidente.

O fogo foi controlado aproximadamente uma hora depois, apesar da escassa e deficiente equipe de bombeiros com que a cidade conta, o que dificultou o resgate dos 35 ocupantes do hotel no momento do desastre.

O fogo foi provocado - como já mencionado - por um vazamento de gás que gerou uma explosão num tanque de 200 litros do combustível. Além disso, existia o perigo de que outros tanques fossem alcançados pelas chamas e também explodissem.

Até o momento, se desconhece se alguém morreu e não há dados concretos sobre o paradeiro das cozinheiras e o número das que ali estavam trabalhando.

O fogo começou no térreo, onde ocorreu o vazamento e imediatamente se espalhou para os pisos superiores. Existe também a versão de que o vazamento ocorreu no veículo de transporte desse combustível que, nesse momento, era descarregado.

Outra versão

Mais tarde foi explicado que, no interior do hotel, estavam fazendo consertos na caldeira, onde havia substâncias altamente inflamáveis, além das que se usam para manutenção e limpeza. O comandante do resgate, Adalberto García de León, comentou que se teme pela vida das cozinheiras, destacou que é impossível enfrentar acidentes da magnitude do ocorrido no hotel, "porque a equipe do corpo de bombeiros é insuficiente e os carros são adaptados de maquinaria agrícola velha; por isso tivemos problemas para lutar contra o fogo e ajudar os ocupantes do hotel a sairem".

O hotel contava com 89 quartos, dos quais apenas 20 estavam ocupados, com 35 hóspedes, entre eles o trio *Los Tecolines*, que no momento do incêndio estava ensaiando.

Membros do Exército fizeram um cordão de isolamento para proteger o local dos curiosos e dos roubos.

O presidente da Comissão de Proteção Civil do Estado, Octavio Ortiz, declarou que serão feitas as investigações necessárias para determinar a situação real e que todas as vítimas serão ajudadas.

O diretor da segurança pública, Juan Soto, declarou que suas primeiras averiguações mostram que o fogo começou como conseqüência de um vazamento de gás no piso térreo.

Os feridos estão sendo atendidos na Cruz Vermelha, no Hospital Civil e no Seguro Social.

O poder de destruição do fogo pode ser medido comparando o tempo que se demora para destruir com o tempo de construção do que foi destruído. Independentemente disso, as pessoas nem sempre são vítimas diretas do fogo; a maior parte o é dos gases tóxicos e morre por intoxicação. Segundo Burby Paine, somente nos Estados Unidos morrem aproximadamente 12 mil pessoas por ano, por intoxicação em decorrência do fogo. A isso cabe agregar a destruição material direta do fogo, a destruição causada pelos meios contra incêndios (água, espumas, pós, etc.) nos diversos materiais, nos meios, em toda a infra-estrutura do hotel e em todos os pertences da instalação e dos usuários. Uma simples ponta de cigarro pode-se transformar em tragédia.

O perigo de incêndio nos estabelecimentos hoteleiros está latente, da mesma forma que em qualquer organização. Os freqüentes incêndios alarmam e a questão é saber se as instalações dos hotéis mantêm medidas de segurança suficientes ou não; apesar disso, sem diminuir a importância e a atenção ao risco que significa o fogo, pode-se afirmar que, proporcionalmente, os incêndios nos hotéis, com suas seqüelas dolorosas, são menos freqüentes que em qualquer outro tipo de instalação particular ou industrial. Também não é motivo de inquietação o hóspede se sentir inseguro por ocupar um quarto de hotel, como não o é o fato de viajar de avião, pois a mínima porcentagem das causas de acidentes em ambas as situações obedece ao acaso; se assim não fosse, ninguém viajaria de avião, por causa dos acidentes ocorridos.

A conscientização a respeito da segurança do hóspede e seus pertences obriga a tomar medidas necessárias de proteção contra o fogo, o que dá tranqüilidade aos usuários. Como o fogo é o elemento básico dos incêndios, a seguir falaremos um pouco sobre ele e suas características.

O fogo

Elemento conhecido desde o começo da humanidade, tem desempenhado um papel predominante na vida do homem. Efetivamente, sem o fogo não existiriam nem a faísca elétrica, que permite o incêndio nos cilindros dos automóveis, nem a chama para acender um cigarro, nem as altas temperaturas para a fundição de metais nos altos fornos; porém, essa utilidade e poder maravilhosos podem transformar-se repentinamente numa força temível e destruidora.

O domínio do fogo pelo homem tem permitido que este o mantenha sob controle e que consiga progressos inimagináveis mas, ao mesmo tempo, é um elemento que em certas ocasiões foge ao controle. Dessa forma, onde se apresentam as condições para sua presença surge o risco de incêndio, risco que se agrava quando se trata de hotéis, pela circunstância de, num espaço limitado, se encontrarem numerosas pessoas. Portanto, as características devem ser conhecidas e as normas seguidas para evitar resultados nefastos.

O fogo se define como nome genérico que se dá à combustão; ao mesmo tempo, esta é uma reação química na qual os elementos (carbono e o oxigênio) produzem fogo na presença do calor.

Entende-se por reação química a combinação de dois ou mais elementos ou substâncias que produzem uma terceira, com características diferentes das que se intervieram. O fogo é causado por uma reação química resultante da combinação de combustível (carbono) na suas diversas formas de calor e oxigênio e uma reação em cadeia que consiste, mais que tudo, na liberação de radicais OH como conseqüência do fogo, os quais, por sua vez, incrementam o fator oxigênio e avivam mais a combustão.

Quando uma substância que pode queimar é aquecida até a sua temperatura de combustão, inflamará e continuará queimando enquanto durar o combustível ou a temperatura adequada, ou o fornecimento de oxigênio. Considerado assim, o fogo é resultado de quatro elementos que formam a chamada *pirâmide de fogo* e, para eliminá-lo, basta retirar qualquer elemento da pirâmide. Sobre isso, vamos considerar o exemplo de um aquecedor a gás; nele encontramos: a) o material (combustível), que é o gás, b) o calor dado pelo fósforo ou a chama do piloto, c) o oxigênio, proveniente do ar. Ao suprimir um deles, não haverá fogo (Fig. 5.5).

O *material combustível* é constituído por milhares de elementos e se define como tudo aquilo que pode arder. Apresenta-se em estado sólido (madeira, papel, tecidos, carvão, etc.), líquido (gasolina, óleos, álcool, pintura, etc.) ou gasoso (propano, acetileno, etc.).

O calor é dado pela temperatura e pode ser obtido de eletricidade, chama, raios solares, fricção, faísca, etc. Quando a temperatura alcança o grau suficiente para acender os vapores que uma substância combustível expele, se denomina *temperatura de inflamação*. Por outro lado, o calor se transmite das seguintes formas:

a) Por *condução ou contato direto* - Aplicação direta de uma chama no material.
b) Por *difusão ou convecção* - Transmissão de calor em um perímetro determinado do entorno da chama, que propicia a inflamação de outras substâncias combustíveis; por exemplo, se colocarmos um papel perto de uma lâmpada acesa, depois de certo tempo o ar quente da lâmpada o acenderá.
c) Por *radiação* - A energia ou o calor se transmitem em todas as direções e produzem uma sensação de calor (por exemplo, os banhos turcos); os maus condutores de calor (como o ar) não sofrem aumento considerável de temperatura, enquanto os metais refreiam a passagem de energia radiante, de forma que a absorvem e aumentam sua temperatura.

O *oxigênio* é um gás que ajuda na combustão e se encontra no ar, na proporção de aproximadamente 21%.

Reação em cadeia é a liberação dos radicais OH, a qual permitirá a continuidade do fogo, que aumentará o oxigênio do ar, ocupando os espaços vazios dentro da combustão ou dispersando os outros elementos que impedem sua rapidez.

O *ponto de inflamação* produz-se em três situações diferentes de combustão:

a) *Combustão viva* - Quando se produz chama e elevação rápida e sensível da temperatura; por exemplo, a combustão da gasolina, do papel, etc.
b) *Combustão lenta* - Quando a elevação da temperatura (sem chama inicial) é lenta e pouco sensível; isso ocorre nos materiais maus condutores de calor (como a madeira prensada), que necessitam de maior tempo de exposição à temperatura.
c) *Combustão espontânea* - Produzida por oxidação lenta, ocasionada por baixas temperaturas (energia acumulada) que demoram a produzir o ponto de inflamação; por exemplo, farinha de peixe que se encontra armazenada, panos impregnados com gordura, fardos de algodão pouco ventilados, etc.

É necessário conhecer a reação química do fogo para que este possa ser combatido de forma eficaz. O calor se elimina por *esfriamento* pelo agente mais comum, que é a água; por sua vez, o oxigênio é eliminado por asfixia ou sufocação, com exclusão do ar, cobrindo-se o material incendiado com terra, areia, espuma química (cobertor molhado, para ameaças de incêndio), etc.

O material combustível é o mais perigoso e deverá ser combatido conforme seja líquido, sólido ou gasoso.

A anatomia do fogo revela que as moléculas iniciais de combustíveis se combinam com oxigênio e se oxidam em uma série de etapas sucessivas, chamadas de *reação em cadeia*, até chegar à combustão total; assim, essas etapas intermediárias regulam as mudanças da chama. Durante cada etapa, formam-se moléculas instáveis, denominadas *radicais livres*, que têm curta duração e aparentemente alimentam a chama. Desaparecendo os radicais livres conseguimos, deter a *reação em cadeia*. Essa função é cumprida pelos hidrocarbonetos halogenados, o químico seco e outros similares, utilizados como agentes extintores. Outra forma de apagar o fogo, além das anteriores, consiste em interromper a reação em cadeia, para evitar a propagação do desastre.

Fogo sob controle

O fogo sob controle tem duas acepções: a) quando o incêndio ocasionado pelo fogo foi controlado, ou quando se controla com medidas preventivas qualquer tipo de incidente que possa ocasionar; b) quando o fogo é dominado de forma racional para uso benéfico do homem, como mantê-lo sob controle em uma caldeira, que transformará água em vapor.

Fogo fora de controle

O fogo fora de controle é aquele que se origina em circunstâncias inseguras e em qualquer momento, provocando incêndios de qualquer magnitude.

Tipos de fogo

Com base no meio de extinção necessário para combater cada tipo de fogo, ele se classifica como (Fig. 5.6):

Fogo do tipo A. É o que se produz em materiais comuns, como madeira, papéis, panos, sobras e, geralmente, em materiais sólidos e carboníferos que, quando queimados, deixam resíduos, como cinzas ou brasas. O fogo desse tipo se combate por esfriamento com água ou soluções que tenham alto teor de água, mas se pode usar também o chamado *químico seco especial*, de uso múltiplo.

Fogo do tipo B (de dentro para fora). É o que se produz na mistura de vapores e ar sobre a superfície de líquidos inflamáveis, como gasolina, óleo, graxa, pinturas e solventes. A restrição de ar (oxigênio) ou a interrupção da reação tem importância primordial nos fogos incipientes desse tipo. Os jatos diretos de água disseminam o fogo mas, em determinadas circunstâncias, a água finamente pulverizada é muito eficaz. Geralmente, se usa o químico seco regular e de uso múltiplo, o dióxido de carbono, a espuma e os hidrocarbonetos halogenados, dependendo das circunstâncias.

Fogo do tipo C. É o que se produz em equipamentos elétricos ou perto deles, casos em que não se devem empregar agentes extintores condutores de eletricidade. Para combatê-lo, usa-se químico seco, dióxido de carbono, gás inerte comprimido ou líquido vaporizador. Não se deve usar nem espuma e nem água pulverizada em alguns equipamentos, pois a água nessa forma não é boa condutora.

Fogo do tipo D. É o que se produz em metais combustíveis, como magnésio, titânio, zircônio, lítio e sódio. Para controlar os incêndios desse tipo, são necessários agentes extintores, equipamentos e técnicas especiais. Os equipamentos extintores normais não devem ser usados em incêndios de

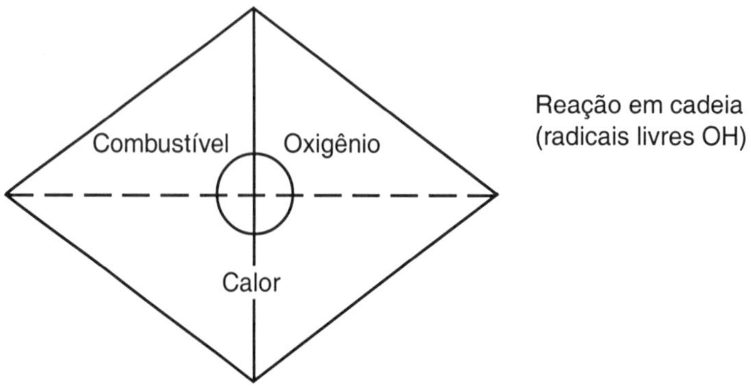

Figura 5.5 – Pirâmide do fogo.

Figura 5.6

metais, porque existe o risco de ocorrer uma reação química entre o agente extintor e o metal que arde, o que poderia criar uma explosão ou aumentar a intensidade do fogo.

Materiais perigosos

Em incêndios e em outras situações de emergência, podem-se encontrar substâncias químicas de diferentes graus de *inflamabilidade, toxicidade e reatividade*. Assim, para controlar verdadeiramente a situação, deve-se contar com a informação rápida e simples que indique as características de tais substâncias.

Um sistema de identificação é aquele em que as três características mencionadas são dadas por três números colocados em três vértices de um losango (Fig. 5.7). O número à esquerda representa *perigo para a saúde* e é de cor azul; o do meio representa *perigo de inflamabilidade* e é de cor vermelha; o da direita representa *perigo de reatividade* e é de cor amarela.

Os números variam de 0 a 4; o primeiro indica que não existe esse risco em particular e o último revela o risco maior. Assim, o 0, de cor azul, corresponde a um material que, ao ser exposto ao fogo, não apresenta maiores riscos para a saúde que os oferecidos por qualquer outro material combustível. O 4, da mesma cor, corresponde aos materiais que com pouca exposição podem causar morte ou lesões, mesmo que se tenha recebido atendimento médico imediato. O 0 de cor vermelha corresponde aos materiais que não queimam; por sua vez, o 4, da mesma cor, indica materiais vaporizáveis rapidamente em pressão atmosférica e temperatura ambiente normais e que queimam. Por outro lado, 0, de cor amarela, indica materiais que normalmente são estáveis e o 4, da mesma cor, indica materiais capazes de detonar ou reagir com explosão em pressão e a temperaturas normais.

Os números intermediários representam os graus intermediários de perigo. O tamanho dos números variará em função da distância a que devam ser visíveis.

A importância da segurança contra incêndios tem origem na prevenção de acidentes pessoais e de desastres graves para a instalação. Os usuários geralmente em trânsito (temporários) podem ou não estar acompanhados de familiares e crianças, o que dificulta em maior grau a atividade de salvamento. A isso cabe agregar o pânico que se propaga em situações de incêndio, provocado pelo mesmo terror ao desastre, ocasionado pelos problemas de evacuação de um número grande de pessoas que se encontra nos quartos ou em lugares de reunião, como restaurantes, cafeterias, sala de convenções, salas de banquetes, etc.

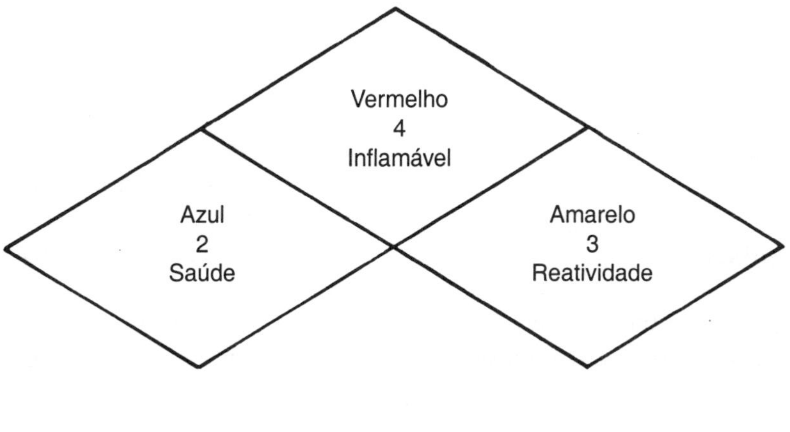

Figura 5.7

Em relação aos danos para a instalação, a disposição das plantas do edifício obedece, geralmente, à evacuação unifamiliar em caso de desastre, de modo que, no momento em que as famílias devem sair, a situação se complica muito. O fogo, na sua característica de reação em cadeia e frente aos diversos materiais combustíveis, tem tendência a propagar-se com rapidez, em conseqüência da enorme quantidade de implementos facilmente combustíveis que a instalação contém. Por outro lado, certas áreas e ambientes do hotel apresentam um alto risco potencial de incêndio, pela atividade que desempenham, nas quais tanto o fogo como as condições e meios de trabalho se relacionam estreitamente com a teoria do fogo (os elementos). As referidas áreas são cozinha, garagem, cabines de força, cabines de gás, salas de projeção, depósitos, lugares de trabalho mecânico, oficinas diversas, etc. A tendência desses lugares é reduzir o trabalho e as atividades, durante a noite, ao mínimo necessário, para facilitar a supervisão e criar um ambiente de segurança máxima.

Dados sobre incêndios em hotéis da Grã-Bretanha em 1972 revelam:

23% originados em cozinhas
18% originados nos dormitórios
4% originados nos bares
4% originados em cafeterias e salas de espera
12% originados em áreas de depósito
9% originados em vestíbulos, corredores e elevadores

As causas de incêndio mais comuns foram:

- Instalações com defeitos nas cozinhas: 17,8%
- Materiais combustíveis: 17,4%
- Instalações elétricas: 11,2%

Um aspecto importante na segurança contra incêndios é análise e consideração prévia desse elemento quando se planeja a construção do edifício, a fim de que, na distribuição de plantas, se considere a separação das áreas com alto risco de fogo das áreas de fácil combustão por causas devidas, em grande parte, ao acaso (corredores, escadas, quartos, salas de reuniões, etc.).

Causas de incêndios

É impossível proporcionar uma relação completa e real das causas dos incêndios; em geral, obedecem simplesmente a situações e procedimentos inseguros, cuja combinação oferece um número difícil de estimar de origens de incêndios; porém, cabe mostrar algumas delas e classificá-las:

a) *De insegurança* - São próprias de procedimentos e circunstâncias inseguras, por negligência e desconhecimento da importância da segurança (fumar, desordem, presença de chamas e de líquidos inflamáveis não protegidos, etc.).
b) *Causas criminosas* - Como seu nome indica, obedecem a atos de sabotagem, represálias, espionagem, etc. (colocação de artefatos explosivos, provocação de curtos-circuitos, etc.).
c) *Causas naturais* - Obedecem à ação de agentes externos da natureza (terremotos, raios, etc.).
d) *Causas químicas, físicas e biológicas* - Resultantes de reações químicas por armazenagem inadequada ou por causas físicas, por fricção de elementos que produzem faíscas, ou causas biológicas como conseqüência da decomposição de certos elementos que podem produzir gases tóxicos e inflamáveis (por exemplo, manutenção deficiente de máquinas e de armazenagens, etc.).
e) *Causas elétricas* - Resultantes de defeitos nas próprias instalações e no equipamento elétrico (por exemplo, instalações elétricas deficientes).

Causas mais freqüentes de incêndio

O melhor momento para controlar o fogo é antes que ele comece e, mesmo contando com equipamentos adequados de extinção e estando bem treinado para seu uso, "é sempre melhor prevenir que remediar".

Uma vez compreendida a "química do fogo", será fácil entender os fatores em que se fundamenta a prevenção de incêndios. A princípio, foi dito que o fogo é a combinação de combustível, calor, oxigênio e que, para apagá-lo, basta eliminar um desses elementos ou interromper a reação em cadeia. Nas medidas de prevenção, se consideram somente os três primeiros elementos, já que é impossível contar com a interrupção da reação em cadeia, porque ela se apresenta somente depois que o fogo começou.

Para evitar que o combustível se misture com o oxigênio, os materiais inflamáveis devem ser conservados em recipientes fechados. Para impedir que o calor se combine com o combustível, todas as fontes de calor devem ser controladas e confinadas em lugares onde não se encontre o combustível que possa se incendiar. Evitar o contato do combustível com o oxigênio somente se consegue em alguns casos; para isso, a principal medida de prevenção consiste em controlar adequadamente as fontes de calor.

A experiência e os registros de pesquisas têm demonstrado que as causas comuns de incêndios são, entre outras, falta de ordem e limpeza, presença de cigarros e fósforos, existência de líquidos inflamáveis e ignição espontânea.

Falta de ordem e limpeza

Como indicadores de falta de ordem e de limpeza, podem-se considerar os seguintes:

Acúmulo de resíduos combustíveis, panos com óleo ou gordura, gorduras, óleos ou líquidos inflamáveis no chão; empilhar grande quantidade de materiais, sem deixar espaço para circulação nos almoxarifados; matagal ou capim seco ao redor dos edifícios; falta de limpeza nas cozinhas, etc.

Deve ser feita limpeza periódica a fim de eliminar todos os resíduos e materiais que sobram. Os panos com óleo, pintura e outros materiais combustíveis devem ser depositados em recipientes especiais com tampa, os quais devem ser desocupados periódica e regularmente. Os materiais utilizáveis e de fácil combustão devem ser guardados em armários, caixas ou recipientes de metal fechados.

Presença de cigarros e palitos de fósforos

As guimbas de cigarro ou de charutos e as faíscas de cachimbo jogadas sem preocupação são causa de muitos incêndios. Muitas pessoas não observam a regra mais elementar de precaução, que é verificar que os fósforos e as guimbas estejam bem apagados antes de jogá-los no cinzeiro.

O ideal seria eliminar por completo o hábito de fumar em áreas de perigo potencial, mas essa regra é difícil de implantar e de cumprir. Em vez disso, se designam lugares ou horários para fumar onde não exista o risco de incêndio e seja mais fácil manter o controle.

Deve-se proibir fumar dentro de almoxarifados, cozinhas, estacionamentos ou áreas de manutenção. Tanto os lugares onde se proíbe fumar, como os destinados a isso, devem estar claramente sinalizados com avisos bem visíveis.

Existência de líquidos inflamáveis

Com freqüência, vemos abusos cometidos com os líquidos inflamáveis, quando armazenados em lugares e recipientes inadequados ou quando usados para fins impróprios.

Os líquidos inflamáveis se devem conservar em recipientes metálicos com tampas que permitam fechamento hermético e que tenham sido fabricados especialmente para armazenar esse tipo de líquidos.

Os recipientes devem ser armazenados em um lugar afastado de qualquer fonte de calor.

Não se deve usar nem gasolina nem solventes com baixo ponto de ignição para fins de limpeza. Para isso, é conveniente usar limpadores não inflamáveis ou líquidos inflamáveis que tenham um ponto de ignição elevado (acima de 38°C).

Quando for necessário, usar líquidos inflamáveis (como vernizes, pinturas e solventes), no local da operação somente serão deixadas quantidades suficientes para o trabalho do dia, em recipientes adequados e afastados de fontes de calor.

As precauções que devem ser tomadas nos lugares de armazenamento de líquidos inflamáveis devem ser muito rigorosas; deve-se proibir fumar ou usar equipamentos que produzam chamas, faíscas ou calor. Os equipamentos elétricos devem ser à prova de explosão. Desse modo, os recipientes se conectarão à terra, com a finalidade de evitar faíscas pela eletricidade estática.

Todas as válvulas e tubulações dos sistemas de líquidos inflamáveis devem ser verificadas periodicamente; além disso, os vazamentos devem ser corrigidos imediatamente.

Ignição espontânea

A ignição espontânea é o resultado de uma reação química na qual há geração lenta de calor devido à *oxidação de matéria orgânica*, que em certas condições alcança a temperatura de ignição do combustível. Tal condição é alcançada quando há oxigênio suficiente para a oxidação, mas não há ventilação suficiente para dissipar o calor gerado.

Comumente, esse fenômeno se apresenta quando há grandes quantidades de material com grande área de oxidação, quando a temperatura ambiente é alta e quando existe certa umidade.

Materiais como a cal viva e o clorato de sódio podem produzir ignição espontânea estando úmidos. Outras substâncias que podem oxidar lentamente e alcançar seu ponto de ignição à temperatura ambiente são óleos, gorduras vegetais e animais, carvão mineral, carvão vegetal e alguns metais divididos finamente. Os panos saturados de óleo de linhaça ou de pintura podem também se inflamar espontaneamente.

A melhor prevenção contra a ignição espontânea é eliminar totalmente o ar ou fornecer boa ventilação. O primeiro é possível fazer com pequenas quantidades de materiais e, o segundo, com grandes quantidades.

Trabalhos de soldagem

Os trabalhos com solda de arco e autógena (oxiacetilênica) e os cortes com maçarico são causadores de incêndio quando não são tomadas as precauções necessárias para evitá-los, ou quando se manipula o equipamento de forma inadequada.

As faíscas e as partículas de metal fundido são suficientemente quentes para incendiar materiais próximos; os vazamentos de acetileno podem iniciar incêndios, enquanto o contato do oxigênio com óleos ou graxa provoca explosões.

Antes de iniciar qualquer trabalho de soldagem é necessário certificar-se de que, na área, não existem resíduos, materiais combustíveis ou misturas explosivas de gases no ambiente. O piso deve estar limpo e livre de óleos, graxas ou pinturas e de qualquer outro material combustível. Deve-se desocupar uma área de pelo menos 3m de diâmetro e cercá-la com biombos ou lonas.

Durante e depois do trabalho, é necessário estar alerta para que as partículas de metal incandescentes não iniciem a combustão de materiais próximos. Perto do soldador deve haver um extintor de incêndios e, onde os riscos de incêndios forem altos, deve estar um ajudante com o extintor, pronto para anular qualquer ameaça.

Equipamento elétrico

As instalações elétricas com defeito ou inadequadas podem formar curtos-circuitos ou superaquecer por sobrecarga, o que originará incêndios.

Os aparelhos elétricos que não são à prova de explosão podem iniciar incêndios ou explosões em lugares onde existam misturas explosivas.

As instalações devem ser revisadas freqüentemente para descobrir danos no isolamento e corrigi-los o mais breve possível.

É necessário também conhecer a capacidade dos circuitos elétricos e não os sobrecarregar ao fazer a conexão de equipamentos e aparelhos. Nunca se deve trocar um fusível por outro de maior amperagem para que resista a maior carga, da mesma forma que não se deve substituir um fusível por um arame qualquer e nem fazer instalações provisórias.

Segurança, meio de planejamento e controle

As primeiras prioridades em um programa de segurança são a proteção e o controle. A antecipação às conseqüências e a tentativa de controlá-las fazem parte da essência do planejamento; portanto, busca-se projetar o futuro com base num objetivo, mas devem ser determinados os meios para alcançá-lo.

Todo objetivo implica em uma série de decisões independentes, ou seja, um *sistema de decisões*; porém, nem todas podem ser administradas ao mesmo tempo e nem de imediato (devido à concatenação). Isso faz com que o planejamento se divida em etapas, buscando soluções seqüenciais ou paralelas por organismos diferentes, por meio de esforços simultâneos.

O hotel, como unidade organizacional, mantém um planejamento para atingir seus objetivos; assim, não pode marchar à deriva e sua dinâmica obedece a um planejamento integral, atualizado permanentemente pela retroalimentação do sistema turístico, do entorno social e da conjuntura econômica. A segurança é uma variável muito importante a considerar, entre os elementos que conformam o plano integrado de atividades hoteleiras, de acordo com dois pontos de vista:

a) Como elemento coadjuvante e incidente nas outras variáveis que permitem modificar ou executar o plano, no qual se considerem os efeitos do caráter humano, social e rentável da segurança.

b) Como meio de planificação e controle que auxilia a agilizar a gestão empresarial e a atualizar os sistemas e os procedimentos operativos, que regulam e mantêm os programas permanentemente operativos e atualizados.

Todo plano tem seus objetivos, os quais podem ser econômicos, sociais, de produtividade, de rentabilidade, de crescimento ou para afiançar a organização.

A segurança e a higiene perseguem basicamente os seguintes objetivos:

- Segurança física e psicológica, que se traduz em bem-estar social (objetivo social)
- Incremento do rendimento, que se traduz em produtividade (objetivo de produtividade)
- Economia de gastos e investimentos, que se traduz em rentabilidade (rentabilidade e economia)
- Afirmação da imagem da organização, que se traduz em organização segura

Pelo exposto, inferimos que, ao inserir a segurança no sistema empresarial como um subsistema do conjunto, todos os objetivos serão compatíveis e convergirão no cumprimento das metas do sistema e, portanto, na inter-relação de elementos do sistema, sua análise e conjunção. Assim, a segurança é um meio que facilita o planejamento e o controle da organização.

Sem dúvida, quando se fala do controle da segurança, faz-se referência ao controle dos planos e dos programas de segurança e higiene, cujos resultados, positivos ou negativos, aumentarão ou diminuirão a eficácia dos planos globais. O controle específico da segurança permite descobrir certos aspectos positivos ou negativos que obedecem a situações de caráter administrativo, técnico e humano, não contempladas na programação de segurança, mas que, pela sua incidência, facilitam o descobrimento de novos pontos a serem tratados. Desse modo, proporcionam dados para analisar e facilitam a retroalimentação mais completa para o sistema administrativo, com base nos dados que aporta o controle do sistema de segurança e higiene.

Para implementar os planos de segurança dos hotéis e intensificar sua aplicação com a finalidade de alcançar níveis superiores de prevenção, deve-se projetar a segurança não como algo à parte do processo de serviço, mas como algo integrado na produtividade e, portanto, como um fator a mais de rentabilidade na exploração do sistema hoteleiro.

A participação viva e direta da gerência exerce um primeiro efeito moral na segurança. Assim, o espírito de segurança entre os funcionários está condicionado a perceber, na gerência, um interesse em eliminar acidentes e doenças ocupacionais, não só conscientizando-os para que trabalhem seguros, mas também sentindo o problema da segurança.

De diferentes pesquisas feitas nos Estados Unidos, há alguns anos, deduziu-se que 65% dos entrevistados consideravam que os custos dos acidentes eram um fator importante para intensificar o apoio da gerência à segurança. É necessário que o gerente hoteleiro perceba que, com o prêmio do seguro de acidentes, paga-se somente uma pequena parte do que, na realidade, custa cada acidente.

Bem se sabe que os custos assegurados ou diretos (as indenizações e os gastos médicos) representam somente uma fração dos indiretos, ou seja, daqueles não cobertos pelo seguro. De acordo com a pesquisa realizada por H.W. Heinrich, em 1927, a proporção dos indiretos frente aos diretos é de 4 por 1, isto é, são mais importantes os indiretos. Bem, em cada hotel se devem encontrar taxas de custos próprias, porque essa proporção de Heinrich é um valor médio tão geral que o empresário não o considera como próprio.

A fim de poder determinar essa incidência, é conveniente ter uma pesquisa exclusiva, do setor hoteleiro ou da própria organização. Geralmente, os custos indiretos, como veremos mais adiante, estão diretamente relacionados com o índice de periculosidade referentes às diversas atividades de cada setor econômico. A indústria hoteleira, pelas atividades específicas que desenvolve, talvez esteja menos exposta aos riscos.

Sem pretender exatidão nos cálculos, o importante é chegar a conhecer as taxas aproximadas de custo por tipo de acidente, suficientemente lógicas e representativas para que a gerência aceite os custos econômicos dos acidentes no exercício do trabalho.

Por outro lado, sem dúvida, ao analisar o aspecto econômico dos acidentes em relação à empresa, não está esgotado o estudo das conseqüências, que afetam também a sociedade de forma geral, para a qual supõem uma carga que deve suportar. Realmente, os postos de trabalho nos quais exista um índice importante de acidentes são mais difíceis de cobrir; mas são cobertos, com base numa retribuição superior, que repercute no custo e encarece o produto que será adquirido pela sociedade. Chega-se ao mesmo resultado quando se considera o conjunto de gastos que a segurança porporciona aos hotéis e dos que eles devem ressarcir pela venda de seus produtos e serviços. A *sociedade*, muitas vezes, deverá contribuir com as vítimas, não só com as indenizações pelos dias não trabalhados, mas com outras ajudas em centros assistenciais, de beneficência ou hospitais, até conseguir a plena integração do trabalhador.

Outro aspecto não menos importante é o que se refere aos efeitos morais que o acidente exerce no indivíduo, na família e na sociedade. No indivíduo, porque o acidente condicionará, provavelmente, sua atitude em relação ao trabalho ou ao próprio caráter; na família, porque foi a primeira a sofrer as conseqüências do acidente e, na sociedade, porque faz parte dela.

Nos planos de segurança, devem-se considerar estudos históricos para determinar a proporção dos custos indiretos em relação aos diretos. Dessa forma, na prevenção de acidentes e na previsão dos seus resultados, podem-se estimar, de forma contábil, os gastos em que a administração incorrerá pelo conceito de segurança (gastos em investimentos, mais gastos em execução do plano, mais gastos ocasionados pelos acidentes no período estipulado).

Os custos incidentais dos acidentes, chamados de *ocultos*, estão conformados, entre outros, pelos conceitos:

- Tempo perdido
- Materiais destruídos
- Treinamento do pessoal substituto
- Deterioração de materiais
- Interrupção ou atraso no serviço
- Baixa produtividade
- Ausência de clientes
- Outros diversos

Exemplo*

Número de acidentes: 195

• Pagamentos do seguro social	\$ 535.000	por indenização
• Gastos médicos	\$ 130.000	por tratamento médico
Total	\$ 665.000	

$$\frac{\$\ 665.000}{195} = \$\ 3.410 \text{ por acidente}$$

Custo direto = \$ 3.410 (tratamento e indenização)
Custo indireto = 4 vezes o custo direto, ou seja, \$ 3.410 × 4 = \$ 13.640/acidentados

Custo indireto:

- Redução da produção
- Perdas salariais
- Prejuízos materiais
- Aumento dos custos
- Outros

Custo total do acidente:	Custo direto	\$ 3.410
	Custo indireto	\$ 13.640
	Custo administrativo das instalações de segurança	\$ 1.280
	Total	\$ 18.330

Os princípios da prevenção moderna e eficaz de acidentes industriais estão bem-definidos na seguinte assembléia do conselho diretivo de um hotel.

Reunião: Vice-presidente do conselho diretivo, gerente geral, gerente administrativo e gerente de segurança.

Relatório: A empresa hoteleira paga um seguro anual contra acidentes no valor de \$ 1.100.000,00, além do prêmio normal por indenizações.

Discussão: Enumeram-se, a seguir, os custos dos eventuais acidentes *ocultos*:

- Treinamento de pessoal novo
- Quebra de ferramentas
- Deterioração de material
- Interrupção ou atraso no serviço aos hóspedes
- Outras conseqüências improdutivas e custosas

Aplicando a proporção de 4 por 1 ao custo direto anual das lesões do pessoal, se chegou à cifra de \$ 1.100.000,00.

O engenheiro de segurança lembrou que, desde a publicação da teoria de 4 por 1, em 1926, tinha-se confirmado sua veracidade em muitas oportunidades.

No departamento administrativo, tinham-se analisado múltiplos acidentes e chegado à conclusão de que nesse hotel a proporção era maior que 4 por 1; por exemplo: um funcionário que estava movendo uns andaimes bateu num espelho com uma vara metálica e machucou mão; a reposição do espelho quebrado custou \$ 80.000,00 (custo oculto), enquanto o custo direto da lesão foi unicamente de \$ 2.000,00 por uma consulta médica. A companhia de seguros não pagava nada pelos custos ocultos.

Conclusão*: calcula-se entre 5 e 10% dos custos de materiais, diretos e anuais o custo dos acidentes ocultos (para esse hotel).*

*N.do E. – Valores citados em pesetas.

Como planejar, dirigir e controlar a segurança hoteleira

Como organização, o hotel oferece um serviço cujas características funcionais, econômicas e comerciais facilitam a identificação e elevam a imagem da empresa. A segurança hoteleira é coadjuvante na manutenção da imagem, proporcionando um serviço rodeado de características funcionais (qualidade e segurança), de prestígio (imagem), bem como comerciais (a confiança no serviço), econômicas (diminuição de custos por acidentes) e de adaptação (procedimentos e métodos de segurança moderna).

Para planejar, dirigir e controlar a segurança hoteleira, deve-se começar por determinar objetivos e metas, ou seja, alcançar os possíveis estados de atuação, de tal forma que se considere a diferença existente entre a projeção ideal e a projeção planejada. Objetivos e metas são os pontos para os quais o plano de segurança deve estar voltado. Os primeiros podem ser alcançado ou não, no período de duração do plano, enquanto os segundos devem ser conseguidos no mencionado período.

Para planejar a atividade de segurança devem-se formular objetivos e metas que correspondam à necessidade de segurança e bem-estar da atividade hoteleira.

Em primeiro lugar, devem-se considerar as diversas atividades e serviços extras que o hotel oferece, a fim de determinar as possíveis situações conflitantes e as condições de insegurança latentes.

Uma vez instrumentalizadas as atividades e determinadas as possíveis situações, tanto conflitantes como de insegurança, a fase de formular objetivos e metas seguirá de acordo com os requisitos:

a) Delinear os objetivos do hotel no que se refere à segurança e transformá-los em metas, o que originará planos de segurança.
b) Delimitar o alcance de cada meta e especificar os passos que devem ser estimados na sua consecução.
c) Conjugar todos os programas de segurança em um plano geral, de forma que se consolide o alcance do objetivo geral da segurança do hotel.

Aspectos a serem considerados do ponto de vista da segurança do hotel

1. **Construção** – Os requisitos estruturais da dimensão e da resistência geralmente se encontram especificados, ou devem estar, nos respectivos regulamentos e códigos para a construção de edifícios; porém, devem-se investigar e determinar os possíveis riscos de incidentes, acidentes ou incêndios devido ao referido aspecto (construção, revestimento, acabamento, fiação, instalações elétricas, sanitários, gás, etc.).
2. **Atividades** – As diversas atividades que se realizam no hotel podem ser de risco; por isso, seu conhecimento e a determinação das possibilidades de acidentes e a dos procedimentos inseguros deverão ser estabelecidos, com a finalidade de prevenção por meio das medidas planejadas para a segurança. Entre as principais, cabe observar as seguintes:

a) *Administrativas* (recepção, faturamento, contabilidade, financeira, publicidade, recursos humanos, etc.) – É comum a falta de limpeza e a desordem, assim como o não-cumprimento das normas, que representam 10% de probabilidade de acidentes (quedas, batidas, incêndios, etc.).
b) *Limpeza e asseio* (nas edificações, bebidas e comidas em geral) – A falta de asseio na edificação constitui 20% de probabilidade de acidentes (quedas, escorregões, intoxicações, incêndios, etc.).
c) *Gastronômicas* (cozinhas, bares, cafeterias, restaurantes) – A falta de asseio e controle do fogo representam 20% das probabilidades de acidentes (quedas, queimaduras, incêndios, intoxicações, etc.).
d) *Manutenção em geral* (caldeiras, equipamentos, eletricidade, água, esgoto, etc.) – A falta de manutenção dessas instalações constitui 30% das probabilidades de acidentes (explosões, quedas, escorregões, incêndios, inundações, etc.).
e) *Atenção ao hóspede* (quartos, banheiros, refeitórios, bar) – Desordem e a falta de limpeza representam 10% das probabilidades de acidentes (batidas, quedas no banheiro, intoxicações, etc.).
f) *Abastecimento e transporte* (aprovisionamento de mantimentos e outros, armazenagem, etc.) – Desordem, falta de limpeza e ausência de controle no trânsito constituem 10% das probabilidades de acidentes (quedas, incêndios, acidentes de trânsito, etc.).

3. **Atividades externas** - Incidem direta ou indiretamente na segurança do hotel.

   a) *Atividades industriais* - Perigo de incêndios, fumaça e vibrações que causam danos físicos ao hotel e problemas vitais a seus ocupantes.
   b) *Atividades policiais* - Podem criar situações de distúrbios que alterem a tranqüilidade do hotel.

4. **Localização** - É válido considerar, entre outros, os aspectos:

   a) *Localização urbana* - Maior índice de delinqüência e maior quantidade de ruídos e poluição.
   b) *Localização rural* - Maior presença de bichos e insetos, ausência total de elementos policiais e de unidades de segurança contra incêndios, etc.

5. **Dimensão do hotel** - Neste aspecto deve-se considerar:

   a) Maior ou menor dificuldade na comunicação e controle sobre os aspectos de segurança.
   b) Maior ou menor quantidade de meios de vigilância, sistemas de alarme, alcance, número de patrulhas, etc.

6. **Funcionamento** - A segurança deve-se basear no tempo de funcionamento, que pode ser de 16h, 24h, etc. (entende-se por funcionamento a atenção administrativa e as atividades operativas).
7. **Serviços** - Neste item, incluem-se as atividades de hospedagem e as de armazenagem. A segurança com comidas, bebidas, abastecimento, utensílios, bagagem, dinheiro, etc. dará tranqüilidade aos hóspedes em função da dimensão do material a ser protegido.
8. **Hóspedes** - Devem ser conhecidos tipo, cultura e nível socioeconômico do público-alvo que comparece à instalação.
9. **Acessos** - É necessário considerar as áreas de ingresso ao hotel, para controle dos visitantes e de drogas, bem como para o desenvolvimento de atividades contra o narcotráfico e a prostituição.
10. **Atividades diversas** - Culturais, conferências, exposições, etc., para determinar:

    a) O tipo de atividade
    b) A segurança do público presente
    c) A segurança da exposição
    d) O controle dos convidados
    e) O controle dos intrusos e indesejáveis
    f) O controle de pedintes menores de idade
    g) O controle de pessoas que assistem a eventos especiais

11. **Recepção** - É conveniente considerar a liberdade de receber ou não determinados hóspedes, para o que deverão estar padronizadas as disposições: registro, identificação, acomodação, instalação, controle de atividades, etc.
12. **Pessoal** - Considerar hábitos, costumes, formação, idiossincrasia, preparação, etc.

O dimensionamento e o estudo dos aspectos verificados permitirá determinar causas e situações de incidência na segurança do hotel, que devem ser analisadas para o plano de segurança, pelo qual se procura obter diversas vantagens, entre elas:

- Redução de riscos
- Eliminação de reclamações por parte do hóspede
- Diminuição dos gastos por segurança
- Proteção da imagem do hotel

Planejamento e direção

O planejamento da segurança hoteleira deve ser projetado nos termos de eliminação e prevenção de riscos de acidentes, em primeira instância e de correção de resultados, como conseqüência da medição do plano. Portanto, no *planejamento da segurança hoteleira*, devem ser observados, entre outros, os aspectos gerais: objetivo geral, alcance do planejamento, localização de riscos, estabelecimento de estratégias, estabelecimento de planos, integração de uma organização de segurança, controle, investimentos de segurança.

Objetivo geral

O objetivo geral de todo o planejamento hoteleiro consiste em eliminar procedimentos e situações que, de forma geral, são a causa de acidentes, pelo estudo e pela aplicação de medidas preventivas, as quais deverão alcançar as metas previstas no plano geral.

Alcance do planejamento

O alcance do planejamento consiste em visualizar a eliminação dos riscos de acidentes, proporcionar segurança e bem-estar aos usuários, facilitar o trabalho dos funcionários, incrementar a produtividade dos serviços, melhorar a rentabilidade da instalação do ponto de vista da redução de gastos, e manter a imagem do hotel.

Localização de riscos

Todo risco pode ter origem nas circunstâncias perigosas criadas tanto por máquinas, equipamentos, instalações e processos de trabalho, como pelos procedimentos perigosos do pessoal. A localização dos riscos deverá ser de responsabilidade de todos os membros do hotel, mas de forma especial e direta do gerente de segurança, que deverá ter a seu cargo a mencionada localização de forma permanente.A comunicação da existência de qualquer risco deverá ser efetuada preferencialmente em impressos confeccionados para tal efeito pela gerência de segurança, a fim de que essa medida seja conhecida.

Dividir a instituição por áreas de atividades facilitará a localização de riscos; além disso, a atenção das referidas áreas deverá ser em termos de uso de materiais, equipamentos, ferramentas e especialmente do processo de desenvolvimento do trabalho, funções e áreas funcionais.

Os chefes de áreas funcionais deverão manter uma lista atualizada de riscos localizados, a qual, integrada à gerência de segurança, constituirá o inventário completo e atualizado daquelas.

O inventário geral atualizado de riscos é um meio para controlar a evolução da atividade de segurança e um ponto de partida para iniciar ações planejadas que tendem a diminuir ou eliminar o grau de periculosidade existente. No inventário de segurança mencionado, deverão ser anotados tanto os riscos eliminados como os incorporados. O gerente de segurança deverá contar com o inventário atualizado nos últimos dias de cada mês, com a finalidade de determinar medidas preventivas e corretivas para o mês seguinte.

Os riscos devem ser quantificados mediante uma tabela de circunstâncias e procedimentos perigosos. Cada circunstância perigosa deverá ser valorizada com pontos, segundo o risco oferecido; assim, uma circunstância perigosa poderá ser eliminada ou diminuída quantitativamente, o que permitirá evidenciar, em uma cifra significativa, a atuação de cada compartimento do hotel (ou área funcional) no que se refere à localização de riscos. Tudo isso facilitará o trabalho do gerente de segurança mediante a análise estatística da situação sobre a segurança e sua tendência em termos gerais ou em relação a cada dependência do hotel.

Como orientação, apresenta-se um inventário de segurança por áreas funcionais nas Tabelas 5.5 e 5.16.

Tabela 5.5 – Inventário de segurança: construção.

Código receptivo	Quantificação de gravidade 1 a 10 graus	Circunstâncias inseguras	Procedimentos inseguros
1-C	4	Pisos com desnível	Escorregões
2-C	3	Vigas e construções baixas	Perigo de batidas na cabeça
3-C	2	Dintéis sobressaídos	Idem
4-C	5	Superfícies ásperas de construção	Caminhar apressado
5-C	6	Corredores estreitos nos almoxarifados	Caminhar com pacotes de grandes dimensões
6-C	1	Escadas de serviço estreitas	Passar mais de duas pessoas
7-C	7	Pisos com desnível ou saliências	Transportar pacotes ou outros
8-C	8	Corredores e pisos escorregadios	Caminhar com pressa
9-C	9	Grades das escadas baixas	Colocar a metade do corpo para fora

Tabela 5.6 – Inventário de segurança: atividades internas.

Código receptivo	Quantificação de gravidade de 1 a 17 graus	Circunstâncias inseguras	Procedimentos inseguros
1-A	14	Desordem em cozinhas e corredores	Colocar em desordem ferramentas e comestíveis
2-A	12	Falta de limpeza e asseio nos locais	Jogar restos no chão
3-A	5	Pavimento com gordura ou materiais escorregadios	Jogar no piso óleo, gordura ou qualquer outro elemento escorregadio
4-A	15	Separação inadequada entre máquina de trabalho e trabalhador	Usar os equipamentos aleatoriamente
5-A	13	Uso inadequado de materiais de trabalho	Armazenar víveres ou materiais administrativos sem ordem e de forma perigosa
6-A	6	Escadas de mão com defeito	Utilizar escadas de mão com defeitos
7-A	16	Odores desagradáveis	Falta de higiene e limpeza
8-A	7	Presença de pó, fumaça, gases, etc.	Produção de fumaças, gases e pó em atividades realizadas sem o devido cuidado
9-A	8	Colocação de objetos afiados nos locais de trabalho	Não usar equipamento de proteção
10-A	1	Acúmulo de papéis ou objetos inflamáveis perto de cinzeiros e fontes de energia	Ter falta de cuidado e colocar material inflamável perto de cinzeiros ou alguma fonte de energia
11-A	2	Fios elétricos das máquinas em mau estado	Manipular condutores desencapados
12-A	3	Interruptores quebrados e sem proteção	Tocar interruptores descobertos
13-A	17	Luvas deterioradas	Utilizar luvas deterioradas
14-A	9	Extintores em estado precário	Usar extintores em estado precário
15-A	4	Obstáculos nas portas de saída	Deixar objetos nas entradas e saídas
16-A	10	Utensílios de cozinha em estado precário e sem os cuidados correspondentes	Usar utensílios de cozinha em estado precário ou sem a devida segurança
17-A	11	Acúmulo de resíduos	Acumular resíduos indefinidamente
		Outros	Outros

Tabela 5.7 – Inventário de segurança: atividades externas.

Código receptivo	Quantificação de gravidade 1 a 18 graus	Circunstâncias inseguras	Procedimentos inseguros
1-E	4	Ruídos e trepidações pelo trânsito	Deixar portas e janelas abertas durante a noite
2-E	6	Áreas de acesso não controladas	Deixar entrar qualquer pessoa
3-E	5	Visitantes suspeitos	Receber desconhecidos
4-E	8	Má conservação dos estacionamentos de táxis	Caminhar por estacionamentos sujos
5-E	7	Perigo de quedas e incêndios por combustível nos pisos	Correr em pavimentos escorregadios

Tabela 5.7 – Inventário de segurança: atividades externas *(cont.)*.

Código receptivo	Quantificação de gravidade 1 a 18 graus	Circunstâncias inseguras	Procedimentos inseguros
6-E	9	Veículos de transporte em condições precárias	Sair em veículos sem revisão
7-E	12	Salões de festas barulhentos e inseguros	Assistir a espetáculos não recomendados pelo departamento de segurança
8-E	11	Tumultos de clientes durante a noite	Caminhar até altas horas da noite em lugares de tumultos
9-E	10	Fumaças e ruídos produzidos por fábricas vizinhas	Deixar portas e janelas abertas
10-E	13	Fatos delituosos que alteram o silêncio e o descanso	Intervir ou tentar acalmar as discussões
11-E	14	Motores de veículos em funcionamento e fábricas em áreas próximas	Deixar abertas janelas que permitam a entrada do ruído
12-E	2	Instalações elétricas exteriores em más condições	Tocar fios aparentemente danificados
13-E	3	Inundações ou alagamentos por diversas causas	Caminhar apressadamente nos alagamentos
14-E	15	Falta de proteção nos acessos ao hotel, em caso de chuva	Correr ante a ameaça de chuva
15-E	16	Exposição das entradas em avenidas de alta velocidade	Deter-se a pé perto de avenida de alta velocidade
16-E	18	Vendedores ambulantes	Comprar de vendedores ambulantes
17-E	1	Atividades externas ao hotel que implicam em grandes riscos, como carregar combustível, gás, etc.	Fumar e/ou estar diante de atividades de carga e descarga de combustível, gás, etc.
18-E	17	Existência de resíduos nos arredores do hotel, etc.	Acumular resíduos nos arredores do hotel, etc.

Tabela 5.8 – Inventário de segurança: localização.

Código receptivo	Quantificação de gravidade 1 a 9 graus	Circunstâncias inseguras	Procedimentos inseguros
1-L	1	Áreas barulhentas	Má localização
2-L	2	Áreas descampadas com perigo de infestação por insetos	Descuidar dos quartos
3-L	8	Áreas sem vigilância, com propensão para assaltos	Descuidar de fechaduras e chaves
4-L	7	Áreas sem meios de segurança (como polícia e bombeiros)	Não ter os números telefônicos especiais para pedir socorro
5-L	4	Instalações telefônicas sem cabine	Destruir um fio
6-L	3	Instalações de abastecimento elétrico sem proteção	Fazer falsos contatos
7-L	9	Áreas com alto índice de delinqüência	Promover a interação com o pessoal da área
8-L	5	Áreas com escassez de água	Abrir os registros sem controle
9-L	6	Áreas com ar poluído, etc.	Propiciar mais poluição com fumaça de cigarros ou charutos, pó, etc.

Tabela 5.9 – Inventário de segurança: dimensão do hotel.

Código receptivo	Quantificação de gravidade de 1 a 4 graus	Circunstâncias inseguras	Procedimentos inseguros
1-D	3	Comunicação insuficiente	Falta de cumprimento das normas de comunicação
2-D	1	Diminuição da vigilância de acordo com as dimensões do hotel	Vigilância mal feita
3-D	2	Controle reduzido pela dimensão do hotel	Controles superficiais
4-D	4	Dispersão de meios que dificultem a segurança	Deixar áreas sem controle, nem vigilância

Tabela 5.10 – Inventário de segurança: funcionamento.

Código receptivo	Quantificação de gravidade de 1 a 6 graus	Circunstâncias inseguras	Procedimentos inseguros
1-F	2	Entradas desprovidas de segurança	Não aplicar os dispositivos de segurança
2-F	6	Dispositivos de segurança em estado precário ou inexistentes	Falta de manutenção de meios
3-F	1	Inexistência de um plano para vigilância noturna	Falta de cumprimento das normas
4-F	3	Intervalos desprovidos de segurança	Falsa substituição
5-F	4	Pessoal da vigilância mal preparado	Atos contra o regulamento
6-F	5	Pessoal de vigilância insuficiente, etc.	Tempos e espaços inseguros, etc. sem vigilância

Tabela 5.11 – Inventário de segurança: serviços.

Código receptivo	Quantificação de gravidade de 1 a 17 graus	Circunstâncias inseguras	Procedimentos inseguros
1-S	2	Pisos de banheiros escorregadios	Jogar líquidos no piso
2-S	3	Janelas e sacadas sem proteção	Debruçar mais da metade do corpo
3-S	1	Sistema de fechaduras pouco seguro	Forçar as fechaduras
4-S	4	Conhecimento das senhas de segurança por diversos funcionários do hotel	Deixar conhecer as senhas
5-S	15	Falta de normas sobre o controle das bagagens	Não verificar o conteúdo das bagagens de acordo com as normas estabelecidas
6-S	12	Falta de vigilância do pessoal	Descuido, despreocupação e distração

Tabela 5.11 – Inventário de segurança: serviços *(cont.)*.

Código receptivo	Quantificação de gravidade de 1 a 17 graus	Circunstâncias inseguras	Procedimentos inseguros
7-S	13	Falta de vigilância da área de lazer	Descuido, despreocupação e distração
8-S	14	Iluminação escassa em determinadas áreas de quartos e serviços	Caminhar no escuro, correr, etc.
9-S	7	Escassa higiene de depósitos de alimentos e bebidas	Não lavar os alimentos e sujar as áreas correspondentes
10-S	9	Más condições de armazenamento	Armazenar contra as normas
11-S	8	Elevadores em mau estado de funcionamento ou de limpeza	Manipular elevadores não controlados
12-S	6	Móveis em más condições	Utilizar mobília descascada
13-S	17	Acúmulo prolongado de resíduos	Jogar lixo nos diversos ambientes do hotel
14-S	16	Má distribuição do mobiliário nos quartos	Deixar os quartos em desordem
15-S	10	Disfunção nos sistemas de refrigeração ou calefação dos quartos	Não usar corretamente a calefação ou a refrigeração
16-S	5	Cristais e equipamentos quebrados	Manipular objetos de cristal quebrados
17-S	11	Falta de ventilação nos armazéns	Usar alimentos em decomposição pelo calor
		Outros	Outros

Tabela 5.12 – Inventário de segurança: hóspedes.

Código receptivo	Quantificação de gravidade de 1 a 7 graus	Circunstâncias inseguras	Procedimentos inseguros
1-H	1	Falta de identificação	Furtos e mau comportamento
2-H	4	Estado de embriaguez ou de dependência química	Fomentar escândalos
3-H	5	Estado de saúde deteriorada e contagiosa	Utilizar baixelas não desinfetadas
4-H	2	Hóspedes suspeitos	Divulgar dados confidenciais
5-H	6	Maus hábitos	Fumar na cama
6-H	7	Baixo nível de cultura, etc.	Promover ruídos, jogar lixo, destruir objetos, etc.
7-H	3	Documentos falsos	Depósitos, cartões de crédito, etc., sem valor

Tabela 5.13 – Inventário de segurança: acessos *(continua)*.

Código receptivo	Quantificação de gravidade de 1 a 7 graus	Circunstâncias inseguras	Procedimentos inseguros
1-X	1	Falta de vigilância nos arredores	Vigias despreparados
2-X	4	Falta de sinalização nos acessos de entrada e saída de veículos	Utilizar acessos errados

Tabela 5.13 – Inventário de segurança: acessos *(cont.)*.

Código receptivo	Quantificação de gravidade de 1 a 7 graus	Circunstâncias inseguras	Procedimentos inseguros
3-X	6	Postos de vendedores ambulantes	Comprar de vendedores não autorizados
4-X	5	Lixeiras e focos infecciosos	Jogar lixo nos arredores
5-X	7	Estacionamentos de táxis que não cumprem as normas de segurança e higiene	Tumultos e aglomerações no estacionamento
6-X	3	Falta de iluminação noturna	Caminhar no escuro
7-X	2	Inexistência de controles de entrada e saída para instalações isoladas ou afastadas da cidade	Permitir livre entrada e saída de veículos, principalmente à noite
		Outros	Outros

Tabela 5.14 – Inventário de segurança: atividades diversas.

Código receptivo	Quantificação de gravidade de 1 a 13 graus	Circunstâncias inseguras	Procedimentos inseguros
1-Y	5	Má organização de ambientes e locais	Uso indevido dos locais
2-Y	2	Falta de medidas externas de segurança	Permitir aglomerações nos arredores
3-Y	3	Falta de medidas para o controle de visitantes	Deixar passar pessoas sem fazer o controle
4-Y	4	Existência de entrada sem controle	Deixar os acessos sem vigilância
5-Y	6	Falta de identificação dos visitantes	Confiar excessivamente no aspecto exterior das pessoas
6-Y	7	Lugares de exposição inseguros	Deixar sem segurança ou à mão objetos de exposição
7-Y	9	Vigilância escassa	Descuido
8-Y	8	Sistema de comunicação interno defeituoso	Fazer uso indevido dos meios de comunicação
9-Y	1	Falta de um plano de segurança específico	Dar pouca importância à segurança
10-Y	10	Falta de vigilância 24 horas por dia	Não resguardar as portas de acesso
11-Y	11	Falta de senhas de segurança	Desconhecer as senhas
12-Y	12	Pessoal de vigilância e controle mal preparado	Falta de conscientização da segurança
13-Y	13	Má seleção do pessoal de confiança	Confiar em amizades mal preparadas

Tabela 5.15 – Inventário de segurança: recepção.

Código receptivo	Quantificação de gravidade de 1 a 16 graus	Circunstâncias inseguras	Procedimentos inseguros
1-R	3	Manter dinheiro e documentos em lugares sem proteção	Apropriar-se de pertences alheios
2-R	2	Não contar com a identificação dos hóspedes para entregar a chave	Não identificar corretamente o hóspede

Tabela 5.15 – Inventário de segurança: recepção *(cont.)*.

Código receptivo	Quantificação de gravidade de 1 a 16 graus	Circunstâncias inseguras	Procedimentos inseguros
3-R	7	Pessoal da recepção mal preparado	Atividades rotineiras da recepção
4-R	16	Material de trabalho deteriorado	Utilizar materiais inadequados
5-R	4	Funcionamento defeituoso do sistema telefônico, do telex, etc.	Não utilizar corretamente e no momento adequado os meios de comunicação com ou sem fio
6-R	5	Formulários de recepção e de saída sem proteção	Deixar os formulários ao alcance de todos
7-R	6	Vales de caixas mal guardados	Roubo de vales
8-R	9	Falta de controle dos canhotos das reservas	Trocar ou alterar os canhotos das reservas
9-R	10	Falta de controle nas reservas de grupo	Não considerar a importância das reservas em tempo e horas
10-R	8	Falta de confirmação de documentos de pagamentos e/ou reservas quando se trata de agências de viagens ou de empresas	Não identificar e consolidar a solvência das agências e empresas ou usuários
11-R	1	Registro incompleto de clientes	Deixar entrar um hóspede sem a filiação completa
12-R	11	Documentação administrativa incompleta, referente ao hóspede	Não fazer o acompanhamento do hóspede, administrativamente e do ponto de vista de queixas e reclamações, assim como de seu comportamento
13-R	12	Não informar sobre bagagens suspeitas	Deixar de informar sobre bagagens suspeitas
14-R	13	Mudanças de quartos sem autorização nem controle prévio	Colocar hóspedes em outros quartos sem autorização e sem avisar o responsável
15-R	15	Falta de controle da operação de saída de um hóspede	Não verificar a saída do hóspede do ponto de vista do pagamento, das dívidas e danos causados por ele
16-R	14	Falta de controle dos diversos movimentos	Não registrar diariamente, de acordo com os formulários

Tabela 5.16 – Inventário de segurança: pessoal *(continua)*.

Código receptivo	Quantificação de gravidade de 1 a 10 graus	Circunstâncias inseguras	Procedimentos inseguros
1-P	1	Conhecimentos supérfluos dos antecedentes	Colocar em pontos de segurança pessoal não idôneo
2-P	2	Hábitos e costumes perigosos	Realizar procedimentos inseguros
3-P	4	Formação deficiente do pessoal	Cometer erros por deficiência acadêmica
4-P	5	Pessoal conflituoso	Mostrar resistência a mudanças

Tabela 5.16 – Inventário de segurança: pessoal *(cont.)*.

Código receptivo	Quantificação de gravidade de 1 a 10 graus	Circunstâncias inseguras	Procedimentos inseguros
5-P	6	Poucos conhecimentos sobre a segurança	Mostrar desinteresse pela segurança
6-P	5	Desconhecimento das normas e planos de segurança	Realizar atividades sem as devidas precauções
7-P	7	Desconhecimento do manuseio dos equipamentos contra incêndios	Utilizar o equipamento inadequadamente
8-P	9	Pessoal de vigilância desprovido de meios de persuasão	Vigiar sem o uso de meios de convencimento
9-P	10	Falta de identificação do pessoal interno do hotel	Permitir o trânsito de pessoas estranhas em áreas reservadas
10-P	8	Pessoal estranho ao hotel que ronde as dependências, etc.	Permitir a formação de grupos de pessoas estranhas ao hotel, etc.
		Outros	Outros

Estabelecimento de estratégias

As diversas estratégias citadas, deverão contemplar a provável eliminação e/ou diminuição dos acidentes e das condições de segurança para os clientes. Elas devem se inter-relacionar, de modo que tomemos como eixo central da sua atuação o aspecto da segurança.

a) *Estratégia preventiva* - Decisão de orientar e dirigir a ação principal para eliminar causas e condições inseguras.
b) *Estratégia corretiva* - Decisão de orientar e dirigir a ação principal para a retroalimentação e a correção das atividades capazes de originar acidentes.
c) *Estratégia de rentabilidade* - Decisão de orientar e dirigir a ação principal para incrementar a rentabilidade do hotel, como resultado da diminuição de acidentes e das situações de insegurança para os clientes.
d) *Estratégia de conscientização* - Decisão de orientar e dirigir a ação principal para motivar, preparar e conhecer a importância da segurança, a fim de manter o máximo nível de coeficiente de segurança integral do estabelecimento.
e) *Estratégias de relações e imagem* - Decisão de orientar e dirigir a ação principal para motivar e reforçar a imagem do hotel e a atitude positiva dos clientes reais e potenciais, em relação ao aspecto da segurança e da tranqüilidade que o estabelecimento oferece.
f) *Estratégia de proteção integral* - Decisão de orientar e dirigir a atuação principal para motivar o pessoal, tanto projetistas como usuários, no sentido de se preocupar com a manutenção e a segurança física das instalações.

Estabelecimento de planos

Os planos devem obedecer às estratégias estabelecidas, incluindo a definição de objetivos gerais em função de um entorno variável, como o do sistema hoteleiro. Por intermédio deles se visualizarão as ações que se devem realizar em curto prazo, para minimizar riscos e obter vantagens. O plano geral será o elemento essencial da direção da segurança hoteleira. Entre os sub-planos do plano geral de segurança, segundo as estratégias mencionadas, são aplicáveis:

a) *Plano preventivo de segurança* - Visualiza as açõespara eliminar riscos e comportamentos perigosos.
b) *Plano corretivo de segurança* - Voltado à aplicação imediata de ações corretivas diante de situações de disfunção do sistema de segurança.
c) *Plano de formação de recursos humanos* - Orientado para a capacitação e conscientização do pessoal interno do hotel, sobre a importância da segurança e dos conhecimentos técnicos envolvidos.

d) *Plano de meios* - Voltado ao conhecimento dos meios físicos com os quais o hotel opera, suas características, possibilidades, limitações, condições latentes de perigo, etc., para evitar procedimentos inseguros do pessoal.
e) *Plano contra incêndios* - Exclusivamente para o conhecimento da problemática do fogo, de suas causas, das formas de evitá-lo e de controlá-lo.
f) *Plano normativo de segurança* - Orientado para o conhecimento de normas e prescrições sobre segurança (pessoal interno e externo [hóspedes]).
g) *Plano de segurança das instalações* - Para concretizar ações e medidas voltadas a resguardar a segurança física da instalação, em relação aos elementos externos que desagreguem e perturbem a segurança e o bem-estar dos ocupantes.
h) *Plano de segurança de imagem* - Voltado a vender a imagem do hotel do ponto de vista de segurança, conforto e tranqüilidade do hóspede.

Integração de uma organização de segurança

A organização como tal é a infra-estrutura de pessoal, meios e funções encarregados de executar as atividades de segurança, que permitem cumprir os objetivos e diretrizes dos planos. Para efeitos da segurança hoteleira, cabe estimar os seguintes níveis ou grupos funcionais de segurança:

1. Nível estratégico *(planejamento e gerenciamento da segurança):*
   - Gerente de segurança
   - Comitê de segurança
   - Engenheiro de segurança
   - Comissão investigadora
2. *Nível tático* (execução e controle de segurança):
   - Chefes de departamento
   - Encarregados e chefes de equipes (limpeza, cozinha, restaurantes, depósitos, etc.)
3. *Nível operacional* (responsabilidade com segurança pessoal e dos companheiros) (autocontrole):
   - Trabalhadores em geral
4. *Nível geral* (responsabilidade e cumprimento das normas):
   - Elementos de vigilância
   - Hóspedes
   - Visitantes

Controle

A atividade de controle se traduz basicamente em:

a) *Atividade de supervisão*, cuja função é exclusivamente de orientação permanente sobre o cumprimento das normas de segurança e do plano de segurança, para evitar desvios importantes na prática.
b) *Medição do desempenho*, orientada para o controle qualitativo e quantitativo da atuação de cada grupo responsável pela segurança e, individualmente, do comportamento do pessoal e dos hóspedes.
c) *Controle administrativo* da segurança, pela evolução estatística e quantitativa sobre os alcances atingidos, comparados com as metas traçadas nos planos.
d) *Retroalimentação* ou informação permanente sobre os resultados obtidos, deficiências e desvios em relação ao plano, na qual se tomam, também de forma permanente, ações corretivas na atuação pessoal e na modificação de planos, disposições, uso de meios e métodos, etc.

Investimentos em segurança

A atividade de segurança compreende um grande desembolso de dinheiro para conseguir os objetivos dos planos de segurança. De acordo com os planos contemplados no item anterior, a análise e a definição dos investimentos obedecem a aspectos que o próprio autor cita na sua obra "Seguridad industrial":

- Conhecer as características de cada elemento e sua reação em relação ao conjunto

- Corrigir e diminuir os efeitos negativos da sua disfunção mediante medidas corretivas
- Apresentar uma série de alternativas, a fim de criar um sistema preventivo
- Quantificar os diversos planos e formas de ação, para conhecer o montante de investimentos requeridos
- Contar com um plano de segurança estável, capaz de ser modificado dependendo das circunstâncias

O que foi anteriormente exposto está esquematizado na Figura 5.8.

Gerenciamento das Tarefas de Segurança

Os diferentes grupos de segurança são coadjuvantes em seus respectivos níveis, na direção das tarefas de segurança, mediante execução, assessoria e controle, fundamentados nos respectivos planos de segurança elaborados pela gerência de segurança.

Nível estratégico

Gerente de segurança

Encarregado da segurança integral do hotel, o gerente de segurança é o responsável pela administração do plano integral de segurança; é também o assessor geral da gerência do hotel em matéria de segurança. Seu sucesso depende dos conhecimentos, experiência, personalidade e do apoio que receba da gerência. Planejará, dirigirá e controlará as atividades dos outros organismos e formulará permanentemente as sugestões oportunas, permitindo que níveis hierárquicos tomem decisões enquadradas no panorama da filosofia e nos planos de segurança correspondentes. Entre suas responsabilidades de direção, podemos considerar:

- Formulação, direção e controle da política geral de segurança
- Formulação e integração dos diferentes planos de segurança
- Assessoria da gerência em tudo o que for relacionado à segurança da instalação
- Controle estatístico de acidentes
- Planejamento de inspeções em relação à segurança
- Revisão e atualização dos diversos planos de segurança
- Organização do sistema de segurança
- Preocupação permanente com a segurança e a higiene do hotel
- Supervisão das atividades de segurança de acordo com os planos correspondentes
- Elaboração do manual de segurança
- Aplicação da política de segurança do hotel
- Formação e melhora do desempenho do seu pessoal em matéria de segurança
- Especial cuidado na prevenção e eliminação das condições perigosas existentes no hotel e arredores
- Colaboração com outros elementos de segurança da instalação
- Atenção preferencial à análise das causas dos acidentes que aconteçam
- Revisão e controle da eficácia do sistema para atuar de forma permanente
- Direção, organização e reestruturação do sistema de segurança hoteleiro
- Trabalho coordenado com os elementos externos de segurança e apoio (agências de segurança, departamento de segurança e serviços públicos, polícia, bombeiros, etc.)

Comitê de segurança

Orientado para colaboração entre a gerência e os outros funcionários, o comitê de segurança é um órgão de consulta e assessoria, que busca promover a aplicação das medidas de segurança na organização. Geralmente é louvável que exista um comitê de segurança em instalações maiores, ou seja, hotéis com 500 ou mais quartos que, devido à dimensão, ao volume de atividades e à quantidade de componentes, requerem um organismo inter-relacionador entre gerência e bases. Todo comitê deve contar com amplo apoio das gerências gerais e de segurança, tanto no aspecto administrativo como na ordem e na disciplina da segurança.

O comitê de segurança deverá estar constituído de:

- Gerente geral
- Gerente de segurança
- Gerente de pessoal
- Médico do hotel

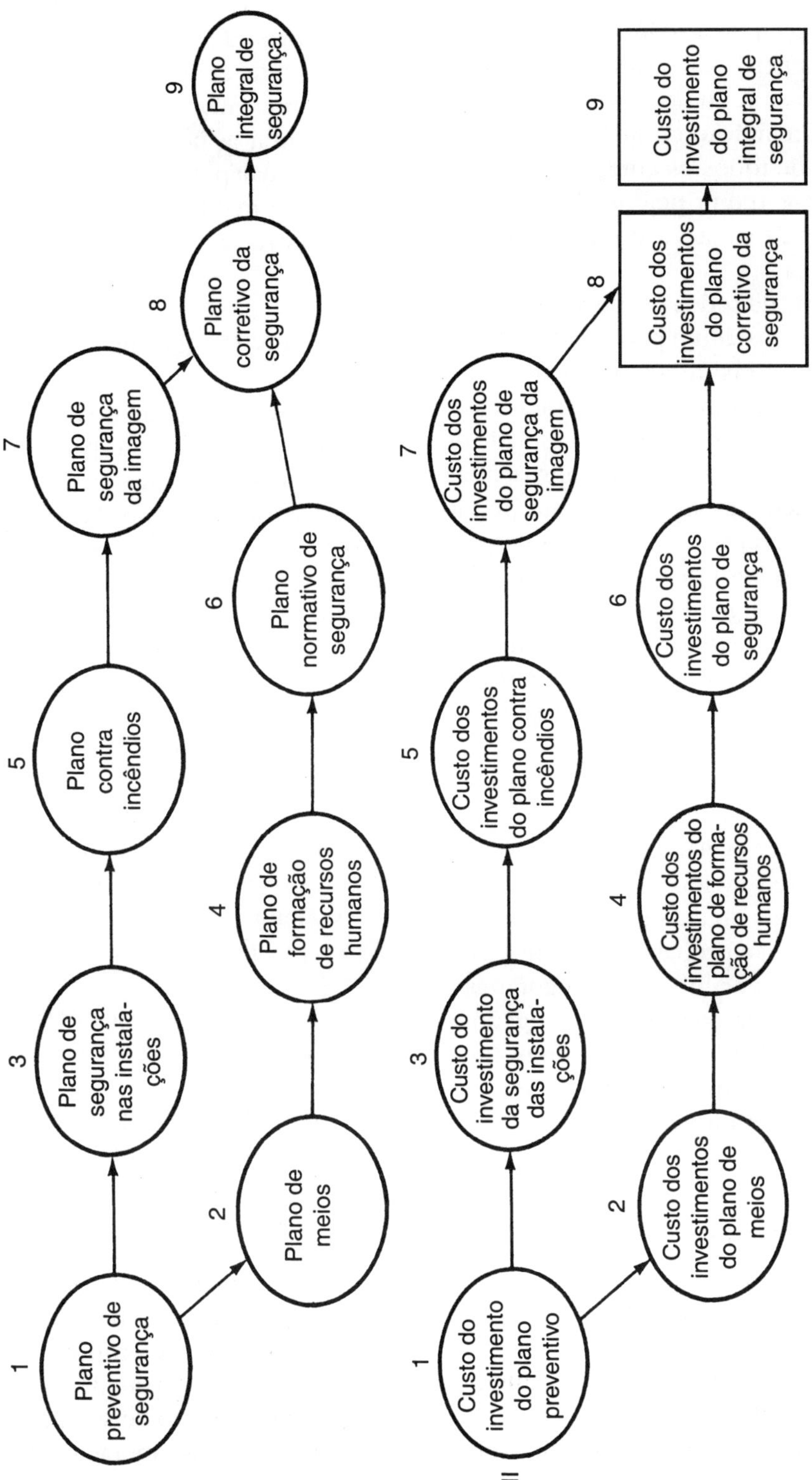

Figura 5.8 – Integração de planos e de seus custos de investimento.

- Engenheiro de segurança
- Um representante da comissão investigadora
- Um representante dos funcionários

Um comitê de segurança se justifica como um dos elementos essenciais do nível de segurança existente. Caso não se reúna periodicamente, haverá tendência à diminuição do interesse pela segurança por parte de todos os componentes; por isso, o comitê deve-se reunir pelo menos uma vez ao mês, para tratar da situação do momento em termos de segurança.

A impossibilidade de todos os integrantes estarem presentes não é obstáculo para não haver reunião, pois se pode considerar como norma o quórum de metade mais um. A reunião mensal ordinária é normativa, ou seja, não há necessidade de uma convocação especial a seus membros; além disso, somente poderá ser suspensa, com prévio aviso, pelo gerente geral e a mencionada suspensão deverá figurar no livro de atas do comitê. Da mesma forma, o gerente geral poderá realizar uma reunião extraordinária quando achar conveniente.

Para que toda reunião do comitê seja eficaz, é imprescindível observar os seguintes aspectos:

- Dispor de informação sobre a segurança, sua evolução e dados estatísticos dos acidentes, a fim de contar com elementos de juízo para discutir possíveis melhoras
- Conhecer a pauta do dia para poder discutir
- Haver uma reunião preparatória entre gerente de segurança, engenheiro de segurança e o representante da comissão investigadora, a fim de determinar os temas a serem tratados e preparar as informações necessárias para a reunião definitiva

Funções do comitê

As funções do comitê de segurança são:

- Efetuar inspeções periódicas de segurança na sua área de responsabilidade
- Apoiar as medidas de segurança que sejam aprovadas
- Fomentar a cooperação de todos os funcionários nos esforços para melhorar as normas de segurança, de modo a garantir o seu cumprimento
- Informar o gerente de segurança sobre qualquer situação perigosa, sem esperar a reunião seguinte do comitê
- Criar e manter o interesse permanente da corporação em relação à segurança e à redução de acidentes
- Apresentar sugestões apropriadas para melhorar as condições de segurança
- Cuidar para que os funcionários conheçam e se mantenham informados sobre normas sobre segurança e higiene

Engenheiro de segurança

O cargo de engenheiro de segurança em um hotel deve ser permanente, pois deverá ser de dedicação exclusiva, pela importância da segurança, da higiene e em alguns casos, da poluição. Esse engenheiro deve ser o principal assessor do gerente de segurança e, indiretamente, dos gerentes das outras áreas no que se refere à segurança. Não pertencendo a nenhum departamento de forma especial e dependendo diretamente do gerente de segurança, a sua atuação será mais flexível e menos comprometida com determinadas áreas, por efeitos dos próprios fatores humanos (subjetivos, companheirismo, mecanismos de defesa e superação do *eu*). Seu principal papel será assessorar todos os organismos de segurança, de forma que planejará e organizará a atuação conjunta em matéria de segurança. Como funções específicas, podemos considerar:

- Investigação das causas dos acidentes
- Manutenção da informação estatística sobre os acidentes
- Preparação dos programas de segurança de acordo com os planos preestabelecidos
- Programação dos cursos técnicos referentes à segurança
- Inspeção permanente das instalações e dos equipamentos do hotel
- Supervisão dos métodos de trabalho
- Colaboração e proposição das instruções de segurança pertinentes
- O engenheiro de segurança terá a seu cargo toda a parte operacional de segurança e higiene, bem como a conscientização dos funcionários, mediante exposições, concursos e sua organização
- Esse engenheiro inspecionará o equipamento e os meios contra incêndios e se respon-

sabilizará pelo treinamento e pelas práticas correspondentes
- Assessoria na aquisição de novos equipamentos e meios, do ponto de vista da segurança e da proteção do pessoal
- Organização e direção de equipes de segurança de emergência
- Assistência ao próprio pessoal do sistema de segurança, no que se refere à preparação, assessoria e apoio

Comissão investigadora

A finalidade da comissão investigadora é efetuar uma auditoria administrativa do plano de segurança, para informar ao comitê e à gerência do hotel. É uma comissão de trabalho que colabora agilizando as respectivas atividades do comitê de segurança, sendo constituída pelo engenheiro de segurança, pelo médico do hotel e um representante dos funcionários. Entre as funções específicas, cabe destacar:

- Determinação das circunstâncias inseguras existentes
- Sistemas de senhas de segurança e seu conhecimento por parte dos usuários
- Vigilância e controle do treinamento do pessoal
- Estado e disponibilidade dos meios de auxílio (caixas de primeiros socorros, etc.)
- Estado do material e equipamento contra incêndios
- Estado e disponibilidade dos meios de proteção do pessoal
- Vigilância e controle dos procedimentos inseguros
- Estado de higiene dos locais, das pessoas e dos meios

Para o cumprimento de suas funções, os membros da comissão investigadora deverão efetuar inspeções permanentes e programadas, de acordo com o programa geral de inspeções informado pela gerência de segurança.

Nível tático

Chefes de departamento

Em relação à segurança, os chefes de departamentos desenvolverão as atividades:

- Pôr em funcionamento o programa de segurança
- Treinar o pessoal quanto à segurança, por meio de palestras, indicações, instruções específicas sobre cargos, vigiar e controlar a observância das normas de segurança
- Manter os locais e equipamentos para eliminar circunstâncias inseguras
- Manter um controle específico da segurança de cada posto de trabalho
- Investigar os acidentes que aconteçam no seu departamento
- Comandar as inspeções de segurança do seu departamento
- O chefe de pessoal terá sob sua responsabilidade, além disso, os programas de formação em segurança de funcionários e manterá um registro dos relatórios de acidentes.

Encarregados e chefes de equipe

Os encarregados e os chefes de equipe serão coadjuvantes de forma direta na manutenção das condições de segurança em nível excelente; terão a seu cargo as funções:

- Treinar o pessoal no conhecimento das normas e dos regulamentos de segurança
- Treinar o pessoal no combate a incêndios e primeiros socorros
- Colaborar com o departamento de segurança e manutenção na conservação de locais e na eliminação de circunstâncias inseguras
- Facilitar as inspeções de segurança
- Capacitar seus funcionários de suas responsabilidades em relação à segurança e ao conhecimento das medidas de segurança existentes.

Nível operativo

Funcionários em geral

Os funcionários em geral devem desempenhar as seguintes funções:

- Manter permanentemente limpos e em ordem seus postos de trabalho
- Cumprir as normas e instruções gerais de segurança

- Cumprir as normas e instruções próprias de segurança de seu posto
- Comparecer aos programas de capacitação referentes à segurança
- Informar permanentemente qualquer anomalia que ocorra no trabalho e que implique em riscos na segurança
- Informar qualquer situação de risco de forma geral
- Comparecer às simulações de combate a incêndios e evacuação da instalação

Nível geral

Elementos de vigilância

Os elementos de vigilância terão as seguintes funções:

- Cumprir as instruções que se referem à vigilância dos locais
- Cumprir as instruções sobre vigilância dos postos
- Manter operativa a conexão telefônica com as dependências de segurança
- Manter operativo um sistema de alarme que indique a presença de qualquer desastre e qualquer tumulto exterior
- Controlar entrada e saída de veículos
- Controlar entrada e saída do pessoal pelas portas autorizadas
- Impedir a entrada de visitantes embriagados
- Informar qualquer situação anômala, como presença de suspeitos ou falta de iluminação externa
- Capacitar-se no reconhecimento das evidências dos delitos
- Agir adequadamente quando e onde se detecte um delito
- Conhecer o salvamento em piscinas
- Agir em situações de perigo
- Apresentar relatórios
- Ter conhecimentos de psicologia e relações públicas

Hóspedes

Os hóspedes têm obrigação de:

- Conhecer as normas de segurança (para isso, devem-se colocar as instruções de segurança nos quartos)
- Conhecer os aspectos legais de segurança
- Conhecer as disposições internas do hotel
- Manter em bom estado o mobiliário e os utensílios colocados à sua disposição
- Evitar tumultos e atos que impliquem em possíveis riscos, como beber e fumar nos quartos ou ambientes não adequados para isso
- Controlar sua bagagem para que não apresentem superfícies passíveis de provocar danos, escoriações, lesões, etc.
- Manter a limpeza e a higiene pessoal e dos lugares e ambientes colocados à sua disposição

Visitantes

Os visitantes têm como obrigação:

- Entrar no interior do hotel com um crachá de identificação oferecido pelo comitê de segurança
- Entrar nos quartos sem levar nenhum tipo de pacote
- Proteger-se contra qualquer ofensa da parte dos funcionários
- Determinar os motivos da visita
- Identificar-se
- Submeter-se à supervisão e controle das suas saídas
- Permanecer não mais que meia hora nos quartos
- Entrar e sair pelas portas principais, não pelas de serviço
- Manter correção no comportamento e na postura adequada
- Evitar deterioração das instalações, meios e utensílios usados na sua visita

Em planejamento, organização, direção e controle da segurança hoteleira é conveniente considerar o número de pessoas que participam nas tarefas de segurança. Inicialmente, não é possível determinar um único elemento responsável pela segurança em uma instalação que opera durante 24 horas, todos os dias do ano. Portanto, manter a instalação hoteleira em excelentes condições de segurança é responsabilidade dos funcionários, da gerência, dos hóspedes, etc.

Durante a noite, os vigias e os guardas devem percorrer permanentemente as instalações, para garantir a estrutura física do imóvel, a propriedade do hotel e dos hóspedes, além da segurança física das pessoas em todos os aspectos. Devem conferir o bom funcionamento dos equipamentos contra incêndios, das fechaduras e vigiar o descanso noturno, para o que devem percorrer os andares e vistoriar os ambientes de serviço e lazer, assim como os ambientes externos. Deve haver postos de vigilância fixos, destinados à vigilância externa e interna; em ambos os casos, os vigias e os guardas podem ou não usar uniformes e distintivos e, às vezes (principalmente em postos de vigilância fixos), portar armas. Finalmente, para que seu trabalho seja integral, deverão treinar o combate a incêndios, manuseio de instrumentos de segurança, comunicação, detecção de possíveis circunstâncias inseguras, redação de relatórios, prestação de primeiros socorros, arte de negociação e persuasão, etc.

Os postos de vigilância fixos estarão a cargo dos guardas, distribuídos em áreas especiais e seus integrantes serão responsáveis pela segurança física da instalação e controlarão entradas e saídas de todo o pessoal, sejam funcionários, hóspedes, visitantes, etc. Da mesma forma, controlarão entradas e saídas de veículos, segundo as normas e disposições do hotel. Os postos de vigilância devem estar conectados por uma rede de comunicação com ou sem fio, para maior eficácia do seu propósito. Finalmente, seria interessante contar com policiais mulheres para determinadas ocasiões, como conferências, congressos, reuniões, etc. e para a segurança dos andares nos quais se requer o socorro a mulheres acidentadas ou para determinadas inspeções do pessoal feminino, quando necessário.

A atuação do pessoal de segurança deve abranger ética profissional reconhecida, requisito indispensável para o sucesso do planejamento, organização, direção e controle dos programas de segurança. A ética pode ser medida por determinados indicadores, desde o comportamento e a responsabilidade do pessoal, até sua apresentação física, por exemplo:

- Conscientização do papel que cada um desempenha na segurança
- Coordenação e colaboração com os outros integrantes do grupo
- Mostrar disposição para enfrentar qualquer situação de perigo em ajuda aos outros
- Não beber em serviço, com o que se evita, além de má impressão, complicações graves no serviço
- Ter excelente apresentação pessoal e bons modos
- Tratar de forma igualitária o pessoal interno do hotel, hóspedes e visitantes em geral
- Não receber gorjetas ou pagamentos adicionais pela execução de tarefas próprias da segurança e da higiene, que são de responsabilidade do comitê de segurança
- Manter a atitude de auto-segurança e de apoio às regras e aos usuários
- Aceitar de boa-fé a ajuda e as sugestões relacionadas a aspectos da segurança e à forma de solucionar esses problemas
- Não confundir amizade e benevolência com deixar passar qualquer causa, seja em procedimentos ou circunstâncias inseguras, que propiciem acidentes
- Procurar, por todos os meios, usar o convencimento e a persuasão, para evitar a violência
- Analisar e discutir racionalmente as causas dos acidentes, para eliminá-los no futuro
- Proporcionar assistência médica e primeiros socorros de forma rápida, eficaz e competente
- Não divulgar informações confidenciais sobre aspectos secretos da segurança
- Nas investigações de acidentes, pautar-se pela ética profissional, pelas técnicas de segurança e pela imparcialidade com as pessoas implicadas
- Elaborar estatísticas de acidentes respeitando as formas de segurança devidamente planejadas pela gerência de segurança. Os informes deverão ser formulados com responsabilidade, na realidade dos fatos e na seqüência dos eventos
- Manter a convicção própria sobre a responsabilidade de cada um e em relação aos outros, de forma que se evite a intimidação por hábitos e costumes ou ameaças de funcionários antigos que não aceitam mudanças

6

Gerência e Qualidade

GENERALIDADES

CONCEITUAÇÃO

A qualidade é o resultado de um processo longo, gradual, criativo e de indução das nossas faculdades para alcançar a excelência no serviço. É conseqüência da interação entre o prestador de serviços e o turista, o que origina *relações precedentes* como conseqüência das exigências do turista ao prestador; *relações conseqüentes*, resultantes da oferta do prestador ao turista e *relações sociais*, que redundam em satisfação mútua. Os conceitos anteriores obrigam a gerência hoteleira a considerar vários aspectos:

- Conhecer plenamente a estrutura do hotel como base numa gestão de qualidade
- Conhecer plenamente a personalidade humana como elemento a ser considerado em primeiro lugar na atenção com qualidade, devido à atividade hoteleira ser 100% humana e social
- Conhecer as necessidades e as preferências do turista para melhor adaptar a prestação hoteleira às suas exigências
- Conhecer, interpretar e aplicar no seu mais alto grau as normas e os procedimentos de qualidade, com a finalidade de melhorar o serviço
- Conscientizar a si próprio e ao pessoal do serviço hoteleiro e de sua prestação com qualidade
- Capacitar, de forma permanente, a qualidade

A qualidade como conceito pode ser considerada como o conjunto de atributos do serviço hoteleiro que permite emitir um juízo de valor sobre o fundo e a forma do mesmo. Nesse marco de referência estão envolvidos os diversos componentes da empresa hoteleira para produzir excelência; porém, essa inter-relação propicia certos tipos de relações que facilitam ou prejudicam a qualidade:

- *Relações disfuncionais*, quando nem todos os componentes se integram totalmente à atividade de serviço com excelência
- *Relações parasitárias*, quando mais de um componente não responde de forma consciente ao árduo trabalho de prestar serviço com eficiência e eficácia e, simplesmente, se transforma em um órgão burocrático com atividade rotineira, sem criatividade, sem esforço conjunto e sem apoio aos outros

- *Relações simbióticas*, quando a integração se dá de tal forma que o resultado final é de excelência
- *Relações sinergéticas*, quando além da referida integração, o esforço é tal que produz um efeito multiplicador positivo nos resultados
- *Relações racionais*, quando os componentes da empresa hoteleira se integram de maneira racionalizada, obtendo maior eficácia e qualidade nos seus resultados

Problemas e qualidade

Um dos principais aspectos da gerência hoteleira é solucionar problemas. Ao lidar com problemas todos nos expomos, de uma forma ou outra, ao sucesso ou ao fracasso; e é aqui onde a personalidade gerencial se modifica, surgindo, em determinados momentos, diversas situações de comportamento, como por exemplo:

- Sentir-se no melhor momento ao enfrentar os problemas
- Sentir-se capaz de conseguir solucioná-los
- Manter-se em estado de calma, com maior lucidez, para se aprofundar neles
- Passar do anonimato ao estrelato ao conseguir resolver problemas
- Não poder, definitivamente, solucioná-los

As situações nem sempre são simples; quanto mais claro é o desafio e mais claros os resultados que se pretendem, menos complicada se faz a resposta. A maioria dos problemas envolve potencialmente um conflito humano que origina ganhadores, perdedores e observadores, tendo como resultado final ninguém ser o mesmo depois de se ter envolvido.

Para solucionar um problema, psicologicamente se o reconhece como um inimigo que deve ser atacado, de forma que possa ser destruído, o que origina um ou mais problemas adicionais. Lidar com um problema com qualidade significa:

- Criar um ambiente aberto, claro, transparente entre os elementos do problema e aquele ou aqueles que darão a solução
- Lidar com conceitos de integridade e objetividade: a integridade consiste em falar claramente, apoiar, responder, colaborar, ser honesto em todos os momentos da sua análise e não esconder e nem se desviar da realidade; a objetividade ocorre não culpando diretamente as pessoas, muito menos vendo as causas de forma superficial e subjetiva, ou tendenciosa e indireta em relação a determinados interesses
- Evitar influências duvidosas, mal-intencionadas, perniciosas ou de interesses pessoais
- Enfocar a investigação das causas do problema em relação ao trabalho como conceito integrado de tarefa-homem-entorno
- Apresentar causas, discutir e dar os motivos de suas existências

Mais de 85% dos problemas podem e devem ser resolvidos nos níveis operativos e, os 15% restantes, nos níveis gerenciais e de alta gerência. Quando se apresenta um problema que não tem solução (um ou dois na vida, talvez) deve-se aceitá-lo com inteligência, análise, moderação e continuar o caminho traçado.

Serviço e qualidade

A atividade hoteleira está configurada em um serviço e, portanto, é um bem intangível, que dá lugar a uma "sérvuction" (processo de fabricação de serviços) com estrutura imaterial; e bens tangíveis, que terminam num processo de produção com estrutura material. A gerência deve estar muito consciente desses dois bens com os quais lida, para poder tratar o nível de desempenho dos componentes da organização. Surge o conceito de qualidade, ao considerar que o nível de desempenho não é o que *objetivamente* o gerente acredita estar oferecendo ao turista, mas o que *subjetivamente* o turista percebe; pelo que concluímos, a qualidade é uma categoria relativa, resultante da comparação entre a percepção do desempenho e a oferta do conjunto hoteleiro e a percepção do turista em relação às suas expectativas. Toda expectativa espera ser satisfeita; a satisfação do turista pode ser definida como o estado de opinião sobre o prestador de serviços hoteleiros, conseqüência do *juízo de qualidade*, que subjetivamente é aplicado ao serviço hoteleiro. Portanto, a satisfação do turista está em função da qualidade do serviço e da sua prestação. Assim, temos $s = f(q)$, onde:

s = satisfação
q = qualidade

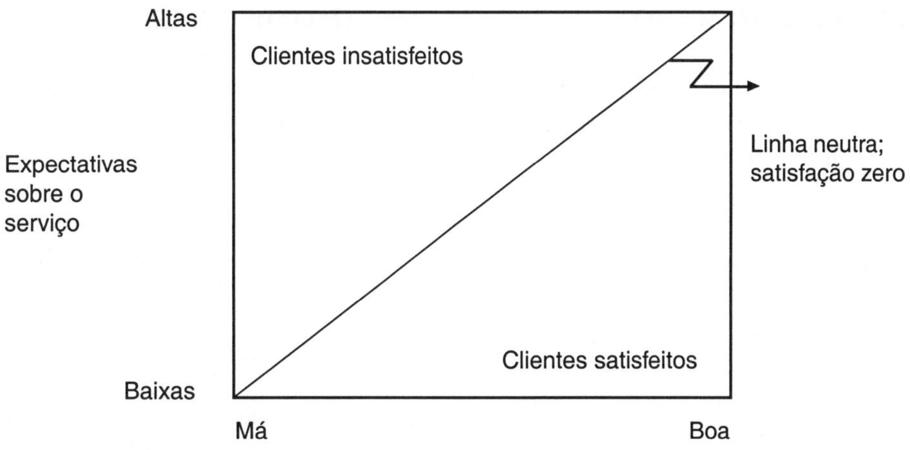

Figura 6.1 – Percepções sobre o serviço.

Temos três circunstâncias:

- *s* é positiva quando o juízo de valor da qualidade é positivo
- *s* é negativa quando o juízo de valor da qualidade é zero
- *s* é maior ou menor em função de a qualidade ser igualmente maior ou menor

Segundo Huete: a satisfação de um cliente é o resultado das impressões recebidas no transcurso do serviço menos as expectativas que trouxe antes de ter contato com a atividade de serviços (Fig. 6.1).

Na atividade hoteleira, o turista talvez seja um cliente mais exigente que o cliente de um produto; a percepção da qualidade varia de um a outro por motivos de personalidade, educação e de hábitat; porém, vale a pena considerar que o turista compra o que paga pelo que obriga à qualidade, o que acontece em duas situações perfeitamente diferentes (Fig. 6.2):

1. Na igualdade de preços, o turista opta pela maior qualidade.
2. Na igualdade de qualidade, o turista opta pelo menor preço.

O gerente deve considerar que, para seu hotel ser competitivo, deve adotar critérios de qualidade, tanto no serviço como na prestação do mesmo; deve adaptar-se aos mercados que servem para satisfazer as referidas exigências e, finalmente, deve-se manter atualizado permanentemente a respeito de qualidade e sobre o que se realiza em outros lugares.

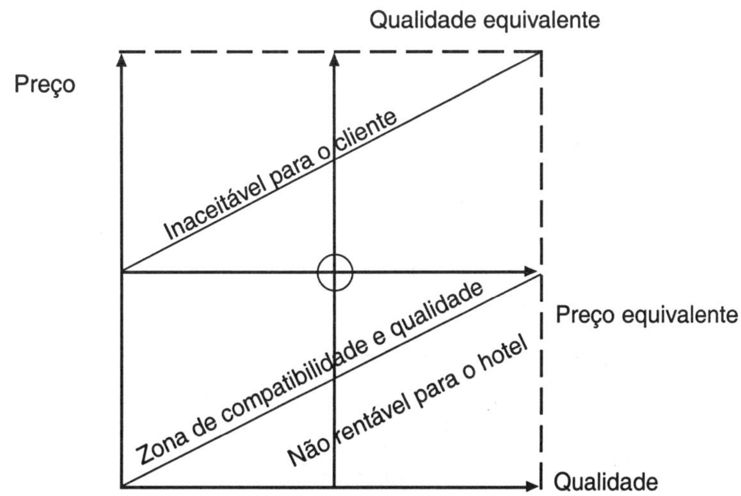

Figura 6.2

QUALIDADE E FATOR HUMANO

No âmbito da conceituação da qualidade, o elemento-chave que não deve ser esquecido pelo gerente hoteleiro é o indivíduo; nesse marco de referência a qualidade hoteleira abrange, em primeiro lugar, todos os funcionários, por meio de participação, supervisão, motivação, aprimoramento dos métodos e procedimentos; logo, os deve conscientizar sobre a *Filosofia do aprimoramento contínuo*, que busca resultados em médio e longo prazos; finalmente, determinar claramente as funções do pessoal e sua simbiose com a qualidade em função das exigências do turista, o que obriga ao estudo das características do serviço e das prestações do mesmo.

O conceito ergonômico de *Humanização* do sistema hoteleiro envolve o conceito de qualidade além do indivíduo: a equipe e o entorno. Os fatores humano, organizacional, informativo e territorial, devidamente integrados com as exigências do turista, permitem esquematizar condições e modalidades da atividade humana no sistema hoteleiro (Fig. 6.3).

No marco da teoria Z, para obter qualidade, devem-se considerar os seguintes aspectos: compreender o nível de cultura da empresa hoteleira, desenvolver as relações humanas, envolver toda a planta hoteleira na conscientização da qualidade, conseguir estabilidade do cargo; tomar decisões racionais em função das exigências do turista e da própria instituição, e apoiar o desenvolvimento de relações de integração entre os componentes e entre eles e o turista.

QUALIDADE E ESTRATÉGIAS

O estudo do serviço se conceitua conforme demonstrado na Figura 6.4.

Exemplo:

S1 = Serviço hoteleiro
S2 = O hotel oferece produtos tangíveis e intangíveis.
S3 = A compra de um quarto para permanecer nele (estância) é um produto (S3); os alimentos e as bebidas constituem um produto (S4).

A prestação de serviço de hospedagem é um serviço (S3); a atenção em bares, restaurantes, piscinas é um serviço (S4).

Partindo dessa conceituação, as estratégias de serviço se fundamentam em que o turista está cada vez mais exigente; a sobrevivência da empresa turística está nas mãos da *Vantagem competitiva* e em função da *Tecnologia*, que marca cada vez mais a segmentação dos mercados. Podemos resumir as principais estratégias em dois grandes blocos:

1. *Estratégias genéricas*

Michel Porter propôs três estratégias genéricas (Fig. 6.5):

- Custos ou serviços com qualidade a preços menores
- Diferenciação com serviços que gerem qualidade, confiabilidade, atenção e serviço de pós-venda
- Concentração, com base nas anteriores, mediante a eleição de um segmento de mercado e ajuste das estratégias ao referido segmento

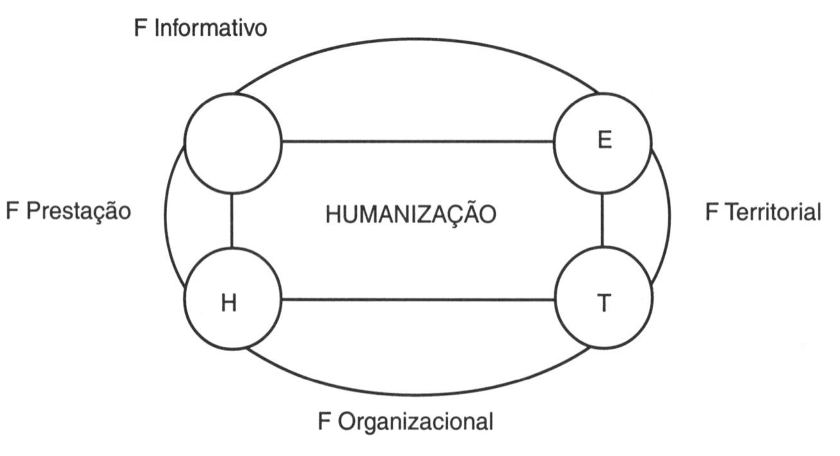

Figura 6.3

Bem genérico S1	*Bem específico S2*	*Prestações do bem específico*
Serviço Hoteleiro	Produto (tangível) Alimentos e bebidas Quartos	Produto base (S3) Hospedagem
Serviço Hoteleiro	Produto (tangível) Alimentos e bebidas Quartos	Produto secundário (S4) Alimentos e bebidas
Serviço Hoteleiro	Serviço (intangível) Prestação de serviço	Serviço base (S3) Prestação do serviço de hospedagem
Serviço Hoteleiro	Serviço (intangível) Prestação de serviço	Serviços complementares (S4) Piscina, discoteca, etc.

Figura 6.4

Alcance competitivo / **Vantagem competitiva**	Baixo custo	Alto custo
Amplo	Liderança em custos	Liderança em diferenciação
Limitado	Concentração com base em custos	Concentração com base na diferenciação

Figura 6.5

2. *Estratégias particulares*

- ***O turista é a base*** - Não pode haver hotel sem turistas e não tem êxito a empresa que não conhece bem as necessidades do turista e que não adapte seu serviço a ele
- ***Serviço orientado ao cliente*** - Obriga a considerar a qualidade do pessoal que presta o serviço, qualidade dos meios que acompanham o serviço; qualidade das matérias-primas utilizadas e, finalmente, a qualidade nos procedimentos e métodos usados pelos servidores (atenção, normas, etc.)
- ***Formular uma estratégia de serviço para o serviço hoteleiro*** - Leva-se em consideração o preço e a prestação do serviço, bus-

Prestação de serviço	Baixo ← Preço → Alto	
Elevada	*Estratégia particularizada (3)* Dirigida a um segmento especial Padroniza os serviços Personaliza a prestação padronizada	*Estratégia personalizada (4)* Preço - prestação elevados Atenção individual Aumenta a produtividade Aplica-se a todos os hotéis, não somente aos de luxo
Escassa	*Estratégia popularizada (1)* Padronização máxima Pouco contato como cliente Redução de custos Ex. self-service	*Estratégia tecnológica (2)* Automatização permanente O turista se serve Exemplos caixa automático, lavanderia automática, engraxate automático, etc.

Figura 6.6 – Conformidade com o nível de excelência.

cando a intensidade da interação entre o prestador e o turista durante o contato entre ambos (Fig. 6.6)

- Na *estratégia defeitos zero*, a tendência é que o serviço e sua prestação cheguem hipoteticamente a 100% de defeitos zero ou falhas, considerando que o turista não deixa escapar nenhum detalhe. Fundamenta-se na estratégia de que as coisas devem ser bem feitas desde o princípio: demonstrar entusiasmo na prestação do serviço; *corrigir* por par (o superior) e não se limitar exclusivamente a *censurar*; empregar o conceito de círculos de qualidade, que têm como propósito principal contribuir para melhorar e desenvolver a empresa; respeitar o aspecto humano do indivíduo e manifestar seu talento, para utilizar suas infinitas possibilidades. Finalmente, o papel do gerente hoteleiro qualificado é buscar melhorar a qualidade, defender o turista, realizar auditorias de qualidade e vender ao exterior a imagem de qualidade
- *DHP ou Desenvolvimento de Habilidades de Pensamento* - Trata-se de desenvolver uma inteligência dinâmica e do pensamento cognitivo mediante a aprendizagem permanente, que se pode viabilizar pela interação de pessoas-objetos, pessoas-pessoas, pessoas-meio ambiente
- *Implantar uma liderança participativa* que facilite a direção e o aperfeiçoamento da organização pela participação dos integrantes do hotel, eliminando a distância gerência-trabalhador, buscando o rendimento do todo
- *Controle estatístico do processo*, para obter dados significativos sobre o serviço, sua prestação e análise posterior, para depois corrigir e modificar de forma permanente
- *Aplicação do QFD ou Função de Qualidade* - Fundamentada nas exigências do turista, tem a finalidade de reduzir custos, orientar a atividade em direção à qualidade, considerando o mercado, o controle, a missão do serviço hoteleiro, a capacitação e a otimização, levando em conta que o QFD começa e termina no consumidor
- *Estratégia inovadora* - Para incrementar o nível de criatividade, pela exploração, pelo descobrimento, inovação, tecnologia e produção

Qualidade e Gerência

A qualidade é parte integral do estilo gerencial, o que obriga o gerente a conhecer seu papel em relação à qualidade, sua qualidade de vida, qualidade como administrador e sua integração com o turista. Na tarefa de administrador, o gerente deve ouvir e fazer com que o turista e o funcionário participem, admitir os problemas que ocorrem na empresa e evitar que 50% da organização resolvam, de forma constante, os erros dos outros 50%. Não se deve considerar a qualidade como um simples modismo, mas ter em mente que as diferenças culturais possuem diversos graus de percepção da qualidade, pelo que a capacitação deve ser permanente.

1. *Cultura de qualidade* - A cultura de qualidade implica em satisfazer, em primeiro lugar, o turista, fazer bem as coisas desde o começo, formular uma política de qualidade como filosofia de ação do hotel, eliminar qualquer traço de não cumprimento, padronizar e ampliar o compromisso de qualidade e ter muito claro que o turista está em primeiro plano, conscientizar o pessoal e os fornecedores e capacitá-los no sentido de que o serviço é cultura e não degradação. O executivo hoteleiro deverá ser um homem de qualidade com sentido de racionalidade, discreto em seus compromissos e tomada de decisões, entusiasta e dinâmico, conhecedor e ciente da necessidade de qualidade, produtivo, tenaz e oportuno em todas as atividades. A cultura da qualidade se consegue mediante previsão, esforço, informação, educação, controle e reconhecimento dos resultados, das pessoas e dos procedimentos. A rentabilidade de uma cultura de qualidade se vê na redução de erros, na redução de esforços e quantidade de trabalho, na eficácia dos hotéis e na melhoria do serviço, que se comprova em médio prazo.
2. *Cultura organizacional* - A cultura organizacional de qualidade é a soma de conhecimentos que a empresa hoteleira deve ter e que lhe permite modificar-se de forma permanente. Fundamenta-se no conhecimento pleno da sua estrutura e do seu entorno, no conhecimento da missão essencial do hotel, na missão específica de cada um dos componentes, na capacitação do seu pessoal, no grau de competitividade (que se consegue mediante um pessoal conscientizado), em liderança de empresa, imagem da mesma e satisfação do turista; encontrando, finalmente, o equilíbrio entre qualidade e preço, sem sacrificar a primeira.

3. *Direção qualificada na cultura organizacional* - Implica em considerar os aspectos:

3.1. *Direção do hotel* - Por meio da aplicação de planos, programas, organização, comunicação e controle das atividades hoteleiras em função das exigências do turista, do setor e do entorno, estabelecendo políticas de qualidade, procedimentos idôneos para alcançar as metas quantitativas e qualitativas da gerência, dos empregados e dos usuários e compondo estratégias *funcionais* para cada área de atividade, estratégias de *negócios* em relação ao mercado e o consumidor e estratégias *corporativas* que incluam o hotel na totalidade, com políticas, objetivos, planos, decisões e responsabilidades.

3.2. *Qualidade do empregado* - Envolve seu desenvolvimento, sua satisfação, participação e responsabilidade no trabalho, sua conscientização sobre a qualidade e o alcance, para o que, por meio da capacitação, se deverá buscar o desenvolvimento de habilidades, a vontade de trabalhar e os critérios para tomar decisões.

3.3. *Qualidade do sistema administrativo* - Procura obter melhor desempenho da estrutura orgânica do hotel pela motivação e conscientização do pessoal sobre seu aprimoramento constante, orientando o processo administrativo para os recursos humanos, antes que para os resultados econômicos. O estilo de administração se direciona a trabalhar lado a lado com o empregado, dirigindo a política de liderança mais à motivação que ao castigo. A seguir, pode-se apreciar o esquema de Administração com Qualidade (Fig. 6.7).

Função Perda de Taguchi

É usada para avaliar perdas que o serviço hoteleiro causa ao setor desde o momento em que é oferecido. Usa a parábola como modelo geral para avaliar a função perda; esta fica representada matematicamente como segue (Fig. 6.8):

$$F(P) = k\,(y - \bar{x})^2$$

F (P) = função perda
k = coeficiente de perda
$\bar{x}$ = valor central ou meta
y = valor da característica de qualidade

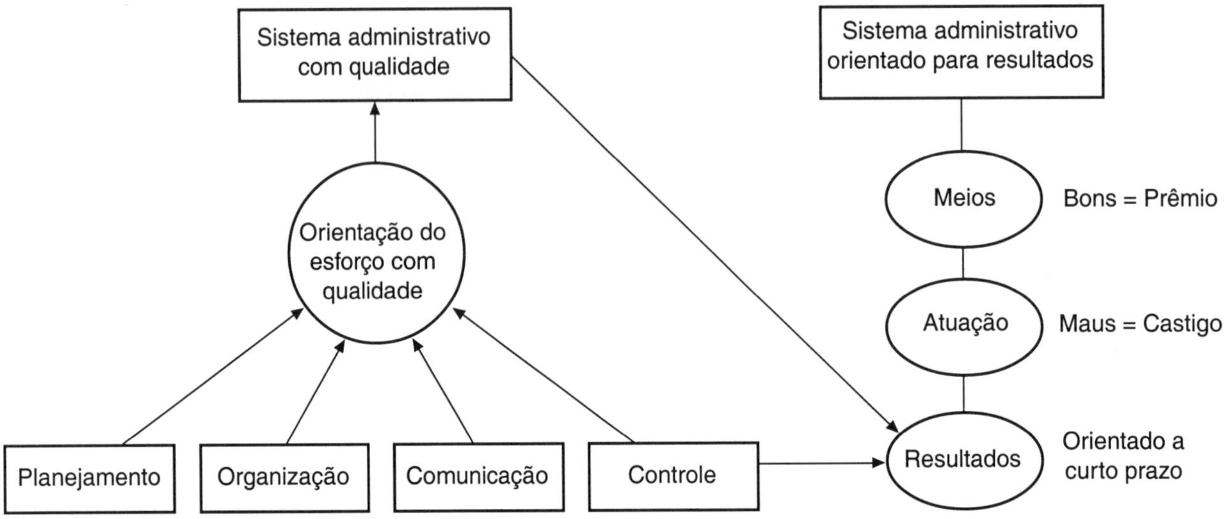

Figura 6.7

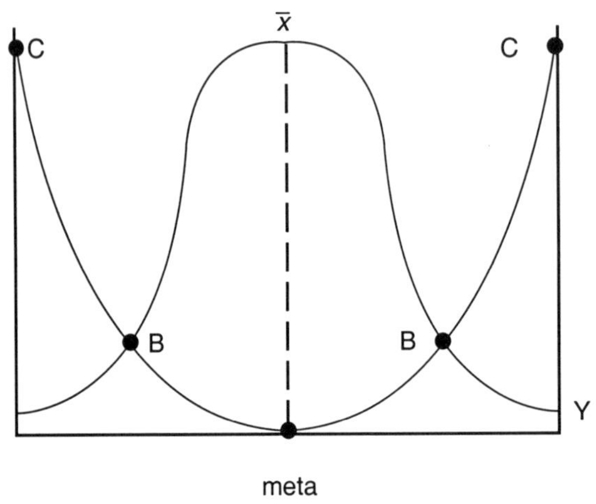

Figura 6.8

Portanto, F (P) = é mínima quando $y = \bar{x}$ (ponto A);
é maior quando y se afasta de $\bar{x}$ (pontos B e C);
se expressa em termos de custos;
é proporcional ao quadrado do desvio $(y - \bar{x})^2$

Exemplo: oferta de um menu

$\bar{x}$ = meta: conseguir 100% em qualidade

y = característica: adequado para o verão, muito calor

k = coeficiente de perda = 0,2% por experiência do setor

Temos: se y = 100%, F (P) = 0,2 $(100 - 100)^2$ = 0 de custo de perda

Se y = 90%, F (P) = 0,2 $(90 - 100)^2$ = 20% de custo de perda

Conclusão: é necessário investir em pesquisa, projeto, etc. para diminuir perdas, obter qualidade em relação ao preço que os clientes desejam pagar, equilibrar o custo final do produto ou o serviço com o investimento.

Qualidade do serviço

É derivado do todo anterior, ou seja, da qualidade do processo administrativo, da política de aprimoramento e da inovação permanente aplicando os princípios científicos e tecnológicos do projeto, estudos de mercado e capacitação.

GESTÃO DE QUALIDADE

Para falar de uma boa gestão de qualidade devem-se considerar dois aspectos globais: o controle da gestão, para o que se devem marcar com nitidez os tempos e fases do planejamento, execução, medição, acompanhamento e correção das atividades de serviço e, em segundo lugar, diferenciar três níveis de gestão diversificados e inter-relacionados:

- *Estratégico* (gestão estratégica), o que desenha o rumo da empresa, adota decisões para alcançar os objetivos, mede, controla, acompanha e corrige
- *Tático* (gestão tática), conseqüência do nível anterior; traduz os objetivos estratégicos a objetivos de curto prazo, mobilizando os recursos necessários para alcançá-los, vigiando permanentemente sua consecução
- *Operativo* (gestão operativa), o qual utiliza determinados instrumentos metodológicos (gestão metodológica) para concretizar, com excelência, a execução dos planos e programas previstos nos níveis anteriores

MODELOS DE GESTÃO

Um modelo não é outra coisa senão a representação simplificada da realidade. Para efeitos de gestão de qualidade hoteleira, se podem adaptar como modelos de referência os seguintes:

Modelo "A", ou *Macrossistema de Qualidade*. Nele se consideram cinco elementos-base (Fig. 6.9):

1. Conceito de serviço, com base na conceituação da qualidade aplicada ao serviço hoteleiro.
2. Segmento de mercado, considerando que a qualidade se deve projetar para a satisfação das exigências do turista.
3. Sistema de prestação de serviço, com base na qualidade do sistema administrativo hoteleiro.
4. Imagem da empresa hoteleira, com base na qualidade do serviço da mesma.
5. Cultura e filosofia da empresa, em função de todo o anterior devidamente integrado.

Modelo "B", ou *Sistema Integrador de Qualidade*. Nesse modelo se consideram quatro elementos básicos e três elementos integradores (Fig. 6.10).

Elementos básicos:

1. Identificação do segmento-objetivo turístico com a finalidade de conhecer seu perfil e exigências.
2. Esquema do serviço capaz de atender e satisfazer ao referido segmento.
3. Estratégia operativa que apoie o referido conceito.
4. Esquema de um sistema de prestação de serviço capaz de desenvolver essa estratégia e de satisfazer ao turista.

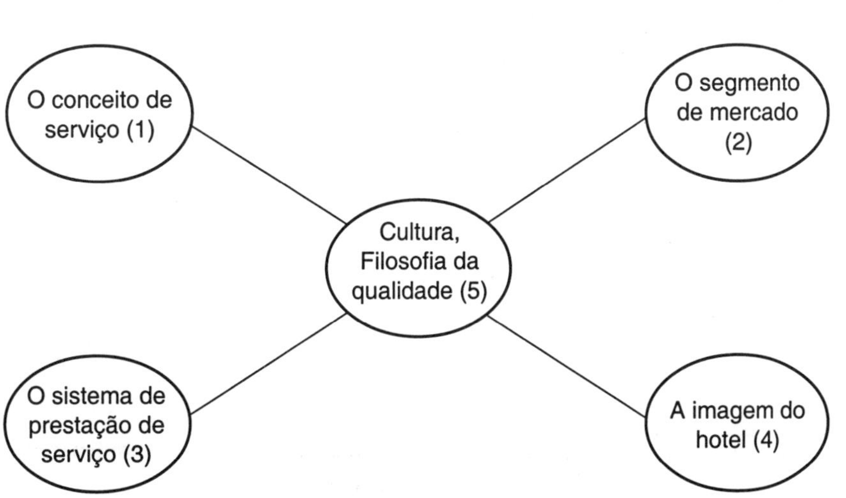

Figura 6.9

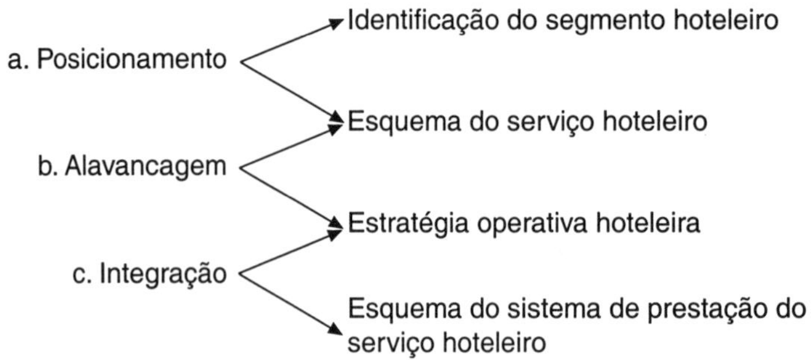

Figura 6.10

Elementos integradores ou etapas de desenvolvimento da empresa:

a) Posicionamento da empresa
b) Alavancagem valor-custo
c) Integração estratégia sistema

Modelo "C", ou de *Estrutura Sistêmica Funcional*. Fundamenta-se em quatro elementos-base e seus subelementos devidamente inter-relacionados, constituindo uma estrutura sistêmica na qual cada elemento influencia os outros e é influenciado por eles (Fig. 6.11).

1. O *quê* do serviço hoteleiro: conteúdo da oferta e essência do serviço.
2. O *quem* do serviço hoteleiro: o fator humano e seu papel de serviço com qualidade.
3. O *como* do serviço hoteleiro: métodos e sistemas aplicados na gestão hoteleira em todos os níveis.
4. O *para quem* do serviço hoteleiro: o mercado, seu perfil, a quem se deve dirigir a oferta do serviço hoteleiro.

ESTRUTURA DA FUNÇÃO DE QUALIDADE NO SERVIÇO HOTELEIRO

Para obter uma estrutura de qualidade no hotel, o primeiro problema a ser considerado é não pensar no serviço ao turista como uma função em si mesma, mas como o resultado exclusivo da satisfação de suas exigências; em segundo lugar, considerar a estrutura da responsabilidade integral dos

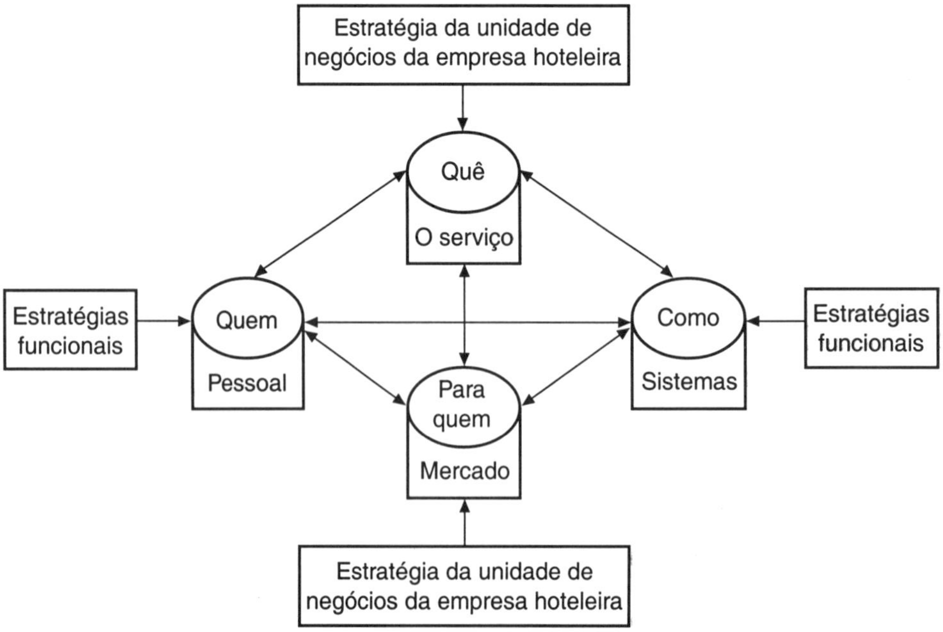

Figura 6.11

componentes do hotel de acordo com estruturas flexíveis, simples, fáceis e motivadas, que originam os *círculos de qualidade* de tamanho reduzido (8 a 10 pessoas), com flexibilidade para aparecer e desaparecer segundo as necessidades, com metas multifuncionais, equidade no funcionamento interno e multiplicidade ou coexistência de vários grupos que trabalhem simultaneamente.

De acordo com o exposto, a estrutura de qualidade poderia estar formada por:

a) Um comitê de qualidade coordenado pelo diretor ou gerente geral do hotel, ou pelo representante do mesmo e estruturado segundo seu próprio critério (dois ou três elementos-chave do hotel).
b) Uma direção de qualidade formada por equipe "ad hoc" ou "staff" permanente, para promover a qualidade por meio de políticas e estratégias de qualidade.
c) Suportes de qualidade ou grupos específicos para aprimorar a qualidade; estes, por sua vez, podem ser de três classes:

- Grupos encarregados do aprimoramento da qualidade (problemas gerais).
- Círculos de qualidade encarregados dos detalhes.
- Grupos de intervenção encarregados dos problemas urgentes.

GESTÃO DE QUALIDADE EM TODA A EMPRESA OU GCTE

Responde a um enfoque sistêmico que busca estabelecer a qualidade em toda a organização hoteleira. Para isso, é necessário contar com uma liderança de qualidade por parte da *alta gerência*; contar com um comitê de qualidade e com a estrutura de qualidade antes mencionada, a fim de desenvolver em cascata as atividades hoteleiras com eficiência e eficácia, definir políticas e objetivos de qualidade com base na exigência do turista, das expectativas dos empregados e do aprimoramento da própria instituição e, finalmente, planejar, organizar e controlar em termos de qualidade e resistência à mudança.

GERÊNCIA INTERFUNCIONAL

É a interação das principais funções e atividades da empresa hoteleira, com qual a gerência deve lidar em seu nível e, em efeito cascata, procurar que ocorra igualmente nas subfunções, normas e procedimentos em toda a organização (Fig. 6.12). A empresa hoteleira busca, entre outras coisas, obter certos benefícios. Os benefícios que a qualidade total proporciona à empresa se refletem em aumento da demanda, maior satisfação do turista, o que se traduz na melhor imagem da empresa, em maior crescimento do aspecto econômico-financeiro do hotel e mais humanização do ambiente de trabalho, pelo aprimoramento da qualidade no serviço e nas relações internas.

Para conseguir esses benefícios, a *Gerência Interfuncional* deve propiciar mudanças na qualidade, que sempre se antepõe à utilidade; modificar sua atuação: 70% como pessoal de serviço e 30% como diretivo, estruturando planos, políticas e estratégias; considerar clientes como todos os que seguem no processo administrativo; examinar fatos para conseguir maior informação objetiva e soluções igualmente racionais e, finalmente, favorecer a administração humanizada, delegando, permitindo a participação, capacitando, interagindo e dando autonomia e liberdade de ação ao pessoal no marco das normas e do conceito de qualidade.

RESPONSABILIDADE DA ALTA GERÊNCIA EM RELAÇÃO À QUALIDADE

A alta gerência é responsável pelo sistema de qualidade, considerando seu raio de ação desde o fornecedor, a própria empresa e o serviço de pós-venda, para o qual deve orientar a empresa para a qualidade, implantando um sistema de qualidade mediante a mudança da mentalidade dos empregados, assimilando novos procedimentos e modificando a estrutura orgânica, em função das metas e estratégias de qualidade, de acordo com as contingências. Por outro lado, a tendência deve ser a de constituir-se líder de qualidade no contexto da filosofia de qualidade, tendo visão de futuro, dando o exemplo e aceitando as limitações humanas e

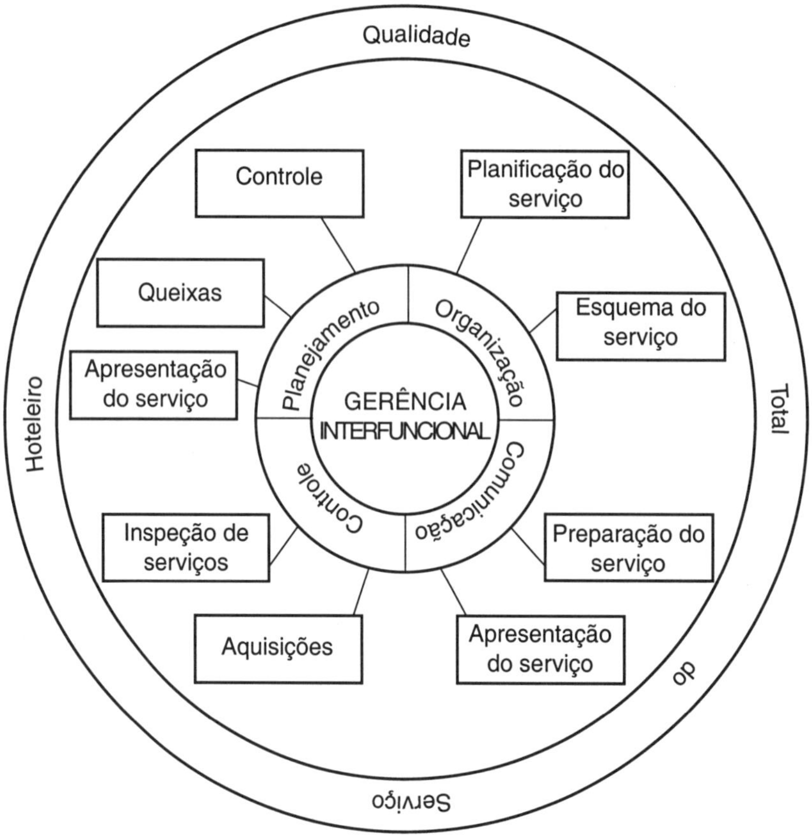

Figura 6.11

seus erros, retroalimentando e corrigindo pela comunicação e pela participação. A alta gerência deve ser constante na consecução dos resultados com qualidade, para alcançar sucesso, considerando que este não se consegue da noite para o dia, coordenando o aprimoramento da qualidade com inovação e manutenção das atividades, responsabilizando por isso todos os níveis da organização. Finalmente: responsabilizar-se ela mesma pelo novo enfoque que se deve dar à administração hoteleira, para impedir a obsolescência e conseguir a sobrevivência e a competitividade da organização.

7

Medidas de Segurança Aplicadas à Administração Hoteleira

Quando se fala em segurança, não se pode completar o tema sem ter analisado os pontos essenciais da prevenção como contrapartida dos possíveis efeitos negativos das circunstâncias inseguras existentes e dos procedimentos inseguros possíveis. A motivação e o interesse que se desperta no pessoal, a vontade de conseguir bons resultados, a adoção de métodos de análise de acidentes e, de forma geral, todo o compendiado anteriormente serão esforços incompletos e de pouco proveito se não se colocar em funcionamento um sistema de prevenção de acidentes fundamentado em medidas e técnicas de segurança que eliminem ou, ao menos, diminuam suas causas deles.

A análise das causas de acidentes não é, por si mesma, um elemento preventivo total, a menos que se considere de imediato a correção pertinente por meio de medidas de segurança. Portanto, falar de prevenção de acidentes envolve outros aspectos, como:

- Determinar as causas
- Prevenir as causas de perturbação dos elementos
- Aprimorar a segurança no funcionamento do sistema
- Aprimorar a inter-relação dos elementos do sistema de segurança
- Aplicar as ações corretivas

Não basta simplesmente dar ordens e exigir resultados, assim como não basta o interesse sem apoio. A não obtenção de excelentes resultados na política de segurança se deve à falta de interesse e de objetivos concretos, à ausência de um plano de prevenção devidamente estruturado, à falta de apoio administrativo e financeiro e à preparação deficiente dos recursos humanos.

Da obra "Seguridad industrial" se retirou o seguinte conceito, válido como ponto de partida para um sistema de prevenção de acidentes:

> A necessidade de contar com o interesse individual na segurança e os métodos para criá-los e conservá-los são fundamentais em todas a fases da segurança industrial, ou seja, o indivíduo interessado na prevenção de acidentes tem uma intervenção construtiva em um programa de segurança e é um elemento positivo, não quem assume uma atitude indiferente.

Uma vez conseguido o interesse pela segurança como primeiro elemento importante da prevenção e sendo conhecida a problemática da insegurança do estabelecimento, podem-se realizar três tipos de atividades gerais:

a) Estudo e aprimoramento de métodos e procedimentos que se traduzirão em normas e medidas de prevenção de acidentes.
b) Implantação das medidas de prevenção consideradas no plano geral de prevenção.
c) Implantação de um sistema de supervisão e controle para a devida e correta aplicação do plano.

ESTUDO DE MÉTODOS E PROCEDIMENTOS

O estudo de métodos e procedimentos da administração hoteleira inicia-se na análise dos acidentes, dos riscos existentes e dos procedimentos inseguros. Para isso, são válidos os passos:

a) Compartimentar as áreas de acidentes sem considerar as causas (cozinhas, depósitos, quartos, áreas de serviço, etc.).
b) Agrupar os dados causadores: procedimentos inseguros, circunstâncias inseguras e causas subjacentes.
c) Seleção do ponto ótimo de ataque das causas:

    - Freqüência e gravidade do tipo de acidente (número de quedas, quantidade de lesões leves, graves, etc.)
    - Agentes causadores (limpeza, procedimentos inseguros, circunstâncias inseguras, etc.)
    - Lesões predominantes
    - Atividades efetuadas e tipos e acidentes resultantes
    - Causas diretas e indiretas (perigos mecânicos, procedimentos inseguros, etc.)
    - Falhas no sistema administrativo, da supervisão e do controle

Determinados os passos, cabe fazer a análise técnica dos dados obtidos; finalmente, as medidas de segurança pertinentes serão examinadas.

MEDIDAS DE PREVENÇÃO

De acordo com o que o autor considera na sua obra de referência, "Seguridad industrial", as medidas de prevenção obedecem a quatro tipos de critérios: técnico, legislativo, médico e administrativo.

MEDIDAS TÉCNICAS

- Elaborar um projeto antes de construir um ambiente
- Substituir o equipamento e as ferramentas por outros mais seguros
- Organizar novos procedimentos técnicos.
- Manter o equipamento
- Utilizar dispositivos de segurança eficazes
- Adotar medidas técnicas de armazenagem de materiais e ferramentas
- Descrever tarefas e suas técnicas de execução

MEDIDAS LEGISLATIVAS

- Regulamentar as disposições de segurança
- Estabelecer disposições legais de controle de eficácia das medidas de proteção e prevenção
- Estabelecer responsabilidades
- Obrigar os funcionários a observarem os regulamentos de segurança
- Regulamentar o trabalho e seus horários
- Fixar disposições sobre a obrigatoriedade da proteção necessária em equipamentos e ferramentas
- Cumprir com as disposições legais do Estado a respeito

MEDIDAS MÉDICAS

- Dispor certos ambientes e equipamentos para evitar a poluição do meio
- Aprimorar as condições ambientais, iluminação, ventilação, diminuição de ruídos, etc.
- Estabelecer medidas de higiene pessoal
- Equipar os funcionários com meios pessoais de proteção
- Investigar as causas de doenças
- Fazer exame prévio ao ingressar na empresa

MEDIDAS ADMINISTRATIVAS

- Fazer inspeção periódica dos lugares de trabalho para determinar deficiências

- Realizar estudos do tipo ergonômico (se incluem no campo técnico e médico)
- Instalar elementos de segurança permanente e de primeiros socorros
- Dispor de um sistema eficaz de informação.
- Educar e treinar o pessoal sobre segurança contra acidentes
- Delimitar tarefas e responsabilidades
- Realizar um estudo da segurança da empresa, que deve ser revisado e atualizado sempre que aconteçam mudanças importantes na sua estrutura

Em síntese, descreve-se um subsistema cujos elementos são propensos ao desequilíbrio.

Analisando tais elementos, determinam-se as causas do desequilíbrio e logo, mediante estudo, estabelecem-se medidas corretivas correspondentes, as quais, uma vez confirmadas, serão postas em prática, com a finalidade de evitar acidentes.

IMPLANTAÇÃO DO SISTEMA DE PREVENÇÃO, SUPERVISÃO E CONTROLE

Realizados os dois passos anteriores, o seguinte tem como objetivo normalizar o plano de prevenção de acidentes, o qual contempla as fases:

a) Padronizar as diversas medidas de segurança.
b) Execução de ações corretivas.
c) Realização de ações mistas (administrativas, financeiras, de pessoal, etc.), que apoiem o plano previsto.
d) Conhecimento e fixação de responsabilidades em todos os níveis.
e) Treinamento do pessoal no conhecimento das medidas preventivas.
f) Cumprimento do plano por meio de execução, supervisão e controle das medidas mencionadas.
g) Consideração de inspeções de segurança para descobrir e corrigir, a tempo, situações de risco.
h) Avaliação das medidas preventivas:

- Mediante estimativa do número de acidentes e sua gravidade
- Por meio do exame dos custos ocasionados por acidentes
- Mediante o rendimento dos funcionários
- Pelo aumento dos hóspedes e da imagem do hotel

MEDIDAS PREVENTIVAS DE SEGURANÇA

Aparentemente, executar um sistema de prevenção significa, para a gerência, um obstáculo em relação à dinâmica hoteleira, considerando como um desvio de fundos os investimentos que a implantação do referido plano requer; não obstante, ao lembrar alguns desastres ocasionados pela falta das medidas citadas, observam-se as grandes perdas materiais e humanas que excedem em muito o pequeno custo de investimento na segurança. A seguir, analisaremos, uma a uma, as diferentes medidas preventivas relacionadas com o *plano integral de prevenção de acidentes*.

MEDIDAS TÉCNICAS

Projetos técnicos de construção

Em todo plano ou projeto arquitetônico para a construção de um hotel ou para ampliações futuras, as medidas de prevenção pertinentes são analisadas tanto pelos interessados como pelo chefe do projeto, arquitetos e engenheiros. Algumas dessas medidas são:

- Normas sobre o uso de materiais combustíveis (facilmente, medianamente ou dificilmente combustíveis)
- Previsão de escadas de segurança e evacuação.
- Pontos de água em lugares acessíveis para uso dos bombeiros
- Compartimentar espaços interiores com muros incombustíveis
- Aplicação de normas concretas para cada área administrativa, de acordo com as especificações técnicas e legais

Substituição de equipamentos e ferramentas por outras mais seguras

Na substituição de equipamentos e ferramentas por outras mais seguras, se aplica o seguinte:

- Uso de equipamentos e utensílios mais modernos que envolvem menores riscos

- Manutenção do equipamento em bom estado e eliminação dos perigosos
- Aquisição de equipamentos e ferramentas menos prejudiciais

Organização de novos procedimentos técnicos

Na organização de novos procedimentos técnico, devem-se considerar:

- Organizar tecnicamente a gerência de segurança
- Manter vigilância e supervisão técnica sobre a segurança durante as 24 horas do dia
- Assinalar, na ficha de cada máquina ou equipamento, os dados referentes à sua manipulação
- Determinar os perfis das tarefas, de acordo com os estudos que se façam a respeito

Manutenção do equipamento

Independentemente de ser estudado em outro capítulo, cabe enunciar:

- Manter e consertar a maquinaria geral da cozinha, lavanderia, energia, rouparia, mobiliário, etc.
- Preparar a renovação do equipamento que, do ponto de vista técnico e da segurança, se considere benéfica para o bom funcionamento do hotel

Uso de dispositivos de segurança eficazes

No uso de dispositivos de segurança eficazes se aplicam:

a) Controlar, mediante um sistema de alarme, todos os ambientes onde exista risco de incêndio.
b) Ao estudar a segurança contra incêndios, a explicação de tal conceito será ampliada.
c) Usar equipamentos de aviso e detecção automática. Entre os diversos sensores estão:

    - Contatos magnéticos colocados nos dintéis das portas
    - Colchonetes de pressão colocados sob os carpetes
    - Contatos vibratórios para detectar a quebra de vidros e outros impactos
    - Células fotoelétricas e emissores de raios infravermelhos invisíveis nas entradas, nas passagens e nos corredores
    - Microondas e sinais de ultra-som de modelos diferentes, que permitam detectar qualquer interferência em áreas especiais (como grandes ambientes e almoxarifados)
    - Detectores de pressão diferencial, de acordo com o volume de proteção requerida, fundamentado na detecção da perda de ar comprimido

d) Usar um sistema de segurança que inclua um painel de controle com ativação de alarmes e um regulador de mensagens, para comunicação e informação às autoridades policiais.
e) Utilizar circuito fechado de televisão como elemento de controle visual, para vigilância de determinadas áreas muito visitadas, que permita supervisionar os movimentos dos visitantes e as atividades dos funcionários. A localização das câmaras obedece a um plano estratégico, que facilite o enfoque claro e sem efeitos de reflexos e de distorção que impeçam a visão de objetivos, pessoas e movimentos; em alguns casos, sua eficácia se complementará com complexos equipamentos de filmagem.

Medidas para armazenamento

Armazenamento de gêneros alimentícios

No armazenamento de gêneros alimentícios, devem-se estimar:

- Armazenar na geladeira os produtos perecíveis (creme, tortas, carne, etc.)
- Não congelar alimentos descongelados
- Não armazenar inseticidas ou similares junto com alimentos
- Inspecionar permanentemente os depósitos de comestíveis
- Jogar fora os alimentos que comecem a se decompor
- Manter ao máximo a limpeza, para evitar a presença de insetos e roedores
- Não misturar produtos facilmente deterioráveis com produtos pouco deterioráveis

- Organizar tecnicamente os almoxarifados em termos de espaço, passagens, disposição das estantes, câmaras refrigeradoras, etc.
- Evitar a contaminação do ambiente pela proximidade com áreas contaminantes (como vasos sanitários e lugares nocivos)
- Distribuir por zonas de alimentos secos, frescos, etc.

Armazenamento de materiais e outros

O armazenamento de materiais implica em:

- Aplicar as técnicas de armazenamento para materiais e ferramentas, peças de reposição e outros
- Evitar a construção de corredores estreitos entre as estantes
- Delimitar a circulação do pessoal com faixas pintadas no piso
- Empilhar os materiais de forma que não impeçam a iluminação natural e nem a artificial
- Empilhar os materiais de forma que a passagem no corredor fique livre
- Colocar em lugares estratégicos o equipamento de extinção de incêndios
- Não empilhar materiais em alturas que provoquem instabilidade e queda

Descrição das tarefas

Na descrição das tarefas, deve-se considerar a Tabela 7.1.

- Determinar as circunstâncias perigosas da tarefa → Determinar o possível tipo de acidente resultante
- Definir o esforço que demanda a tarefa
- Determinar os movimentos requeridos
- Indicar os materiais e ferramentas que devem ser usados
- Determinar o grau de fadiga que ocasiona
- Assinalar os possíveis procedimentos inseguros

→ Prever as correções necessárias para evitar acidentes

Medidas legais

As medidas legais obedecem tanto às normas nacionais e internacionais, do ponto de vista da lei, como à regulamentação interna da própria entidade.

Regulamentação das disposições de segurança

As disposições que se referem à segurança se traduzem nas chamadas instruções de segurança e constituem as precauções apontadas na localização de circunstâncias perigosas e a eliminação dos procedimentos perigosos, que regem como elementos preventivos da segurança do pessoal. Assim, as instruções podem ser:

a) Legais, que obedecem às disposições vigentes sobre o tema em nível nacional, emanadas das autoridades responsáveis (Secretaria do Trabalho, Secretaria do Turismo, etc.).
b) Gerais internas, que obedecem às disposições geradas pela própria empresa, originadas na gerência de segurança.
c) Específicas, para cada ponto de trabalho e/ou atividade.

Controle da eficácia das medidas do ponto de vista legal

Nesse controle, devem-se considerar:

a) Índices de freqüência e de gravidade para o pagamento de impostos.
b) Resultados positivos ou negativos que obriguem legalmente a reestruturar o sistema.
c) Controle de acidentes para o cumprimento dos direitos da empresa e dos acidentados.

Estabelecimento das responsabilidades

Ao estabelecer responsabilidades, é necessário:

a) Ditar normas para os chefes no que se refere ao cumprimento das instruções.
b) Delimitar responsabilidades morais e quantitativas para efeitos de acidentes.
c) Estabelecer prêmios e recompensas para motivar o pessoal conscientizado da segurança.
d) Imbuir o trabalhador de sua responsabilidade técnica e moral no desenvolvimento da sua tarefa.

Tabela 7.1 – Camareira.

Análise do posto	Circunstâncias e procedimentos inseguros	Incidentes e acidentes possíveis	Medidas preventivas técnicas
1. Limpeza dos quartos	Gordura Desordem	Quedas Tropeções	Não usar produtos gordurosos ou escorregadios Permitir espaços livres e vazios para circulação
2. Limpeza dos banheiros	Piso ensaboado Uso de detergentes	Escorregões e quedas Doença nas mãos	Não caminhar no piso úmido enquanto se efetua a limpeza Usar sapatos especiais Usar luvas de borracha para a limpeza
3. Limpeza do pó	Tocar conexões e tomadas com as mãos úmidas	Eletrocução	Não tocar com as mãos úmidas nenhum elemento do sistema elétrico
4. Limpeza de vidros e janelas	Inclinar-se de forma exagerada Limpar vidros quebrados ou rachados	Quedas que causem morte Cortes nas mãos	Usar meios de extensão para a limpeza de vidros e janelas Usar luvas de couro ou similares
5. Limpeza de pisos	Encerar demasiadamente	Escorregões e quedas	Encerar e polir, somente quando necessário de acordo com o tipo de piso
6. Segurar a porta	Deixar penduradas as chaves Esquecer de fechar a porta com chave	Roubos	Usar somente uma chave mestra; antes de passar a outro quarto, verificar se ficou perfeitamente fechado com chave
7. Outros	Etc.	Etc.	Etc.

Obrigação, do pessoal, de observar o regulamento de segurança

Na obrigação, do pessoal, de observar o regulamento de segurança, se aplicam:

a) Conhecer as obrigações legais.
b) Saiba suas obrigações e responsabilidades.
c) Conhecer os efeitos negativos que se referem ao não cumprimento das normas.
d) Conhecer as sanções pertinentes, caso seja necessário aplicá-las.

Regulamentação das disposições

A regulamentação das disposições inclui:

a) O gerente de segurança terá como responsabilidade elaborar o manual de segurança, que deverá ser atualizado quando as circunstâncias o requeiram.
b) As instruções gerais e específicas se darão a conhecer mediante reuniões sobre segurança e higiene.
c) As instruções específicas deverão ser colocadas em avisos ou na ficha de trabalho.
d) As principais instruções gerais do tipo institucional deverão estar à vista da gerência de segurança e dos outros departamentos ou gerências.
e) As instruções gerais da gerência e da instituição deverão estar escritas e à vista dos funcionários, em lugares fixos e conhecidos.

Medidas médicas

Disposições para evitar a contaminação do ambiente

Tais disposições são:

a) Evitar o ar viciado proveniente do entorno.

b) Evitar emanações de pó, fumaça, gás ou vapor saídas de cozinhas, lugares de carga, descarga, depósitos, etc.
c) Evitar o monóxido expelido pelos veículos estacionados no interior do estabelecimento (garagens) e pelos estacionados à porta do hotel.
d) Evitar o acúmulo de resíduos no interior e no exterior do hotel.
e) Manter livre de fumaças e vapores os lugares de descanso.

Aprimoramento das condições ambientais

Para o aprimoramento das condições ambientais:

a) Manter a umidade relativa entre 40 e 50%, exceto em ambientes (máquinas) em que exista perigo de gerar eletricidade estática (nesse caso, deverá estar acima de 50%).
b) Proteger o pessoal do calor sufocante ou do frio intenso.
c) Em ambientes em que se requeira iluminação intensa, combinar a iluminação geral com a complementar, evitando o ofuscamento.
d) Iluminar de forma especial os postos de vigilância, lugares de trânsito, depósitos, cozinhas e áreas de trabalho.
e) As instalações deverão oferecer garantias de segurança contra incêndios ou explosões.
f) Dispor de uma fonte de energia de emergência para manter o sistema de iluminação.
g) Aplicar corretamente as normas referentes a cores.
h) Na instalação de máquinas e equipamentos (cozinhas, fontes de luz, caldeiras, etc.) evitar, dentro do possível, ruídos e vibrações que perturbem o silêncio e a tranqüilidade dos hóspedes.
i) Os ruídos procedentes dos ambientes de diversão (discotecas, bares, etc.) devem ser isolados pela localização, afastando-os das áreas de descanso, ou pelo uso de isolantes acústicos nas áreas de descanso.
j) As normas sobre silêncio e boas maneiras deverão ser cumpridas o melhor possível, com a finalidade de evitar tumultos, falta de higiene e outros fatores que deteriorem o ambiente de descanso.

Medidas de segurança e higiene

As medidas de segurança e higiene implicam em:

a) Evitar problemas sanitários nos alimentos.
b) Em princípio, a instalação total deve ser objeto de higiene permanente.
c) As áreas de principal atenção quanto à higiene serão os depósitos de alimentos, cozinhas, banheiros, sanitários, utensílios de limpeza, ralos, lavanderias e, de forma geral, todos os serviços.
d) As áreas utilizadas para manipulação de alimentos (incluindo elevadores, transportes e qualquer outro tipo de elemento de manutenção) deverão ser observadas detalhadamente para efeitos de segurança e higiene.
e) No plano geral, deverão ser delimitadas as implicações legais da falta de higiene.
f) A higiene pessoal deve ser obrigação permanente do pessoal do hotel.

Medidas de proteção do pessoal

Nem sempre é possível eliminar completamente as circunstâncias perigosas, de forma que a segurança técnica seja total. Algumas vezes, na instalação, por custo excessivo ou por falta do procedimento adequado, permanecem condições de risco para o indivíduo.

O último recurso de defesa de que se dispõe é o uso do equipamento de proteção pessoal, não para eliminar acidentes, mas para evitar a lesão do homem quando acontecer um acidente. Porém, a proteção pessoal não é o sistema correto, pois esse corresponderá sempre ao melhor método, consistente em eliminar as causas que colocam em perigo a segurança e a higiene da pessoa no trabalho. Um plano preventivo, autenticamente responsável, não deverá descuidar da eliminação dos riscos e confiar nos meios de proteção pessoal.

O maior inconveniente de usar esses elementos protetores é a resistência do próprio indivíduo; em alguns casos, devido ao incômodo que possam provocar e, em outros, porque consideram não existir risco; muitas vezes, trata-se de questão pessoal ou de grupo, com a qual se quer manter uma reação frente à pressão do comando para que sejam utilizados.

Sobre o incômodo que alguns meios de proteção provocam, muito se tem avançado nesses últimos anos, já que no mercado há diversos modelos e uma ampla gama de características específicas para determinados trabalhos, que anos atrás não existia. Embora esses elementos de proteção sejam atualmente mais leves, resistentes e confortáveis, a falta de colaboração do trabalhador ainda é um problema.

Sem a pretensão de descrever os detalhes dos diferentes elementos de proteção pessoal, enumeramos os mais comuns.

Para a vista, existem óculos de diversos tipos, resistentes, com boa ventilação e adaptação anatômica. Ultimamente, tem-se usado material de plástico com capacidade translúcida igual à do cristal; porém, tem o inconveniente de se riscar muito facilmente. Os de cristal podem ser protegidos dos impactos por meio de finas lâminas de plástico substituíveis após deterioração. São utilizados em depósitos, caldeiras e certos trabalhos de manutenção.

Também se usam, freqüentemente, proteções para o rosto (não somente para os olhos) em trabalhos de soldagem, nas tarefas de manutenção.

Para proteção das mãos e dos braços usam-se luvas de diferentes formas e qualidade dependendo do tipo de proteção que se deseja obter: luvas clássicas de cinco ou de três dedos, manoplas (o polegar separado), luvas que deixam livres as extremidades dos dedos, dedeiras que protegem somente o extremo das mãos e as protege-palmas. As luvas de tecido fino servem para trabalhos que requerem sensibilidade e destreza; as de algodão corrugado, para temperaturas de até 250° e para frio de até 30 ou 40°; as de amianto, para temperaturas superiores e, as de couro, para proteger-se dos cortes, enquanto as luvas de borracha têm uso mais limitado, porque são menos resistentes às ações mecânicas, não transpiram e são empregadas para o manuseio de produtos químicos. Ao mesmo tempo, os manguitos de fibra são utilizadas contra faíscas e eletricidade e os de matéria plástica, muito usados há alguns anos, têm boa resistência mecânica, etc.

Dependendo da tarefa (armazenamento, manipulação de alimentos, tarefas de cozinha, lugares refrigerados, limpeza de quartos, etc.) serão usados os diversos tipos de luvas.

Para a proteção dos pés empregam-se botas reforçadas com biqueira de metal. Há muitos tipos, dependendo das condições de trabalho e de local; assim, podem ser altas, para proteger as pernas; de amianto, contra as queimaduras; de couro, para trabalhos de soldagens; com buril, etc. e com reforço metálico, para proteger as canelas das batidas.

A proteção auditiva é feita por meio de tampões, discos fixados por uma faixa ao redor da cabeça e capacete. A atenuação do ruído varia em intensidade, dependendo da freqüência, mas pode oscilar entre 15 e 40 decibéis. O pessoal que habitualmente trabalha com ruídos de 95 ou mais decibéis deve-se submeter freqüentemente a exames audiométricos, para conhecer a sua sensibilidade e tomar decisões o quanto antes. Esses dispositivos devem ser utilizados somente nas atividades de caldeiras, grupo eletrogêneo, etc.

Existem outros elementos de proteção pessoal, como aparelhos de proteção respiratória contra a poluição. Os aventais de proteção são empregados contra os salpicos de ácidos ou produtos químicos, água, óleo, etc. São encontrados em diversos materiais, segundo a proteção que se deseje, assim como os cintos de segurança, as roupas contra o fogo, etc.

A manutenção dos equipamentos de proteção pessoal é importante e deve ser feita regularmente, por funcionários responsáveis que tenham completo conhecimento das características de cada equipamento e do seu uso.

Medidas administrativas

A administração da segurança estará sob responsabilidade direta do gerente de segurança, com o apoio dos respectivos chefes de área e de departamento, no que se refere ao cumprimento de normas e procedimentos. Entre as principais medidas administrativas e serem consideradas estão:

Reuniões diversas

Devem ser programadas reuniões dos diferentes integrantes da instalação, basicamente para atividades de informação, de análise e de reciclagem sobre os principais aspectos e objetivos delineados no plano geral de segurança. As sugestões propostas nas reuniões servirão de base para reestruturar ou reajustar os diversos programas de segurança existentes.

Em toda reunião, é requisito indispensável elaborar a pauta, cuja cópia será entregue antecipadamente aos participantes. Do mesmo modo, lhes será solicitado apresentar qualquer informe ou tema a ser tratado, para incluí-lo na reunião correspondente.

Depois de cada reunião, o responsável deve redigir uma ata com os acordos e conclusões dos temas tratados, de forma que chegue sempre às mãos do gerente de segurança, independentemente das cópias que serão entregues aos assistentes. As reuniões podem ser ordinárias ou extraordinárias.

Reuniões ordinárias

Essas reuniões podem ser programadas mensalmente. Sua principal finalidade é esclarecer os gerentes e os chefes de departamento sobre a forma de aplicar a segurança no comportamento do pessoal, as dificuldades para fazer cumprir as disposições em matéria de segurança, a análise das circunstâncias e dos procedimentos inseguros e comentar os resultados do programa e as estatísticas de acidentes do mês anterior.

Em relação aos acidentes de cada departamento ou área, devem-se reunir pontos de interesse e sugestões dos respectivos chefes, objetivando melhorar os programas de segurança.

Reuniões extraordinárias

Ocorrerão, entre outras, em cada uma das situações:

- Quando algum acidente grave tiver ocorrido na instalação
- Quando houver deterioração ou incidente nos equipamentos, que possam ocasionar um grave risco de desastre
- Em caso de desastre causado por fogo
- Em caso de desastre causado por forças da natureza
- Quando a instalação tiver sido objeto de algum ato de sabotagem ou terrorismo
- Quando os índices de freqüência e de gravidade forem de magnitude alarmante, indicando a ineficácia do plano de segurança

A finalidade das reuniões extraordinárias é facilitar a participação de todos os responsáveis pela segurança na empresa, especialmente dos integrantes da gerência de segurança. Para que seja eficaz, deverá ser bem preparada, mesmo quando sua convocação se realizar em um curto período de tempo.

Em toda reunião extraordinária se procurará efetuar:

- Análise das causas do grave acidente ocorrido
- Estudo e previsão dos possíveis incidentes ou acidentes como conseqüência da disfunção de alguns elementos do sistema de segurança (fator humano, equipamento, tarefa, ambiente, etc.)
- Medidas possíveis para se tomar em curto e em médio prazos
- Medidas corretivas para se tomar no momento
- Especificação de responsabilidades sobre os acidentes ocorridos, se houver

Do ponto de vista da organização, cabe considerar diversos tipos de reuniões que se podem realizar:

a) *Reuniões do comitê de segurança e do gerente de segurança* - De forma geral, se estudarão as políticas e a problemática da segurança.

b) *Reuniões do gerente de segurança com todos os integrantes do organismo de segurança* - Para tratar assuntos gerais relativos à segurança.

c) *Reuniões do gerente de segurança com os gerentes de área e/ou chefes de departamento* - A finalidade será conhecer a situação de cada área ou departamento no que se refere à segurança e aos avanços alcançados, o que permitirá planejar as futuras ações de segurança.

d) *Reuniões dos gerentes de área ou chefes de departamento com os chefes de equipe* - A idéia será promover a participação dos níveis inferiores no que se refere à segurança, transmitir-lhes as medidas e os métodos de segurança, orientar e controlar, para obter os melhores resultados possíveis.

e) *Reuniões do gerente de segurança com o pessoal operativo* - A finalidade é dar palestras sobre a segurança, como meio de conscientizá-los, explicando os manuais de segurança com as novas atualizações e disposições.

f) *Reuniões de um encarregado de segurança com os usuários* - Designado para se reunir com o pessoal usuário (visitantes, grupos, clientes, hóspedes, etc.), o encarregado de segurança lhes indicará quais as medidas e normas de segurança gerais e de imediata aplicação, para que, desde esse momento, o pessoal estranho às instalações sinta-se mais conscientizado, confiante e seguro em relação à sua permanência no hotel.

Inspeções de segurança

Toda inspeção de segurança tem como objetivo descobrir as circunstâncias inseguras existentes, os procedimentos inseguros que se cometam, o cumprimento e o comportamento do pessoal e as condições dos equipamentos e do ambiente. O inspetor de segurança ajuda a recopilar dados para avaliar posteriormente as vantagens dos planos e dos programas de segurança, assim como o grau de dificuldade e possibilidades de cumprimento, de forma especial supervisionar e controlar preventivamente qualquer acidente ou incidente por desgastes no sistema de segurança.

Planejamento das inspeções de segurança

Em princípio, devem-se considerar dois tipos de inspeção: informal e formal.

Inspeção informal

A inspeção informal, como o nome indica, não obedece a uma organização especial ou esquema, mas é realizada por todos os componentes do hotel, de forma permanente, com o objetivo de detectar os procedimentos e as circunstâncias inseguras, tanto no trabalho ou tarefas próprias como no dos outros. A inspeção obedece a uma norma geral e à conscientização das pessoas. A eliminação das causas e/ou condições deve ser feita pelo próprio pessoal ou pela organização de segurança, como conseqüência dos comunicados, relatórios e sugestões que permitirão detectar rapidamente e enumerar os problemas de segurança e proceder à sua analise e solução.

Inspeção formal

A inspeção formal obedece a um plano anterior e é realizada pelo pessoal responsável por ela, segundo uma programação que inclui objetivos, áreas, lugares, atividades, datas, etc., para determinar o seguinte:

- Procedimentos e circunstâncias inseguras
- Cumprimento ou não das normas de segurança
- Grau de preparação e conscientização sobre a segurança
- A comunicação em relação à segurança
- Grau de dificuldade no cumprimento do plano de segurança
- Situações imprevistas negativas, assim como possíveis causas de acidentes ou incidentes
- Diversos

Para planejar uma inspeção formal devem-se considerar os seguintes passos:

- Conhecimento do plano de segurança e de seus diversos programas
- Compartimentar o hotel por áreas: depósitos, cozinhas, lugares de lazer, áreas de descanso, quartos, etc.
- Objetivos da inspeção: pessoas, materiais, equipamentos, ambiente, instalações e equipamentos de proteção, de acordo com as normas de segurança estabelecidas
- Indicadores de segurança: conhecer elementos de comparação, como hábitos, costumes, graus de iluminação, nível de higiene, estado das instalações, grau de operacionalidade de certos equipamentos, etc.
- Datas, dependendo do tempo disponível, grau de importância, freqüência de inspeção dos equipamentos segundo as normas do fabricante, freqüência dos acidentes, sua gravidade, etc. De acordo com esse último aspecto, as inspeções formais se classificam em periódicas, intermitentes, contínuas e especiais.

Inspeções periódicas

Inspeções periódicas são aquelas programadas para períodos regulares (semanas, meses ou anos):

- *Uma inspeção periódica geral* é realizada anualmente pelo gerente geral com os organismos de segurança e abrange toda a instalação hoteleira

- *Uma inspeção periódica mensal* (bimestral ou trimestral) obedece às necessidades de manutenção do equipamento, como elevadores, caldeiras, tanques, instalações elétricas, escoamentos, etc.
- *Uma inspeção periódica semanal* obedece às necessidades urgentes de asseio e limpeza, como corredores, escadas, quartos, ambientes diversos e ferramentas de trabalho, utensílios de cozinha, depósitos, etc.

Inspeções intermitentes

As inspeções intermitentes efetuam-se em intervalos irregulares e sem prévio aviso a qualquer área, tarefa, equipe ou pessoa determinada. Com isso, se evita que os responsáveis apresentem a realidade de forma diferente (como nas inspeções programadas, para as quais se preparam antecipadamente). O objetivo das inspeções intermitentes é detectar situações de risco em qualquer momento e manter alerta o pessoal do hotel de forma permanente, com o propósito de corrigir seus procedimentos e as circunstâncias inseguras.

Inspeções contínuas

As inspeções contínuas são realizadas de forma permanente por pessoal devidamente preparado e encarregado dessa tarefa, a qual se reduz à supervisão de tarefas, limpeza, equipamentos, pessoal e ferramentas, assim como do comportamento e atos inseguros dos hóspedes.

Inspeções especiais

As inspeções especiais ocorrem quando acontecem acidentes de certa magnitude ou no caso de novas instalações no hotel ou da implantação de novos métodos de trabalho, cujos riscos não se conhecem muito bem.

Execução

A execução das inspeções abrange:

Responsáveis pela execução

Com exceção das inspeções contínuas, os responsáveis pela execução serão o gerente de segurança e/ou os demais organismos auxiliares da gerência. As inspeções contínuas devem ser efetuadas pelos supervisores e respectivos chefes de departamento.

Tempos de duração

O tempo empregado nas inspeções pode ser breve e indeterminado, em algumas, será determinado pela direção, pelo interesse e pela importância dada no plano geral. De qualquer forma, de acordo com a dimensão do elemento a ser inspecionado e o tamanho da área, elas podem durar de várias horas a um dia; as periódicas semanais podem durar meio-dia, em média.

Forma de realizá-las

De acordo com as circunstâncias e as características especiais de cada inspeção, deverão ser inclusos: para as periódicas, uma área e um aspecto do trabalho determinado; para as intermitentes, uma tarefa ou algo, como rodas de esmeril, equipamento de proteção pessoal, etc.; para as contínuas, os aspectos rotineiros do trabalho e normatização existente e, para as especiais, aspectos de urgência, acidentes graves, inclusão de novas medidas de segurança ou reestruturação do plano geral de segurança.

Classificação diversa

De acordo com a natureza dos objetivos de inspeção, podemos considerar uma nova classificação:

Inspeção de segurança médica

O responsável pela saúde dos funcionários e dos hóspedes (médico ou enfermeiro) inspecionará *periodicamente* o kit de primeiros socorros médicos e o instrumental para efetuar os primeiros curativos.

Inspeção de segurança administrativa

O responsável administrativo do hotel inspecionará, ao menos semanalmente, os aspectos de segurança das instalações, assim como suas ordem e limpeza.

Inspeção de segurança de engenharia ou manutenção

O responsável pelo equipamento técnico garantirá, mediante *inspeções periódicas* e durante o seu funcionamento, a operacionalidade dos equipamentos e instalações mecânicas (cozinhas, bombas d'água, grupos eletrogêneos, caldeiras, etc.). A inspeção será centralizada nos possíveis perigos que o desgaste por tempo de uso de cada equipamento ou parte dele possa ocasionar, a utilização do equipamento de acordo com as prescrições regulamentares, limpeza e manutenção, atribuição de responsabilidades, etc.

Inspeções de segurança dos quartos

O gerente de segurança ou um representante da organização de segurança fará uma inspeção mensal dos ambientes habitacionais, para verificar a segurança dos quartos, o grau de conservação dos móveis, a ordem e a limpeza, os possíveis perigos por circunstâncias inseguras, a aplicação das normas e a correção de atitudes do pessoal da governança e as instruções que deverão ser cumpridas pelos hóspedes (não fumar na cama, evitar curto-circuito ou desordem, etc.).

Preparação dos relatórios das inspeções de segurança

Uma vez terminada cada inspeção, será elaborado um informe com os resultados, acompanhado de uma avaliação, que poderá ser feita por meio de pontos determinados. A ação da inspeção ficará incompleta se não for acompanhada de um relatório que permita analisar a situação e retroalimentar o sistema de segurança segundo as recomendações pertinentes. A simples observação verbal como relatório pode significar uma chamada de atenção ou a preocupação para corrigir no momento mas, na falta de um informe escrito e de aplicação de novas normas e requerimentos, o resultado será menos eficaz. Quando a observação é verbal, o interessado a esquece com o passar do tempo, da mesma forma que o executor; assim, em caso de haver um acidente pela referida causa, quem realizou a inspeção não tem um elemento de desculpa para justificar o grau de responsabilidade ou e se isentar dela.

Partes de um relatório

Em todo relatório se devem considerar os aspectos:

- Destinatário: dirigido ao responsável direto pelas áreas, tarefas ou equipamento investigado
- Cópias para a gerência de segurança, para os responsáveis de áreas conexas com a investigação e para os responsáveis de todas as gerências e chefes de departamento, quando a inspeção obedece a um objetivo ou necessidade de caráter integral e geral do hotel

Dados requeridos na inspeção

A inspeção abrange:

- Aspecto considerado na inspeção e a disfunção que representa
- Ação surgida, ou recomendação que se faz de forma clara e concisa
- Assinatura dos responsáveis pela inspeção

As *recomendações* devem ser fundamentadas em fatos possíveis, que obedeçam à realidade da situação encontrada e não em recomendações impraticáveis. Se possível, deverão ser fixados tempos-limite de observação, de acordo com o grau de importância e urgência requerido; por exemplo, muito urgentes, urgentes, importantes ou desejáveis.

Vantagens dos relatórios escritos

As vantagens dos informes mencionados são:

- Evitar que se deixe de agir em relação ao que foi descoberto na inspeção

- Permitir prever possíveis procedimentos e circunstâncias inseguras, com a finalidade de evitar acidentes posteriores
- Manter a gerência de segurança informada sobre a segurança do hotel
- Facilitar a medição e a avaliação dos programas de segurança
- Manter todo o pessoal informado daquilo que se refere à segurança geral do hotel e à situação específica de suas respectivas áreas e tarefas de trabalho
- Criar a conscientização do pessoal
- Servir de retroalimentação para as próximas inspeções

As Tabelas 7.2 e 7.3 mostram um esboço de relatório escrito e outro relativo ao sistema de valorização das inspeções.

INSTALAÇÃO DE ELEMENTOS DE SEGURANÇA E PRIMEIROS SOCORROS

A instalação inclui proteção dos pontos vulneráveis de entrada (portas, janelas, passagens, anexos, etc.) mediante uma construção sólida, segurança na estrutura, pontos de observação eficazes e barreiras de proteção individuais. Todos eles se encontrarão em locais estratégicos do hotel, prévia localização das entradas e saídas que permitam observar melhor a entrada e a saída do pessoal.

O circuito fechado de televisão é outro elemento utilizado para a vigilância de diversas áreas do hotel, preferentemente vestíbulos, corredores, caixas, escritórios administrativos, etc.

A vigilância de entradas e saídas corresponde a um plano de vigilância que inclui a circulação interna, o caminho de acesso ao hotel, a recepção e a verificação, os ascensoristas e os porteiros.

A entrada dos empregados e hóspedes deve ser bem diferente das utilizadas para o abastecimento e serviços do hotel.

A segurança dos andares do hotel é de suma importância, como também os elementos utilizados na sua vigilância, os aparelhos telefônicos e/ou rádio para a comunicação interna com o responsável pela segurança.

Elementos contra incêndios, equipamentos e outros meios, além de um vigia, são necessários nas instalações de serviço (cozinha, caldeiras, depósitos, etc.). A mesma consideração se deve ter com as áreas de lazer, estacionamento, ancoradouro de lanchas e outros serviços.

Tabela 7.2 – Relatório de inspeções de segurança.

Data: 18 de dezembro de 1986.
Ambiente inspecionado: quartos de hóspedes.
Tipo de inspeção: periódica.
Responsável pela inspeção: chefe de governança.
Objetivo da inspeção: verificar que os riscos por conceito de segurança e higiene sejam mínimos para os hóspedes do hotel.

1. Aspecto detectado*: piso dos corredores dos quartos impregnados de cera.*
Possível perigo: escorregões e quedas.
Recomendações: Mudar o tipo de cera ou passar o mínimo possível, a fim de evitar que a superfície fique lisa e escorregadia.

2. *Aspecto detectado:* ....
Possível perigo: ....
Recomendações: ....

3. *Aspecto detectado:* ....
Possível perigo: ....
Recomendações: ....

____
Assinatura do responsável

Cópias para*:* ....
....

Tabela 7.3 – Valorização das inspeções.

Ambiente inspecionado: quartos.
Data: 18 de dezembro de 1986.
Pontos avaliados: 0, péssimo; 1, insuficiente; 2, regular; 3, bom; 4, muito bom; 5, excelente.

Aspectos para inspeção	Pontos	Observações	Recomendações
1. Ordem e limpeza	4	Ótimo estado de limpeza	Aprimorar o estado da limpeza
2. Conexões elétricas	5	Estado excelente	Manter a situação
3. Iluminação	3	Iluminação insuficiente na mesa de trabalho	Colocar uma lâmpada imediatamente
4. Pó	0	Muito, nos corredores	Eliminar o pó proveniente dos ambientes esportivos
5. Banheiros - Serviço de higiene	2	Itens de higiene incompletos	Completar sabonetes e toalhas
6. Corredores	1	Muita cera e pó	Eliminar ao máximo a cera e o pó
7. Ruídos	0	Muito ruído exterior e janelas sem proteção contra ruídos	Estudar a aplicação de meios de isolamento do ruído, nas janelas
8. Estado dos móveis	3	Alguns móveis apresentam lascas	Consertar os móveis lascados
9. Atos inseguros dos hóspedes	0	Fumar na cama, roupa de cama queimada	Chamar a atenção dos hóspedes fumantes
10. Procedimentos inseguros dos funcionários	0	Aparelhos elétricos de diferente voltagem	Conscientizar o funcionário do perigo dessa atitude e sancioná-lo, se o custo for repetitivo

- Total de pontos previstos: 50
- Pontos reais: 18
- Avaliação final: 36% de eficácia da situação de segurança

Nas áreas de lazer se deverá contar com vigias e com meios de atendimento para primeiros socorros a pequenos acidentes. Na área do estacionamento, se deverá contar com vigias, com um bom sistema de iluminação e com um bom sistema de alarme preventivo de roubos ou incêndios. De forma geral, deve-se conjugar o elemento humano com o técnico, para segurança física da instalação, da maquinaria e dos artigos diversos, além do pessoal.

Os equipamentos de segurança devem ser aparelhos de rádio e telefone, enquadrados nas especificações do sistema de comunicações. Além do circuito fechado de televisão, se contará com câmaras ocultas, para detectar qualquer situação de desequilíbrio. Finalmente, cabe considerar que, de acordo com os momentos conjunturais da sociedade, policiais ou vigias uniformizados constituem, psicologicamente, um recurso para dissuadir os delinqüentes; armas de segurança, de acordo com leis, códigos, autorizações e costumes de cada país, podem ser empregadas sob a responsabilidade de quem assim o ordenar. O serviço uniformizado inclui porteiros, "carregadores" e ascensoristas.

Sistema de Informação e Comunicação Eficaz

O *sistema de comunicação* adquire grande importância no sistema de segurança do hotel. Sobre isso, podem-se considerar os seguintes tipos de comunicação:

a) *Comunicação informal verbal*, de forma permanente e rotineira entre todos os componentes da organização hoteleira, quando se trate de situações e/ou procedimentos inseguros detectados.
b) *Comunicação formal escrita*, que obedece às normas sobre segurança, aos informes sobre inspeções e a outros memorandos relativos a ações e a novas medidas de segurança.
c) *Comunicação hierárquica*, aplicável em situações de risco, para informar condições e atitudes inseguras citadas nos relatórios de inspeções e, em sentido descendente, para expedir relatórios e prescrições referentes à segurança.

d) *Comunicação técnica*, entre os diversos elementos encarregados da manutenção de equipamentos técnicos e os responsáveis pelo seu funcionamento e direção.

e) *Informação geral* a todo o pessoal subalterno, mediante:

- Cartazes sobre segurança
- Boletins informativos (bimestrais)
- Relatórios estatísticos gráficos mensais sobre o número e a gravidade dos acidentes
- Visitas a diferentes áreas de trabalho, para dialogar com os funcionários
- Estabelecimento de metas e prêmios
- Elaboração de programas de conferências e projeção de filmes

f) *Informação inicial aos turistas* - Deve-se entregar uma cartilha de normas referentes à segurança da instalação, na qual se devem estar incluídas as disposições vigentes sobre segurança, possíveis riscos por atos inseguros dos turistas, condições físicas, equipamentos, etc. que possam causar danos à sua integridade física; desse modo, a referida cartilha deverá conter proibições de atos que causem acidentes, como tocar qualquer conexão elétrica com as mãos úmidas, fumar na cama, beber nos quartos, inclinar-se demasiadamente nas sacadas, entrar no chuveiro com os pés ensaboados, etc.

Treinamento do pessoal do hotel nas tarefas de segurança

O treinamento deve buscar a conscientização do pessoal, a fim de que a tarefa de segurança seja menos difícil e os riscos por atos inseguros praticamente desapareçam. Por outro lado, deve-se priorizar o pessoal diretamente encarregado da produção de serviços do hotel (cozinheiros, almoxarifes, garçons, ascensoristas, transportadores).

O treinamento para o pessoal operativo deve abranger dois aspectos:

a) Puramente técnico, quando se trata de pessoal que opera equipamentos, cozinhas, etc. pois tudo isso implica em risco na manipulação, de modo que será permanente.

b) Puramente de segurança, para indicar as vantagens do plano de segurança, do benefício em médio prazo de evitar acidentes pessoais e nas instalações. Instruir, em matéria de segurança, sobre as circunstâncias perigosas existentes tanto nas áreas e nos locais de trabalho, como nos procedimentos inseguros na manipulação de materiais, equipamentos, ferramentas, utensílios e na própria execução das fases da tarefa (limpeza, consertos, reparos, arrumações, etc.).

Quando se trata do pessoal de incorporação recente, cada chefe ou superior imediato terá a responsabilidade de instruí-lo sobre os riscos localizados no local de trabalho e sobre as normas de segurança que devem ser cumpridas.

A formação em grupo será feita por meio de conferências regidas por um plano de capacitação anual. Essas conferências poderão ter a duração de uma hora; duas vezes por mês, para não interromper as tarefas: 50% do pessoal dão continuidade ao serviço, enquanto os outros 50% as assistem.

Para o pessoal executivo, seria conveniente uma palestra sobre segurança, ao menos uma vez por ano. A seleção dos temas será responsabilidade do gerente de segurança, que deverá considerar temas gerais e específicos, priorizar os pontos mais vulneráveis na área da segurança, bem como ter em conta as sugestões dos supervisores e chefes e os resultados das inspeções de segurança, para tratar de temas mais interessantes e de enfoque imediato. Entre os objetivos e aspectos que se devem alcançar nas conferências cabe mencionar:

- Conscientização sobre a segurança
- Apresentação das circunstâncias perigosas a que pode estar exposto o pessoal
- Conhecimento do comportamento humano para o trato pessoal com os hóspedes em relação à problemática da segurança
- Conhecimento das normas de segurança, tanto gerais como as específicas de cada posto de trabalho
- Instruções sobre a segurança geral do equipamento e da planta de serviços do hotel
- Instruções relacionadas à segurança física e ao caráter externo da organização
- Conhecimento dos principais procedimentos inseguros e suas possíveis conseqüências
- Conscientização da gravidade dos resultados por causa de desastres no hotel (incêndios)

- Atuação do pessoal em casos de emergência
- Conhecimento de primeiros socorros
- Correta utilização do equipamento de segurança do hotel
- Correta utilização do equipamento de proteção pessoal e higiene para os trabalhos rotineiros

PREVENÇÃO CONTRA INCÊNDIOS

O fogo desempenhou sempre um papel de risco iminente e destruidor ao longo da vida do homem. Muitos incêndios ainda ocorrem fora do trabalho e, em todos, o denominador comum são as grandes perdas materiais e, muitas vezes, humanas. É lógico supor que, quando se projeta e constrói um hotel, se devem calcular todas as medidas de segurança preventivas de combate ao fogo, como uso de materiais não inflamáveis, instalação elétrica de sistemas devidamente isolados, instalação de grupos e acessórios contra incêndios e estabelecimento de medidas de proteção e segurança contra incêndios. Porém, não existe uma medida de segurança padronizada que se aplique a todos os estabelecimentos hoteleiros; por exemplo, um hotel urbano de concreto reúne características diferentes das de um hotel de montanha, construído com madeira ou material rústico. As necessidades e os perigos do fogo são diferentes, de modo que se deve ter mais precaução com o último, entre outras coisas por se encontrar ele isolado e, talvez, sem elementos de segurança (como bombeiros) que possam auxiliar.

Quando se fala de incêndios em hotéis, o problema é mais grave, pois um espaço grande da instalação está habitado por numerosas pessoas, de modo que, em caso de desastre, o mais provável é que se lamentem as perdas humanas com um valor inestimável.

GENERALIDADES

O melhor momento para controlar o fogo é antes dele começar, pois, mesmo contando com extintores adequados e com capacitação para usálo corretamente, sempre "é melhor prevenir que remediar".

Quando compreendemos a "química do fogo", é fácil entender os fatores nos quais se fundamenta a prevenção de incêndios. Assim, se sabe que, para neutralizar o fogo, é necessário eliminar um dos elementos; na prevenção, se consideram somente três deles, pois é impossível neutralizar a interrupção em cadeia, já que ela somente se apresenta depois de começado o fogo.

Para evitar que os elementos se unam, é conveniente isolá-los; para isso, o combustível deve estar em recipientes fechados e afastados do calor. Nos lugares onde houver necessidade de instalar fontes de calor, elas deverão ser controladas adequadamente.

CAUSAS DOS INCÊNDIOS

De forma geral, podemos enumerar as seguintes causas:

- Incêndios devidos a procedimentos inseguros (negligência, desconhecimento, despreparo, etc.)
- Incêndios originados por circunstâncias inseguras (elementos químicos, de origem elétrica, por falhas da manutenção, etc.)
- Incêndios devidos a fatores biológicos (fadiga, insônia, etc.)
- Incêndios criminosos (sabotagens, vingança, etc.)
- Incêndios devidos à propagação do fogo de locais alheios ao hotel
- Incêndios devidos à má administração o que abrange grande parte dos anteriores, por falta de organização, de normas preventivas, de preparação e precauções, de previsão de equipamentos e dispositivos de combate a incêndios

Podem-se prevenir todas as causas anteriores, exceto o fogo que se propaga do exterior, para o qual se deve contar com um plano geral alternativo de combate e defesa em caso de necessidade. Todos os outros podem ser evitados de alguma forma.

A experiência e as pesquisas realizadas mostraram existir algumas causas comuns aos incêndios. Enumeramos as principais:

- Falta de ordem e limpeza
- Acumulação de lixo e restos
- Uso de panos embebidos em combustíveis ou óleos jogados no piso ou depositados em recipientes incombustíveis com tampa
- Armazenagem inadequada de líquidos inflamáveis ou combustíveis

- Uso do líquido inflamável (gasolina) para limpeza, especialmente no conserto de motores e na higiene dos ambientes
- Ocupação das áreas onde é proibido fumar, especialmente camas
- Uso inadequado dos aparelhos elétricos
- Faíscas pelas chaminés das cozinhas
- Combustão espontânea
- Mau armazenamento (empilhamentos altos sem espaços, especialmente de cargas suscetíveis à combustão espontânea)
- Abastecimento de gasolina com o motor ligado
- Trabalhos de soldagem sem as medidas de segurança convenientes, em casos de consertos no mesmo prédio
- Tubulações de vapor sem isolamento adequado
- Guardar uniformes ou artigos impregnados em óleo ou combustíveis
- Descuido ao acender caldeiras
- Acumulação de resíduos de líquidos inflamáveis ou combustíveis nos bares
- Manipulação descuidada de produtos químicos
- Armazenagem inadequada de produtos químicos
- Manipulação descuidada de líquidos inflamáveis (não fumar, nem derramar)
- Jogar cigarros ou fósforos acessos (o ideal seria não fumar em uma instalação sensível; essa regra é difícil de implantar e de cumprir; portanto, é conveniente reservar lugares e horários especiais para fumar. Tanto os lugares onde se proíbe fumar, como aqueles destinados a isso, devem estar sinalizados claramente com avisos visíveis)
- Embriaguez
- Brincadeiras e jogos com materiais incandescentes ou elétricos
- Depósitos de combustíveis em mau estado
- Matagal ou capim seco ao redor do prédio
- Instalação elétrica deficiente
- Manutenção incompleta
- Falta de conscientização do pessoal
- Falta de severidade dos responsáveis em relação à punição dos atos que possam ocasionar incêndios
- Jogar explosivos
- Sabotagens, etc.

Projeto e Construção Arquitetônica

É incumbência dos projetistas, engenheiros e arquitetos considerar o fator incêndio como um elemento a mais de extremo cuidado na construção dos hotéis. Uma construção resistente ao fogo impede sua fácil propagação vertical ou horizontalmente, através de paredes, pisos, elevadores, escadas, etc. Para isso, os materiais de construção devem ser, dentro do possível, incombustíveis. Sistemas de ventilação devem ser projetados em todos os espaços correspondentes a escadas e elevadores, para diminuir os efeitos da fumaça. A proteção estrutural, além de fundamentar-se na resistência dos materiais ao fogo e do não uso de materiais combustíveis ou perecíveis, deve observar as especificações e códigos de construção.

No projeto, devem ser planejadas diversas vias de saída, sendo eliminado ao máximo o uso de material combustível; devem ser compridas e largas, de forma a permitir a saída sem aglomerações perigosas. Deve haver escadas exteriores de socorro. A separação horizontal entre os ambientes deve ser por paredes de material incombustível (paredes antifogo).

Saídas de emergência

As saídas de emergência são de extrema importância, devendo-se observar certas regras:

a) Todo ambiente deverá contar com uma saída de emergência.

b) Cada andar deverá ter, pelo menos, duas saídas suficientemente espaçosas e protegidas contra chamas e fumaça, além de estarem bastante separadas entre si.

c) As escadas de madeira e em caracol e os elevadores não devem ser considerados saídas de emergência.

d) As saídas deverão estar bem sinalizadas, iluminadas e construídas para essa finalidade.

e) O acesso às saídas deverá permanecer sem obstruções.

f) As escadas exteriores de incêndio não deverão terminar em ambientes fechados ou sem saída.

g) As portas para as saídas de emergência devem permanecer abertas do lado interno, já que serão abertas com chave somente do lado oposto. O propósito de instalar portas é facilitar a saída em caso de pânico e de perigo; assim, o uso de vidros se limitará ao mínimo.

h) A saída para os andares inferiores deve ser uma descida suave, para evitar quedas e aglomerações; conforme se desce, o espaço entre as saídas deve ser maior, a fim de poder receber as pessoas dos andares superiores. As portas podem ser equipadas com alarmes, que soam quando forem abertas.

i) Devem-se garantir as rotas de evacuação do prédio com as pessoas no térreo.

Proteção contra a eletricidade

Muitos incêndios são causados por curtos-circuitos conseqüentes de instalações defeituosas, falta de proteção e de manipulação inadequada de dispositivos e equipamentos elétricos.

Riscos elétricos

Dado que o corpo humano é um condutor de eletricidade e que a passagem da corrente através dele para a terra é facilitada na falta de um bom isolamento, devem ser estudados os efeitos que a corrente elétrica pode causar.

Costuma-se dizer que uma pessoa recebe uma descarga elétrica quando seu corpo se torna parte do circuito elétrico. Como resultado, as pessoas podem sofrer dois tipos de lesões:

- *Choque nervoso*, que pode paralisar os pulmões e/ou o coração
- *Queimaduras*, principalmente nos pontos em que a corrente entra ou sai do corpo

As lesões sofridas dependem de *três fatores*: quantidade de corrente, caminho que segue através do corpo e tempo em que a vítima faz parte do circuito.

O perigo elétrico se encontra, nos hotéis:

- Nos lugares de produção de fluido ou de centrais elétricas ou grupos eletrogêneos
- Nos ambientes onde se usa a corrente como fonte de energia
- Quando os operários trabalham em instalação, conservação e conserto de linhas de condução elétrica, ou os usuários usam a corrente para outras aplicações domésticas e pessoais na instalação (quartos, banheiros, etc.).

Efeitos da corrente

Influência da resistência

A intensidade da corrente que atravessa o corpo humano depende, como em todo condutor, da resistência que ele ofereça à sua passagem, ou seja, da maior ou da menor facilidade que a estrutura do condutor tiver para transportar cargas elementares.

Como o interior do corpo humano está constituído por órgãos impregnados de sangue, e ele é muito rico em eletrólitos (cloreto de sódio em solução aquosa), essa resistência é bem pequena. A defesa espontânea do corpo na passagem da corrente elétrica é formada pela pele; por sua vez, ela é uma péssima condutora quando está seca e engordurada, mas se transforma em boa condutora com suor (formado principalmente por água e sal), água ou ambiente úmido. Aqui residem as diferenças individuais, como foi mencionado, entre quem tem pele seca e curtida e quem a tem fina e úmida: também, em uma mesma pessoa, existe a possibilidade de, tendo habitualmente mãos secas, o calor, a fadiga, uma emoção ou simplesmente a lavagem diminuir momentaneamente a resistência habitual. Essas variações da resistência exterior do corpo (a interna é mais constante) podem oscilar de uma a cem vezes mais.

Influência da tensão

O fato de a resistência ser muito variável explica que não se possa dizer se uma certa voltagem é perigosa ou não; por isso, deve se considerar que o fator decisivo para o risco é a intensidade, o qual se expressa pela conhecida frase "os que matam são os ampères". Isso explica por que, freqüentemente, diversas correntes de baixa tensão (de 110 a 150 volts) causam a morte se a resistência baixar, na conhecida fórmula:

$$I = \frac{E}{R}$$

Considera-se que a tensão é baixa quando a voltagem está entre 0 e 600 volts (V), e que é alta quando a voltagem é superior a 600 V.

A lei que regula a passagem da corrente elétrica por um condutor é a lei de Ohm, que estabelece: "A intensidade de uma corrente elétrica, medida em ampères (A), é igual ao quociente da divisão entre a voltagem ou tensão da corrente mencionada, medida em volts e a resistência do condutor pelo qual circula, medida em ohms". A resistência que a pele do corpo oferece quando está úmida é de 1.000 ohms, ao passo que, quando está seca, varia de 100.000 a 500.000 ohms (órgãos internos de 400 a 600 ohms). Estima-se que 0,1 ampère seja suficiente para matar uma pessoa; por exemplo:

$I \ldots \dfrac{200}{1.000} \ldots 0{,}22$ ampères, quantidade suficiente para matar

Por outro lado, se considera que até 20A produzem uma ligeira sensação dolorosa; entre 20 e 30MA podem causar efeitos graves e, inclusive, a morte e, entre 30 e 80MA, causam tetanização dos músculos e impedem soltar o condutor. Mais de 80MA, além dos efeitos indicados, podem causar desordem nos movimentos do coração, até sobrevindo a morte.

Intensidade de 4 ou mais ampères produzem principalmente efeitos de queimaduras e tensões elevadas, assim como a impulsão do corpo, que em geral causam a morte por queimadura e traumatismo.

Se admitirmos como intensidade mínima perigosa 25MA e supusermos que a resistência aproximada do corpo humano é de 1.000 ohms, cifras tiradas da prática, obteríamos como voltagem perigosa 1.000 × 0,025 = 25V. Assim, não somente as altas tensões e intensidades são as perigosas, o que depende de muitos fatores, como:

- Baixa resistência elétrica do corpo humano (umidade, contato com a terra ou partes metálicas, etc.)
- Tensão acima de 25V
- Tolerância do indivíduo
- Conhecimento do perigo elétrico (efeito psíquico)
- Quando a duração da passagem da corrente é persistente (uma mesma amperagem pode ser mortal ou não, dependendo do tempo da sua ação através do corpo)
- Quando a mesma intensidade age sobre uma superfície reduzida (densidade da corrente)
- Quando se recebe a descarga inesperadamente

Quando uma pessoa recebe uma descarga elétrica de qualquer intensidade, instantaneamente se produz uma contração muscular involuntária, que pode romper o contato e liberar a vítima, ou fazer a pessoa segurar o condutor com maior força, de modo que desmaie ou, no pior dos casos, morra, a menos que alguém a socorra.

Importância da freqüência e do tipo de corrente

Com a corrente contínua se requer intensidade maior que com a alternada de 50 ciclos para produzir o mesmo dano. Essa diferença se deve a fenômenos internos que a passagem da corrente pelos tecidos provoca no corpo.

Quando, em igualdade de condições, a freqüência ultrapassa os 1.000 ciclos, sua agressividade diminui e logo se perde. Alcançando 7.000 ciclos por segundo, conserva o efeito térmico e é empregada em medicina. Com a corrente contínua, o perigo aparece na abertura e no fechamento do circuito.

Resumindo, cabe dizer que os principais tipos de lesão causados pela eletricidade são:

- Queimaduras, devido, geralmente, a correntes de alta tensão
- Paradas cardíacas
- Contrações violentas e duradouras (tetanização) dos músculos respiratórios, que provocam asfixia em virtude do estímulo da corrente sobre o sistema nervoso, quando o contato é prolongado. Constituem uma forma comum de morte aparente, que se pode prolongar por muito tempo e ser passível de recuperação

Prevenção dos acidentes elétricos

As principais considerações na prevenção de acidentes elétricos são:

- Evitar ao máximo o acesso de pessoal não autorizado a cabines de força, subestações de transformação, etc.

- Fazer a manutenção continuada dos sistemas de cabos condutores, para evitar a deterioração de fusíveis e outros circuitos
- Usar sempre equipamento de proteção (luvas de borracha, alicates isolantes, etc.)
- Não trabalhar em linhas com tensão (desligar a força)
- Colocar barreiras e sinais nas áreas perigosas (equipamento de proteção)
- Ao trabalhar em linhas com tensão, fazê-lo isoladamente e usar revestimentos isolantes das linhas
- Proteger-se do contato com equipamentos de potencial elétrico e mantê-los afastados da área de circulação do pessoal
- Dispor de uma adequada conexão dos equipamentos elétricos à terra e verificá-la periodicamente
- Equipamentos como grupos eletrogêneos, caldeiras, transformadores, etc. devem permanecer isolados em salas de máquinas, com pisos de materiais isolantes
- Não deixar condutores desencapados nas instalações
- Evitar as emendas ou, se existirem, isolá-las devidamente
- Não se devem deixar fios em contato com óleos ou gorduras que possam deteriorar seu revestimento ou deixá-los descobertos
- Manter em bom estado interruptores e tomadas
- Não retirar as proteções das cabines das instalações elétricas de alta tensão, sem antes deixar sem tensão os condutores e os aparelhos nelas contidos. Reciprocamente, não se deve dar tensão aos condutores e aos aparelhos situados na cabine sem fechá-la previamente com a proteção
- Não limpar os motores ou equipamentos em funcionamento
- Manter as instalações elétricas sempre limpas e com seus respectivos meios de proteção
- Os quadros de luz e de distribuição de energia deverão estar sempre trancados e o piso imediatamente debaixo deles deverá estar recoberto de material isolante
- A roupa de trabalho dos eletricistas deverá ser ajustada ao corpo, sem zíperes ou botões metálicos
- Toda verificação para detectar irregularidades deverá ser feita com o "multiteste"
- Não utilizar escadas metálicas perto de aparelhos elétricos
- Fazer conexão à terra em todas as partes da instalação nas quais se trabalhará
- Nunca substituir um fusível por um arame
- Considerar que todos os circuitos conduzem corrente, até provarem contrário
- Nunca trabalhar em um circuito elétrico sem ajudante
- Participar periodicamente de cursos educativos sobre prevenção de riscos elétricos

Como proceder quando ocorre um acidente

Ocorrendo um acidente, deve-se:

- Agir com rapidez e sem afobação
- Desligar, se possível, a corrente
- Liberar a vítima do contato com o condutor: puxando-a pela roupa com uma mão isolada ou retirar o condutor com uma tábua ou qualquer material isolante
- Fazer imediatamente respiração artificial.
- Chamar um médico

Acidentes devidos à eletricidade estática

Geralmente, os acidentes decorrentes de eletricidade estática acontecem por faíscas desprendidas dos materiais não condutores quando submetidos a uma fricção intensa, especialmente se estiverem isolados do piso (com ocorre com os caminhões de transporte, devido aos pneus). O perigo é maior quando se trabalha com materiais inflamáveis; porém, isso se pode evitar estabelecendo uma boa conexão à terra.

Precauções contra as explosões

As explosões não são apenas muito violentas, mas também destrutivas e podem ser causadas por: a) explosivos comerciais; b) concentração no ar de certos vapores, gases e pó.

O pó se torna explosivo quando matérias orgânicas (como farinhas, açúcar e amido) e partículas metálicas (alumínio e magnésio) se misturam com o ar.

Os gases e os vapores podem causar explosões ao se misturarem com o ar: acetileno, butileno, monóxido de carbono, éter, gás sulfídrico e metanol.

Para que ocorra uma explosão, é necessário que a mistura dos gases e dos vapores com o ar contenha uma proporção determinada de ambos, conhecida como *limite explosível superior e inferior*; por exemplo: o ambiente que contenha entre 2,5 e 80% de acetileno é explosivo. Apontam-se dois casos como exemplo.

Primeiro caso

Consertando-se um carro no estacionamento de um pequeno hotel, foi derramada gasolina no piso. Os vapores da gasolina se espalharam pelo estacionamento e penetraram no pequeno escritório de um vigia, onde se inflamaram ao contato com um radiador elétrico. Todo o prédio ficou reduzido a escombros.

Uma explosão de pó ocorre quando certa mistura do pó inflamável e do ar pega fogo por uma fonte de calor de suficiente intensidade, por exemplo, quando uma nuvem de pó se inflama devido a uma chama, faísca ou um objeto muito quente (como o filamento de carbono de uma lâmpada elétrica).

As fontes de ignição podem ser chamas desprotegidas, equipamento de transmissão de energia em estado precário, instalações elétricas inadequadas, eletricidade estática ou um cigarro acesso.

Segundo caso

Em um moinho, acumulavam-se grandes quantidades de pó nas vigas, nas janelas e em outras partes do prédio: um dia, ocorrendo um pequeno foco de incêndio, os trabalhadores tentaram extingui-lo com uma mangueira. Então, a pressão do jato de água levantou uma nuvem de pó que se inflamou ao entrar em contato com o fogo e provocou uma pequena explosão que agitou todo o pó incrustado nas vigas e em outras partes do prédio, produzindo uma segunda explosão com potência suficiente para destruir toda a fábrica.

A melhor defesa contra as misturas explosivas de ar e gás e de ar e vapor é impedir que se formem. Se isso não for possível, deve-se procurar diluí-las abaixo do limite explosível mínimo, por meio de ventilação geral ou extraí-las de onde se produzem com um aspirador local.

Impedir concentrações perigosas de pó nos sistemas para retirá-lo por aspiração é, em primeiro lugar, um problema de engenharia; além disso, o correto uso da maquinaria pode reduzir os riscos; por exemplo, convém manter ligados os aparelhos de aspiração durante alguns minutos depois de desligar a máquina à qual estão ligados. Dessa forma se limpam os condutos e se elimina o perigo de que, ao ligar os aparelhos de aspiração, se formem nuvens de pó.

A explosão se define como uma comoção acompanhada de detonação produzida pelo desenvolvimento repentino de uma força ou pela expansão súbita de um gás; isso supõe uma violenta mudança de pressão, caracterizada pela liberação e expansão de um volume grande de gás, seja *devido a altas temperaturas ou à pressão de ruptura de um recipiente* cuja resistência foi ultrapassada por pressão interna. Em sentido estrito, a explosão supõe uma mudança físico-química que desenvolve uma expansão súbita de gases, enquanto a ruptura de pressão resulta de falha na resistência do recipiente. Quando se trata de prevenção de explosões, ambos os casos são considerados como se fossem um.

As caldeiras estão expostas ao risco de explosões pela *elevação do ponto de ebulição da água com o aumento de pressão*; assim, a 10 atmosferas de pressão (147 libras por polegada quadrada [1 libra = 453,59g; 1 polegada = 2,54cm]) a água ferve a 180°C; portanto, a água que se mantém em estado líquido acima do seu ponto normal de ebulição (100°C no nível do mar) tende a converter-se rapidamente em vapor, se a pressão escapa ao se romper qualquer parte do recipiente que a contém, de modo que a água explode em forma de vapor com tal violência que é considerada uma das explosões mais destrutivas. Atualmente, são raras as explosões de caldeira, graças ao grau de aperfeiçoamento alcançado no projeto e nos materiais usados na sua construção, geralmente sujeitos a códigos e regulamentações bem rigorosos; porém, ainda se dão explosões, principalmente porque caldeiras são operadas por pessoal não competente e por falta de inspeções regulares. Tais causas se corrigem mediante adequada seleção de pessoal, treinamento ou instruções. Ao se estabelecerem como norma de trabalho, inspeções regulares a cargo de um técnico competente, pode-se reduzir o risco de explosões. Cabe advertir que, ao se adquirir uma caldeira usada, ela deve ser objeto de inspeção minuciosa, para determinar a pressão segura no trabalho; uma vez em funcionamento, as inspeções de controle devem ser mais freqüentes, sempre a cargo de um técnico competente.

Todo recipiente em que se aquece água se converte em um gerador de vapor de alta pressão, se fechamos ou tampamos sua saída normal. Se a pressão do vapor for maior que a resistência do recipiente, ele explodirá pela pressão de ruptura. A fim de evitar acidentes desse tipo, deve-se saber se os materiais utilizados são seguros para a pressão que deve resistir; geralmente, o fabricante especifica a pressão de trabalho; por outro lado, se deve contar com dispositivos adequados (como válvulas para controlar a pressão), que serão objeto de inspeções periódicas.

O uso generalizado de gases que se distribuem em cilindros de alta pressão (oxigênio, hidrogênio, acetileno, propano, cloro, anidrido carbônico, etc.) promove o risco de explosões como resultado da pressão de ruptura que se alcança por quedas, movimentos fortes ou superaquecimentos. Mesmo quando os fabricantes, considerando as altas pressões que devem suportar, estabeleceram normas detalhadas em relação à sua construção, manuseio e utilização, essas últimas fogem ao seu controle, de forma que são motivos das explosões. Como medidas preventivas se deve observar:

- Não bater e nem deixar cair os cilindros
- Manter os cilindros afastados das fontes de calor
- Manter os cilindros afastados dos materiais inflamáveis
- Guardar separadamente os cilindros vazios dos cheios

O manuseio das substâncias voláteis e inflamáveis requer certas precauções para controlar o risco de explosões e incêndios. Em relação a isso, devemos considerar:

1. *Ponto de ignição de um líquido* - É o grau de temperatura em que gera vapor suficiente para formar com o ar uma mistura inflamável. Líquidos como gasolina, álcool, éter, etc. liberam vapores em volume inflamável a temperaturas regulares.
2. *Temperatura de ignição* - É a necessária para causar ou iniciar uma combustão.
3. *Proporção explosiva* - É a quantidade necessária de vapor ou gases por volume de mistura explosiva e difere para cada substância. As misturas de gasolina e ar são explosivas em uma escala de 1,3 a 6% de vapor de gasolina por volume.
4. *Densidade do vapor* - Em relação ao ar, essa densidade fará com que os gases mais densos caiam ou procurem níveis mais baixos, e os mais leves se elevem, mas em ambos os casos se misturarão com o ar de forma contínua. Em geral, os vapores de substâncias voláteis se dispõem por cima da superfície do líquido, no recipiente que os contém. A presença dos vapores mencionados cria a condição de risco de explosão ou incêndio.

A prevenção das explosões ocasionadas por vapores ou gases consiste em:

- Evitar temperaturas elevadas onde existam substâncias voláteis
- Manter as referidas substâncias em recipientes especiais e refrigerados ou em ambientes frios
- Eliminar toda possibilidade de que surjam fontes de ignição próximas (faíscas de equipamentos, por eletricidade, eletricidade estática ou qualquer tipo de atrito de elementos que produzam faíscas, etc.)
- Treinar o pessoal encarregado da sua manipulação

Mesmo que a explosão derivados do "pó" seja praticamente impossível em um hotel, vale a pena ter uma noção delas. Sejam orgânicos ou inorgânicos, mas do tipo combustível ou suscetível à oxidação, como alguns derivados de metais (maquinarias, alumínio, etc.), os pós podem dar lugar a explosões. Para que ocorra uma explosão desse tipo, são necessárias as seguintes condições:

- Que exista uma concentração de partículas em proporção explosiva no ambiente
- Que o conteúdo de umidade seja baixo (material seco)
- Que a partículas sejam bem pequenas; assim, quanto mais fino e seco seja o pó, maior será sua tendência a inflamar-se

INSPEÇÕES

Na campanha de prevenção de incêndios também se devem considerar outros aspectos, como *as inspeções*. Qualquer que seja o ambiente do hotel, o risco de incêndio pode estar latente, o que somente se pode descobrir e eliminar por meio de inspeções regulares, freqüentes, técnicas e administrativas.

Durante as inspeções para determinar os riscos de incêndios, devem-se revisar aqueles aspectos causadores de desastres, por exemplo: ordem, limpeza, cumprimento das normas (como não fumar em áreas proibidas), armazenagem e uso de líquidos inflamáveis sem as devidas precauções, estado dos equipamentos e das instalações elétricas. Deve se revisar, de forma periódica, o equipamento de proteção contra incêndios, para garantir seu funcionamento em casos de emergência. A freqüência com que se efetuam as inspeções estará determinada pela maior ou menor possibilidade de incêndio.

TREINAMENTO DO PESSOAL DO HOTEL

Qualquer funcionário, independentemente de atividade e nível hierárquico, deve ser treinado em relação aos problemas do fogo e ter conhecimento de:

- Plano, ambientes e distribuição do prédio em sua totalidade
- Localização de cada equipamento de combate a incêndios
- Manuseio e funcionamento dos extintores
- Normas de conduta e atuação diante de um indício ou começo de incêndio, ou quando ele tenha sido declarado e propagado definitivamente
- Normas de armazenagem, tanto técnicas como de distribuição
- Normas relativas ao uso de materiais combustíveis, em equipamentos industriais e em tarefas de manutenção
- Normas referentes ao asseio e à higiene, de preferência no que se refere a fósforos, cigarros, etc.
- Manutenção dos equipamentos contra incêndios
- Plano de segurança e seus respectivos programas
- Teoria do fogo e conscientização dos perigos que acarreta
- Combate ao fogo e técnicas para dominá-lo

INSTRUÇÕES PARA OS CLIENTES

Os clientes ou hóspedes devem estar cientes dos perigos de incêndio a que se expõem e expõem os outros por procedimentos perigosos que envolvem risco. É necessário informar quem está chegando sobre esses aspectos, por meio de apresentação verbal sobre as normas que existem no hotel, ou entregando uma cartilha de segurança na qual esteja explicado, entre outras questões:

a) Zonas de perigo de incêndios.
b) Manipulação de aparelhos e equipamentos elétricos, para evitar qualquer perigo de incêndio.
c) Normas de atuação pessoal sobre o fogo, como:

- Abster-se de fazer mudanças nas instalações elétricas por conta própria
- Informar sobre qualquer fio elétrico que se encontre desprotegido ou qualquer artefato em mau estado
- Não fumar na cama
- Não jogar guimba de cigarro nos cestos de lixo e nem jogá-las pelas janelas
- Não usar aparelhos elétricos de voltagem diferente da do hotel
- Não utilizar líquidos inflamáveis, como álcool ou éter, perto de chamas ou pontos incandescentes

d) Conhecer e informar as saídas de emergência e as mais próximas do seu quarto.
e) Dar o sinal de alarme a qualquer indício de incêndio. Havendo um sistema de alarme, este deve ser acionado imediatamente.

MEDIDAS TÉCNICAS DE PREVENÇÃO CONTRA INCÊNDIOS

Proteção estrutural

No projeto, deverá ser considerado, além do citado, os elementos que constituem o prédio, segundo a expansão do fogo que, geralmente, se propaga para cima e para os lados. Para neutralizar a probabilidade de *propagação vertical*, os tetos dos andares podem ser recobertos por materiais incombustíveis. O que foi sugerido para os tetos é conveniente também para os poços dos elevadores e monta-cargas. Os materiais em questão devem ser testados, com base nas normas de resistência ao fogo que deverão suportar.

Para evitar a *propagação horizontal*, podem ser construídas paredes corta-fogo, igualmente de material incombustível, com o que se conseguiria, a princípio, isolar diversas áreas do prédio. A isso se devem somar portas antifogo, cujas características são impedir a propagação das chamas e complementar ação das paredes corta-fogo no lugar onde elas têm aberturas.

Proteção adicional

Durante a construção do prédio, deve-se considerar a instalação de diversos pontos de água. Dispõe-se de uma série de dispositivos, como mangueiras em dimensões e calibres concordes com a estrutura e a dimensão do prédio. Independentemente do exposto e prevendo que possa faltar água, deve-se estimar a colocação de tanques de armazenagem e de bombas contra incêndios. Finalmente, de acordo com os avanços tecnológicos, cabe pensar na instalação de aspersores automáticos que, ao contato com o calor do fogo, se dilatam automaticamente e produzem uma descarga de água pulverizada sobre a área de incêndio.

Disposição de plantas

No projeto do hotel, a disposição das suas diferentes áreas, além da função principal da hospedagem e bem-estar e de prestação de diversos serviços, devem considerar os espaços fixos e os de manobra para equipamentos e veículos que deverão atuar em um incêndio; por exemplo, deverão ser levados em conta:

1. As facilidades de acesso para veículos e equipamentos de combate a incêndios, os quais deverão estar próximo dos hidrantes, dos tanques de água, da pressurização, dos aspersores automáticos e dos meios de escape, etc.
2. Os equipamentos fixos de combate a incêndio, como os já mencionados, que se localizam em áreas estratégicas e fáceis de operar para cumprir a sua missão.
3. Os sistemas automáticos de previsão e detecção de fogos, como aspersores de água, reguladores eletromecânicos, alarmes e reguladores de tiragem, para isolar os condutores da ventilação, os quais deverão se localizar em pontos-chave do edifício e nas áreas onde função seja realmente necessária
4. As instalações automáticas e as do sistema de alarme automático, como detectores automáticos, central de sinalização, controles remotos e os alarmes gerais, que devem ser distribuídos em cada área do prédio com um painel indicador central para identificar o lugar afetado. Os alarmes contra incêndios podem ser ativados manualmente. Em ambos os casos, o sinal se recebe em um painel central localizado na área de segurança; esse sinal, luminoso ou acústico, mostra o local em que o alarme foi acionado, o que permite alertar o pessoal responsável.

Mecanismos portáteis de segurança

Os extintores portáteis devem ser colocados em todas as áreas do hotel a uma distância de 150m² de superfície construída, coberta por extintor.

A colocação deverá ser, de preferência, nas áreas de maior perigo, como cozinhas, cabines de força, almoxarifados e sala de filmes, em lugares visíveis e de fácil acesso, corredores, quartos e áreas de reunião e de serviço, a uma distância inferior a 25 metros lineares. Os extintores podem ser de água, espuma, pó, dióxido de carbono ou qualquer outro agente extintor. É conveniente usar cada um deles para cada tipo de fogo; por exemplo: não se deve usar água para combater o fogo produzido pela eletricidade ou por líquidos inflamáveis.

Os extintores que mais se usam na Espanha, segundo as normas UNE, são:

- De água pulverizada com 10 litros de agente extintor
- De pó químico com 6kg de agente extintor
- De anidrido carbônico com 35kg de agente extintor

Deve-se realizar uma inspeção periódica dos extintores, para verificar seu bom estado. A carga ou a sobrecarga dos extintores deverá ser feita pelo menos uma vez ao ano, de acordo com as especificações do fabricante.

Tipos de fogo

Geralmente existem quatro tipos de fogo, três podem-se apresentar com maior freqüência nos hotéis. Conhecê-los permite saber o tipo de agente extintor recomendável para cada classe.

Classe A: fogo produzido por material combustível como roupa, madeira, papéis, etc.; combate-se com água pressurizada e com extintores de soda cáustica ou ácidos.

Classe B: fogo produzido por material inflamável e por líquidos combustíveis, como gases, óleos e seus similares; esse fogo se combate com extintores de dióxido de carbono ou de lavagem química, nos quais não se deve usar água.

Classe C: fogo produzido por energia elétrica. Usam-se os extintores de dióxido de carbono ou de pó (espuma), nos quais não se deve usar água.

Classe D: fogo produzido por metais combustíveis, como titânio e magnésio. Deve-se usar pó químico especial. Em hotéis, é raro ocorrer esse tipo de incêndio.

Normas sobre extintores

As normas sobre extintores são:

- Os extintores devem ser revisados periodicamente, verificando a data de carga e seu peso correto
- Colocá-los a uma altura acessível a qualquer pessoa, para sua rápida manipulação
- Mantê-los livres de qualquer objeto que possa impedir seu rápido uso
- Usar extintores da mesma marca, a fim de facilitar o manuseio
- Sinalizar sua localização com círculos vermelhos que facilitem a identificação a longa distância e de qualquer ângulo
- Instalar um número suficiente de extintores, de acordo com a área que se deva abranger e com o possível tipo de incêndio que nela possa ocorrer
- Colocar ao pé do extintor as instruções de uso e manuseio, para facilitar sua utilização em qualquer momento de perigo
- Nos extintores condutores de eletricidade devem-se colocar avisos para *não serem usados em incêndios provocados por eletricidade*
- Os extintores devem ser mantidos em perfeito estado de funcionamento
- O pessoal deve ser treinado permanentemente para saber manuseá-los

Aviso de incêndio e alarme

O tempo entre o descobrimento do fogo e o alarme é fundamental para evitar que aconteçam maiores tragédias.

Se, apesar de todas as precauções, houver ameaça de incêndio, deve se:

- Dar o alarme
- Conservar a calma
- Pegar o extintor mais próximo do lugar do fogo e verificar se é o mais adequado
- Acionar o extintor para combater o fogo
- Resistir até a chegada da brigada de incêndios, e seguir as instruções do chefe
- Esperar a chegada dos bombeiros, que devem ter sido alertados pela pessoa mais próxima do sistema telefônico

Independentemente da voz de alarme, deverá existir um sistema de alarme para dar o alerta quase instantaneamente. É recomendável usar um sistema de detecção nos lugares críticos, como caldeiras, central elétrica, maquinaria dos elevadores, rouparias, cozinhas, almoxarifados, etc. Esses sensores agem bem mediante emanação de fumaça ou pela elevação da temperatura. Diante de uma situação de incêndio, o detector avisa ao vigia ou à pessoa responsável pelo seu manuseio. Quando não seja possível contar com um equipamento automático dessa natureza, podem ser instalados outros tipos de alarme, como sirenes ou sinos, acionados por botões em qualquer parte do edifício. Esse sistema de alarme deve ser instalado em todo o prédio.

Dado o alarme, cada indivíduo (hóspede e funcionário) deverá estar ciente do perigo; para isso, é necessário que o cliente conheça o sistema de alarme, evitando qualquer surpresa desagradável.

Evacuação do pessoal

A seqüência desde o início do fogo até a evacuação do pessoal obedece a uma série de fases que devem ser conhecidas e realizadas, para evitar que o pânico se alastre. A seqüência é indicada na Figura 7.1.

O combate ao fogo torna-se mais caótico se percebermos que é maior o combate ao pânico gerado no momento em que o alarme é acionado. Em hotéis modernos, construídos com todas as medidas

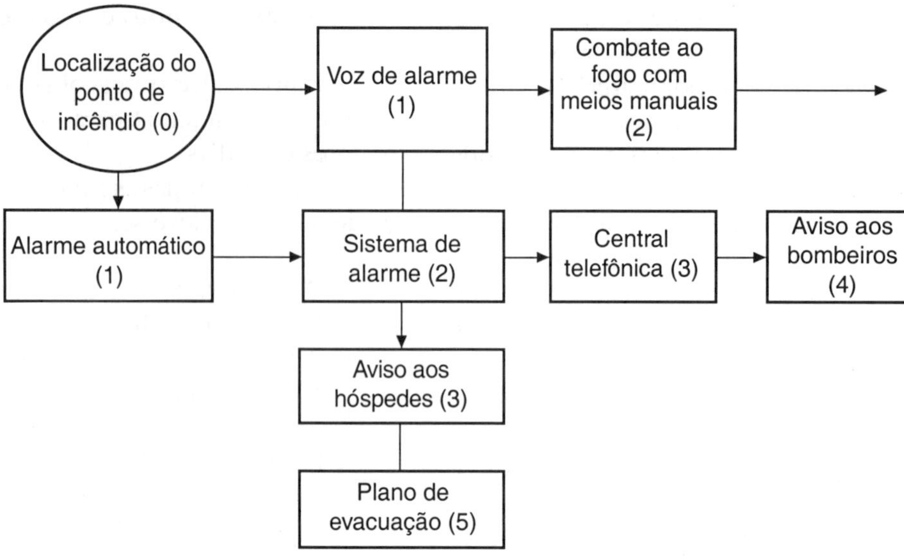

Figura 7.1

de segurança e que contam com todos os mecanismos de evacuação (como escadas de fuga, possivelmente máscaras contra gases e equipamentos automáticos para extinção do fogo), a evacuação do pessoal pode ser mais fácil e o pânico pode ser eliminado facilmente, seguindo-se o plano de evacuação correspondente. É conveniente informar o plano aos hóspedes, no momento em que se registram no hotel, mediante a cartilha de segurança que pode ser entregue junto com as chaves do quarto, ou simplesmente indicando que leiam a cartilha de segurança que se encontra à cabeceira da cama. Nela se deverá especificar, entre outras questões:

- Em caso de alarme, mantenha a serenidade
- Desligue qualquer tipo de aparelho elétrico no seu quarto
- Pegue o equipamento de salvamento que se encontra perto da janela
- Abandone o quarto de forma ordenada e dirija-se para a saída de emergência mais próxima
- Se não puder seguir o itinerário mencionado, feche a porta
- Compareça ao ponto de reunião mais próximo indicado no plano da instalação
- Feche as portas que utilizar
- Não use os elevadores
- Não grite e nem corra, para evitar o pânico
- Coloque-se à disposição do pessoal da brigada de incêndios ou dos bombeiros dependendo do caso

1. *O plano de evacuação* do hotel deve obedecer a uma série de passos e meios previamente determinados que facilitem a evacuação do pessoal.

Na Inglaterra, por exemplo (e é claro que deveria ser assim em todos os países), as medidas padronizadas das saídas de fuga para hotéis e outros prédios estão contidas no *Código de segurança da vida* da Associação Nacional de Proteção contra Incêndios.

Em todo plano de evacuação, além da padronização das saídas de fuga, devem-se considerar:

- O trajeto entre os quartos e qualquer ponto de reunião e/ou a saída de emergência. Para 100 hóspedes deve existir um espaço de saída de 5,60m, ou para cada 75 hóspedes deve existir uma escada de fuga
- Contar com caminhos alternativos, em direções opostas a que o fogo começou. As saídas devem ser realmente abertas, para evitar o pânico em caso de tumulto
- Proteção dos corredores de saída, escadas de emergência, etc., contra fumaça e fogo
- Projeto com todas as medidas de segurança das escadas, patamares, portas abertas e áreas de saída, a fim de evitar acidentes por aglomerações, empurrões, escorregões, etc. ou obstruções durante o uso
- O tempo para evacuar totalmente o prédio está determinado por sua dimensão e número de saídas. O tempo de evacuação de um lugar perigoso deve ser de 2 a 3min, em função do espaço dos corredores e das portas de evacuação, conforme o estipulado no inciso a) dessas considerações

- É importante, além disso, contar com um sistema de ventilação e outro de iluminação de emergência em passadiços, escadas e saídas de emergência

2. *Em caso de incendiar-se a roupa ao sair*, deverá ser feito o seguinte:

   - Afastar a vítima do fogo
   - Não permitir que a vítima corra, porque isso aumentará a chama
   - Fazer com que a vítima deite no chão e que role lentamente
   - Cobrir a vítima com um cobertor
   - Não cobrir a cabeça da vítima
   - Não tirar a roupa do corpo da vítima
   - Avisar o médico ou o pessoal encarregado

Apesar de todos os hotéis deverem contar com escadas de escape, muitos, por antigüidade de construção, não foram projetados dessa forma. O hotel deverá manter contato direto com o corpo de bombeiros da localidade; geralmente, eles contam com escadas telescópicas que podem chegar até 50m, o que facilita a retirada das pessoas que ficaram presas. Os hotéis que não contam com uma construção *ad hoc*, ou os que se encontram afastados de todo centro urbano, devem possuir escadas de pelo menos 12m de altura, para serem usadas em qualquer emergência. Em alguns casos, se o espaço o permitir, os proprietários de hotéis serão obrigados a construir escadas de emergência nos espaços laterais ou posteriores do prédio, comunicando-se por portas adicionais, abertas nos lugares determinados para cada andar do hotel.

ORGANIZAÇÃO PARA PREVENIR INCÊNDIOS

Uma pequena chama pode-se transformar em uma tragédia, o que obriga prevenir o público usuário sobre os procedimentos que devem ser seguidos em caso de incêndio e suas conseqüências. Se o indivíduo não está consciente do efeito destrutivo do fogo e do perigo que implica um incêndio, menos importância dará à sua atuação ante uma eventualidade como essa.

A proteção contra incêndios não se limita ao exposto, mas obedece a algo mais, como segue.

CONSCIENTIZAÇÃO DO PESSOAL

A conscientização dos funcionários em relação ao fogo é uma prioridade básica da gerência, pelo que se devem considerar os aspectos:

- Rigoroso cumprimento das disposições referentes à prevenção de incêndios
- Convicção de que qualquer fogo ocasional deve ser eliminado rapidamente
- Conhecimento de que existem equipamentos contra incêndios à disposição do pessoal
- Estarem cientes da manutenção e do cuidado com o equipamento contra incêndios e do sistema de alarme para permanente operação e uso
- Conhecimento da sua atuação em caso de incêndio, de forma a facilitar o plano de evacuação do hotel; cada um deverá agir de acordo com a sua condição de funcionário, de integrante da brigada de incêndios, de hóspede ou de visitante
- Conscientização do custo e das perdas que ocasiona um incêndio e da perda irreparável de vidas humanas, sem esquecer que a vítima pode ser o próprio gerente

BRIGADA DE INCÊNDIOS

Toda instalação hoteleira deverá contar com pessoal especificamente treinado para o combate a incêndios. O tamanho da brigada de incêndios dependerá da dimensão do hotel. Esse corpo de segurança fundamenta sua razão de ser na prevenção do incêndio antes de combatê-lo, pois, devido à dimensão e ao equipamento disponível, será impossível controlar um incêndio declarado; assim tem como finalidade:

- Proteger o pessoal de qualquer tipo de incêndio
- Proteger a instalação hoteleira, em toda a sua dimensão, de qualquer dano causado pelo fogo
- Combater qualquer ameaça de incêndio que se produza em qualquer ambiente do hotel
- Dirigir o plano de evacuação em caso de incêndio
- Colaborar com os bombeiros da localidade

Organização da brigada

Para cumprir com os fins estabelecidos previamente, a brigada de incêndios deve responder a uma organização funcional e flexível que lhe permita enfrentar qualquer situação perigosa ocasionada pelo fogo.

O conceito que se apresenta de tal situação obedece ao critério de que "todo pessoal do hotel, em um momento crítico, deve fazer parte da brigada de incêndios". Isso nos faz pensar em uma *organização fixa* e em outra *adaptável*. A organização fixa é aquela que, por norma, se responsabiliza de forma direta e permanente pela prevenção e pela segurança contra incêndios. Sua composição pode estar limitada a um chefe de brigada, uma equipe de extintores e uma equipe de evacuação (Fig. 7.2).

Funções gerais dos membros da brigada de incêndios

A brigada deverá estar constituída por uma organização fixa de três pessoas e por uma organização adaptável, a que estará integrada por todos os funcionários capazes de manusear extintores e pelos encarregados da evacuação de cada andar, que deverão estar perfeitamente treinados para sua função. Assim, se pode falar de uma organização fixa de três pessoas e uma organização adaptável de 5 a 15 pessoas como mínimo, dependendo das dimensões do hotel.

Chefe de brigada

O chefe de brigada tem as seguintes obrigações:

a) Conhecer o plano geral contra incêndios procedente da gerência de segurança.
b) Contribuir com o plano trazendo sugestões, quando conveniente.
c) Manter todos os componentes da brigada preparados no que se refere a:

- Manuseio de extintores
- Tarefas específicas de cada um deles em caso de desastre
- Procedimentos de evacuação
- Normas que devem ser cumpridas no caso de um incêndio

d) Consultar sempre o engenheiro de segurança e estar atualizado com os novos procedimentos de combate a incêndios.
e) Realizar exercícios de treinamento de combate a incêndios de forma periódica.
f) Responsabilizar-se pela manutenção do equipamento contra incêndios.
g) Realizar inspeções permanentes na instalação hoteleira.
h) Conhecer perfeitamente todas as áreas do hotel e, de preferência, os pontos críticos que possam gerar um incêndio.
i) Manter uma relação atualizada dos principais meios externos de socorro, corpo de bombeiros, polícia, Cruz Vermelha, para casos de emergência.

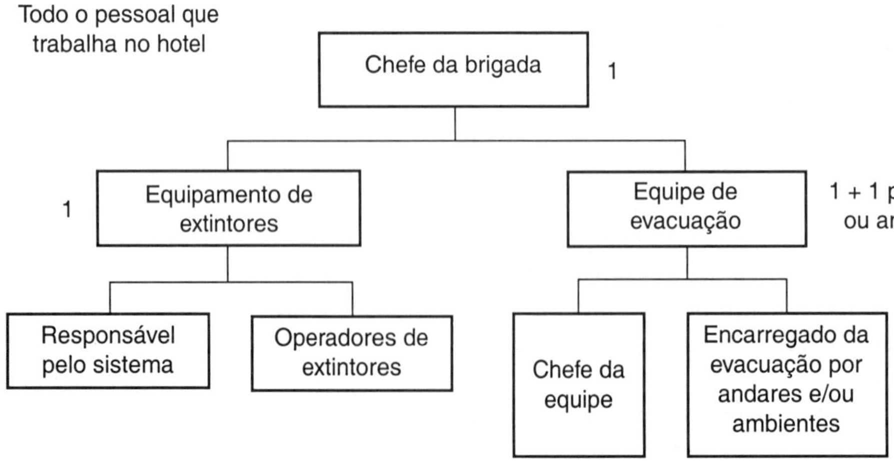

Figura 7.2

j) Manter-se informado das tarefas que se realizam no hotel e estar em estreita comunicação com o resto do pessoal da instalação.
k) Informar, de forma constante, sobre irregularidades, circunstâncias e procedimentos inseguros que, na sua opinião, possam causar incêndio e, na ocasião apropriada, aplicar as medidas corretivas correspondentes.

Chefe do sistema de extinção

O chefe do sistema de extinção tem por obrigação:

a) Responsabilizar-se pela preparação, conhecimento e manuseio dos extintores por parte de todos os trabalhadores do hotel.
b) Em caso de incêndio, responsabilizar-se por direção, manuseio e combate do fogo, com o resto do pessoal e todos os equipamentos de extintores existentes.
c) Manusear corretamente as mangueiras e instalações fixas contra incêndios que se encontrem em cada andar para o combate ao fogo.
d) Responsabilizar-se pelo bom estado e funcionamento de todos os extintores, qualquer que seja o modelo e o tipo.
e) Responsabilizar-se pela carga dos extintores, que estará de acordo com as normas existentes para cada equipamento.
f) Limpar, carregar e repor os extintores em lugar apropriado, uma vez utilizados e encerrada a ameaça de incêndio.
g) Informar permanentemente, o chefe da brigada, o estado geral do sistema de extintores.
h) Estar devidamente capacitado para operar e controlar outros sistemas automáticos de combate ao fogo, como aspersores, sensores, etc.
i) Verificar as válvulas de controle dos aspersores para determinar seu bom funcionamento; em caso de terem sido utilizadas, trocar as cabeças e controlar a pressão da água.

Operador de extintores

São operadores todos os funcionários do hotel, sem exceção, de modo que qualquer um deles poderá operar os extintores, se necessário, no momento oportuno. Todos eles devem estar perfeitamente capacitados para:

- Os tipos de extintores com que o hotel conta
- O uso de extintores, para evitar erros de aplicação
- Manusear de cada extintor em qualquer circunstância anormal
- Precauções no combate ao fogo
- Uso de equipamento de proteção pessoal

No caso de usar um equipamento de extintores, o responsável informará o chefe desse sistema do hotel.

Todo o pessoal é responsável pela vigilância, cuidado e conservação dos equipamentos de combate a incêndio, por meio de limpeza, ordem e cumprimento das normas que se determinem no hotel.

Chefe de equipe de evacuação

O chefe de equipe de evacuação tem as obrigações:

a) Responsabilizar-se pelo sucesso do plano de evacuação da instalação em caso de incêndio.
b) Efetuar inspeções periódicas a fim de detectar os perigos de incêndio e verificar se todos os equipamentos e meios à sua disposição, para a evacuação do pessoal, encontram-se em bom estado.
c) Proporcionar informação escrita sobre o plano de evacuação e sua seqüência na execução a todos os hóspedes do hotel, a fim de que, em caso de incêndio, esta se realize sem conseqüências fatais.

Realizando periodicamente simulações de incêndios, deverá:

- Verificar se todos os funcionários conhecem o papel que devem desempenhar em tais situações e se todos sabem utilizar os equipamentos contra incêndios
- Verificar se a equipe de evacuação conhece perfeitamente sua missão, sabe onde se encontram as saídas de emergência, como abandonar o prédio de forma ordenada e como guiar os hóspedes de forma que se evite o pânico.
- Garantir-se de que o número de saídas de emergência é suficiente para permitir a evacuação rápida do hotel

- Garantir-se da conscientização dos hóspedes e do conhecimento que eles têm do plano de evacuação

d) Responsabilizar-se pela evacuação total dos hóspedes e funcionários.
e) Tomar as medidas necessárias, como fechar portas nos lugares onde considere necessário para evitar a propagação das chamas, cobrir equipamentos de muito valor que possam se deteriorar como uso da água e dos agentes químicos, proporcionar iluminação especial, se preciso, conduzir os hóspedes ordenadamente para os postos de reunião e evacuação e controlar a atuação do seu pessoal.
f) Colaborar, e *coordenar* ações, com os bombeiros presentes no lugar do incêndio.
g) No caso de existirem kits de salvamento no hotel (acessórios contra fumaça, coletes antifogo ou qualquer outro elemento), ajudar os hóspedes a utilizá-los de forma correta.
h) Manter estreitas relação e cooperação com as autoridades que colaboram no combate ao desastre (polícia, bombeiros, etc.).
i) Informar o chefe da brigada da sua atuação final.

Encarregados da evacuação

Em cada andar deverá ser nomeado um responsável pela evacuação, caso seja necessário; pode ser um dos funcionários mais antigos ou o mais capacitado e deverá ser treinado para tal missão. Todos os outros funcionários se colocarão, automaticamente, sob suas ordens para cumprir o plano de evacuação. No caso do hotel contar com supervisores especiais por andar, eles serão os responsáveis pela evacuação do pessoal. As principais funções são:

a) Conhecer o itinerário da evacuação.
b) Verificar permanentemente o estado de funcionamento de portas e saídas de emergência.
c) Supervisionar, se existirem, o estado dos kits de salvamento.
d) Ativar o alarme assim que ocorra indício de fogo; isso também se deve inculcar nos outros funcionários e hóspedes, quando sejam eles que detectem o início do fogo.
e) Conhecer e pôr em prática as instruções de segurança referentes ao fogo.
f) Conhecer e pôr em prática as instruções de segurança sobre a evacuação do pessoal.
g) Conduzir o pessoal conforme os itinerários fixados e dar preferência a mulheres, aos idosos e crianças.
h) Manter a serenidade do pessoal para evitar o pânico.
i) Verificar que todos os hóspedes e funcionários tenham abandonado os quartos e o andar, em direção ao ponto de reunião determinado previamente.
j) Guiá-los desde o ponto de reunião até a saída final do hotel.
k) Cumprir as ordens do chefe de evacuação e coordenar esforços com os outros responsáveis pela evacuação, a fim de realizar a operação de forma ordenada, serena e no menor tempo possível.
l) Conscientiza-se de que sua única missão, nesses momentos, é salvar vidas.

Equipamentos da brigada de incêndios

O equipamento mínimo com que deverá contar a brigada de incêndios em um hotel é:

EQUIPAMENTO PARA EXTINÇÃO DE INCÊNDIOS

A multiplicidade de equipamentos contra incêndios vai desde baldes de água ou de areia até instalações completas de aspersores. O tipo e a quantidade de equipamentos necessários dependerá do tamanho e da construção do hotel, o qual deverá contar com equipamento de combate a incêndios, a fim de facilitar o trabalho dos bombeiros e da prevenção interna; para isso, deverá ser mantido um sistema de mangueiras nas torneiras. O sistema de aspersores consta de encanamento ou condutores de água dispostos no forro, especialmente de almoxarifados, cozinhas, salas de máquinas, etc. e nos lugares onde exista maior perigo de incêndio. Ocorrendo o incêndio, o calor funde a lâmina dos condutores e a água molha a área atingida.

A seguir será tratado, de forma mais ampla, o conhecimento sobre os extintores: em geral se conta com extintores portáteis, sobre rodas, bombas, motobombas ou autobombas.

Apesar de todas as medidas de prevenção que se tomem, sempre é factível ocorrer incêndio, quando se devem pôr em prática, sem demora, todos os conhecimentos sobre extinção e controle de incêndios.

O equipamento utilizado é de duas classes: fixo e portátil. Os sistemas fixos incluem equipamento para água, aspersores automáticos, hidrantes e mangueiras e sistemas especiais de encanamento para químico seco, dióxido de carbono e espuma. Os extintores com capacidade acima de 17 galões (espuma e ácido) e de 35kg (dióxido de carbono e pó químico) estão equipados com rodas, para facilitar seu traslado.

Sempre se deve contar com extintores portáteis para ajudar a ação dos sistemas fixos, já que com eles é possível controlar os pequenos incêndios antes que entre em operação toda a instalação fixa.

Na maioria dos hotéis, o pessoal da brigada de incêndio deverá operar as mangueiras e os hidrantes; porém, todo o pessoal deve estar familiarizado com a localização desses equipamentos e com o modo de usá-los, para que, chegado o momento, possa ajudar a brigada.

EXTINTORES PORTÁTEIS

Esses aparelhos possuem dois elementos: o expelente e o neutralizador. Os extintores portáteis são os equipamentos manuais de extinção de incêndios usados para combater incêndios pequenos, entre o momento em que são descobertos e o funcionamento do equipamento automático ou da chegada dos bombeiros.

Para que os extintores portáteis sejam efetivos devem reunir as seguintes características:

- Serem confiáveis
- Serem do tipo adequado para combater o tipo de fogo que surja nessa área
- Estarem localizados em uma área de fácil acesso
- Estarem conservados em perfeitas condições de uso, de forma que se revisem freqüentemente e se recarreguem sempre que necessário
- Serem facilmente localizados e usados efetiva e rapidamente pelo pessoal da área

Os extintores portáteis classificam-se de acordo com sua habilidade para atacar tipos específicos de fogo, pelo que se recomenda serem identificados com os seguintes símbolos:

Extintores portáteis segundo sua carga

Soda-ácido	A não se usa em B e C
Água	A não se usa em B e C
Água penetrante	A não se usa em B e C
Espuma	AB não se usa em C
Tetracloreto de carbono	BC não contém água
Dióxido de carbono (CO_2)	BC não contém água
Pó seco	BC tem bicarbonato de sódio tratado. O expelente é uma garrafa exterior com gás carbônico. Desloca o oxigênio e, ao combinar-se com a tempera tura, produz novamente gás carbônico e assim reforça a primeira ação

A: extintores adequados para o fogo *Classe A*. A letra *A*, de cor branca, está sobre um triângulo de cor verde.

B: extintores adequados para o fogo *Classe B*. A letra *B*, de cor branca, está sobre um quadrado de cor vermelha.

C: extintores adequados para o fogo *Classe C*. A letra *C*, de cor branca está sobre um círculo de cor azul.

D: extintores adequados para incêndios de metais combustíveis. A letra *D*, de cor branca, está sobre uma estrela de cinco pontas de cor amarela.

Os extintores adequados para mais de um tipo de fogo devem estar identificados com os signos que correspondem ao tipo de fogo para o qual é adequado, um ao lado do outro.

Extintores de Classe A

Esses extintores são usados em incêndios de combustíveis comuns, como madeira, papel e têxteis, nos quais se requer um efeito de esfriamento; são os de água, soda-ácido e espuma química.

Os *de água* são de três tipos: sob pressão, com cilindro e com bomba. O primeiro mantém a água continuamente sob pressão de ar comprimido e a expele quando se pressiona a válvula; o segundo contém um cilindro com gás comprimido que expulsa a água quando se quebra o lacre e, o terceiro, expulsa a água quando se aciona manualmente a bomba. O de cilindro se descarrega totalmente quando é acionado, enquanto os outros dois não.

No de soda-ácido se usa uma solução de bicarbonato de sódio e ácido sulfúrico em recipientes separados. Ao virar o aparelho, os dois líquidos se misturam e formam uma reação química que produz a espuma e o gás que expele a espuma. Uma vez operado, se descarrega totalmente.

O de espuma química tem dois recipientes no seu interior: um contém uma solução de bicarbonato de sódio e, o outro, uma solução de sulfato de alumínio. É posto em operação quando invertido, se misturam as duas soluções; a reação química produz a espuma e o gás que a expele através da mangueira. Descarrega-se totalmente.

Extintores de Classe B

Os extintores de Classe *B* são aqueles projetados para apagar incêndios de gases e líquidos inflamáveis, como óleo, gasolina, pintura e gordura, nos quais é essencial excluir o oxigênio ou interromper a reação em cadeia. Nessa classe encontramos os de *espuma química*, os de *dióxido de carbono* e os de *químico seco*.

Os de espuma foram explicados em linhas anteriores.

Os de dióxido de carbono se caracterizam por não serem condutores de eletricidade e consistem em um cilindro dentro do qual se encontra o gás de dióxido de carbono, liqüefeito a alta pressão de 850lb/p^2. Ao retirar a trava do lacre e pressionar a válvula, se permite a saída do líquido, que se volatiliza no bocal difusor. O gás dilui o oxigênio e os vapores combustíveis, de forma que se apaga por abafamento. O funcionamento é obtido pela pressão existente no extintor.

Os de químico seco podem ser do tipo de pressão ou com cilindro impulsor. Os do primeiro tipo são aqueles em que o pó químico se encontra permanentemente sob pressão dentro do recipiente e, para operá-los, basta tirar a trava do lacre e pressionar a válvula que permite a saída do químico. Para manter a pressão se usam nitrogênio, CO_2 ou ar comprimido seco.

Os de cilindro são aqueles que têm o químico seco no recipiente e em um cilindro contêm o gás, o qual, ao ser liberado pela quebra do lacre, impele o químico para fora. Esse modelo conta com um bocal de controle no extremo da mangueira, a fim de controlar a aplicação do pó. A cada seis meses, deve-se retirar o cilindro interno de CO_2 a fim de pesá-lo, para verificar se tem vazamento.

O químico seco apaga o fogo pela interrupção da reação em cadeia que alimenta a chama. Uma vez acionados, devem ser descarregados totalmente. O químico usa três tipos de agentes básicos: bicarbonato de sódio, bicarbonato de potássio e fosfato químico seco ABC ou de uso múltiplo, e se caracteriza por aderir à superfície dos sólidos, com o que retarda a combustão.

Extintores de Classe C

Esse tipo de extintor é o necessário para apagar incêndios em equipamentos ou cercas elétricas, nos quais a propriedade de não ter condutividade é de importância primordial; por exemplo, os extintores com soluções aquosas não devem ser usados nesse tipo do incêndio, porque, como a água é condutora de eletricidade, o funcionário pode sofrer um choque com a corrente que passa pelo jato da solução. Basicamente se usam os extintores de químico seco e os de dióxido de carbono, descritos no item anterior.

Extintores de Classe D

Essa classe de extintores é projetada para apagar incêndios de metais combustíveis como magnésio, potássio, alumínio em pó, zinco, sódio, titânio, zircônio e lítio. As pessoas que trabalham em lugares onde há risco desse tipo de incêndio deverão conhecer os perigos que apresenta usar extintores A, B e C em incêndios para extintores Classe D ou de pó seco (não se deve confundir com químico seco) (Tabelas 7.4 e 7.5).

Para a seleção dos extintores, se deve considerar o mencionado em parágrafos anteriores e, como elemento de apoio, as Tabelas 7.6 e 7.7, que indicam alguns tipos e medidas.

Seleção dos extintores para incêndios de Classe C

Para incêndios de Classe C, deve-se usar equipamento com agente extintor não condutor de eletricidade. A proteção será determinada com base nas tabelas e nas classificações anteriores, pois a energia elétrica produzirá fogos de Classe A ou B, além do risco que por si só implica.

Seleção dos extintores para incêndios de Classe D

Para fogos Classe D, será utilizado um equipamento com agente extintor especial.

Os extintores químicos com rodízios devem-se localizar preferentemente em lugares com maior perigo de fogo, como depósitos, cozinhas, salas de máquinas, etc. Em caso de fogo em outro lugar, esses equipamentos se transformam em parte do equipamento da brigada de incêndios que deverá se levado ao local do fogo como apoio para combater as chamas.

Em relação aos extintores de incêndio portáteis, deve-se considerar, quando contêm alguns elementos (como o tetracloreto de carbono), que sua utilização em recintos fechados produzem intoxicações.

Máscaras contra gases

Ao repelir o fogo, é conveniente usar máscaras que proporcionem oxigênio. Isso permitirá que os elementos da brigada possam:

- Entrar em quartos cheios de fumaça, para tarefas de salvamento
- Fechar encanamentos de gás e desligar a corrente elétrica
- Facilitar a localização do foco de incêndio

A desvantagem principal dessas máscaras é limitar ainda mais a visibilidade nos locais saturados pela fumaça.

As Figuras 7.3 e 7.4, retiradas das *Anotações de Segurança Industrial* do CESEM-ESPANHA, se mostram alguns dos aparelhos de adução de ar e filtrantes, como modelos que se podem utilizar.

Lanternas elétricas manuais

As lanternas desse tipo são de extrema utilidade para:

- Guiar e evacuar os ambientes em meio à fumaça ou por falta de energia elétrica
- Acoplar mangueiras às torneiras durante a noite, detectar sua localização, observar os mecanismos que fazem funcionar os pulverizadores e, em geral, facilitar a tarefa de resgate

Escadas manuais

É uma vantagem contar com escadas manuais como implemento para combater incêndios; devem estar em local fixo e de fácil localização, para sua rápida utilização quando necessário.

Mangueiras

Sempre vantajoso e obrigatório é contar com um equipamento de mangueiras em cada andar e ambiente, geralmente de lona de algodão, recobertas com lona ou com material antiinflamável que facilite a extinção dos fogos iniciais. Suas dimensões devem permitir a utilização no maior espaço possível e devem estar conectadas permanentemente a registros de água de alta pressão, a fim de serem úteis.

Chaves

Deverá contar-se com um molho de chaves de diversos usos, como chaves para as bocas de incêndio, para as mangueiras, para os grupos e para outros fins. Devem-se localizar no lugar central de cada ambiente, para se usar rapidamente em caso de incêndio.

Capacetes de proteção

Cada membro da brigada deve contar com um capacete de proteção a ele especialmente destinado e que, em caso de incêndio, deverá usar obrigatoriamente; ele facilitará a tarefa de salvamento. Geralmente, deve ser um capacete não inflamável e isolante elétrico. Como exemplo, cabe mencionar os capacetes de proteção que estabelece a norma UNE 23.094, do Instituto Nacional de Racionalização do Trabalho, cuja transcrição se faz a seguir.

Tabela 7.4 – Uso de extintores dependendo do tipo de incêndio.

Classe de fogo		Extintores						
Classe	**Material combustível**	**Água**	**Soda-ácido**	**Espuma**	**Dióxido de carbono**	**Químico BC**	**Químico ABC**	**Agentes especiais**
A	Madeira, panos, papéis e sólidos em geral	O	O	O	^	^	O	X
B	Líquidos inflamáveis	X	X	O	O	O	O	^
C	Equipamento elétrico "vivo"	X	X	X	O	O	O	^
D	Metais combustíveis	X	X	X	X	^	^	O

0 Adequado para o tipo de fogo
^ Pode-se usar
X Não deve ser usado nessa classe

Tabela 7.5 – Quadro comparativo dos extintores portáteis de primeira linha.

Tipos de extintores	Soda-ácido	Água	Água penetrante ou de gás	Espuma	Tetracloreto de carbono	Dióxido de carbono	Pó seco
Agentes químicos usados	Bicarbonato de sódio - Ácido sulfúrico	Água	Água/Gás – Gás carbônico	Sulfato de alumínio – Bicarbona-to de sódio – Agente espumante	Tetracloreto de carbono	Dióxido de carbono sob pressão (estado líquido CO_2)	Bicarbonato de sódio tratado por procedimento químico e gás carbônico
Classe de incêndio em que se usa	A	A	A	A-B	B-C	B-C	B-C
Classe de incêndio em que não se deve usar	B-C	B-C	B-C	C			
Efeitos sobre o fogo	Resfriante	Resfriante	Resfriante	Sufocante	Sufocante	Sufocante Resfriante	Sufocante Resfriante
Condutor de eletricidade	Sim	Sim	Sim	Sim	Não	Não	Não

Tabela 7.6 – Para incêndios de Classe A.

Classificação e capacidade dos extintores			Máxima distância do extintor ao pessoal		Áreas protegidas por extintores					
Classificação	Capacidade (água)				Risco mínimo		Risco médio		Risco grave	
---------	Litros	Galões	m	pés	m^2	$pés^2$	m^2	$pés^2$	m^2	$pés^2$
1-A	4,7	1,25	23	75	279	3.000	•	•	•	•
2-A	9,5	2,5	23	75	558	6.000	279	3.000	•	•
3-A	15,1	4	23	75	835	9.000	418	4.500	279	3.000
4-A	18,9	5	23	75	1.045	1.250	558	6.000	372	4.000
6-A	37,8	10	23	75	1.045	1.250	835	9.000	558	6.000

*Essas áreas não podem ser protegidas com extintores com classificação 1-A e 2-A.

Tabela 7.7 – Para incêndios de Classe B.

	Classificação de extintores	**Tempo mínimo de descarga**	**Área de extinção**		**Máxima distância entre o extintor e o pessoal**					
					Risco mínimo		**Risco médio**		**Risco grave**	
	———	**Segundos**	**m²**	**Pés²**	**m**	**Pés**	**m**	**Pés**	**m**	**Pés**
Exteriores	1-B	8	0,23	2,5	9,1	30	—	—	—	—
	2-B	8	0,45	5	9,1	30	—	—	—	—
	5-B	8	1,15	12,5	9,1	30	—	—	—	—
	10-B	8	2,32	25	15,2	50	9,1	30	—	—
	20-B	8	4,65	50	15,2	50	15,2	50	9,1	50
Interiores	40-B	13	9,29	100	15,2	50	15,2	50	15,2	50
	80-B	20	18,59	200	15,2	50	15,2	50	15,2	50
	160-B	31	37,17	400	15,2	50	15,2	50	15,2	50
	320-B	48	74,35	800	15,2	50	15,2	50	15,2	50
	640-B	75	148,70	1.600	15,2	50	15,2	50	15,2	50

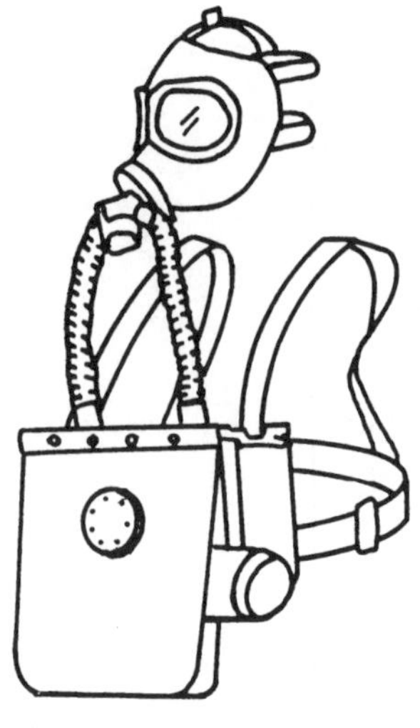

Figura 7.3 – Tipo de consumo constante com cilindro de oxigênio comprimido.

Figura 7.4 – Tipo de consumo constante e regeneração do ar.

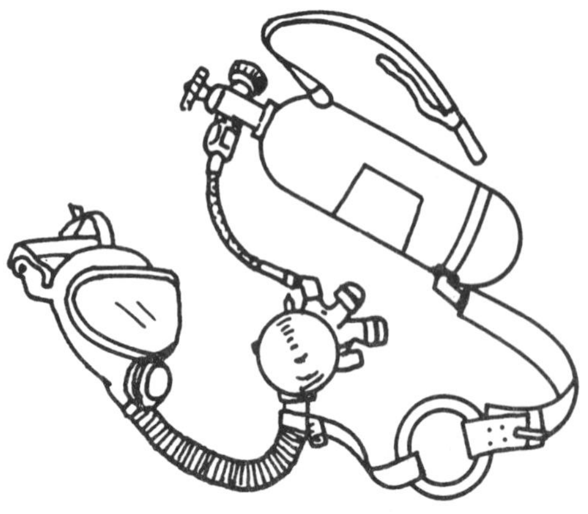

Figura 7.5 – Aparelhos de cilindro ou de ar comprimido que funcionam segundo a demanda.

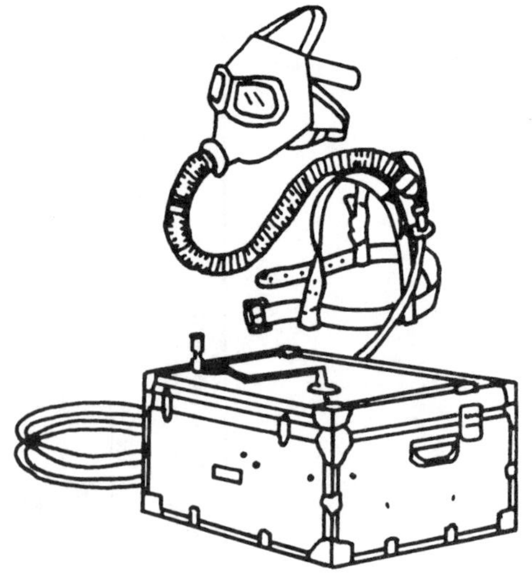

Figura 7.6 – Máscaras de tubo flexível com ventilador.

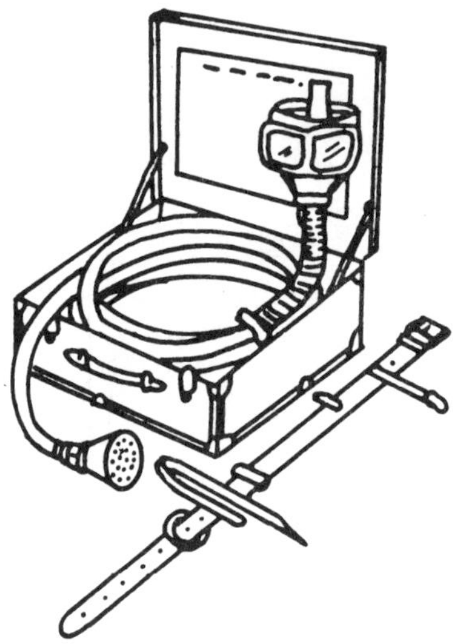

Figura 7.7 – Aparelhos de tubo flexível sem ventilador.

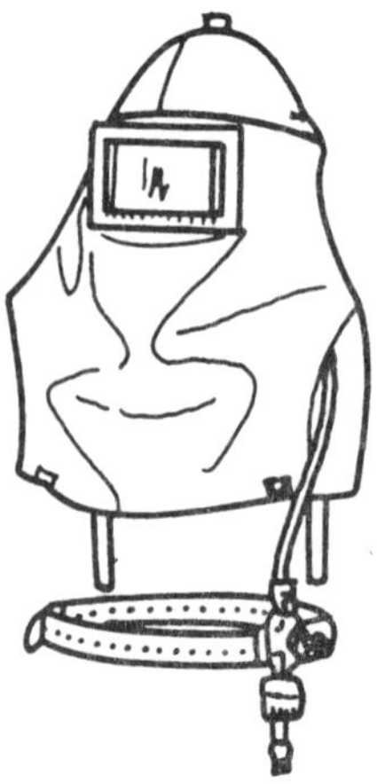

Figura 7.8 – Aparelhos para ramificação sobre canalização de ar comprimido.

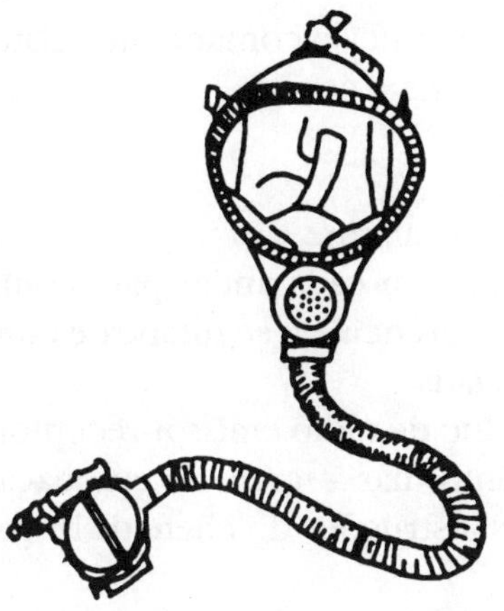

Figura 7.9 – Aparelho de proteção contra as partículas abrasivas.

Figura 7.12 – Máscara autônoma.

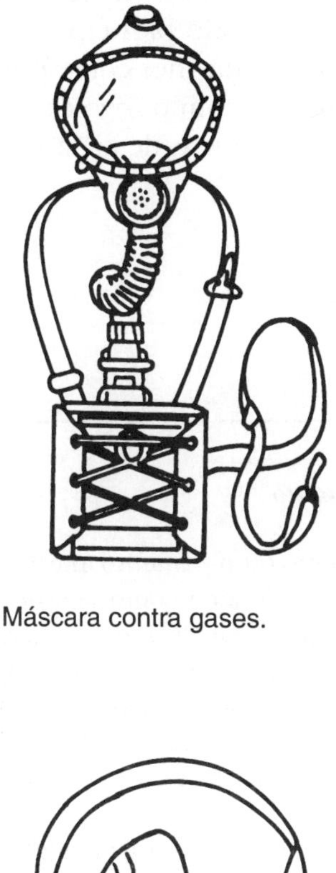

Figura 7.10 – Máscara contra gases.

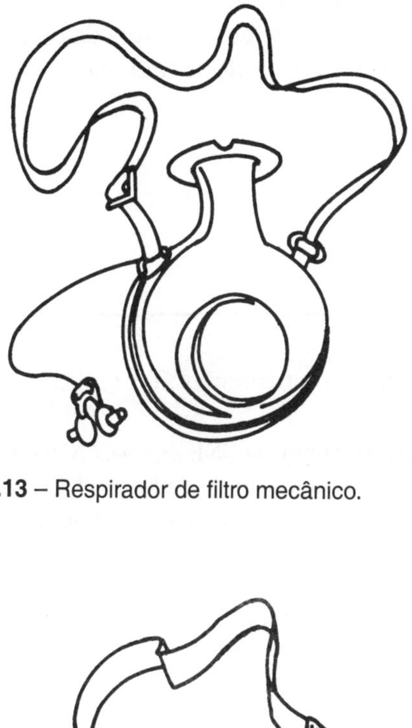

Figura 7.13 – Respirador de filtro mecânico.

Figura 7.11 – Máscara contra os gases.

Figura 7.14 – Respirador de filtro químico e mecânico combinado.

POLAINAS OU BOTAS

Cada membro da brigada de incêndios deverá contar com botas de lã e couro de rápida retirada, para serem utilizadas nos lugares onde há fogo, para evitar queimaduras nas pernas e facilitar sua tarefa de salvamento (Fig. 7.17).

MEIOS DE COMUNICAÇÃO

De todo ponto de vista é necessário contar com os mecanismos de comunicação individual para:

- Dar o alarme aos hóspedes
- Reunir os funcionários que ajudarão na evacuação
- Comunicar-se com o painel central de emergência
- Comunicar-se com o chefe da brigada e com as autoridades de segurança

Para tanto é preciso contar com o sistema automático de alarme e com:

- Sirenes
- Apitos de alarme
- Telefone em cada andar para comunicação com a gerência de segurança e com o chefe da brigada
- Aparelho de rádio emissor-receptor portátil, para informar a tarefa de evacuação e receber as instruções do chefe da brigada

CONEXÃO

Deve existir conexão com os outros membros da segurança do hotel e com os da equipe de manutenção, que deverão participar ativamente das tarefas específicas que lhes correspondam, relacionadas diretamente com o fogo (corrente elétrica, cargas de força, sistemas de água, etc.).

Capacetes de proteção. Generalidades.

Proposta da norma UNE 23.094, do Instituto Nacional de Racionalização do Trabalho. Fica submetida a informação pública. Quantas observações, emendas e melhorias se estimem oportunas podem dirigir-se ao Secretário da Comissão Técnica núm. 23, I.N.R.T., rua de Serrano, 150, Madrid-6.

1. Objeto

Essa norma tem por objeto indicar as características gerais dos capacetes de proteção utilizados no trabalho.

2. Forma e acabamento

O capacete deverá ter forma de cúpula com viseira e todas suas bordas devem ser lisas e arredondadas. Os acabamentos serão polidos e carecerão de protuberâncias ou rebarbas cortantes. Poderão contar com um barbicacho para segurar o capacete na cabeça, mas garantindo a livre circulação do ar para ventilação da cabeça. A superfície exterior do capacete será lisa e de cor uniforme.

3. Revestimento

O revestimento (equipamento interior) será de material flexível, não elástico, como faixa de algodão, couro revestido ou similar, estando proscrito o uso de elementos metálicos. Formará um conjunto móvel dentro do capacete que se ajusta perfeitamente a qualquer cabeça e que assegure entre ela e a parte do cimo interno do capacete uma distância de 30 a 40mm (valores limites).

O revestimento deverá ser facilmente substituível.

Todo o equipamento interior do capacete deverá reunir as condições higiênicas necessárias; aquelas partes que se encontrem em contato com a pele do usuário estarão projetadas de forma a não causar irritações.

O revestimento ou equipamento interior do capacete contará com uma faixa interior na medida do contorno da cabeça do usuário. Essa longitude determinará o tamanho do capacete. Tratando-se de uma faixa regulável, se cuidará para que seja respeitado o espaço de ventilação entre o capacete e a faixa, que deverá ter de 5 a 10mm. A largura da faixa oscilará entre 30 e 35mm. Não deverá exercer nenhuma pressão em nenhum lugar da cabeça.

4. Classificação

Segundo os resultados obtidos nas provas que se indicam na norma UNE 23.095, os capacetes se classificam da seguinte forma:

a) Classe A: capacete de trabalho comum.
b) Classe B: capacete de trabalho não inflamável.
c) Classe C: capacete de trabalho não inflamável e isolante elétrico.

5. Designação

Os capacetes serão designados indicando a classe a que pertençam, seguida da referência desta norma.
Exemplo de designação de um capacete protetor não inflamável e isolante elétrico: capacete protetor Tipo C UNE 23.094.

6. Medidas

As medidas dos capacetes serão:

a) Largura interior: não inferior a 195mm.
b) Comprimento interior: não inferior a 225mm.
c) Altura: não inferior a 125mm, medida entre o plano da união da aba com a copa e a parte superior do mesmo.
d) Aba: não inferior a 25mm, em qualquer ponto, de forma que as orelhas do portador do capacete fiquem dentro da área protegida. A aba se medirá desde sua união com a copa até sua própria borda.
e) Medida V: Maior ou igual a 30mm.
f) As medidas marcadas nas Figuras 7.15 e 7.16 com a letra *a* serão variáveis segundo o fabricante.

A base do capacete terá forma aparentemente elíptica.
A espessura do material do capacete dependerá da sua qualidade e de que se ajuste às prescrições da Norma UNE 23.095.

6.1 Tolerâncias

Nas medidas citadas se admitirá uma tolerância de ± 0,5 por 100.

7. Marcas

No interior e em lugar visível, os capacetes devem levar marcadas as informações:

a) Tamanho ou série de tamanhos (perímetro da faixa interior, em centímetros).
b) Tipo de capacete (comum, não inflamável, ou muito inflamável e isolante elétrico).
c) Referência dessa norma.

8. Normas para consulta

Ver a norma seguinte:

UNE 23.005 - capacetes de proteção. Provas.

Polaina de lã e couro fácil de desprender

Exemplo de uso de botas na indústria siderúrgica espanhola

Norma publicada pela Comissão de Segurança na Indústria Siderúrgica espanhola, com data de 1 de maio de 1962. Substitui a publicada em 1959. Todas as normas publicadas pela referida Comissão são sempre submetidas a estudo e revisão.

Denominação: Polaina de lã e couro, rápida de desprender, com correias e hastes de sujeição.
Tamanho: único.
Aplicação: Em todas as oficinas em que existe perigo de queimaduras nas pernas e pés, por projeção de material incandescente.
Descrição:

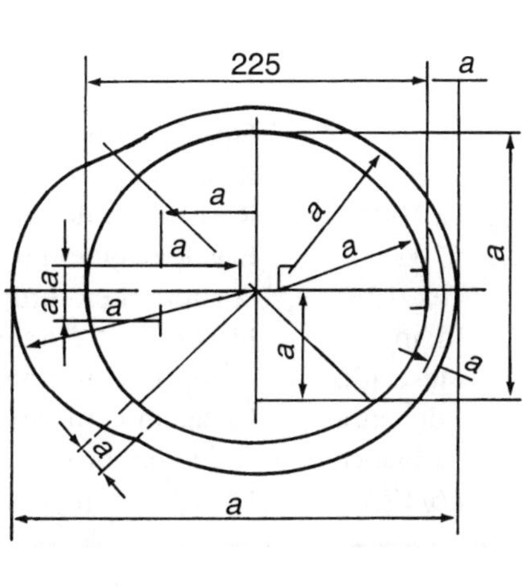

Figura 7.15

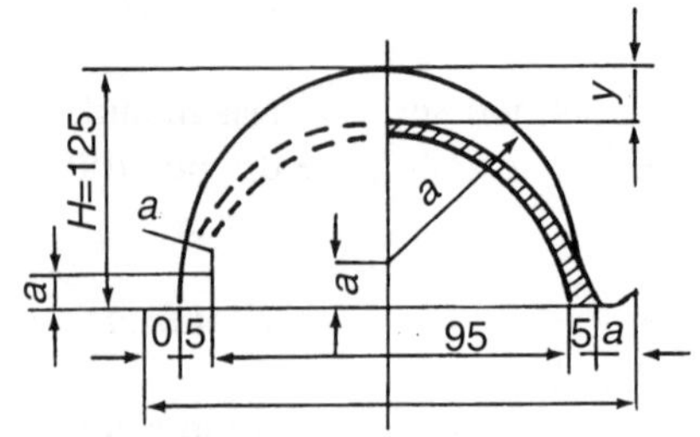

Figura 7.16

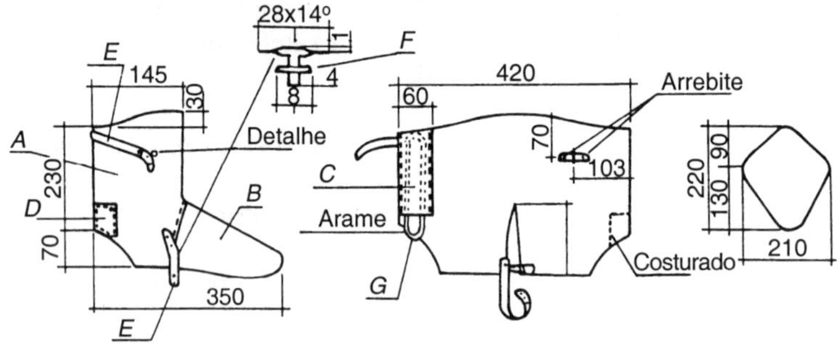

Figura 7.17

Tabela 7.8

Conceito	Denominação	Material
A	Avental	De lã 100%
B	Protetor de pés	Couro de lombo de potro ao cromo vegetal, espessura de 3m/m
C	Fixador de varetas	Couro de lombo de potro ao cromo vegetal, espessura 2m/m, costurado na peça A, pela parte interna, com costura dupla
D	Prendedor de varetas	Couro de lombo do potro a cromo vegetal, espessura 2m/m, costurado pela parte externa da peça A.
E	Correia de sujeição	Couro de lombo de potro ao cromo vegetal, espessura 2m/m, costurado e rebitado pela parte externa da peça A
F	Abotoaduras	Aço galvanizado
G	Vareta	Aço galvanizado
	Costuras	Com fio resistente de cânhamo

Especificação do gênero de lã:

Material .... Lã 100%
Peso m² 570g
Número de fios em urdidura .... Tex. 123
Número de fios em trama .... Idem
Cor .... Mesclado de cinza e branco
Fios por centímetro em urdidura 16/17
Fios de trama por cm 15/16
Resistência do tecido em urdidura 34kg
Resistência do tecido em trama 30kg
Elasticidade em tensão até a ruptura em urdidura 186m/m
Elasticidade em tensão até a ruptura em trama 202m/m
Lavagem com sabão 1% a frio em urdidura .... 0,5 %
Lavagem com sabão 1% a frio em trama ..... 1 %

PRECAUÇÕES DE SEGURANÇA NO COMBATE A INCÊNDIOS

PRECAUÇÕES GERAIS

Ocorrendo um incêndio, as primeiras coisas em que se deve pensar são:

a) Dar o alarme.
b) Comunicar-se com o corpo de bombeiros.
c) Comunicar-se com as autoridades policiais.
d) Evacuar imediatamente o pessoal.
e) Aplicar imediatamente as principais medidas de combate ao fogo, de acordo com os planos do hotel (uso de extintores, de sacos de areia, de mangueiras de alta pressão, de aspersor automático, etc.).

PRECAUÇÕES DE OPERAÇÃO

a) Ao combater incêndios de líquidos inflamáveis, com espuma, não se deve apontar o jato para a superfície do líquido, porque este se espalhará e o alcance do incêndio ficará maior.
b) Ao se aproximar de um incêndio para combatê-lo com um extintor portátil, deve-se ter o cuidado de ter o vento pelas costas, o que permitirá aproximar-se mais do fogo para eliminá-lo.
c) Usar toda a carga do extintor até ter certeza de que eliminou o fogo; não se retirar, ficando de costas para o fogo, pois em algumas ocasiões a chama pode se reavivar.

PRECAUÇÕES DE SEGURANÇA AO COMBATER INCÊNDIOS

a) Ao abrir qualquer porta de acesso ao quarto ou ao prédio que está se incendiando, é necessário colocar-se sempre de lado e não de frente para ela, pois podem-se produzir fagulhas e uma explosão de fumaça, ao se expandirem os gases que estavam presos.
b) Em um quarto cheio de fumaça, deve-se manter a cabeça o mais próximo possível do piso, o que permitirá maior visibilidade e melhor respiração, pois a fumaça tende a subir.
c) Convém amarrar-se a uma corda, antes de entrar num quarto cheio de fumaça.
d) Deve-se ter cuidado para não cair em qualquer buraco ou abertura.
e) Quando se combate um incêndio usando uma escada, deve-se assegurar de que esteja apoiada firmemente e com a inclinação devida.
f) Não jogar jatos de água quando o fogo for ocasionado por pó fino. O jato pode consumir o pó e provocar uma explosão ou fazer com ele se acenda; por isso é melhor usar aspersores.
g) Ao combater o fogo por eletricidade é necessário conferir se a corrente do equipamento em chamas foi cortada, antes de tentar extingui-lo. Não devem ser usados extintores de água.
h) Quando se combate um fogo por óleo mineral ou solvente, sempre deve-se estar alerta em relação ao avanço das chamas. Estando muito perto, corre-se o risco de ficar preso por elas.
i) Havendo cilindros de combustíveis na área de incêndio, não se pode chegar muito perto, pois o calor das chamas pode provocar uma explosão ou os cilindros podem-se abrir e provocar um novo incremento do fogo.
j) Devem-se segurar firmemente as mangueiras, pois a pressão da água pode soltá-las e, uma vez soltas, chicotearão em todas as direções, causando lesões graves.
k) A primeira coisa a ser considerada por quem combate um incêndio é a sua própria segurança: correr riscos desnecessários traz como conseqüência possíveis lesões ou feridas.

DISCIPLINA

O conceito de disciplina implica em cumprir todas as normas que o dever impõe no combate ao fogo, de forma que o critério do pessoal deve ser exclusivamente o de sacrificar seu *eu* em favor da tarefa determinada. Se não houver disciplina e cada um pretender agir por si, o plano de combate ao fogo e o de salvamento estarão condenados ao fracasso. A complexidade e a periculosidade da tarefa de combate ao fogo obriga todos os meios do hotel (e da brigada, em especial) a manter uma estrita disciplina de combate a incêndios.

A disciplina começa na conscientização do pessoal sobre o seu papel, importância e resultados que devem ser obtidos, como salvar vidas e a própria instalação, fonte de seu trabalho. Para isso, são necessárias a formação permanente e a capacitação em relação aos regulamentos, normas e circulares a esse respeito, que devem ser perfeitamente conhecidos. Isso requer que todos os responsáveis pelo combate ao fogo reúnam certas características, como:

a) Educação.
b) Iniciativa para tomar decisões adequadas ao momento.
c) Flexibilidade de atuação.
d) Rapidez de análise.
e) Conhecimento da situação e da gravidade dos riscos em que implica o fogo.
f) Vontade de trabalhar.
g) Identificação com o hotel.
h) Caráter e decisão.
i) Fortaleza e condições físicas.
j) Espírito de grupo bem definido.

PLANO GERAL DE PREVENÇÃO A INCÊNDIOS

O plano geral de prevenção a incêndios faz parte do plano geral da segurança, mas, devido à gravidade que um incêndio envolve, estuda-se separadamente como conseqüência do mencionado no presente capítulo em relação ao fogo. O plano geral de prevenção a incêndio constitui uma norma e uma seqüência de atividades que se devem cumprir antes e no caso de ocorrer um incêndio; portanto, se devem considerar duas partes bem definidas: a) prevenção de incêndios, que é a mais importante, b) combate ao incêndio.

O referido plano deve ser revisado periodicamente e atualizado como conseqüência dos seguintes fatores:

- Resultado das simulações de incêndio, que permitem descobrir as deficiências do plano
- Aquisição de novos equipamentos para o hotel
- Aumento de novas atividades no hotel
- Ampliação com novos ambientes
- Surgimento de novas tecnologias
- Situação de abastecimento e manutenção dos equipamentos do combate a incêndios

O plano de prevenção a incêndios deve ser divulgado permanentemente a todo o pessoal da instalação, como segue:

- Ao pessoal que trabalha no hotel, mediante conferências e palestras periódicas
- Ao pessoal administrativo do hotel, mediante conferências e uma cópia do plano que cada um deve ler
- A todos, por meio de simulações de incêndio, a fim de que cada um saiba que papel lhe corresponde
- Aos hóspedes, mediante informação permanente, que consiste em cartilhas de segurança colocadas nos quartos, indicadores de perigo nos diversos ambientes do hotel, sinalização em geral e disposições proibitivas ou preventivas escritas em placas nos lugares onde se detecte maior probabilidade de incêndio

O plano deverá ser atualizado pelo gerente geral de segurança, prévio estudo com os chefes de equipe e comitê de segurança; além disso, deverá ter a aprovação do gerente geral do hotel, uma vez incluído no plano geral de segurança.

A seguir, mostra-se um esboço do que poderia ser um plano geral de prevenção a incêndio.

MODELO DE PREVENÇÃO A INCÊNDIOS

Situação

Existe a possibilidade de ocorrerem situações de incêndio no hotel, decorrentes de:

a) Circunstâncias inseguras (falta de manutenção, equipamentos desgastados, instalações deficientes, etc.).
b) Procedimentos inseguros (uso indevido das conexões elétricas, dos materiais explosivos e combustíveis, etc.).
c) Movimentos telúricos (que podem produzir curtos-circuitos e incêndios).
d) Falta de conscientização do pessoal (procedimentos inseguros como fumar na cama, deixar abajures acessos durante a noite, jogar fósforos e guimbas de cigarro nas lixeiras, não informar sobre perigos existentes, etc.).
e) Incêndios produzidos como conseqüência da propagação do fogo em prédios vizinhos.

f) Sabotagem (colocação de artefatos de relojoaria no local, lançamento de explosivos do exterior).

Objetivos

Os objetivos podem ser gerais e específicos.

a) *Geral* - O objetivo essencial do plano é impedir, de qualquer maneira, que o fogo alcance a instalação e evitar o máximo possível que se inicie um incêndio, como medida de segurança da instalação e dos hóspedes e para a tranqüilidade deles.
b) *Específico* - No caso de início de incêndio por qualquer uma das causas assinaladas no item anterior, deve-se contar com um plano de combate ao fogo e de evacuação do pessoal, a fim de evitar, em primeiro lugar, a perda de vidas humanas e, em segundo, a propagação do fogo. Desse modo, se impedirá a destruição total ou parcial da instalação.

Considerações gerais

De acordo com a dimensão do hotel, sua organização, o tipo de construção e a variedade de ambientes estudados em parágrafos anteriores, deverão ser considerados, entre outras, as questões:

- Número de andares e quartos
- Número de ambientes e tipos de atividades que se registram em cada um deles
- Nível sociocultural dos hóspedes
- Equipamento e instalações contidos no hotel
- Disposição das plantas do edifício
- Edifícios do entorno
- Organizações auxiliares (polícia e bombeiros) mais ou menos próximos do hotel
- Tipo de construção da instalação
- Facilidades de manutenção

Formas de ação preventiva

Em muitos países existem disposições legais sobre a prevenção de incêndios, de forma que algumas são mais estritas que outras. Sobre isso, a legislação britânica de 1972 estabelece a inspeção periódica dos hotéis e das casas de hóspedes, de forma que nenhum estabelecimento pode funcionar sem a respectiva aprovação e os infratores são castigados severamente.

As principais formas de ação preventiva que devem ser observadas em um plano contra incêndios são:

Aplicação de padrões

Os dados referentes a incêndios e suas análises posteriores têm dado lugar a uma série de requisitos e padronização de meios e elementos, obtidos basicamente dos trabalhos respectivos da "National Association of Protection against Burning of USA" (Associação Nacional de Proteção contra Incêndios dos Estados Unidos), do "British Standards Institute" (Instituto Britânico de Padrões) e de seus similares em outros países. Os mencionados padrões em geral se referem a:

a) Saídas de emergência (dimensões e distâncias).
b) Proteção estrutural (códigos e especificações técnicas de construção).
c) Especificações para paredes e tetos (com a finalidade de reduzir o grau de área inflamável).
d) Especificações para os materiais de construção e revestimento; eles devem ser à prova de combustibilidade; por exemplo, os materiais sintéticos são altamente combustíveis e perigosos.
e) Classificação dos materiais para a construção, como não combustíveis, não inflamáveis, inflamáveis, facilmente inflamáveis e altamente inflamáveis.

Segundo essa consideração, os materiais de revestimento que obedecem a tal classificação devem ser empregados em lugares em que não representem nenhum perigo. Seu uso deverá ser limitado e, se possível, os inflamáveis não serão utilizados nas saídas de emergência e escadas.

Indicadores de segurança

Além do abastecimento de água pelos grupos de combate a incêndios, devidamente verificado em quantidade e pressão, deverão existir indicadores de risco nas instalações, como:

a) Alarmes de som automático ativados pelo fogo, pelo calor ou pela fumaça.
b) Manual de instruções para operar os botões de rupturas de vidros.
c) Sistema telefônico de alarme nos dormitórios e corredores, com interruptor automático.
d) Painéis que mostrem a origem do alarme.
e) Sistemas de retransmissão para os responsáveis pelo combate a incêndios.
f) Sistema de comunicação automática com o corpo de bombeiros e a polícia.
g) Apitos e outros elementos de percussão que permitam dar o alarme de incêndio.

Sistema telefônico (rede de combate a incêndios)

Deverá existir uma rede interna de comunicação em relação a qualquer situação anormal de fogo, de forma que a central telefônica detecte rapidamente o ponto de perigo e avise imediatamente a gerência de segurança, à qual proporcionará os dados exatos de lugares, localização do fogo e gravidade do perigo. As mesmas instruções poderão ser dadas, em paralelo, à gerência administrativa, à manutenção e à engenharia.

Mecanismo de detecção do fogo

Os mecanismos de detecção do fogo podem ser: a) técnicos, ou seja, pelos sistemas de alarme automático e elementos eletrônicos; b) humanos, nos quais intervêm vigias e faz-se supervisão constante.

Portas e saídas de emergência

As portas de saída de emergência devem ser as necessárias para facilitar a evacuação do pessoal.

Iluminação de emergência

A iluminação de emergência deverá ser provida de fontes próprias de energia, em geral um grupo eletrogêneo de partida automática ou bateria de acumuladores.

Sua finalidade é possibilitar um nível de iluminação suficiente em caso de falhas de iluminação geral.

Localizações da iluminação de emergência:

- Vias de evacuação
- Ambientes de uso comum, acima de $25m^2$
- Elevadores
- Escadas e saídas de emergência
- Elementos de combate a incêndios

Escadas de emergência

As instalações devem contar com escadas de emergência em número não inferior a dois, dependendo da dimensão do hotel. Sugere-se contar com escadas telescópicas que facilitem a evacuação, se necessário. As escadas devem estar protegidas por materiais resistentes ao fogo por um período determinado (entre 30 e 60min); assim mesmo, devem contar com corrimãos para maior segurança e cada lance deve ter, no máximo, 15 degraus padronizados. As escadas devem estar ao alcance de todos os andares do prédio, se possível.

Instalações

As instalações dos encanamentos e outras devem contar com um elemento de fechamento hermético, para que, ao se produzir a fumaça, se evite sua propagação para as outras áreas não afetadas.

As instalações elétricas devem-se encontrar em perfeito estado de operacionalidade, para evitar desgastes prematuros ou deterioração por agentes externos. Devem-se efetuar inspeções permanentes e periódicas para determinar situações anômalas, a cargo de engenheiros elétricos ou especialistas. Devem-se adotar medidas de segurança para os fios, cabos, interruptores, tomadas, etc.

Sinalizações e avisos

Sobre sinalização e avisos, cabe enfatizar que:

a) As vias de evacuação e os pontos de reunião deverão estar perfeitamente sinalizados.
b) Deverá estar também sinalizada a localização dos equipamentos de combate a incêndio.
c) Devem-se colocar avisos e indicações sobre perigo e normas a serem cumpridas, em diversos idiomas, nos quartos e nas áreas de reu-

nião, a fim de que os clientes sejam informados dos perigos e das normas de conduta que devem ser cumpridas em relação ao fogo.

d) Devem ser colocados avisos sobre o limite de pessoas que podem permanecer em áreas de uso comum, para evitar tumultos e facilitar a evacuação, em caso de perigo.

Meios de combate a incêndios

Quantos aos meios de combate a incêndios, deve-se:

a) Determinar a quantidade de extintores fixos e manuais para toda a instalação.
b) Determinar os tipos e as características dos extintores.
c) Considerar elementos diversos, como pontos de água, sacos de areia e recipientes adicionais que, em dado momento, permitam seu uso imediato.
d) Levar em consideração os equipamentos de proteção do pessoal de combate a incêndios:

- Capacetes de proteção
- Botas ou polainas especiais contra o fogo
- Escadas manuais
- Máscaras de proteção para gases e fumaça
- Diversos

Normas específicas de atuação

Nas normas específicas de atuação se aplica:

a) Contar com um manual, para o pessoal, que contenha normas gerais, planos de evacuação e plano alternativo ou de emergência.
b) Colocar em cada ambiente o plano de distribuição da planta, com os itinerários de fuga, para melhor localização do pessoal.
c) Colocar indicação de "proibido fumar" nos lugares de risco (elevadores, depósitos, camas, etc.).
d) Estabelecer normas para fumantes em áreas determinadas, como cafeterias, bares e restaurantes ou lobbies.
e) Evitar acúmulo de resíduos que originem incêndios por uma guimba ou qualquer outro elemento.
f) Manter limpas e em ordem as áreas de armazenagem, com a ventilação correspondente, para evitar o acúmulo de gases tóxicos ou inflamáveis.
g) Contar com sistemas inflamáveis, como pinturas e acessórios e lubrificantes, que devem ser armazenados em depósitos resistentes ao fogo.
h) Armazenar, em depósitos metálicos, panos e outros tecidos utilizados com materiais inflamáveis, de forma temporária, para evitar o acúmulo.
i) Impermeabilizar contra fogo os carpetes, revestimentos de parede e cortinas, mediante o processo de ignifugação.
j) Estabelecer normas sobre o uso dos meios de combate ao fogo e determinar as responsabilidades correspondentes.

Inspeções necessárias

Normalmente, o custo da segurança contra o fogo se fundamenta nas condições de segurança que imperam na instalação. As inspeções devem ser realizadas por:

a) SECTUR, organismo central do turismo responsável pela máxima segurança nos hotéis, de acordo com as normas que já tenham sido estabelecidas.
b) Companhias de seguros particulares, se a instalação estiver assegurada contra incêndios.
c) Gerência da segurança, como função essencial no campo da sua atuação.

O responsável pela segurança hoteleira deverá realizar as inspeções de acordo com os objetivos:

a) Proporcionar sugestões a toda a equipe de segurança, para aumentar a proteção da instalação e do pessoal.
b) Criar um ambiente de segurança na instalação, que melhore a imagem do hotel.

As inspeções abrangem, entre outros aspectos:

a) O comportamento dos hóspedes no que se refere a normas de segurança.
b) O cumprimento das responsabilidades, por parte do pessoal de segurança, em relação ao manuseio e à manutenção dos equipamentos de combate a incêndios, assim como do

pessoal da engenharia e manutenção, no que se refere ao estado das diversas instalações do hotel.

c) A determinação do estado das portas de saída de emergência, de forma que permaneçam fechadas e que, mediante mecanismos automáticos, em caso de perigo, se abram para permitir, além da ventilação, a saída da fumaça e de gases tóxicos.
d) Limpeza e ordem nos ambientes do hotel.
e) Detecção de focos de perigo, devido à falta de higiene ou a circunstâncias inseguras.
f) Detecção de qualquer anomalia que seja futura causa de um incêndio.
g) Verificação do bom estado dos equipamentos contra incêndios e sua operacionalidade.
h) Verificação da preparação do pessoal do hotel em relação às normas e instruções relativas ao fogo.
i) Treinamento do pessoal de vigilância e dos guardas-noturnos, para verificar os equipamentos e tudo aquilo que signifique perigo durante a noite (guimbas de cigarro, equipamentos ligados que se superaquecem, etc.).

Capacitação

A capacitação abrange:

a) Promover o conhecimento do plano de segurança e os planos particulares de combate a incêndios e de evacuação.
b) Ensinar as normas de atuação referentes ao fogo e suas conseqüências: alarmes, comportamento que cada um deve mostrar, responsabilidades e instruções específicas para todo o pessoal na sua respectiva área de atividade.
c) Proporcionar cursos teóricos e práticos sobre o fogo e o combate contra incêndios.
d) Ensinar, e conscientizar, a disciplina em relação ao desempenho.
e) Capacitar no que se refere à forma de fazer relatórios de incêndios, de detecção de situações anômalas, de operar os extintores, etc.
f) Como realizar o plano de evacuação, evitando o pânico entre os hóspedes.
g) Instruir os hóspedes sobre os sistemas de alarme ou de perigo, portas de saída e de concentração.

Diversos

Entre os diversos estão:

a) Canalizações de serviço nos quartos, convenientemente fechadas entre andares, para evitar a passagem de fumaça e gases.
b) A instalação deverá contar com um manual de emergência para casos de desastres e incêndios: nele deverá ser tratada a otimização dos recursos humanos e materiais, com a finalidade de reduzir ao mínimo os efeitos do desastre.
c) Devem-se colocar instruções em lugares visíveis nos quartos e nos corredores, assim como nos ambientes comuns e de reunião. Devem ser claros, com letras grandes e, nos elevadores, deve estar clara a proibição do seu uso em caso de incêndio.
d) Devem-se informar, imediatamente, todos os pontos de perigo à central, para comunicação imediata à gerência de segurança. Essa comunicação deve ser feita a todo momento e de todas as áreas.
e) Devem-se colocar cartazes proibindo fumar na cama e fazer recomendações sobre novas normas, uso de novos equipamentos, etc.
f) Deve-se ter especial controle de áreas específicas, como caldeiras, cozinhas, etc.
g) Devem-se informar incêndios, danos causados por eles, custos e ações tomadas.

Plano de evacuação

Toda a instalação hoteleira deve contar com um plano de emergência ou de evacuação, de acordo com o estudado em "Evacuação de pessoal".

a) Todos os integrantes da brigada de incêndios devem conhecer perfeitamente as disposições de combate ao fogo, a fim de coordenar tarefas e responsabilidades com os componentes da equipe de evacuação.
b) Os integrantes da equipe de evacuação devem estar bem treinados para agir pela própria iniciativa, dentro dos marcos das disposições pertinentes, sem ter que esperar aprovações hierárquicas, que poderiam constituir perda de tempo e, portanto, uma desgraça.

c) As pessoas escolhidas para desenvolver as tarefas de salvamento devem reunir diversas condições, como experiência em situações de desastre, sangue frio, iniciativa, dom de liderança, poder de persuasão, habilidade e flexibilidade mental, ousadia diante do perigo, etc.
d) As pessoas escolhidas devem ser aquelas que praticamente permanecem todo o tempo do seu trabalho no hotel. Não seria conveniente escolher pessoas que, por suas funções, tenham de permanecer afastados da instalação a maior parte do tempo.
e) É conveniente contar com os planos de evacuação e com uma lista e localização dos equipamentos disponíveis de combate a incêndios, de primeiros socorros e de proteção pessoal.
f) Os membros que integram a equipe de evacuação devem estar treinados para cumprir o plano e enfrentar situações diversas não consideradas no plano (por exemplo, vias de fuga obstruídas e como agiria o responsável, etc.).
g) Os referidos membros devem conhecer o manuseio de certos equipamentos de reserva, como grupos eletrogêneos, bombas, equipamentos de ventilação, etc.
h) Esses funcionários devem conhecer quando, onde e o quê deve ser aberto e fechado, desligado e protegido.
i) Finalmente, as simulações de incêndio, resgate e evacuação devem ser praticadas pela brigada e pelas equipes componentes, a fim de estarem alertas e preparados para qualquer contingência.

Formas de ação ante o fogo

Em primeiro lugar, é conveniente considerar os aspectos:

Resistência ao fogo

O período de resistência ao fogo está determinado pelos testes de padrão de fogo; do mesmo modo, está em função do material utilizado na construção. O grau de resistência ao fogo para cada área do prédio é estabelecido pelas seguintes necessidades:

a) Confinar o fogo no quarto ou ambiente afetado, a fim de evitar sua propagação e reduzir as possibilidades de maiores áreas incendiadas.
b) Facilitar a evacuação dos ocupantes, de forma a preservar do fogo as saídas de emergência.
c) Facilitar o controle do fogo, de forma que se evite a propagação para áreas adjacentes.

Os padrões de resistência ao fogo são especificados em função do tipo de construção (hotel, edifício de apartamentos, restaurantes, etc.).

Iluminação de emergência

Esse tipo de iluminação deve ser manipulado quando necessário.

Ar condicionado

Em caso de incêndio, as instalações de ar condicionado deverão se desligar automaticamente.

Normas administrativas

Recomenda-se, em caso de incêndio:

a) Fechar portas para evitar correntes de ar e propagação do fogo para outros ambientes.
b) Não usar os elevadores.
c) Utilizar os extintores segundo o tipo de incêndio.
d) Cada um deve cumprir com sua missão específica.
e) Avisar a gerência de segurança.
f) Avisar os bombeiros.
g) Ativar os alarmes manuais.
h) Manter a calma dos ocupantes.
i) Usar adequadamente os itinerários de saída.
j) Cortar a corrente e o fornecimento de gás.

Precauções de segurança

Consultar "Precauções de segurança no combate a incêndios".

Plano de meios

Necessidades

Mediante um estudo técnico, devem ser determinados todos os elementos indispensáveis para a prevenção e o combate ao fogo. Uma recopilação das necessidades de materiais de apoio e ferramentas auxiliares será feita, assim como equipamentos de proteção e combate ao fogo; além disso, em cada caso é necessária uma classificação de todos eles por tipo, especificações, características e quantidade.

Disponibilidades

O mesmo estudo técnico permitirá determinar as disponibilidades de meios e considerar como tais os verdadeiramente operativos; cabe agregar os facilmente recuperáveis, mas não os definitivamente deteriorados e obsoletos.

Execução

Do balanço das necessidades e disponibilidades surgirá a necessidade de adquirir meios para manter operativo o plano de combate a incêndios.

A referida análise e o balanço devem ser realizados dentro de um certo período, que pode ser semestral ou anual ou no final de cada inspeção, e tratar de repor imediatamente aqueles meios que foram constatados inoperantes.

PLANO GERAL DE SEGURANÇA

Para implementar um bom plano de prevenção de acidentes, não se requerem grandes conhecimentos nem técnicas muito complexas; simplesmente, a *palavra-chave* necessária para tal finalidade é: conscientização, no sentido mais amplo de conhecimento, motivação e consciência, assim como reconhecer a necessidade da segurança e ter certeza dos resultados da sua aplicação. Desse modo, o termo *conscientização* abrange todos os componentes do hotel, desde o gerente geral até o último empregado da escala hierárquica. Se não existir esse consenso integral, se correrá o risco de deixar resquícios entre eles que possam dar lugar ao êxito acidental. A experiência dá certos fundamentos, que se devem conhecer e aplicar no seu próprio nível de atuação. O grau de êxito dependerá do interesse com que a gerência geral promova a segurança e do grau de aceitação por parte de todo o pessoal do hotel. As razões para se conceber e para implementar um plano de segurança são, entre outras:

- Conhecimento e consciência dos riscos existentes em toda atividade humana
- Desejo e motivação da gerência de contar com um plano de segurança segundo as necessidades
- Participação integrada de todo o pessoal do hotel na determinação, aceitação e execução do plano de segurança
- Disposição da gerência para investir em segurança
- Conscientizar o pessoal de que os investimentos em segurança são rentáveis a curto e médio prazos
- Conscientizar o pessoal de aceitar as disposições como meio para evitar acidentes e, com isso, aumentar os gastos, que fatalmente onerarão o serviço
- Hierarquização, para efeitos de funções e responsabilidades, no que se refere ao cumprimento do plano de segurança hoteleira

MODELO DE PLANO GERAL DE SEGURANÇA HOTELEIRA

Generalidades

O plano geral de segurança hoteleira deverá abranger todos os conceitos mencionados, mais outros planos que se juntarão aos existentes. Deve ser integral e incluir todos os aspectos que ofereçam segurança física da instalação e segurança pessoal dos hóspedes e funcionários do hotel.

Objetivo

O objetivo do plano geral de segurança hoteleira é contar com um mecanismo de segurança, conformado por organização e medidas a seu alcance que permitam o desenvolvimento normal das diversas atividades do hotel, de forma que se possam prever as possíveis causas de acidentes e incidentes, como as circunstâncias inseguras, os procedimen-

Tabela 7.9 – Distribuição de extintores.

Data: 4 de janeiro de 1987 **Hotel: "El Cid"**

Número	Atividade	Departamento	Tipo de extintor	Capacidade	Data da última carga	Data de inspeção e estado
1	Administrativa	Reservas	Pó seco	9kg	15-dez-1986	4-jan-1986, bom estado
2	Administrativa e de transporte manual	Recepção	Pó seco	9kg	15-dez-1986	4-jan-1986, bom estado
3	Administrativa	Gerência administrativa	Pó seco	9kg	15-dez-1986	4-jan-1986, bom estado
4	Administrativa	Gerência de pessoal	Pó seco	9kg	15-dez-1986	4-jan-1986, bom estado
5	Administrativa	Gerência de segurança	Pó seco	9kg	15-dez-1986	4-jan-1986, bom estado
6	Administrativa	Gerência de vendas	Pó seco	9kg	15-dez-1986	4-jan-1986, bom estado
7	Administrativa	Gerência de manutenção	Pó seco	9kg	15-dez-1986	4-jan-1986, bom estado
8	Administrativa	Governanta executiva	Pó seco	9kg	15-dez-1986	4-jan-1986, bom estado
9	Operativa	Lavanderia	Pó seco	9kg	15-dez-1986	4-jan-1986, bom estado
10	Administrativa	Controle telefônico	Pó seco	9kg	15-dez-1986	4-jan-1986, bom estado
11	Gastronômica	Cozinha	Espuma	9kg	Descarregado	18-dez-1986, descarregado
12	De serviço e social	Restaurante	Pó seco	9kg	15-dez-1986	4-jan-1986, bom estado
13	De serviço e social	Bar	Pó seco	9kg	15-dez-1986	4-jan-1986, bom estado
14	De transporte	Elevadores	Espuma	9kg	Descarregado	18-dez-1986, descarregado
15	De trânsito	Corredores	Pó seco	9kg	15-dez-1986	4-jan-1986, bom estado
16	De trânsito	Escadas	Pó seco	9kg	15-dez-1986	4-jan-1986, bom estado
17	Mecânica	Sala de força	Espuma	9kg	Descarregado	18-dez-1986, descarregado
18	Mecânica	Caldeiras	Espuma	9kg	Descarregado	18-dez-1986, descarregado
19	Operativo-administrativa	Almoxarifado	Pó seco	9kg	15-dez-1986	4-jan-1986, bom estado
20	Descanso	Quartos	Pó seco	9kg	15-dez-1986	4-jan-1986, bom estado

Secretaria Geral de Proteção e Vias
Diretor Geral de Operações/ Diretor de Sinistros e Resgate
Departamento de prevenção de desastres

Solicitação de autorização de prevenção de incêndios

Nova autorização ☐ Revalidação ☐ Alterações ☐

Número de ofício ______________________

Localização

Rua ______________________ número ______________ Tel. ______________
Bairro ______________________ regional ______________ CEP ______________
Localizado entre as ruas ____

Dados do estabelecimento

Nome ou razão social ________ citar o nome do proprietário, se não possui razão social ________
Responsável ____
Tipo de atividade __________ uso do estabelecimento __________ materiais usados __________

Área construída do estabelecimento em metros quadrados ________ quantidade ______ em ______
quantidade ______ níveis ou andares
Detalhar a superfície construída em metros quadrados por cada um dos níveis:
____
____
____
Metros quadrados não construídos ocupados pelo estabelecimento ______________
Conta com estacionamento ______ sim ou não ______ quantidade de veículos ______

Uso dos edifícios contíguos

Ao norte ____
Ao sul ____
A leste ____
A oeste ____

Horário de trabalho

Das ____________ às ____________ h
Dia(s) de descanso na semana ______________

Responsável

____
Assinatura

Para uso interno

Inspeção tipo ______________

México, D.F. ________ de ____________ de ________

Este formulário, assim como os trâmites para a obtenção de autorização, são absolutamente gratuitos

Esta solicitação não é válida como autorização

Substâncias extintoras
Tipos de fogo (*)

Agente extintor	Classes de fogo			
	A	B	C	D
Jato d'água	0	x	x	x
Água pulverizada	00	–	x	x
Espuma	0	0	x	x
Pó seco	x	00	0	x
Pó universal	0	0	0	x
Anidrido carbônico	–	–	x	x
Derivados halogenados	+	0	0	x
Produtos especiais	x	x	x	+

00: muito adequado ao tipo de fogo
0: adequado ao tipo de fogo
+: pode ser usado
x: não deve ser usado nesse tipo de fogo

Classe A: nesse tipo se incluem incêndios por materiais sólidos, geralmente orgânicos, cuja combustão acontece com formação de brasas.
Classe B: nesse tipo se incluem os fogos provenientes de líquidos e de sólidos que, pela ação do calor, passam ao estado líquido e se comportam como tais e os sólidos graxos.
Classe C: nesse tipo se incluem os fogos dos gases.
Classe D: nessé tipo se incluem os fogos causados por metais com alto poder reativo.

*Retirado da obra: "Principios generales para la dirección de estabelecimientos hoteleros", de Jesús Felipe Gallegos.

Avaliação dos lugares em função do número de portas
(Extraído da NTE-IPF/74)

Saídas

A tabela a seguir determina o número S e largura total mínima A de saídas em locais de reunião em função do número total E de pessoas que as possam utilizar.

1. As portas devem abrir para fora do prédio ou local de reunião.
2. As portas de saída de uma só folha deverão ter 1,20m de largura.
3. As portas de saída com duas folhas deverão ter uma largura mínima de **1,20m e máxima de 2m.**
4. Quando exista uma série de portas contíguas, serão elas de duas folhas e seu giro não será superior a 90º.
5. As portas com sistema automático de abertura se poderão abrir manualmente.

Não serão consideradas, no cálculo, as saídas com portas basculantes com eixo central nem as portas de correr.

	E			*A*	*S*
De	0	a	50	1,20	1
De	51	a	100	2,40	
De	101	a	200	2,40	
De	201	a	300	2,40	2
De	301	a	400	3,00	
De	401	a	500	3,60	
De	501	a	600	3,60	
De	601	a	700	4,20	3
De	701	a	750	4,80	
De	751	a	800	4,80	
De	801	a	900	5,40	4
De	901	a	1.000	6,00	
De	1.001	a	1.100	6,60	
De	1.101	a	1.200	7,20	5
De	1.201	a	1.250	7,80	
De	1.251	a	1.300	7,80	
De	1.301	a	1.400	8,40	6
De	1.401	a	1.500	9,00	
De	1.501	a	1.600	9,60	
De	1.601	a	1.700	10,20	7
De	1.701	a	1.750	10,80	
De	1.751	a	1.800	10,80	
De	1.801	a	1.900	11,40	8
De	1.901	a	2.000	12,00	
De	2.001	a	2.100	12,60	
De	2.101	a	2.200	13,20	9
De	2.201	a	2.250	13,80	
De	2.251	a	2.300	13,80	
De	2.301	a	2.400	14,40	10
De	2.401	a	2.500	15,00	

tos inseguros e as agressões externas e também doenças ocupacionais ou de caráter gastronômico. Isso poderá ser efetuado mediante uma série de normas integradas em diversos planos de prevenção, os quais, ao executá-los e controlá-los, permitirão a segurança física da instalação e a segurança pessoal dos hóspedes e dos funcionários.

Critério

O plano geral de segurança se fundamentará na política de segurança da gerência geral. Abrangerá o âmbito das atividades do entorno que incidam sobre o hotel. Será do tipo técnico, social e humano, utilizando análise, dedução e correção como elementos de revitalização. Essa análise permitirá flexibilização e, portanto, sua permanente atualização. Sua revisão se efetuará anualmente ou quando se produzam eventos de grande importância.

Planejamento

O planejamento da segurança hoteleira abrange:

a) Definir metas e objetivos viáveis.
b) Organizar e/ou reestruturar a infra-estrutura encarregada do estudo, planejamento e controle da política de segurança.
c) Implementar uma relação de estreita colaboração com as outras políticas do hotel.
d) Formular a respectiva política de segurança do hotel, na que se assinalem os alcances e as responsabilidades.
e) Propor as possíveis medidas de prevenção que se relacionem com a segurança do hotel.
f) Planejar os meios e o estudo das necessidades.
g) Organizar as equipes de segurança, supervisão e controle encarregadas de fazer cumprir as normas de segurança que se determinem.
h) Atualizar, de forma constante, cada plano de segurança conexo.

Execução

A execução do plano geral de segurança hoteleira engloba:

a) Realizar estudos de segurança referentes a pessoal, comportamento dos hóspedes, materiais de combate a incêndio, normas de segurança, higiene, equipamento e atividades que aconteçam no hotel.
b) Determinar as circunstâncias e os procedimentos inseguros potencialmente existentes no sistema.
c) Implementar os planos de prevenção específicos.
d) Supervisionar as atividades concernentes à segurança e conexas.
e) Manter uma estatística de incidentes e acidentes.
f) Pôr em prática todas as normas relativas à segurança e à higiene.
g) Realizar inspeções de segurança periódicas e permanentes.
h) Colaborar com as outras dependências do hotel no que se refere à segurança.
i) Manter uma relação estreita com as outras gerências ou departamentos.
j) Informar permanentemente sobre o estado da segurança do hotel e das situações de insegurança que se apresentem.
k) Implementar programas de capacitação e conscientização referentes à segurança.
l) Pesquisar, desenvolver e aperfeiçoar novos meios de proteção para o hotel.

Implementação

O plano deverá ser executado assim que aprovado pela gerência geral e a data de vigência poderá coincidir com o período fiscal ou o anual, a fim de contar com um prazo determinado para analisar seus resultados e a atualização correspondente de período a período.

Conclusões

São as seguintes:

a) O plano de segurança deve ser considerado como um termômetro do bem-estar e segurança do pessoal e da instalação.
b) É um elemento de rentabilidade para o hotel, ao diminuir e eliminar custos altos devidos a acidentes e/ou desastres.
c) É um catalisador do marketing ao oferecer garantias aos hóspedes e, portanto, ao melhorar a imagem do hotel.

d) É um meio de análise permanente da estabilidade do hotel no concernente à eliminação de perigos.

Componentes do plano de segurança

Plano geral de prevenção contra incêndios

Esse plano foi estudado em parágrafos anteriores.

Plano geral de evacuação

Esse plano também foi estudado em parágrafos anteriores.

Plano de segurança física das instalações

Como seu nome indica, o plano de segurança física das instalações tem por objetivo evitar qualquer procedimento ou circunstância insegura que provoque deterioração da instalação, com as conseqüências pertinentes, quanto ao pessoal e aos bens do hotel. O referido plano abrange, entre outros aspectos:

SEGURANÇA CONTRA ATIVIDADES DO EXTERIOR

Essa segurança inclui a proteção dos acessos ao hotel mediante equipamento de detecção automática, como contatos magnéticos colocados nos batentes das portas, detetores de armas, células fotoelétricas e um circuito fechado de televisão. O sistema automático se complementa com uma equipe humana de vigilância, encarregada da segurança da instalação.

DESORDENS

Geralmente, quando ocorrem perturbações de caráter político ou de reivindicações, a multidão ataca indiscriminadamente as instalações que encontra no caminho. Nesses casos, é conveniente contar com um plano de prevenção que dê segurança ao hotel e a seus ocupantes.

Habitualmente, os hotéis são atacados pela fachada exterior e pelos restaurantes, bares, almoxarifados e lojas. Portanto, é aconselhável contar com um plano de emergência para tais situações. Entre as medidas a serem consideradas, mencionamos:

a) Alertar o pessoal do hotel e os hóspedes sobre possíveis perturbações, a fim de que permaneçam em seus quartos ou nos pontos escolhidos de reunião para evacuação rápida, dependendo do clima e da alteração da ordem pública.
b) Reforçar janelas e portas exteriores.
c) Resguardar todas as entradas do hotel, exceto as de serviço.
d) Alertar a brigada de incêndios.
e) Alertar as equipes de segurança, engenharia e manutenção do hotel.
f) Alertar a polícia e os bombeiros sobre a situação.
g) Estabelecer comunicação permanente entre o pessoal da segurança e um comando que expulse os intrusos.
h) Preparar alojamento para os funcionários que não possam regressar a suas casas.
i) Em caso de maior gravidade, proceder à evacuação do hotel, de acordo com o plano de evacuação preventivo para incêndios.

ATOS DE SABOTAGEM

Na atualidade, o sistema político internacional, as diversas tensões entre os países e as lutas ideológicas de diferentes teores têm dado lugar à frustração de poder, à impotência; em outros casos, a desequilíbrios psicológicos de grupo e aos fanatismos irracionais. Todos eles, com ou sem razão na defesa de seus interesses, têm causado, em última instância, o aborto social do século XX, o terrorismo, como conseqüência de um mundo deteriorado nos seus valores morais e humanos. Desse aborto ninguém está livre; portanto, os hotéis são alvos fáceis para as mencionadas atividades. Em geral, a sabotagem ocorre mediante a colocação de bombas no interior da instalação, ou incêndios provocados por complexos mecanismos de retardo. Para esse último caso, se deve implementar o plano de evacuação e combate a incêndios, enquanto para a colocação de bombas cabe sugerir:

a) Informar-se do lugar e de quando foi colocada.
b) Confirmar se realmente existe uma bomba nesse lugar.

c) Tentar reconhecer o denunciante pela voz, para determinar sua credibilidade.
d) Informar às autoridades, à gerência de segurança e à gerência do hotel.
e) Notificar à polícia o mais rápido possível.
f) Evacuar a área imediatamente.
g) Evitar áreas de concentração nos arredores.
h) Proporcionar apoio ao pessoal da polícia. Se requerido, ao pessoal da segurança.

Plano de evacuação por sabotagem - Para esse caso, devem-se estimar diversos fatores, como:

a) Determinar os pontos de reunião.
b) As áreas de evacuação.
c) Localização das pessoas.
d) Número e designação de elevadores (se a situação o permitir).
e) Número e designação de escadas rolantes ou de fuga.
f) O sistema de comunicação interna deve ser utilizado clara e tecnicamente, para evitar o pânico em conseqüência das diversas instruções que sejam dadas.
g) Todo o pessoal da segurança deve-se encarregar do plano de evacuação.
h) Devem-se transmitir as instruções aos hóspedes e aos funcionários para facilitar a tarefa de evacuação, mediante a sua ajuda na operação.
i) Devem-se usar, ao máximo, os meios de comunicação telefônicos, de viva voz, por alto-falantes, circuito fechado de televisão, etc., dependendo do que conte a instalação.

A decisão de implementar um plano de evacuação será tomada pelo gerente geral ou o gerente de segurança, em coordenação com a opinião dos especialistas policiais. Essa decisão obedecerá à natureza do aparelho, a ser ou não alarme falso e às condições do local e do tempo para implementar a evacuação total do imóvel. De qualquer forma, por medida preventiva de segurança, é preferível evacuar, mesmo quando se reconheça posteriormente ter sido alarme falso.

EVENTOS ESPECIAIS

Os grandes hotéis abrigam visitas, conferências e estadas de líderes do mundo político, das artes, das letras e/ou das ciências, nacionais e internacionais. São efetuadas convenções de partidos políticos ou reuniões de líderes do setor político e sindical, ou de diferentes governos. Isso obriga a especial cuidado nas medidas de segurança externas para oferecer proteção máxima às referidas personalidades, já que sempre se encontram à mercê do ataque astuto dos seus inimigos de causa.

Em tais casos, a segurança é reforçada com elementos especiais da polícia; porém, a gerência de segurança do hotel corresponde, entre outras questões, considerar as seguintes medidas preventivas:

a) Vigiar perfeitamente todas as vias de entrada e saída, com elementos de segurança do hotel.
b) Custodiar as áreas e os ambientes adjacentes às áreas de entrada e saída, com prévia inspeção visual antes da chegada ou saída do visitante.
c) Dar segurança por meio da polícia especializada, durante o percurso ao hotel.
d) A segurança do local de reunião será feita, inicialmente, pela gerência de segurança e referendada pelas respectivas autoridades policiais.
e) Proibir o acesso de todo pessoal estranho à área de reunião.
f) Designar e investigar o pessoal do hotel que deverá atender o hóspede ilustre.
g) Verificar e controlar os elementos e os meios de comunicação utilizados pela visita, como rede telefônica, rádio, etc.
h) Estabelecer um posto de comando e designar pessoal idôneo para acompanhar os acontecimentos e ajudar a qualquer momento.
i) Verificar e identificar todo o pessoal autorizado antes da sua entrada no local da reunião.
j) Estabelecer medidas de segurança e vigilância permanente dos veículos, a cargo de pessoal idôneo e de confiança.
k) Manter controle dos hóspedes e demais ocupantes do prédio e proibir, durante esse tempo, as visitas.
l) Supervisionar e controlar a preparação e o serviço de alimentos e bebidas.

Plano contra desastres - Situações inesperadas ou fora de controle do hotel devem ser ponderadas, pois a prevenção, se não soluciona o problema, ao menos diminui grande parte das conseqüências. Situações quase incontroláveis, como furacões, inundações, terremotos, etc. acontecem a qualquer momento, com conseqüências trágicas para o hotel.

No caso de furacões e inundações, o fator tempo colabora para medidas preventivas de segurança; no caso de terremotos, a situação é muito crítica e praticamente impossível de prever; porém, para ambas as situações é preciso contar com um plano de emergência, a fim de salvaguardar a integridade física dos ocupantes do hotel.

Quanto a furacões e inundações, se recomendam, entre outras medidas:

a) Estar permanentemente atualizado em relação à evolução dos fenômenos, a fim de programar as medidas necessárias.
b) Abastecer-se de equipamentos especiais (como bombas d'água ou meios de fuga) em inundações.
c) Abastecer de mantimentos e do indispensável o almoxarifado à prova de inundações.
d) Armazenar água fresca em cisternas não contaminadas.
e) Reforçar portas e janelas e tudo o que possa ser aberto, para evitar o embate dos ventos.
f) Ditar medidas preventivas de caráter humano, como avisar antecipadamente o pessoal do perigo que ameaça a instalação, os meios de defesa e de apoio, as ações a serem realizadas, a conduta a ser mantida, etc.
g) Prover-se de materiais para primeiros socorros, na quantidade necessária, assim como de barcos salva-vidas e outros meios de evacuação pertinentes.

No caso de terremotos, sugere-se:

a) Contar com vias de fuga bem delimitadas.
b) Interromper toda a energia elétrica.
c) Desocupar os elevadores.
d) Recorrer à evacuação pelas escadas.
e) Contar com uma equipe de remoção, para eventuais desastres.

Plano de segurança interna - O plano de segurança interna abrange toda a segurança da instalação dentro de seus próprios limites, assim como tudo aquilo que permita a segurança e o bem-estar do hóspede e do empregado do hotel; além disso, inclui a segurança de todo o equipamento e mobiliário da instalação. Compreende, entre outros, os aspectos discriminados adiante:

Acesso a áreas não públicas

Esse tipo de acesso se refere a áreas designadas para o uso dos hóspedes, como quartos, restaurantes, bares, cafeterias, piscinas, etc.

O controle de acesso às áreas mencionadas consistirá em:

a) Identificação pessoal (quem entra, por quê, com qual autorização, etc.).
b) Designação de determinados funcionários para vigilância das referidas áreas.
c) Vigilância das entradas e saídas das respectivas áreas.
d) Controle e revisão de pacotes transportados por estranhos.
e) Controle das entradas e saídas de serviço localizadas em tais áreas.

Acesso às áreas públicas

Esse acesso se refere a lojas, restaurantes para o público, espaços abertos, salas de conferências e todos os ambientes colocados à disposição do público:

a) Manter estreita vigilância com pessoal altamente especializado, para detectar qualquer suspeito ou atividade duvidosa.
b) Não permitir que abandonem o lugar sem levar sacolas, pacotes ou qualquer outro complemento que os visitantes portem.
c) Verificar a legalidade dos pacotes suspeitos.
d) Usar detetores de armas nas entradas e saídas dos ambientes.
e) Manter permanentemente informado o departamento de segurança sobre qualquer situação anômala, por meio de equipamentos manuais de rádio e/ou telefone.

Quartos de hóspedes

A segurança do hóspede deverá ser prioridade no sistema de prevenção de acidentes. O hóspede é o principal elemento econômico da sobrevivência do hotel e sua segurança e bem-estar se traduzem em efeito multiplicador de promoção para a oferta dos serviços. Portanto, deve-se:

a) Respeitar sua privacidade.
b) Manter limpo e asseado o quarto.
c) Verificar a segurança de todos os serviços: luz, água, televisão, ar condicionado, etc.
d) Informá-lo das medidas e disposições sobre segurança, mediante cartilhas e anúncios colocados nas portas e nas cabeceiras das camas.

e) Informá-lo sobre cofres, chaves, saídas de emergência e lugares de reunião.
f) Ter portas com entrada fácil e ampla.
g) Como norma, reforçar portas e janelas internamente e, nos andares baixos ou nas sacadas, colocar reforço duplo.
h) Cobrir com cortinas os vidros das portas, para maior privacidade.
i) Contar com um número indeterminado de combinações de fechaduras e controlar as cópias, para maior segurança.
j) Trocar fechaduras e chaves quando se perder uma cópia, para prevenir o acesso de pessoas estranhas. Geralmente, o tipo de fechadura varia, mas deve ser reforçada com uma trava interna.
k) Implantar o sistema americano de cartões como alternativa para o uso de chaves, no qual cada cartão é gravado com a combinação correspondente à fechadura. A vantagem desse sistema é que o código pode ser facilmente trocado.
l) Nenhum hóspede pode trocar de quarto sem o conhecimento do gerente de segurança ou do responsável pela segurança do andar.
m) Verificar cuidadosamente os antecedentes do pessoal da governança antes de selecioná-lo, a fim de contar com pessoas honestas e leais à instituição e aos clientes.

Sistema de chaves

Em todo hotel deve existir um responsável pelas chaves dos ambientes; costuma-se contar com um departamento de governança, que tem como responsável a governanta executiva. Entre as medidas de segurança estão:

a) Controlar estritamente as chaves mestras do hotel.
b) Deixar as chaves com o administrador, seu assistente ou o gerente de segurança.
c) Informar imediatamente o departamento de segurança quando uma chave for solicitada.
d) Entregar as chaves dos quartos mediante prévia identificação pessoal, seja do hóspede ou do funcionário.
e) O hóspede não deve ficar com a chave do quarto enquanto estiver fora do hotel, no bar ou em outra dependência de reunião pública ou de lazer.
f) Recolher e verificar as chaves mestras ao fim dos trabalhos de limpeza.
g) Responsabilizar cada funcionário pela perda das chaves; para isso, deve haver conscientização prévia do perigo que implica tal fato, já que facilitaria roubos, crimes, assaltos, etc.
h) O sistema de chaves utilizado obedece à necessidade de impedir, ao máximo, o acesso de pessoas estranhas aos ambientes. Conta-se com as seguintes chaves: chave mestra em poder da administração, cópias em poder do departamento de segurança, chaves mestras da área em poder dos responsáveis pelos quartos (governança) e chaves individuais em poder dos hóspedes.

Proteção de dinheiro, jóias e pertences

Os principais momentos nos quais o hóspede pode ser roubado são:

a) Ao pagar sua estada ou abandonar o hotel.
b) Ao efetuar o pagamento em bares, restaurantes e/ou lojas.
c) Ao realizar depósitos bancários.
d) Quando perder seus pertences no quarto.

A proteção que o hotel pode dar:

a) *Cofres* - Devem estar embutidos em paredes de concreto reforçado, com piso e teto também reforçados. As combinações devem ser trocadas assim que mude o usuário (o que é muito caro); por isso, a combinação deve ser responsabilidade exclusiva de um elemento idôneo da segurança.
b) Transportar o dinheiro ao banco em carros blindados, em diferentes horas do dia.
c) Da mesma forma que os cofres, usar cofres-fortes de segurança para proteger as jóias. Eles devem contar com sistemas de alarme, como nos bancos, ligados diretamente à mesa de controle da gerência de segurança.
d) Escolher áreas de difícil acesso, como porões, para instalar os cofres de jóias.

Quando acontecem roubos de pertences nos quartos, deve-se agir da seguinte forma:

a) Investigar a reclamação, para o que se anotará o nome completo do reclamante e o número do quarto.

b) Descrever exatamente a origem da sua reclamação e informar o valor.
c) Investigar sua última estada e hora, assim como se houve ou não algum visitante, e suspeitar dele, do visitante ou de alguma pessoa estranha.
d) Na ausência do reclamante, inspecionar o quarto, a fim de determinar: sinais de arrombamento ou entrada violenta, o estado em que se encontram as fechaduras, indício de desordem nos pertences do hóspede, relatório da camareira (se viu alguém entrando ou saindo), etc.

Para evitar esse tipo de reclamação, é conveniente considerar certas medidas:

a) As camareiras devem trabalhar com as portas abertas enquanto fazem a limpeza e a arrumação do quarto e se certificar de que, uma vez terminado o trabalho, fiquem perfeitamente fechadas.
b) Não deverão ser mantidos abertos mais de dois quartos.
c) Controlar as pessoas que transitam pelos corredores e informar ao departamento de segurança sobre pessoas estranhas no andar.
d) Evitar demorar-se em conversações fora da sua área de trabalho.
e) Verificar o que se refere à instalação, sem tocar os pertences do hóspede, exceto as roupas de dormir.

Proteção contra roubos

Independentemente dos roubos nos quartos, eles podem acontecer em qualquer dependência do hotel, mas de preferência nos alimentos e bebidas, lojas de comércio, almoxarifado, estacionamentos, áreas de lazer, etc.

As medidas mencionadas para a instalação física devem ser complementadas com medidas administrativas e de controle, a fim de dar segurança à instalação e aos ocupantes contra o problema dos roubos.

A primeira medida são investigação e avaliação dos serviçais do hotel, fundamentadas em seus antecedentes, conduta, hábitos, costumes, perfil de carreira e educação; isso facilitará depurar a organização de qualquer elemento negativo. O pessoal de limpeza, compras, transporte e administrativo deverá ser investigado antes de selecionado para trabalhar no hotel.

Sobre as visitas aos funcionários, devem existir certas normas:

a) Identificar o visitante e o funcionário visitado.
b) Instalar uma sala de visitas onde aconteçam as entrevistas.
c) Supervisionar a sala de visitas por um elemento da segurança.
d) Controlar entradas e saídas de pacotes.
e) Impedir a passagem ao interior do hotel.

Para os visitantes dos hóspedes, se aplicam as seguintes medidas:

Identificar o visitante e o hóspede.

a) Telefonar para o quarto do hóspede, anunciando o visitante.
b) Receber o visitante na sala de visitas para hóspedes.
c) Autorizar a entrada do visitante nos lugares públicos de reunião, acompanhado pelo hóspede.
d) O elemento de segurança de plantão é quem autoriza a entrada do visitante ao quarto do hóspede.
e) Por nenhum motivo um visitante deverá pernoitar no quarto do hóspede, pois, sendo assim, será registrado como hóspede.

O roubo de bebidas alcoólicas costuma ser efetuado por funcionários desonestos, sob diferentes formas:

a) Introduzir no bar, com a cumplicidade de fornecedores irresponsáveis, bebidas adulteradas.
b) Apropriar-se diretamente das bebidas e alterar os dados de consumo e de contabilidade.
c) Usar fraudulentamente cartões de crédito e outros documentos.

Há medidas preventivas para evitar tal situação:

a) Os fornecedores devem tomar todas as medidas de segurança em relação ao abastecimento, quantidade, marca, qualidade, preço e entrega.
b) Nomear o responsável pelo abastecimento de mantimentos e bebidas entre o pessoal mais idôneo e honesto, devidamente comprovado.
c) Motivar o pessoal, por meio de uma medida econômica que o impeça de cair na desonestidade.

d) Fazer e supervisionar a contabilidade dos gastos diariamente.
e) Detectar consumos irreais nos depósitos.
f) Estabelecer as reservas com base no consumo dos bares e controlá-lo diariamente.
g) Manter inventários diários e periódicos das reservas de bebidas.
h) Responsabilizar o almoxarife I de qualquer anormalidade.
i) Manter vigilância e custódia durante a entrega do pedido ao depósito e aos bares.
j) Armazenar separadamente as bebidas comuns e as bebidas finas.
k) Proporcionar segurança à área de almoxarifado.

O atendimento nos bares será de responsabilidade das pessoas autorizadas. São válidas as medidas:

a) Proibir a entrada de pessoas não autorizadas.
b) No momento da substituição, o pessoal de serviço deve verificar rapidamente a reserva diária e o consumo, e receber as bebidas não consumidas.
c) Guardar as garrafas vazias no lugar indicado, para facilitar a contabilidade.
d) Guardar as chaves dos gabinetes em um lugar à prova de roubo, de forma que somente o chefe de bar em serviço as utilize. Quando se perde alguma dessas chaves, deve-se trocar a fechadura imediatamente.
e) Não distribuir bebidas gratuitamente, exceto se uma autoridade do hotel se responsabilizar por esse consumo.
f) Despedir o chefe de bar desonesto e os funcionários; em primeiro lugar, se deverão examinar seus antecedentes.
g) Determinar e inspecionar a qualidade das bebidas servidas, a fim de evitar adulterações ou bebidas proibidas.
h) Ter uma lista para controlar cada bebida.
i) O caixa e o chefe de bar devem supervisionar e verificar o consumo de forma constante, durante o período de serviço.
j) Considerar os aspectos legais, como não servir a menores de idade, nem em dias e horários proibidos por lei, etc.

Como medida de prevenção contra o roubo de licores, deve-se resguardar a armazenagem, defender os rendimentos, prestar serviço eficaz ao hóspede, proporcionar a qualidade e criar uma boa imagem do estabelecimento, ao contar com funcionários honestos.

O roubo de alimentos é outro problema em hotelaria. A subtração de alimentos e de matérias-primas se traduz em ônus para a instalação; por sua vez, a diminuição da qualidade nos mantimentos por negociações obscuras impede a oferta de melhor serviço em qualidade dos alimentos ao hóspede, o que propicia a deterioração da imagem do hotel. Os roubos geralmente advêm de:

a) Funcionários ou outros, mancomunados.
b) Encarregados dos depósitos e das compras, em cumplicidade com os provedores.
c) Funcionários que manipulam os alimentos.
d) Funcionários do transporte, não entregando a quantidade requerida.
e) Incompetência do chefe ou do responsável pelos mantimentos, ao não manter um controle idôneo de compras, armazenagem e distribuição.

As medidas de segurança para evitar esse tipo de atitudes consistem em:

a) Determinar as especificações de compra, indicando qualidade e quantidade do artigo.
b) Obrigar a compra com base em requisitos de limpeza e higiene.
c) Determinar horário de abastecimento e recepção no depósito, a fim de supervisionar a entrega dos mantimentos, de acordo com as especificações de compra.
d) Armazenar os mantimentos em condições de segurança e higiene.
e) Inventariar a recepção e controlar diariamente.
f) Entregar à cozinha as ordens de pedido.
g) Verificar se os pedidos da cozinha obedecem às necessidades do dia.
h) Supervisionar e controlar a entrega do depósito à cozinha.
i) Manter limpa e em ordem a área da cozinha e depósitos, para facilitar a supervisão e o controle do uso e consumo dos alimentos.
j) Instruir os cozinheiros com técnicas de planejamento de cardápios, para evitar desperdícios que depois saem da instalação.
k) Manter um controle permanente do pessoal de compras, depósito e cozinha.
l) Ter a contabilidade atualizada, tanto do depósito como da cozinha.

Quando a saúde dos hóspedes for afetada por causas atribuíveis à alimentação, convém realizar uma investigação, para se determinar as origens; se o fato já ocorreu anteriormente, quais alimentos provocaram danos à vítima, o que ela sentiu ao ingerir os alimentos (odores desagradáveis, sabor esquisito, etc.). Depois, deve-se consultar o médico do hotel, para confirmar se o mal-estar foi ocaionado por um alimento deteriorado. Finalmente, deve-se fazer uma lista dos funcionários envolvidos, a fim de determinar responsabilidades e sanções e realizar um controle estatístico, para evitar que se repita o ocorrido.

A supervisão, no caso dos alimentos e das bebidas, se simplifica quando as áreas de atuação estão confinadas a um único espaço (cozinha, restaurante ou bar).

Ocorrem, também, roubos em escritórios administrativos, como departamento de pessoal, de contabilidade, de pagamento, de créditos, vendas, mercados e segurança, dependendo dos interesses do delinqüente: dinheiro, documentos, projetos, objetos, equipamentos, etc. Tais possibilidades de roubo se orientam para:

a) Máquinas de escrever, xerox, artigos de escritório, etc.
b) Documentos pessoais que se deseja eliminar.
c) Documentos de pagamento e financeiros.
d) Dinheiro.
e) Planos e documentos confidenciais do hotel.

Principais medidas a serem adotadas:

a) O pessoal que trabalha nesses escritórios deve ser investigado previamente em relação a seus antecedentes.
b) Os arquivos com documentos devem ser de material contra incêndio e com as respectivas medidas de segurança.
c) Para documentos secretos, devem ser usados cofres com combinações variáveis a cada tempo e operadas por um único responsável.
d) As portas de entrada e janelas devem ser seguras e reforçadas.
e) Depois do horário de funcionamento do escritório, não deve ser permitida a entrada de nenhum estranho.
f) No caso de um funcionário permanecer mais tempo no escritório, será comunicado ao chefe da segurança, para conhecimento do seu superior imediato.
g) Durante as horas de trabalho, cada funcionário é responsável pelos documentos e equipamentos que usa.
h) Os documentos mais importantes devem permanecer nos seus respectivos arquivos, uma vez utilizados.
i) No final do expediente, deverá ser verificado se nenhum documento ficou sobre as mesas.
j) O acesso a certos escritórios (gerência geral, pessoal, segurança, caixa, etc.) deve ser autorizado a pessoal restrito.
k) Os objetos de escritório devem ser distribuídos e controlados por um responsável da gerência administrativa.
l) Se possível, instalar um sistema de alarme sonoro contra roubo.
m) As cópias e os rascunhos de todos os documentos, especialmente os de segurança, finanças e os confidenciais, devem ser destruídos imediatamente.
n) Como segurança, o material dos escritórios deve ser trancado e protegido contra incêndio, e ter recibos de empréstimo quando autorizado.
o) As cópias das chaves das escrivaninhas devem estar sob responsabilidade de um único elemento da segurança. Em caso de perda, deve-se trocar imediatamente a fechadura.
p) Toda informação sobre o pessoal deve ser dada a pessoas autorizadas e por pessoas com autoridade para fazê-lo.
q) Não se deve discutir informação confidencial com funcionários não autorizados.

Proteção contra assaltos

Muitas vezes, ladrões sozinhos ou em bando assaltam diversas instalações (entre elas, os hotéis) a fim de levar somente dinheiro. As principais medidas de prevenção contra tais atos são:

a) Contar com um sistema de alarme bancário, que permita apoio rápido do pessoal da vigilância, interno e externo.
b) Manter uma rede de comunicação direta com os sistemas de vigilância externos, para bloquear a saída dos delinqüentes.
c) Manter um sistema de vigilância armada em localizações do caixa.

d) O caixa deve estar em locais não muito visíveis e longe das entradas do hotel, mas não muito isolados ou ocultos.
e) Em cada período, variável para cada dia, depositar uma parte do dinheiro no cofre, de forma que se encontre em caixa o mínimo indispensável.
f) Proteger a seção de pagamentos com guichês reforçados e sistemas automáticos de pagamento, que impeçam o constante acesso do pessoal ao seu interior.

Proteção das Áreas e Departamentos de Serviços

Departamento de engenharia e manutenção

Devem-se proteger as máquinas e as ferramentas tanto contra possíveis roubos, como contra acidentes que ocasionem deterioração por armazenagem e manutenção deficientes. Destacamos, entre as principais medidas de segurança:

a) Proteger portas e janelas com chapas reforçadas.
b) Armazenar os equipamentos e as ferramentas segundo a classificação técnica e em completa ordem, limpeza e manutenção.
c) Ter um registro de ferramentas e equipamentos de manutenção, com indicação de uso, características, número e estado de operação.
d) Colocar novamente as ferramentas no seu lugar de origem, uma vez utilizadas pela equipe de manutenção.
e) Não permitir que pessoas não autorizadas operem as ferramentas e os equipamentos, nem emprestá-las pois, se necessário, um funcionário da manutenção deverá operá-las.
f) Problemas, riscos e situações incontroláveis podem ser diferentes em cada hotel e em momentos diferentes, mas se deve conscientizar o pessoal do equipamento e das ferramentas de manutenção como apoio à necessidade de segurança do hotel e como um investimento que se deve defender.
g) Contar com pessoal idôneo e responsável, capacitado a proporcionar manutenção e reparos (pintores, eletricistas, encanadores, engenheiros especializados em instalações de ar condicionado, refrigeração, etc.). Isso significa contar com oficinas e ferramentas para manter a operacionalidade do hotel. Além disso, deverá oferecer segurança física às áreas.

Área de estacionamento

Em todo estacionamento costumam-se apresentar diversos problemas, como:

a) Danos a veículos estacionados, por funcionário do hotel.
b) Danos a veículos estacionados ou a seu próprio veículo por parte do usuário.
c) Roubos de acessórios do automóvel.
d) Roubo de automóveis.
e) Atropelamentos.
f) Entrada e saída indevidas do hotel pelo estacionamento.
g) Perigo de incêndio por substâncias combustíveis derramadas ou armazenadas nos pisos ou nos automóveis.

As principais medidas preventivas de segurança nos estacionamentos podem ser:

a) Cercar o estacionamento, se este for aberto.
b) Manter iluminação suficiente para controle em estacionamentos abertos, subterrâneos ou fechados.
c) Usar um circuito fechado de televisão como controle.
d) Contar com vigias armados, dentro e fora do estacionamento.
e) Colocar guaritas de segurança e controle de entrada e saída.
f) Contar com funcionários da segurança para identificar os usuários e permitir sua entrada, prévia identificação da situação de hóspede, visitante e a que lugar e quarto se dirige, em caso de existir porta de comunicação do estacionamento ao hotel ou elevadores.
g) Colocar anúncios nas entradas e vias de acesso: "proibida a entrada de pessoas estranhas".

Controle das doenças transmissíveis

O departamento médico é responsável por controlar as doenças contagiosas, tanto dos funcionários como dos hóspedes.

Para funcionários, deve-se:

a) Determinar se a doença é contagiosa e sua forma de propagação no período de incubação e contágio.

b) Isolar imediatamente o funcionário e deixá-lo à disposição do hospital do seguro de saúde, ou tratá-lo inicialmente na sua própria casa.
c) Excluí-lo do trabalho até que se encontre perfeitamente recuperado.
d) Imunizar imediatamente todos os funcionários e hóspedes.
e) Dar palestras sobre os sintomas das principais doenças infecciosas, a fim de que o pessoal as possa detectar a qualquer momento.

Quando se tratar de hóspedes, é necessário:

a) Uma vez determinado que sofrem de doença contagiosa, isolá-los dos outros hóspedes.
b) Deve-se iniciar imediatamente o tratamento, para neutralizar o contágio.
c) Trasladá-los a um hospital e/ou enviá-los para seu lugar de origem, de acordo com as agências de viagem ou operadoras responsáveis pelos viajantes, ou, se viajam por conta própria, manifestar-lhes a improcedência da sua estada pelo mencionado motivo.
Em ambos os casos, devem-se desinfetar utensílios, quartos, rouparia, etc.

Limpeza e asseio

A limpeza e o asseio de todos os ambientes incluem eliminar o pó e os resíduos agentes de transmissão de doenças ou de irritação dos olhos e da garganta. A limpeza deverá ser constante, evitando levantar pó e retirando gorduras e outras substâncias que causem, além de maus odores, situações de perigo e acidentes.

Em relação às características físicas de pisos e superfícies, a Tabela 7.10 mostra os diferentes tipos de pisos e abrasivos que podem ser usados para evitar escorregões e quedas.

Outra das funções do departamento médico é melhorar os hábitos alimentares do pessoal e regular os horários; além disso, o departamento deve estabelecer que as medidas de higiene alimentar, assim como a seleção de alimentos que se servem nos hotéis devem ser controlados por nutricionista. Isso obrigará o planejamento de cardápios que equilibrem as deficiências alimentares.

Outros aspectos que o plano de segurança deverá abranger

PROJETO TÉCNICO DOS EQUIPAMENTOS USADOS PELO HOTEL

Em toda a instalação hoteleira, usam-se diversos equipamentos como caldeiras, fogões, fritadeiras, grupos eletrogêneos, equipamentos de lavanderia, etc. Tudo isso precisa de adaptação ou, na falta desta, deve somar características técnicas às características morfológicas dos funcionários que as comandarão. Devem ser observados os seguintes aspectos:

a) Projeto ergonômico do equipamento para implantação no hotel.
b) Localização do equipamento, num grande espaço de manobra e em grau máximo de segurança para o pessoal.
c) Proteções físicas do equipamento, para evitar circunstâncias perigosas.
d) Instalações adicionais para facilitar acesso, manipulação e manutenção.
e) Instalação de equipamentos contra incêndios.

NORMAS DE OPERAÇÃO DO EQUIPAMENTO

O erro humano está latente em toda operação e pode causar graves danos ao equipamento, lesões graves ao pessoal e catástrofes à instalação; por isso, deve existir uma série de normas referentes à atuação dos funcionários em suas atividades. Sobre o manuseio do equipamento:

a) Conhecer os padrões de operação recomendados pelo fabricante.
b) Conhecer as instruções de uso de cada equipamento, para evitar qualquer procedimento inseguro.
c) Incluir os possíveis riscos colaterais que implicam o uso do equipamento, como perigo de incêndio, eletrocução, cortes, batidas, contusões, etc.
d) Manter à vista os manuais gráficos de operação e manutenção, que constituem um aviso e uma norma para o pessoal.
e) Padronizar os códigos de segurança aplicáveis ao pessoal e ao trabalho correspondente.

Tabela 7.10 – Esquema de pisos e superfícies *(continua)*.

Tipos de piso*	Características	Utilização de abrasivos	Controle de pó ou limpadores recomendáveis	Coberturas recomendáveis	Selantes recomendáveis	Evitar
Lajotas de asfalto	Composto de uma mistura asfáltica e/ou aglutinante de resina termoplástica, fibras de asbesto e/ou outros materiais inertes de preenchimento e pigmentações	Podem-se utilizar vários tipos de abrasivos para reduzir a resistência do piso	Esfregão impregnado de detergente neutro. Pó de cera	Emulsão	Nenhum	Solventes e óleos
Linóleo	Pó de cortiça e de madeira que se aglutina por meio de materiais diferentes, como óleo de linhaça ou resinas e borracha. Os pigmentos são para colorir	Sílica coloidal** pode ser incorporada ao recobrimento de pisos com cera e resina sintética	Todos os tipos, com exceção dos álcalis fortes e de limpadores com pó abrasivo	Solventes em emulsão de cera polida	Qualquer	Água, álcalis e ácidos
Caucho	Vulcanizado natural, sintético ou composto de caucho que alcance certa densidade para prevenir escorregões dos pedestres	Antiderrapante, exceto quando está molhado	Esfregão impregnado de detergente neutro Composto de ceras limpadoras	Emulsão	Nenhum	Solventes e óleos
Vinil	Composto de resinas não ativadas, não inflamáveis e não tóxicas, misturadas com outros ingredientes de preenchimento e estabilizadores	Podem-se utilizar fitas adesivas com abrasivos em grãos. Estão organizados em faixas, lajotas e tábuas	Esfregão impregnado de detergente neutro	Emulsão	Nenhum	Solventes e óleos Álcalis e ácidos
Granilito	Consiste em grãos de mármore e granito mesclados com uma matriz de cimento	Podem-se incluir na argamassa, quando o piso está em repouso, compostos de carboneto de sílica ou óxido de alumínio	Esfregão impregnado com detergente neutro	Emulsão	Emulsão de resina (aquosa)	

Tabela 7.10 – *(Cont.)*

Tipos de piso*	Características	Utilização de abrasivos	Controle de pó ou limpadores recomendáveis	Coberturas recomendáveis	Selantes recomendáveis	Evitar
Concreto	Feito de cimento Portland, misturado com areia, cascalho e água, e depois moldado		Qualquer	Solvente de cera polida. Emulsão sobre superfícies seladas	Qualquer	Ácidos
Cimento	De composição igual à das lajotas de asfalto, mas se aquece na obra e se coloca depois para formar uma superfície única. Esse tipo de piso é utilizado freqüentemente para dar uma nova superfície duradoura e elástica	O mesmo que nas lajotas de asfalto	Todos, menos tintura solvente branca	Emulsão	Aquoso	Solventes e óleos
Madeira	Pode ser dura ou mole, dependendo das diferentes espessuras e modelos	Partículas metálicas e abrasivas artificiais em vernizes ou pinturas dão boas propriedades antiderrapantes	Todo tipo, exceto alcalinos e abrasivos	Solvente de cera polida. Emulsão sobre superfícies seladas	Todos, menos os aquosos	Álcalis, água e ácidos Água, álcalis e ácidos
Cortiça	Feito de cortiça moldada e comprimida com resinas naturais da cortiça, para fixar a massa de forma compacta com calor vulcanizado sob pressão hidráulica	O mesmo que as lajotas de asfalto	Esfregão impregnado com um detergente neutro	Solvente de cera polida. Emulsão sobre superfícies seladas	Todos, menos os aquosos	

*Os pisos e as escadas devem estar preparados com superfícies o mais antiderrapantes possível; podem-se utilizar fitas adesivas de esmeril nas rampas ou degraus e nas suas áreas críticas. Corrosão com uma solução fraca de ácido clorídrico diminuirá os problemas causados por superfícies escorregadias.

**A sílica coloidal é uma solução opalescente e aquosa com 30% de dióxido de silício amorfo e uma pequena quantidade de álcali como agente estabilizador.

PROTEÇÃO CONTRA DIVERSAS ATIVIDADES DE CARÁTER TÉCNICO

ELÉTRICOS

a) Aplicar as especificações de uso de materiais elétricos de acordo com as normas de cada país.
b) Aplicar as técnicas requeridas para efetuar instalações elétricas e conexões adicionais à terra.
c) Conectar à terra as partes metálicas expostas dos diversos equipamentos, que podem ser causa de contato e acidente para as pessoas.
d) Contar com espaços abertos não inferiores a 0,80cm para o operador de equipamentos elétricos.
e) Instalar adequadamente os equipamentos, de forma que seja levado em conta o pequeno espaço que pode concentrar vapores ou gases inflamáveis e a caixa de força, que deverá suportar uma explosão e dispor os equipamentos afastados de ambientes em que exista perigo de vapores inflamáveis.

QUÍMICA

O uso de materiais ou componentes químicos (como ácido ou detergentes para limpeza) pode causar lesões externas ou internas, devido aos vapores que despendem. Há necessidade de roupa protetora (luvas e dispositivos protetores de respiração) e das indicações pertinentes ao uso, que devem ser conhecidas por todos os funcionários. Os recipientes em que são armazenados ou guardados produtos químicos devem estar identificados com duplo aviso ou sinais que indiquem suas características, seu uso e conseqüências e uma advertência, como "perigoso para a saúde". Finalmente, devem ser consideradas certas regras para armazenamento dos produtos mencionados (por exemplo, não se devem armazenar produtos químicos *corrosivos* no alto). Essas áreas devem estar perfeitamente ventiladas; por último, produtos químicos incompatíveis (como acetona perto de ácido nítrico ou sulfúrico) não devem ser armazenados pelo perigo de contato e reação correspondente, que pode produzir fogo e queimaduras.

SOLDAGEM

Em casos extraordinários, ao se realizar trabalhos de soldagem, devem ser observados diversos aspectos, como uso de equipamentos, isolamento da área de gases e materiais combustíveis e desembaraço de tanques ou cilindros vazios, mas com grande concentração de gases. Estes últimos, com o calor e o aumento de pressão e da temperatura produzidos pela operação de soldagem, podem originar explosões imprevistas. A área onde se desenvolvem as operações de soldagem deve ser ventilada. Tanto a solda autógena como a elétrica devem ser executadas somente por pessoal especializado e autorizado, que é obrigado a tomar as medidas de segurança existentes para cada uma delas.

AMBIENTE

Um fator essencial de rendimento para o funcionário e de bem-estar para o hóspede é o ambiente. Isso faz pensar que tanto o funcionário quanto o hóspede enfrentam fatores que influem na sua personalidade, como ventilação, temperatura, ruído, iluminação, contaminação, sinalização, movimentos e proteção de máquinas.

VENTILAÇÃO

A ventilação, seja a que obedece ao projeto de forma geral (quartos, janelas e portas amplas, etc.) seja a que se faz por exaustores locais, busca eliminar pós, fumaças, gases ou vapores que contaminem o ambiente e minimizar o calor excessivo, com o que se reduz a fadiga. Nas cozinhas, as chaminés devem-se localizar ou organizar de forma que não espalhem as impurezas sobre as áreas de trabalho ou nos ambientes de reunião dos hóspedes.

TEMPERATURA

A ergonomia tende a buscar, tecnicamente, o bem-estar do funcionário no trabalho. O calor excessivo provoca fadiga, enquanto o frio intenso faz perder a agilidade e a força das mãos. As medidas para eliminar ambos os extremos vão desde a orientação do prédio e seu tamanho, o que permite a entrada do sol e a ventilação natural, até a projeção de sistemas de calefação e ventilação, dependendo do caso.

RUÍDO

O ruído como fenômeno produz diversos efeitos patológicos, como fadiga, alteração psicológica e a falta de percepção imediata de um perigo iminente. Segundo estudos realizados na Europa, a produtividade do empregado diminui quando trabalha em ambiente muito barulhento.

Um estudo efetuado em várias agências de correios tem demostrado que, quando o ruído passa de 75 para 95 decibéis, diminui automaticamente a produtividade do funcionário em aproximadamente 25%. Ao mesmo tempo, se quadruplica o número de erros na classificação das cartas. Por esse motivo, os especialistas em acústica colocaram divisórias à prova de som entre um funcionário e outro, o que permitiu diminuir o ruído entre 4 e 5 decibéis. Eles não resultaram significativos, mas a produtividade ao diminuir o ruído entre 10 e 15 decibéis, aumentou em 5 e 18%, respectivamente.

Se a solicitação "não faça ruído" for interpretada como se deve, segundo um artigo publicado na revista "El Correo", editada pela UNESCO, comum em quase todo o mundo, perceber-se-á que, na realidade, com isso se deseja dizer: "Meu trabalho exige uma grande atenção, portanto quero conservar a função de conexão do córtex cerebral, não debilitar os processos de inibição e conservação da capacidade do funcionamento do sistema nervoso, você entende?"

Os métodos para diminuir os efeitos do ruído se reduzem a:

a) Projeto dos ambientes em função do ruído.
b) Separação entre ambientes de descanso e ambientes ruidosos e de lazer ou equipamentos de trabalho (cozinhas, maquinário, etc.).
c) Projeto acústico: o nível máximo de ruído aceitável para cada quarto depende do uso deste e do nível de ruído do entorno. Sem dúvida, nisso incide a localização dos quartos e do hotel (praia, campo, cidade, centro comercial, etc.), assim como a natureza e a duração do ruído (permanente, regular ou prolongado). Os valores de ruído, medidos em decibéis em valor numérico de NC (critério de ruído) ou NR (valor de classificação do ruído) são como indicados na Tabela 7.11.

Iluminação

No planejamento devem ser considerados os aspectos principais: a) a iluminação solar; b) a iluminação artificial.

A grande quantidade de luz natural facilita o trabalho e elimina os riscos de doenças; porém, devem-se observar as medidas:

a) Ser suficiente para o ambiente e suas funções.
b) Não provocar ofuscamento que crie problemas de visão e cause acidentes.

A iluminação artificial deve tentar se orientar pelos aspectos:

a) Quantidade suficiente.
b) Reciprocidade.
c) Evitar ofuscamento.
d) Usar o tipo adequado de refletores, de acordo com o ambiente e o trabalho.

Contaminação

Independentemente da contaminação do ambiente devido às aglomerações populacionais, no próprio hotel se devem evitar, entre outras questões, o vazamento de fumaças, a presença de pós e gases e os vapores ou emanações de substâncias químicas ou de alimentos em decom-

Tabela 7.11

Ambiente	NC ou NR
Quartos	25
Sala de estar	30
Teatro	20
Centro de convenções	25
Corredores	30
Escritórios administrativos	40
Restaurantes e cafeterias	45
Salas de ginástica	50
Lojas e áreas de trabalho	65

posição que poluam o ambiente. Para tanto, é preciso que se ajuste às normas estabelecidas no plano de higiene.

SINALIZAÇÃO

Pela importância que, a partir de 1953, adquiriu em todo o mundo, vale a pena conhecer o *Código de segurança Birren-Du Pont*. Nesse código se consideram seis cores, a cada uma das quais corresponde um símbolo; além delas, se incluem o preto, o cinza e o branco para sinalizar diferentes controles de trânsito, indicações de passagem ou similares.

A norma básica do *Código de segurança Birren-Du Pont* consiste em utilizar as cores mais vivas para indicar perigo. Usam-se cores tênues e funcionais para paredes e o maquinário se marca com cores vivas; a existência de perigo estabelece uma ordem e toda variação de cor tem um significado particular.

O amarelo, de máxima sensibilidade no espectro, se distingue por sua excelente luminosidade também na penumbra. Para sinalizar o perigo de colisão, é usado com listras negras para distinguir as cancelas de passagem de nível, bordas de plataformas, pára-choques, aparelhos de transporte, etc.

O laranja, simbolizado por um triângulo, é empregado para sinalizar perigo de cortes, queimaduras, ruptura, etc. (por exemplo, em áreas próximas a engrenagens, transmissões, prensas, rolos, bordas cortantes, etc.). Deve-se usar na parte interior das carcaças protetoras.

O vermelho, simbolizado por um quadrado, se reserva para a proteção contra o fogo. Utiliza-se nas instalações contra incêndio, em hidrantes para mangueiras, válvulas, etc. e é dessa cor que se pintam os extintores, os porta-mangueiras, as caixas para capas contra incêndios e a saída de segurança. Uma boa norma é pintar de vermelho atrás das colunas onde está o extintor, a fim de localizá-lo de qualquer ponto.

O verde é usado para indicar serviços de socorro, consultórios médicos, depósitos de macas, depósito de máscaras contra os gases, etc. e o símbolo é uma cruz.

O azul é utilizado para advertir que se proceda com cuidado e confirmar que tudo esteja em ordem e disponível antes de entrar em funcionamento. O símbolo é um disco.

O púrpura se adotou para indicar o perigo proveniente de radiação nuclear. Costuma ser colocado nos batentes das portas de acesso, sobre recipientes, caixas, etc. O símbolo é uma hélice púrpura sobre o fundo amarelo.

O branco, o preto e o cinza, simbolizados por linhas ou estrelas, são empregados para indicações de trânsito e para delimitar áreas de depósitos, de resíduos, cantos, etc. Especialmente nesses casos e para evitar que se sujem, se utiliza o branco.

Alguns autores estimam existirem quatro graus de visibilidade, formadas pelas combinações:

a) *Primeiro grau* - Caracteres negros sobre fundo amarelo, para advertir o risco de acidentes.
b) *Segundo grau* - Caracteres verdes sobre fundo branco, para indicar áreas, compartimentos ou elementos relativos à segurança.
c) *Terceiro grau* - Caracteres vermelhos sobre branco, para tudo o relacionado com incêndios.
d) *Quarto grau* - Caracteres azuis sobre branco, para transmitir qualquer informação.

A ergonomia também estuda os sinais luminosos com a finalidade de conseguir, do operador, interpretações rápidas e seguras, bem como para evitar a fadiga (indicadores qualitativos). Assim, como regra geral, deve-se evitar a associação de luzes com cores que possam ser confundidas, como o vermelho e o laranja ou o violeta e o azul. As cores normativas nas luzes-piloto de um avião são:

- Verde: nada a indicar
- Amarelo: atenção
- Vermelho: perigo

Cabe indicar que as luzes-piloto não podem ser comparadas em intensidade com a luz do sol, pelo que se devem situar em local escuro ou sombrio, ou serem protegidas por uma viseira.

As luzes intermitentes são úteis para chamar a atenção quando a freqüência de intermitência vai de 3 a 10 vezes por segundo e a duração de cada lampejo é de, ao menos, 0,05 segundo.

Não se devem utilizar mais luzes de sinalização que as necessárias. Se a claridade do ambiente for suficiente, a sinalização não deverá ser luminosa; mas se o dispositivo estiver na escuridão, deve-se gravar a indicação sobre fundo luminoso.

Tabela 7.12 – Lista de comprovação de aptidões requeridas*.

1. Biométricas
2. Visuais: visão de perto, visão de longe, binocular, percepção de cores, estimação distinta e ofuscamento
3. Auditivas
4. Táteis: discriminação de relevo, grossura e peso; percepção de diferença e tamanho, e discriminação tátil da temperatura
5. Olfativas
6. Gustativas
7. Robustez
8. Resistência ao esforço
9. Deslocamento
10. Trabalho rápido e prolongado

Destreza

11. Manual; Sensibilidade articular e muscular; segurança, controle, agilidade e posição do movimento dos dedos; flexibilidade do pulso e pressão e força
12. Escapular e extremidade superior: facilidade para fazer movimentos e para alcançar objetos a distância; posição e segurança no movimento dos braços, força para levantar e levar
13. Lombar e extremidade inferior: facilidade para fazer movimentos; extremidade sobre o tronco; ajoelhar-se, agachar-se e engatinhar e ficar de bruço; sentar-se "a cavalo" e pedalar
14. Aptidão para permanecer em pé
15. Rapidez de reação
16. Coordenação: mãos-olhos, pés-olhos e mãos-pés-olhos
17. Equilíbrio geral e estabilidade emocional

Tolerâncias

18. Ruídos e trepidações
19. Irritantes respiratórios
20. Irritantes cutâneos
21. Intempérie
22. Calor
23. Frio
24. Tóxicos
25. Monotonia
26. Condições físicas adversas
27. Horário de trabalho
28. Afastamento da casa
29. Adaptabilidade a mudanças de situação no trabalho
30. Memória: detalhes, idéias, ordens verbais, ordens escritas, nomes e pessoas
31. Cálculo aritmético
32. Inteligência geral
33. Compreensão e imaginação especial
34. Compreensão de mecanismos
35. Iniciativa
36. Aptidões sociais: trabalho em equipe ou com ajudante
37. Conhecimentos de higiene e segurança

*Retirada da obra "Seguridad industrial", CESEM – Espanha.

Movimentos

A ergonomia estuda (Tabela 7.12), entre outras questões, o tipo mais adequado de controles, suas dimensões e sua localização visando obter uma excelente segurança e o maior rendimento do trabalhador.

Considerando que o esforço do indivíduo e a complexidade dos movimentos influenciam diretamente a fadiga e, portanto, o maior risco de acidentes, pode-se deduzir que o estudo das forças que se aplicam com as mãos nos controles dos equipamentos merecem uma atenção especial, assim também o estudo dos movimentos necessários na execução do trabalho.

Segundo estudos de alguns autores, como Jenkins e Fisher, podemos enunciar os seguintes princípios sobre as forças de aplicação nos controles:

a) Os controles situados diante do trabalhador permitem aplicar as forças de maior valor.
b) As forças se exercem com igual precisão por mãos e pés.
c) A partir dos 14 ou 18kg nas forças aplicadas com as mãos e dos 27kg nas forças aplicadas com os pés, o esforço é fatigante.
d) O uso dos dedos para exercer determinada força requer menos energia que a utilização dos braços. Em qualquer caso, a força máxima que se pode desenvolver aumenta com o emprego do braço e do ombro.
e) A força máxima de apreensão da mão é de 57kg, em um homem de 25 anos e de 47kg, em um de 60.
f) A mão direita pode exercer uma força superior à da esquerda de aproximadamente 4,5kg.
g) Os controles não devem exigir a aplicação de esforço máximo.

Sobre os estudos de acidentes, não se busca essa simplificação de movimentos, mesmo que pudesse ser vantajosa, mas determinar aqueles movimentos nos quais se produzem acidentes. O diagrama de atividades de ambas as mãos se presta também ao exame de acidentes de trabalho.

Os comandos situados diante e ligeiramente abaixo do ombro são mais fáceis de manipular; assim, se o trabalhador estiver sentado, os comandos deverão se localizar à altura dos cotovelos. As manivelas que requerem o emprego de um grande esforço se localizarão com seu eixo paralelo ao plano frontal do trabalhador, e as que se devem girar rapidamente se situarão com seu eixo de rotação orientado entre a perpendicular ao plano frontal e um raio de 60°.

Proteção de Máquinas

Para os equipamentos e maquinarias utilizados no hotel, cabe fazer referência à norma proporcionada pela OIT (Organização Internacional do Trabalho), mostrada na Tabela 7.13.

PROTEÇÃO PESSOAL

Para evitar lesões aos funcionários do hotel, devem-se considerar, entre outras, as medidas e os equipamentos de uso:

a) *Proteção visual* - Uso de óculos especiais para realizar diversas tarefas, como soldagens ou aquelas nas quais pode haver muito pó ou vazamento de gases. É conveniente ajudar os funcionários com problemas de visão e proporcionar-lhes as facilidades e a ajuda necessárias.
b) *Proteção respiratória* - De preferência para os das brigadas de incêndios; além disso, deve-se se contar com equipamento de más-

Tabela 7.13 – Regulamento – tipo de segurança nos estabelecimentos industriais (OIT).

Resguardos padronizados para maquinaria

RESGUARDOS

Disposições gerais

1. Os resguardos devem ser projetados, construídos e usados de tal forma que:

   a) Ofereçam proteção positiva
   b) Previnam acesso à área de perigo durante as operações
   c) Não ocasionem incômodos ou inconvenientes ao operador
   d) Não interfiram desnecessariamente na produção
   e) Funcionem automaticamente com um esforço mínimo
   f) Sejam adequados para o trabalho e a máquina
   g) Constituam, de preferência, parte integrante da máquina
   h) Permitam a lubrificação, a inspeção, o ajuste e o conserto da máquina
   i) Possam ser utilizados durante um longo tempo com manutenção mínima
   j) Resistam ao uso normal e ao choque
   k) Sejam duradouros e resistentes ao fogo e à corrosão
   l) Não constituam um risco em si (sem lascas, pontas afiadas, bordas ásperas ou outras fontes de acidentes)
   m) Protejam, não somente contra aqueles perigos que normalmente se esperam, mas também contra todas as contingências inerentes ao trabalho

Materiais

2. Os resguardos ou cercados padronizados serão de:

   a) Metal fundido ou pranchas metálicas sólidas, perfuradas ou de alto relevo, ou de arame entretecido em molduras de ferro em ângulo, tubos de ferro ou barras sólidas de ferro
   b) Madeira, material plástico ou outro material apropriado à finalidade a que se aplicarão

Fixação

3. Todos os resguardos devem estar fortemente fixados à máquina, ao piso ou ao teto e se manterão no seu lugar sempre que a máquina funcione

caras contra gases para todo o pessoal, em caso de emergência. A aplicação de sistemas de ventilação em ambientes diversos, como almoxarifados, cozinhas, estacionamentos e outros é de vital importância para o bem-estar do pessoal.

c) *Proteção de cabeça e rosto* - Devem existir capacetes de segurança para toda a equipe de segurança encarregada de controlar o fogo e de realizar o plano de evacuação do pessoal em caso de incêndio.
d) *Roupa protetora* - Os funcionários que realizam tarefas com objetos quentes e manuseiam materiais pesados ou agentes químicos devem contar com acessórios adicionais de proteção, como luvas, aventais, óculos, capuzes ou botas, dependendo de o trabalho ser de cozinha, depósito, limpeza ou manutenção.

INSPEÇÕES DE SEGURANÇA

No item "Medidas administrativas", foi estudado esse ponto; porém, cabe agregar algo mais. Toda inspeção tem caráter de prevenção e detecção de circunstâncias e procedimentos inseguros, o que obriga, portanto, a contar com uma equipe bem-treinada para realizar a função de forma eficaz. A tarefa de inspecionar consiste em supervisionar, orientar e retroalimentar o sistema de segurança e não em amedrontar; seu objetivo será melhorar o sistema de segurança, de forma a evitar a proliferação de acidentes e obrigar o cumprimento das normas de segurança.

Na supervisão, cabem considerar dois aspectos: a) o(os) supervisor(es) de segurança; b) os procedimentos para as inspeções de segurança.

SUPERVISOR DE SEGURANÇA

A supervisão deve ser considerada como tarefa de orientação, de guia e de controle dos programas, das normas e das medidas implementadas para um determinado fim, como é a segurança. Portanto, seus resultados devem tender, na prática, a evitar os desvios do que foi traçado nos planos, a orientar os indivíduos, a corrigir quando existam circunstâncias e procedimentos inseguros e a retroalimentar o sistema mediante os resultados da inspeção.

A supervisão humana é um elemento complementar no sistema estudado, que interage como elemento de controle e de regulação, de acordo com certas considerações, como:

a) O sistema deve ser idealizado de forma a não isolar os empregados enquanto trabalham.
b) É necessário criar um excelente ambiente: luz, som, temperatura, etc.
c) A sinalização deve ser bem delimitada com caracteres amplos.
d) Evitar introduzir estímulos monótonos que provoquem sonolência.
e) Diversos.

Na aplicação de um plano de prevenção de acidentes em nível operacional, o supervisor deve observar aspectos importantes, como:

a) Eliminação progressiva das circunstâncias perigosas das máquinas e das instalações.
b) Corretas manutenção e utilização de todas as ferramentas e objetos de uso no hotel por parte dos funcionários.
c) Execução dos métodos de trabalho, naqueles em que são aplicadas normas de segurança em todas as tarefas.
d) Estado de conservação dos meios de proteção pessoal e, o mais importante, seu uso.
e) Manutenção de ordem e limpeza.
f) Manipulação e transporte de materiais, comestíveis, peças de roupa, etc., em cada seção.
g) Estudo do comportamento humano.
h) Formação prática e treinamento do pessoal em relação à segurança e à higiene.

Ao falar de supervisão, se deseja dar todo seu alcance; nesse sentido, supervisionar significa:

a) Vigilância do cumprimento do que está previsto no plano de segurança.
b) Correção dos maus hábitos e das atitudes negativas.
c) Crítica construtiva do que não funciona, visando ao melhoramento.

Como conhece bem o trabalho, o supervisor encarregado da segurança está em condições de descobrir riscos e despertar o interesse dos funcionários a seu cargo, para evitar acidentes e acompanhar de perto a eliminação dos riscos anteriormente citados.

O supervisor não deve ignorar a atitude de determinados funcionários ou grupos em relação ao equipamento de proteção individual; além disso, deve comunicar as indisciplinas desse tipo e corrigi-las. Para ele, a ordem nas dependências deve ser questão de princípios, o mesmo que a limpeza.

Do mesmo modo, é importante prestar atenção ao comportamento de cada indivíduo. Todos os funcionários sob sua responsabilidade são diferentes, com caracteres peculiares e com seus próprios preconceitos. Por isso, deve conhecer essas expressões práticas da psicologia humana e agir de acordo com elas.

O supervisor é quem melhor conhece as características das tarefas e as condições que exige do indivíduo. Se o funcionário não for o mais idôneo para desempenhar o cargo, o supervisor tem a obrigação de fazer o possível para que ele seja mudado.

Acontecendo um acidente, a colaboração do supervisor é imprescindível e ele deverá:

- Encarregar-se da situação
- Socorrer o ferido e avisar o médico

Aspectos que devem ser considerados em toda inspeção

Retirados da obra de Grant Ireson, "Manual de ingeniería económica y organización industrial", que usaremos como modelo e adaptados à divisão que ele faz sobre a delimitação do plano para realizar uma inspeção, apresentamos os conceitos que se devem inspecionar. Os cinco primeiros referem-se às circunstâncias inseguras que podem existir em um hotel e, o último, aos possíveis procedimentos inseguros que ocorrem na instalação.

ÁREA DE TRABALHO

a) Limpeza e ordem de todos os ambientes.
b) Bom estado de conservação de corredores, elevadores, escadas, portas e saídas de emergência.
c) Limpeza, ordem, sinalização e outros aspectos em todos os andares do hotel e na área de trabalho.
d) Detecção de todos os meios de combate ao fogo e de segurança devidamente instalados e em bom estado de funcionamento, em todos os ambientes do edifício.
e) Funcionamento do sistema de segurança automático, técnico, pessoal, policial, de vigias, etc.

MATERIAIS E EQUIPAMENTOS

a) Armazenamento de acordo com as normas.
b) Operações de carga e descarga em ordem, limpeza e segurança.
c) Bom estado do equipamento da cozinha, energia, ventiladores, bombas, etc.
d) Sinalização, de acordo com as normas, nos equipamentos, corredores e ambientes onde se encontrem os materiais e o equipamento.
e) Limpeza e manutenção dos equipamentos.
f) Falta da proteção em certos equipamentos.

FERRAMENTAS E ARTIGOS DE LIMPEZA

a) Condições das ferramentas de manutenção.
b) Asseio e conservação das ferramentas.
c) Armazenagem dos artigos de limpeza.
d) Uso indevido dos artigos de limpeza.
e) Outros diversos.

MATERIAL DE COMBATE A INCÊNDIOS

a) Bom estado dos equipamentos.
b) Localização perfeita.
c) Sinalização perfeita para seu uso e localização.

EQUIPAMENTO DE PROTEÇÃO PESSOAL

a) Verificar a existência dos materiais necessários.
b) Verificar o estado desses materiais.
c) Verificar o armazenamento e a distribuição.

PROCEDIMENTOS INSEGUROS

a) Execução das tarefas sem aplicar as medidas de segurança.
b) Realização de tarefas sem usar o equipamento de proteção.
c) Execução das tarefas com perigo por desconhecimento das normas.
d) Falta de conscientização do funcionário.
e) Deficiência mental.
f) Hábitos contrários à segurança e higiene.

PREPARAÇÃO DE SUPERVISORES

O gerente de segurança deve responsabilizar-se, dentro da sua política, pela formação de supervisores de segurança. Para isso, deve recorrer a uma programação de capacitação que inclua:

a) Cursos e conferências mensais, durante duas horas diárias (40h).
b) O responsável pelos cursos será o gerente ou o engenheiro de segurança.
c) Proporcionar conhecimentos técnicos e humanos sobre a segurança.
d) Proporcionar conhecimentos sobre o hotel e todas suas instalações, com a finalidade de descobrir os perigos, os meios, as tarefas que devem ser executadas e as disposições existentes.
e) Obrigar os funcionários a conhecer perfeitamente as normas sobre segurança e higiene.
f) Complementar a formação com exercícios e práticas diárias de supervisão.

Investigação de acidentes

A investigação de acidentes, se bem obedece a uma tarefa de resultados na qual se produziu o fato, é considerada como uma atividade que se converte em função vital para o programa de prevenção, pelo seu caráter retroalimentador, que compreende correções e determinação de novas medidas de segurança. O propósito principal de toda investigação de acidentes é detectar a causa ou as causas do acidente, a fim de eliminá-las e proceder às melhorias do sistema. A investigação não deve ser direcionada à busca do culpável e do castigo, se bem que, indiretamente, serve para considerá-lo em atividades futuras.

Um dos aspectos a ser observado numa inspeção é sua imediatidade. O motivo é determinar a causa provável, como conseqüência do juízo subjetivo que cada testemunha pode trazer ao caso, conforme transcorra o tempo. No momento do acidente, pode-se observar objetivamente a disposição da área de trabalho, os tipos de ferramentas utilizadas, o estado de limpeza, as pessoas que estiveram presentes, etc., de forma que as testemunhas poderão contar rapidamente sua impressão sobre o que viram, sem dar lugar à própria versão posterior.

Os responsáveis pela investigação de acidentes são, geralmente, os supervisores ou o elemento de segurança designado para isso. Em alguns casos, quando a situação for grave, a investigação será feita por um comitê de investigação, do qual fará parte o supervisor responsável (Fig. 7.17).

PROCEDIMENTOS DA INVESTIGAÇÃO

Um procedimento adaptado como guia para realizar uma investigação de acidentes pode ser:

a) *Isolamento do local do acidente para pessoas estranhas a ele* - Evitar tumultos, aglomerações e pessoal estranho que, em algum momento possa apagar as pistas sobre as causas do acidente.
b) *Atenção com a vítima* - Proporcionar os primeiros socorros e, se necessário, trasladá-la imediatamente para o local onde possa receber os cuidados médicos correspondentes.
c) *Entrevista com a vítima* - Se as condições físicas e mentais o permitirem, interrogar a vítima sobre o ocorrido.
d) *Entrevistas com as testemunhas* - Interrogar as testemunhas para determinar coincidência ou discrepância entre suas versões; nesse último caso, deve-se aprofundar a investigação, para determinar a verdadeira versão.
e) *Observação da área* - Registrar todos os detalhes identificados na área de trabalho, como ferramentas, equipamentos, materiais, ordem, limpeza, etc., que permitam chegar às conclusões que se buscam. Esquematizar o lugar tal como se encontra por meio de um croqui.
f) *Análise de fatos e versões* - Com toda a recopilação dos fatos, mais a análise técnica como elemento de apoio, chegar a conclusões que permitam determinar a causa ou as causas do acidente.
g) *Apresentação do relatório* - Com o relatório, se apresentarão sugestões pertinentes, a fim de evitar a repetição da causa incidental (Tabela 7.14).

Programas de treinamento e formação

Em todo programa de treinamento, deve-se focalizar o êxito que se deseja obter ao aplicar o plano de segurança, mediante a percepção e seu alcance, a compreensão das normas e a conscienti-

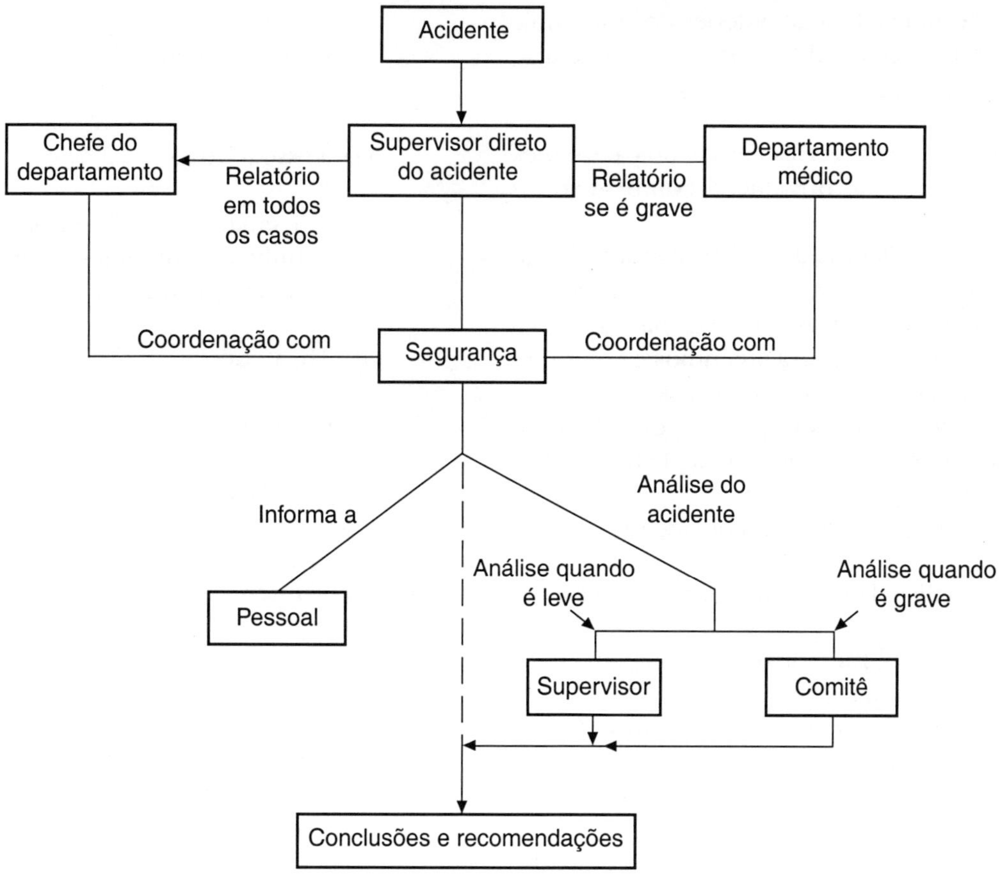

Figura 7.17 – Mecânica da investigação dos acidentes.

Tabela 7.14 – Relatório do acidente.

Data	**Relatório nº**	**Tipo de acidente**
Nome do funcionário	**Departamento**	**Tarefa**

Declarações

1. Do acidentado ______
2. Dos companheiros ou testemunhas ______
3. Relatório do supervisor ______
4. Diagnóstico médico ______
5. Conclusões do relatório ______
6. Sugestões ______
7. Medidas adotadas pelo departamento de segurança ______

zação que permita adequar as ações dos funcionários. Em todo programa de treinamento, devem se considerar, entre outros, os aspectos:

a) *Objetivo*: conhecer as causas dos acidentes e as normas de prevenção como meio de evitá-los.
b) *Responsabilidade*: da gerência de segurança.
c) *Participantes*: cursos gerais, para todos os funcionários; cursos especiais para supervisores e brigada contra incêndios e conferências para diretores e executivos.
d) *Duração dos cursos*: gerais, periódicos de 10h; especiais, periódicos de 15h, e conferências periódicas de 2h.
e) Aspectos que se devem considerar:

i) Análise da segurança das tarefas

- Que os funcionários conheçam os riscos a que se expõem
- As normas que os funcionários devem respeitar
- Os métodos que devem aplicar

ii) Análise dos diversos aspectos considerados no plano

- Conhecimento dos ambientes do hotel
- Conhecimento das tarefas que se realizam em cada um deles
- Conscientização da importância de prevenir qualquer possibilidade de incêndio
- Conhecimento das proibições para certos ambientes e para determinados funcionários
- Conhecimento dos meios de proteção que devem usar
- Conscientização da necessidade de prevenir acidentes

iii) Aspectos de manutenção

- Manutenção das instalações e equipamentos
- Asseio e limpeza dos ambientes

iv) Primeiros socorros

- Métodos gerais de primeiros socorros às vítimas

v) Combate a incêndios

- Todo o analisado no respectivo parágrafo

vi) Pessoal novo

- Treinamento do pessoal novo
- Indicar as medidas e normas de segurança que devem ser cumpridas

vii) Hóspedes

- Informação permanente fundamentada em cartilhas, anúncios, sinalizadores, cartazes e outros, sobre as normas de segurança que devem ser cumpridas

viii) Conferências de interesse para o hotel

- Sobre combate e prevenção de acidentes
- Sobre a segurança física da instalação
- Sobre a segurança contra incêndios
- Circunstâncias e procedimentos inseguros
- Responsabilidades da segurança
- Custos de acidentes
- Aspectos trágicos da falta de segurança
- Uso de meios de segurança, proteção e combate a incêndios
- Planos de evacuação e combate a incêndios
- Principais acidentes que acontecem em hotéis
- Higiene e segurança
- Normas de segurança para as tarefas hoteleiras

ix) Aspectos que devem ser considerados legalmente do ponto de vista da segurança

- Obrigação legal de contar com os serviços de segurança e equipamentos para o sistema de segurança
- Registrar os funcionários do hotel nos serviços de seguridade social e similares
- Fazer seguros do hotel e dos hóspedes por meio do departamento de segurança das empresas seguradoras de acidentes, roubos e incêndios
- Controlar as drogas em colaboração

com a polícia e os agentes de entorpecentes

- Contar com os elementos de segurança e a colaboração policial para prevenção das atividades de delinqüência, dentro dos parâmetros legais estabelecidos pelo Estado
- Proporcionar primeiros socorros, de acordo com o regulamentado pelas respectivas autoridades governamentais e contar com um elemento de proteção à saúde, departamento médico, enfermeiro, etc., que facilite o controle sanitário do hotel e dos ocupantes
- Controlar estritamente o histórico e o perfil da carreira de cada funcionário, de acordo com as regulamentações estabelecidas pela Secretaria do Trabalho (entradas, saídas, contratos, pagamentos, etc.)
- Manter um elemento de combate e prevenção do fogo, de acordo com o especificado pelas respectivas autoridades, com funções e responsabilidades perfeitamente definidas
- Controlar o consumo de bebidas, horários, limitações a pessoas, etc., segundo as disposições legais; em relação aos alimentos, ter um controle higiênico externo, para evitar qualquer sabotagem ou ação delituosa premeditada, ou por negligência, pelos quais o único responsável será o hotel
- Contar com um departamento legal que assessore os temas expostos e assinale responsabilidades e negligências

AVALIAÇÃO DA EXECUÇÃO DOS PLANOS DE PREVENÇÃO

É importante que os responsáveis pela segurança do hotel, inclusive os funcionários, conheçam a eficácia dos planos de prevenção, os êxitos obtidos e a evolução da situação. Deve-se analisar separadamente as diferentes áreas da segurança e estabelecer para cada uma seus próprios indicadores.

Do anterior, se infere que o gerente de segurança do hotel deve planejar todas as ações preventivas, programá-las e estabelecer o orçamento da segurança.

Todo plano preventivo, em seu conjunto, deve se dividir em uma série de conceitos sobre os quais se estabelecerá o controle da execução.

Somente para ilustrar, apresentaremos alguns conceitos da segurança que, com maior ou menor ponderação, costumam ser analisados:

- Formação
- Circunstâncias perigosas
- Execução dos trabalhos
- Ambiente
- Meios de proteção pessoal
- Ordem, limpeza e manutenção
- Manipulação e transporte de materiais
- Medidas contra incêndios
- Comportamento humano (atitudes)

Na seção anterior, vimos como controlar o plano de formação. De forma semelhante, pode-se proceder com os outros conceitos indicados e com qualquer outro que se deva destacar em cada caso específico; por exemplo, em relação às circunstâncias perigosas, deve-se planejar a eliminação das conhecidas em certo momento, para que desapareça o risco determinado e enquadrá-lo no tempo.

Deve-se considerar que os riscos técnicos conhecidos tendem a ser eliminados, enquanto surgem novos pontos de perigo detectados pelas inspeções.

A execução dos trabalhos faz referência aos riscos de operação; nesse caso, pode-se ter o controle do total das operações que devem ser analisadas e o número de folhas de análise realizadas, e não haverá nenhuma dificuldade para elaborar o programa de folhas de análise, com a colaboração dos supervisores. Também será conveniente instruir os funcionários sobre os riscos que aparecem nas folhas de acidentes, e depois controlar no quadro mencionado o grau de desenvolvimento do plano.

Pelo que faz ao ambiente, referindo a suas condições físicas, também é possível programar as ações orientadas a melhorar as condições existentes. Para isso, cargo por cargo, se analisará a situação em relação a cada condição (iluminação, ruído, vibração, temperatura, etc.) e se determinará qual ação deve ser realizada. Daqui será obtido um inventário de ações destinadas a melhorar o ambiente e que constituirá o plano a ser seguido, o qual será enquadrado no tempo (calendário) pelo responsável pela segurança. Uma vez feito isso, tudo se reduzirá em controlar o desenvolvimento do programa e constatar os atrasos ou progressos que ocorram, sendo inclusas as medidas corretivas que se julguem necessárias.

Em relação à adaptação do pessoal aos cargos, primeiro devem-se definir as características ou os requisitos de cada cargo (valorização do trabalho). Isso requer muita dedicação e a direção de um especialista, de preferência estranho ao hotel. Deve-se contar com os serviços do psicólogo e do médico do hotel, a fim de conhecer as capacidades de cada empregado. A última parte do trabalho deve consistir na adaptação do homem ao cargo, com base na hierarquia de valores definida na norma de adaptação. Aqui se podem apresentar evidentes casos de inadaptação, os quais é preciso corrigir quanto antes; haverá outros casos nos quais a adaptação não será boa e que deverão ser levados em conta no futuro. Assim, existirá um novo programa que deve ser cumprido e controlado como nas situações anteriores.

O que foi descrito é uma breve referência sobre como medir a execução dos planos de segurança.

AVALIAÇÃO DE UM PLANO DE SEGURANÇA, ESTATÍSTICA DE FREQÜÊNCIA E GRAVIDADE

Qual é a finalidade de avaliar um programa? A resposta é: apreciar até que ponto foi alcançado o propósito e quais serão os reajustes necessários para orientá-los melhor. O encarregado de segurança deverá utilizar o registro de acidentes e dados oferecido pelo departamento da contabilidade ao encarregar-se da referida avaliação (Ver tabelas 7.15 e 7.17).

TIPO DE AVALIAÇÃO

A avaliação pode ser feita mediante dois procedimentos: de controle direto ou de forma estimativa.

Controle direto

Os dados estatísticos mais importantes no controle direto são o índice de freqüência e o índice de gravidade.

Uma terceira medida se inclui nos procedimentos diretos de avaliação e se chama *média de dias perdidos por lesão incapacitante*.

Índice de freqüência

Tanto o índice de freqüência como o de gravidade permitem determinar o grau de eficiência com que se enfrenta o problema de lesões, assim como o progresso que se consegue na sua solução; não obstante, o índice de freqüência é a medida mais importante para determinar a magnitude do problema, se define como o *número de lesões incapacitantes para cada milhão de horas/homem trabalhadas* e se calcula segundo a fórmula:

$$\text{Índice de freqüência} = \frac{\text{número de lesões incapacitantes} \times 1.000.000}{\text{número total de horas/homem trabalhadas (exposição ao risco)}}$$

Exemplo (adaptado da obra "Seguridad industrial", do mesmo autor, publicado pela Editora Limusa).

Um hotel tem 500 funcionários, os quais trabalham 48h durante 50 semanas, período em que ocorrem 60 acidentes. Por motivos de doença, acidente e outros, os trabalhadores se ausentaram 5% do total do tempo trabalhado.

Solução

500 × 50 × 48 ...	1.200.000
Subtraindo 5% de 1.200.000 ...	60.000
Resultado	1.140.000

$$\text{Índice de freqüência: } If = \frac{60 \times 1.000.000}{1.140.000} =$$

52,63...53 acidentes por mihão de horas/homens trabalhadas

O fator considerado é 1.000.000 horas/homem.

Índice de gravidade

Suponhamos que no hotel ocorreu o seguinte número de dias perdidos, por causa dos acidentes:

17 acidentes com uma perda total de 40 dias.
Incapacidades parciais permanentes.

Perda da metade da audição de um ouvido	300 dias
Perda da metade da visão de um olho	900 dias
Perda de um pé	2.400 dias
Total de dias perdidos	3.640 dias

$$Ig = \frac{3.640 \times 1.000.000}{500 \times 50 \times 40} = 3.640 \text{ dias}/10^6$$

Isso implica, para efeitos de controle estatístico, que se perderam 3.640 dias por milhão de horas/homem, ou 3,64 dias para cada 1.000 horas/homem, e se considerarmos 2.000 horas de trabalho por ano, equivalerá a 7,28 dias perdidos por funcionário; isso revela a importância, dos índices para efetuar a avaliação direta de um programa de segurança. Para melhor compreensão, as fórmulas anteriores se ilustram com exemplos.

Média de dias perdidos

Mediante as taxas de freqüência e gravidade dos acidentes, obtém-se informação valiosa sobre a segurança de uma fábrica, tanto em termos absolutos como em relação à situação que prevalece em outras, onde se trabalha em situações análogas.

Exercício - Uma fábrica, durante os seis primeiros meses do ano, trabalhou 600.000 horas/homem e se registraram as lesões incapacitantes que seguem:

Perda da terceira falange do dedo polegar	300 dias perdidos
Perdas de ambas as pernas 3.000 cada	6.000 dias perdidos
20 incapacitações temporárias	200 dias perdidos
Total	6.500 dias perdidos

Encontrem-se os índices de freqüência e de gravidade, assim como a média de dias perdidos:

$$If = \frac{22 \times 1.000.000}{600.000} = 36,67$$

$$Ig = \frac{6.500 \times 1.000.000}{600.000} = 10.833 \text{ dias perdidos}$$

$$\text{Média de dias perdidos} = \frac{6.500}{22} = 295,54$$

Importância de média de dias perdidos por lesão incapacitante

Essa média mostra a gravidade das lesões ocorridas e revela situações pouco evidentes numa revisão superficial dos índices de freqüência e gravidade, ou seja, permite uma avaliação completa da gravidade das lesões.

Para ilustrar o uso de tais médias, foi analisado um grupo de 44 empresas empacotadoras de carne, consideradas grandes. De acordo com seus índices de freqüência e gravidade, classificaram-se categorias de 1 a 44. Em uma delas, colocada em segundo lugar, abaixo dos índices de freqüência e gravidade, as lesões, em média, foram mais sérias que as sofridas por 15 outras empresas. O fato permitiu perceber a necessidade de maior atenção para os casos mais importantes.

Também a empresa com índice de freqüência 40 e índice de gravidade 29, apresentou uma média baixa de carga por lesão.

Em outras palavras, na última empresa, cujos índices de freqüência e gravidade foram os mais altos, as lesões, na média, foram menos graves que as ocorridas em 33 empresas restantes. A baixa carga média por lesão indica que os altos índices se derivam de lesões menos graves e a melhoria deles depende de um controle efetivo dos casos leves.

Outro procedimento para medir e controlar os acidentes é a taxa de acidentes, segundo a fórmula:

NÚMERO DE REGISTROS DE ACIDENTES E DOENÇAS PARA CADA 200.000 HORAS TRABALHADAS

Exemplo - Em um hotel com 500 trabalhadores, ocorrem 15 acidentes por mês. Assim:

- 500 × 50 semanas × 40 horas/semana = 1.000.000 HHT
- $\text{Taxa} = \frac{\text{nº de acidentes} \times 200.000}{\text{nº de HHT por ano}} = \frac{15 \times 200.000}{1.000.000} = 3$

Exemplos diversos - Devido a uma campanha da segurança durante dois meses, num hotel, houve uma única lesão grave; portanto:

Custo direto = indenização e hospital + S/,0,00

Porém, houve 66 acidentes leves, por procedimentos inseguros, especialmente arranhões, pelo que se pode dizer que existiram custos indiretos.

Um funcionário mais habilidoso substituiu um especialista químico e errou, de forma que, trabalhando com alguns erros, causou um acidente, assim calculado:

Custo de materiais perdidos	40.000
Custo de tempo perdido pelos trabalhadores com lesões	10.120
Custo de tempo perdido por outros trabalhadores	4.390
	54.510

Os exemplos anteriores não incluem fatalidades ou maiores lesões permanentes. Essa omissão é deliberada, para demostrar que muitas vezes existem acidentes desse tipo com custo direto, sem custos indiretos; por exemplo: um trabalhador que será despedido por ser preguiçoso cai de uma plataforma e morre, nesse caso há custos diretos; por outro lado, um operário, ao estender um fio, tropeça, cai e, para não lesar a coluna, solta o fio e bate em uma viga, que cai e destrói os andaimes e parte do material. Aqui o dano à propriedade e o custo da demora é maior que a lesão do operário, pelo que existem custos indiretos.

De todo o exposto, pode-se concluir: *a relação que existe entre os custos indiretos e os diretos tende a aumentar.*

Outros procedimentos de controle direto

Um programa de segurança também pode ser avaliado comparando os custos provocados por acidentes, equipamentos de proteção, administração do departamento de segurança, etc. Os dados para essa avaliação são oferecidos pelo departamento de contabilidade. Da mesma forma, é factível valorizar diretamente as sugestões aceitas e implementadas, porque se pode calcular sua eficácia.

Controle estimativo

Para fazer o controle estimativo, se comparam os índices de freqüência e gravidade com os dos outros hotéis com operações similares e durante as inspeções, de forma que se observam mudanças no seguinte:

- Ordem e limpeza do hotel
- Proteção das máquinas
- Conservação do equipamento, indispensável para a segurança
- Medidas destinadas à comodidade dos funcionários
- Programas concretos de treinamento e prática de segurança

A maior quantidade de acidentes leves proporciona um guia mais valioso para determinar suas causas e sua solução.

O valor das estatísticas está nas conclusões que se obtêm delas, sobre as quais se pode fundamentar uma ação corretiva. Tais estatísticas oferecem um caminho para determinar as causas de futuros acidentes, nas quais serão estudadas as condições presentes, para se obter uma decisão final em relação ao método para eliminar as causas dos acidentes conhecidos.

O engenheiro de segurança, com a informação estatística ou sem ela, deve determinar as causas da melhor forma possível quando tentar resolver os problemas.

As estatísticas de acidentes não só se compilam com fins de investigação e estudo da prevenção de acidentes, embora essa seja a razão principal, mas também é importante que todos os interessados conheçam devidamente a situação existente em relação a acidentes, para alertá-los e avivar seu interesse, ao ajudar-lhes a ter consciência da segurança. Às vezes, convém apresentar os dados estatísticos não somente em cifras, mas também de forma gráfica, o que com freqüência permite captar melhor a atenção, sendo o único meio para que os analfabetos compreendam as estatísticas. Nos países onde grande parte da população é analfabeta, a publicação de diagramas e desenhos que mostrem informações sobre os acidentes e seus efeitos, de preferência por iniciativa dos sindicatos, talvez resulte em um esquema de grande eficácia para inculcar o sentido de segurança nos trabalhadores. As Figuras 7.18 a 7.20 são exemplos de representação gráfica de estatísticas de acidentes.

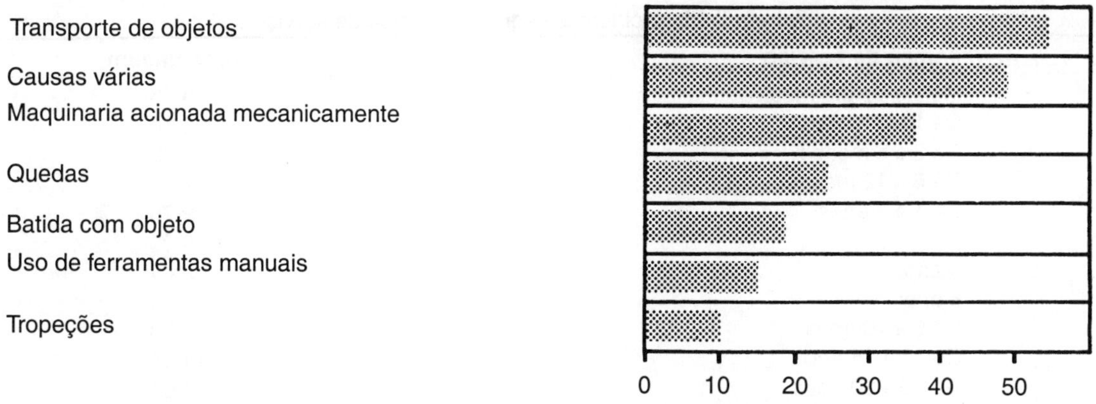

Figura 7.18 – Número total de acidentes por ano, classificados segundo a causa (em mil).

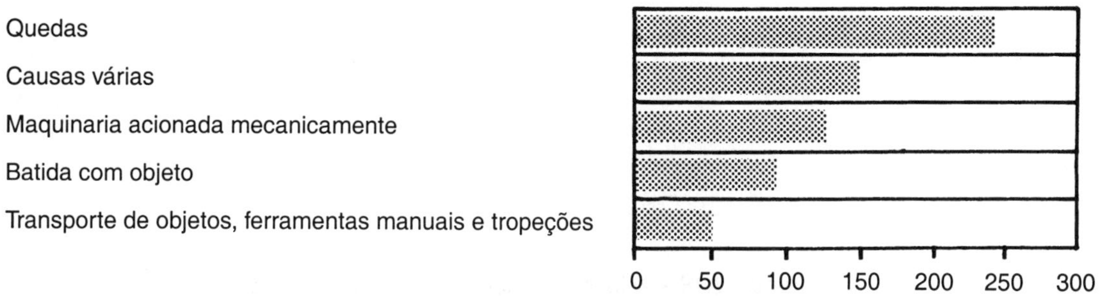

Figura 7.19 – Número de acidentes mortais por ano, classificados segundo a causa.

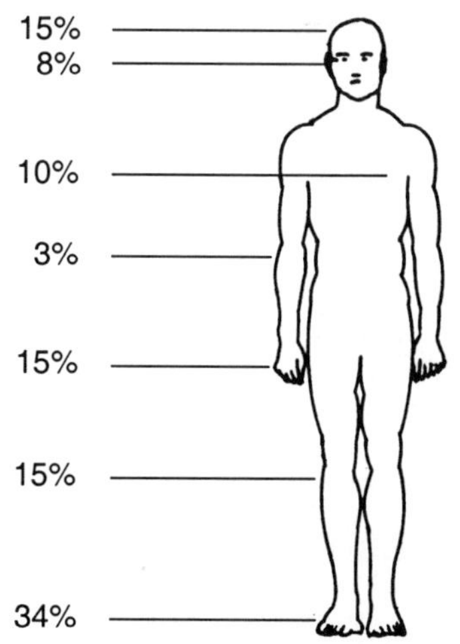

Figura 7.20 – Distribuição percentual de lesões segundo a parte do corpo afetada.

Tabela 7.15 – Acidentes segundo o tempo de serviço*.

Tempo de serviço	Porcentagem
Menos de um mês	3,66
De 1 a 3 meses	6,10
De 3 a 6 meses	7,32
De 6 a 12 meses	17,07
De 1 a 2 anos	9,76
3 anos	0,00
4 anos	2,44
5 anos	6,10
De 6 a 10 anos	12,20
De 11 a 15 anos	14,64
De 16 a 20 anos	14,64
De 21 a 25 anos	0,00
Mais de 25 anos	4,88

* Fonte: Uma fábrica em Ontário, Canadá.

Tabela 7.16 – Acidentes segundo os dias da semana.

Dia	Acidente mortal	Total
Domingo	6	24
Segunda-feira	8	32
Terça-feira	3	12
Quarta-feira	4	16
Quinta-feira	2	8
Sexta-feira	0	0
Sábado	2	8

Tabela 7.17 – Coeficientes de gravidade*.

Dias devidos		
Natureza da lesão	**Dias de trabalho reduzidas por causa de incapacidade ou morte**	**Porcentagem de incapacitação**
Morte	6.000	100
Incapacidade permanente absoluta (IPA)	6.000	100
Cegueira total	6.000	100
Incapacidade permanente total (IPT)	4.500	75
Perda de um braço acima do cotovelo	4.500	75
Perda de uma perna acima do joelho	4.500	75
Perda de um braço no cotovelo ou abaixo dele	3.600	60
Perda de uma mão	3.000	50
Perda de uma perna na altura do joelho ou abaixo dele	3.000	50
Surdez total	3.000	50
Perda ou invalidez permanente dos cinco dedos	2.400	40
Perda do pé	2.400	40
Perda ou invalidez permanente do polegar e três dedos	2.000	33,3
Perda ou invalidez permanente de quatro dedos	1.800	30
Perda de um olho	1.800	30
Perda do polegar e dois dedos ou invalidez dos mesmos	1.500	25
Perda ou invalidez permanente de três dedos	1.200	20
Perda ou invalidez permanente do polegar e um dedo	1.200	20
Perda ou invalidez permanente de dois dedos	750	12,5
Perda ou invalidez permanente do polegar	600	10
Perda de um ouvido	600	10
Perda ou invalidez permanente de qualquer dedo	300	5
Perda ou invalidez permanente do dedão ou de dois ou mais dedos do pé	300	5

*Fonte: American Standard Association.

8

Sistema de Manutenção da Administração Hoteleira

SISTEMA DE MANUTENÇÃO DA ADMINISTRAÇÃO HOTELEIRA

A comodidade é básica para a satisfação das necessidades de bem-estar que o hóspede procura, bem como um estímulo para o funcionário do hotel e implica em ordem e manutenção nas instalações, o que constitui um fator econômico e de imagem para o hotel. O avanço tecnológico e os requisitos cada vez maiores de serviços mais adequados traduzem-se em necessidades de conforto e satisfação que somente se satisfazem com a prestação de serviços limpos, ordenados, cômodos e seguros. A segurança, como foi visto no capítulo anterior, não está separada da manutenção, que chega a ser o seu sustentáculo. Assim, pode-se definir o termo *manutenção* como *o conjunto de atividades técnicas que asseguram o funcionamento permanente das instalações, evitando sua deterioração prematura, ao solucionar situações anormais que se apresentam e ao permitir que os usuários disponham de um ambiente de segurança, ordem e limpeza.*

O sistema de manutenção, considerado como tal, abrange os aspectos a seguir descritos.

FUNÇÕES

As principais funções do sistema de manutenção são:

- Conservar o imóvel
- Conservar as instalações de serviço (luz, água, esgoto, vapor, energia, gás, etc.)
- Pôr em funcionamento as instalações avariadas
- Assegurar a execução permanente das diversas atividades que se realizam no hotel

ÁREAS DE ATUAÇÃO

As áreas de atuação do sistema de manutenção do hotel são:

- Equipamentos e ferramentas
- Almoxarifados, cozinhas e serviços
- Restaurantes e cafeterias
- Sistemas de calefação e de corrente elétrica
- Sistemas de água e de refrigeração
- Sistemas de vapor

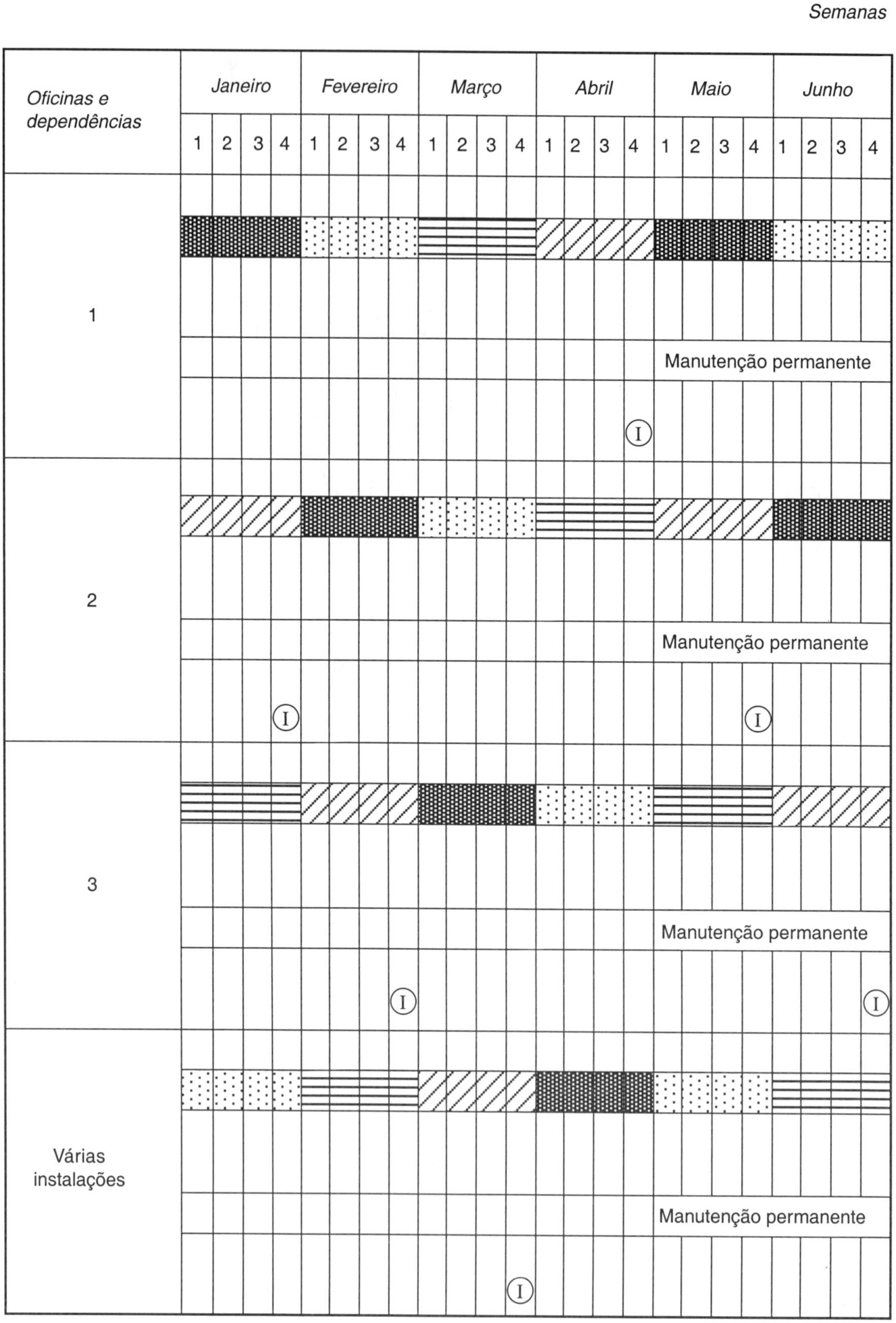

Figura 8.1 – Planejamento das tarefas de manutenção.

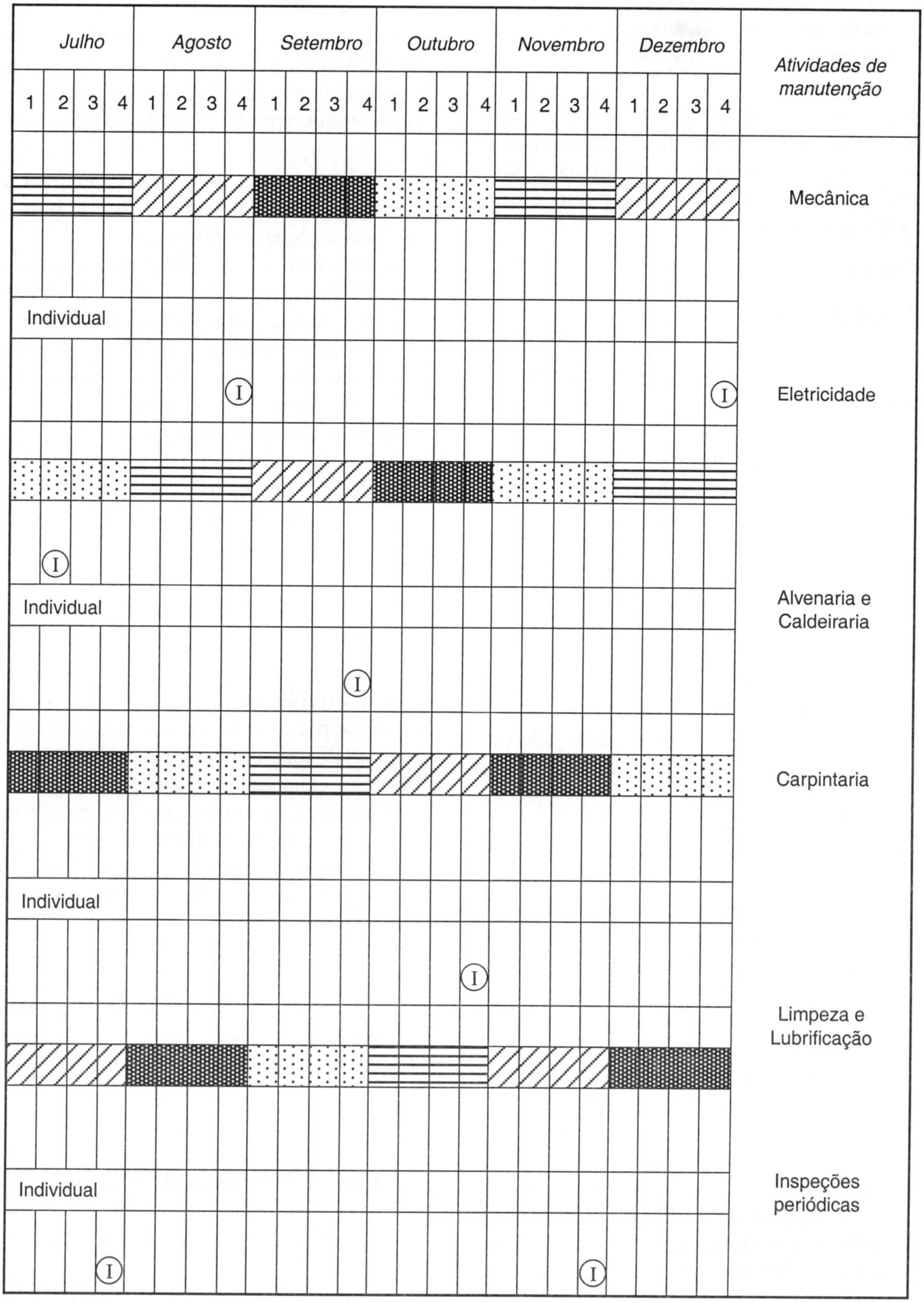
Julho
Agosto
Setembro
Outubro
Novembro
Dezembro
1 2 3 4 1 2 3 4 1 2 3 4 1 2 3 4 1 2 3 4 1 2 3 4
Atividades de manutenção
Mecânica
Individual
Eletricidade
Individual
Alvenaria e Caldeiraria
Carpintaria
Individual
Limpeza e Lubrificação
Individual
Inspeções periódicas
I

- Instalações esportivas (quadras de tênis, piscinas, etc.)
- Pinturas, pisos e outras áreas do hotel
- Abastecimentos, materiais, rouparia, lavanderias, etc.

Para realizar a tarefa integral de manutenção, se requer o cumprimento das fases: planejamento de tarefas, inspeções de manutenção, execução do plano de manutenção, controle do plano, e organogramas de manutenção.

PLANEJAMENTO

O planejamento (Fig. 8.1) obedece à detecção das necessidades:

- Vida e uso da instalação
- Vida e uso das diversas instalações auxiliares
- Tecnologia aplicada nas instalações
- Necessidades que surgem da própria atividade hoteleira
- Fator de previsibilidade no tempo, a fim de evitar possíveis avarias, desgastes e danos
- Cargas e/ou tarefas de manutenção capazes de serem absorvidas pelos meios técnicos e humanos com os quais conta hotel
- Tarefas de manutenção absorvidas pelo pessoal ou oficinas especializados, estranhos ao hotel

No plano de manutenção são considerados:

a) *Gráficos de atividades*, nos quais se descrevem, em seqüência por períodos, os equipamentos, sistemas, ambientes, etc. que receberão manutenção, de forma que se determine o início e o final de cada trabalho.
b) *Aprovisionamento dos materiais*, peças e ferramentas necessárias para realizar as tarefas de manutenção.
c) *Inventário dos equipamentos e instalações*. O serviço de manutenção, em colaboração com o de engenharia, deve possuir um inventário de todos os equipamentos utilizáveis no hotel, assim como de todas as instalações, no qual estarão consignados situação, localização, características técnicas, procedimentos de uso, vida do equipamento, etc.

PROGRAMAÇÃO DE TAREFAS

A programação de tarefas tem por objeto prever o conjunto de atividades que devem ser realizadas em períodos curtos, de acordo com o plano de manutenção e em função dos graus de urgência que requerem certas tarefas, como:

a) *Urgência A* - Reparação imediata ante a iminência de que algum sistema pare (elétrico, de água, de gás, etc.).
b) *Urgência B* - Trabalhos de manutenção periódica que obedece a pequenas reparações e a normas do próprio equipamento e das instalações, com a finalidade de evitar desgastes prematuros do equipamento e possíveis causas de acidentes.
c) *Urgência C* - Trabalhos de manutenção normal que se realizam de forma permanente e de acordo com as especificações e manuais do equipamento e/ou as normas de manutenção do sistema hoteleiro.

INSPEÇÕES DE MANUTENÇÃO

As inspeções de manutenção constituem um fator de supervisão e controle que permite detectar falhas de manutenção por meio da medição do grau de operacionalidade dos equipamentos e das instalações e da qualidade das reparações, ordem, limpeza e qualificação da mão-de-obra.

As inspeções podem ser informais ou periódicas. As primeiras são aquelas sem aviso prévio e cada vez que o chefe de manutenção considere conveniente, enquanto as segundas são aquelas programadas com base em certas políticas da direção, por exemplo: no início de cada temporada turística, alta, média ou baixa, ou fundamentada na divisão do ano físico em bimestres ou trimestres, etc.

EXECUÇÃO DO PLANO DE MANUTENÇÃO

A realização do plano de manutenção requer:

- Contar com uma organização de meios físicos e humanos que se encarregue de fazer as tarefas de manutenção

- Contar com a disponibilidade dos meios mencionados
- Estabelecer normas e responsabilidades de manutenção

Com a mencionada infra-estrutura se pode operacionalizar um plano de manutenção, que deve ser cumprido; porém, para a execução, é necessário considerar certos aspectos, como:

a) *Flexibilidade do plano*, que permita, em qualquer momento, atender situações inesperadas, não previstas no plano, sem que por isso se deixem de cumprir.
b) *Previsão*, em relação às ordens de trabalho, a fim de contar com os tempos de preparação adequados para cumprir as tarefas fixadas no plano.
c) *Evitar acúmulo de pendências*, procurando o equilíbrio entre o tempo de manutenção, o período de abastecimento de reparações e as ordens de serviço. Dessa forma, o plano se manterá operativo, atualizado e eficaz.
d) *Especificar a responsabilidade de cada componente da equipe de manutenção*, com a finalidade de facilitar o conhecimento dos tempos de manutenção e as medidas corretivas que devem ser aplicadas ao plano, para ajustá-lo à realidade e às necessidades presentes.

Controle do plano

O controle do plano se reduz a:

a) Supervisão permanente da execução do plano.
b) Medição do esforço do pessoal de manutenção, mediante o controle das tarefas operativas e o grau de motivação que mantenham em seu cumprimento.
c) Medição do tempo da seqüência do plano, de forma que se controle a defasagem de possíveis desvios.
d) Medição qualitativa dos resultados, mediante a manutenção operativa da instalação e dos resultados referentes à segurança, higiene e bem-estar, proporcionados pelo hotel como conseqüência de uma excelente qualidade dos serviços.
e) Medição quantitativa dos resultados mediante gráficos, relatórios, quocientes matemáticos de controle, avanços no planejamento, etc.
f) Retroalimentação permanente, para melhorar e atualizar o plano, assim como eliminar as possíveis causas de danos e avarias ocorridos na instalação e que o sistema de manutenção dever eliminar.

Os principais quocientes que devem ser usados na medição do plano de manutenção são:

$$\text{Eficácia} = \frac{\text{Horas/homem planejadas}}{\text{Horas/homem trabalhadas}} \qquad 1$$

$$\text{Produtividade} = \frac{\text{Horas trabalhadas de manutenção}}{\text{Horas totais de funcionamento}} \qquad 2$$

$$\text{Custo de manutenção} = \frac{\text{Custo de manutenção por período}}{\text{Custo de manutenção por período}} \qquad 3$$

Organograma de manutenção

Para implementar um bom plano de manutenção, é necessária uma organização integrada, de pessoal e meios acordes com dimensão, atividades e importância do hotel. Em qualquer caso, a organização deverá ser racional, flexível e econômica. Uma organização provável para um hotel grande seria como disposto na Figura 8.2.

Tipos de manutenção

Para conseguir manutenção eficaz de acordo com a diversidade de atividades que se apresentam no hotel, levam-se em conta dois tipos de manutenção, necessários com sua concepção e características. A complexidade e a variedade das referidas atividades exigem correto funcionamento, que está em função da capacidade e da qualidade da mão-de-obra. Isso indica que a política de manutenção tende a incluir funcionários especializados, mesmo quando, em alguns casos, se deva recorrer a pessoal externo, especializado em manutenção e trabalhos que fogem do nível de preparação e conhecimentos técnicos do pessoal interno.

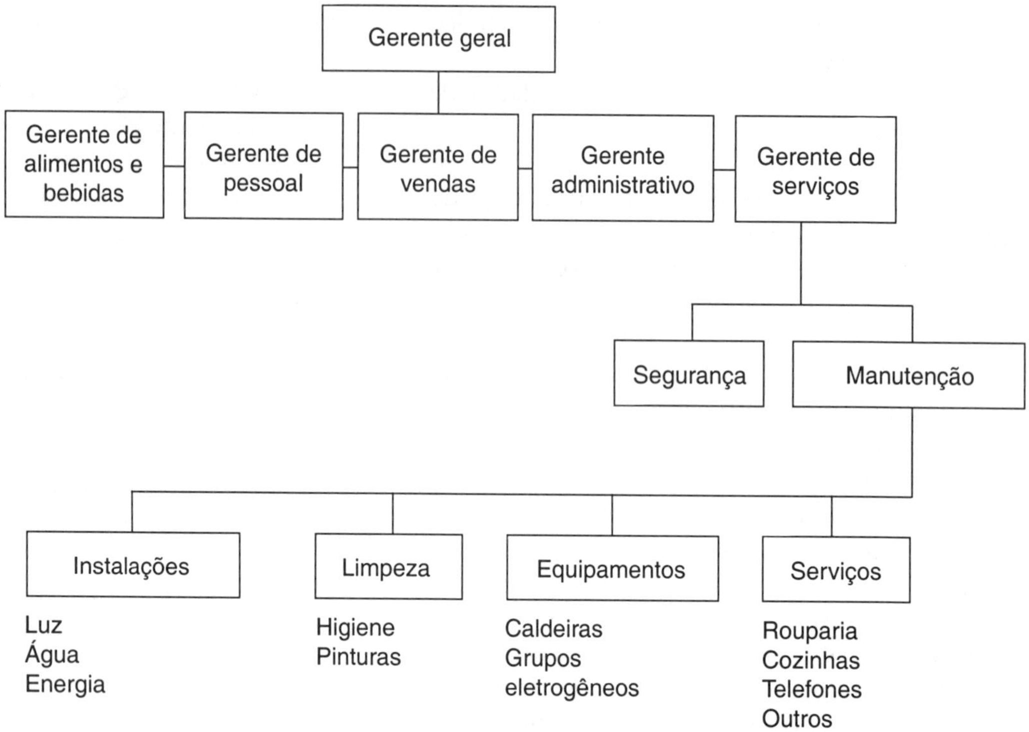

Figura 8.2

Nos orçamentos anuais, devem-se estimar essas variantes e contemplar os gastos de manutenção internos e externos e as amortizações para renovação do equipamento e do mobiliário. A manutenção pode ser preventiva ou corretiva.

MANUTENÇÃO PREVENTIVA

É aquela que busca prevenir falhas e condições perigosas, a fim de manter permanentemente em perfeito estado de funcionamento as instalações e os equipamentos do hotel. Com isso se procura:

- Garantir o funcionamento do hotel
- Conservar os equipamentos e as instalações
- Evitar danos permanentes
- Evitar riscos de acidentes de trabalho
- Reduzir os custos das operações

Principais tarefas de manutenção preventiva

Limpeza

Geralmente, a limpeza é realizada pelos empregados do hotel em suas respectivas áreas de trabalho; por exemplo, tirar o pó ou lavar com água quente ou outros métodos certas superfícies (como paredes), conforme a variedade de acabamentos (vinil, plásticos laminados, madeira, cristal, mármore, mosaicos, cerâmica, cortinas, tecidos, etc.) constituem as tarefas básicas e mais simples da manutenção preventiva. Por outro lado, cabe assinalar:

a) A *limpeza de andares* também se relaciona com os acabamentos: madeira, tacos, asfalto, cerâmicas, termoplásticas, cortiça, polivinil, linóleo, borracha, pedra, mármore, tapetes, etc.
b) A *limpeza dos tapetes* deverá ser feita diariamente mediante o uso de aspirador e, periodicamente, à base de detergente especial; além disso, as manchas devem ser tiradas segundo procedimentos de limpeza a seco ou limpeza úmida.

Os trabalhos de envergadura serão realizados quando a instalação estiver com sua ocupação mínima.

c) A *limpeza e a manutenção dos quartos de banho* abrange o asseio dos banheiros, bidês, lavabos, torneiras, privadas, mictórios, caixas de descarga, espelhos, tomadas, porta-papéis, etc.

Pintura

A pintura será usada para evitar corrosão dos materiais ferrosos e a deterioração prematura das paredes e dos interiores do hotel. Os sistemas de pintura para interiores e exteriores variam. Devem ser estabelecidos períodos para pintar quando necessário, devido à deterioração; caso contrário, simplesmente se deverá proceder à lavagem.

Manutenção do edifício

Além da limpeza e da pintura, é preciso manter o edifício em seu conjunto, já que o bom ou mau estado afeta a imagem, a sensação de bem-estar dos hóspedes e o moral do pessoal. Vazamentos de água, pisos danificados e carpintaria em mau estado causam má impressão, além de propiciar mais rapidamente a deterioração do prédio.

Manutenção preventiva do exterior

Periodicamente, devem ser feitas pintura e limpeza de batentes, de metais, etc. Em alguns lugares, a umidade deteriora com maior rapidez portas, janelas e pinturas, o que obriga a uma permanente tarefa de repintagem. Isso acontece, geralmente, em instalações próximas ao mar, por efeito da salinidade.

As sacadas devem ser impermeabilizadas com materiais especiais, a fim de evitar infiltrações.

Manutenção geral

A manutenção geral inclui:

a) Cuidado especial com os desaguadouros, devido a dilatações dos materiais pela diferença de temperatura.
b) Vazamentos de água, que danificam os acabamentos do hotel.
c) Estado geral dos telhados, tetos, frisos, chaminés, cornijas, etc.
d) Manutenção preventiva do sistema elétrico.
e) Manutenção preventiva do sistema de água e esgoto.
f) Manutenção preventiva da pintura exterior (cada quatro ou cinco anos).
g) Manutenção preventiva, lubrificação, limpeza e ajustes de equipamentos e máquinas que se usam no hotel.
h) Manutenção preventiva de todo o sistema de combate a incêndios.

Ações e responsabilidades na manutenção preventiva

Para implementar a manutenção preventiva, devem ser consideradas várias ações indispensáveis, que se podem classificar como:

a) Visitas de inspeção permanente, para determinar o estado dos equipamentos e dos ambientes, sem interferir no trabalho e nas atividades cotidianas.
b) Assistência e conselho técnico, quando as circunstâncias e as situações anômalas se apresentarem, objetivando sanar qualquer irregularidade.
c) Realizar as tarefas de manutenção periódica de equipamentos e máquinas, de acordo com suas respectivas regras, normas, especificações e instalações.

Todas essas atividades devem ser incluídas no plano de revisão para cada setor, área, ambiente, meio e grupo, indicando-se e atribuindo-se responsabilidades ao pessoal da manutenção e aos empregados de forma geral.

Responsabilidades

De acordo com a organização da manutenção de cada hotel, na atribuição das responsabilidades de manutenção devem ser levados em conta os grupos humanos:

a) *Gerente de manutenção* - Será responsável por controlar e dirigir as tarefas de manutenção preventiva; para isso, deve planejar, organizar e controlar o sistema, em coordenação com as equipes de segurança, de engenharia e de pessoal.

b) *Equipe de manutenção preventiva* - Será responsável pelas funções atribuídas, assim como por limpeza, serviço, manutenção, ordem, reparações menores e relatórios, de acordo com o tipo de tarefas e áreas que tenham sido determinadas: instalações, limpeza, equipamentos, serviços, etc.
c) *Os funcionários* - Cada um será responsável pelas tarefas de manutenção requeridas pelo seu trabalho; para isso, o funcionário deverá estar perfeitamente identificado com seu trabalho, com os meios que utiliza e com o conhecimento da importância que implica o bom uso dos equipamentos, a ordem, a limpeza e o cuidado em manter operativas suas ferramentas e instalações.
d) *Os hóspedes* - Serão responsáveis pela manutenção dos objetos e outros que o hotel coloque à sua disposição, por meio da informação permanente sobre as normas que deve cumprir, indicadas por cartazes, avisos ou cartilhas, por escrito, para seu melhor conhecimento.

Relatórios e análises

As inspeções e as visitas freqüentes permitem conhecer tanto as necessidades como os problemas de manutenção, o que facilita relacionar os trabalhos que se estimem necessários incrementar nos planos de ação imediata. A análise dos planos permite calcular os possíveis custos por conceito de manutenção preventiva, os quais se transformarão em custos reais, uma vez implementadas as suas tarefas.

MANUTENÇÃO CORRETIVA

O objetivo principal da manutenção corretiva é corrigir avarias maiores, para implementar a instalação ou os sistemas e equipamentos hoteleiros, como conseqüência de problemas originados por falta de manutenção preventiva, por causas inerentes à vida dos equipamentos e instalações, ou por acidentes fortuitos. Sua característica essencial é reativar o serviço com urgência e satisfazer as necessidades imperiosas de uso; por outro lado, deve-se considerar que a manutenção corretiva deve tender a executar suas tarefas no menor tempo possível e a custos menores. Isso obriga basicamente a enfrentar duas situações:

a) Contar com uma organização dinâmica e eficiente, pois assim permitirá cumprir com maior qualidade de resultados os trabalhos de reparações e reinstalações dos sistemas e dos equipamentos.
b) Manter mão-de-obra altamente especializada, o que permitirá proporcionar trabalhos de boa qualidade e reduzir os custos e tempos de manutenção.

Principais tarefas

- Ajustes internos das partes dos sistemas e dos equipamentos
- Reparação de avarias
- Substituição de componentes dos equipamentos e sistemas
- Recondicionamento de sistemas (água, luz, energia, etc.)
- Reconversão e recuperação de elementos para outros fins de uso
- Trabalhos novos: diante da demanda de novas instalações ou ampliações, os departamentos de engenharia e manutenção corretiva devem enfrentar e solucionar a mencionada situação

Aspectos principais

Na manutenção corretiva, devem-se considerar, entre outros, os aspectos:

a) *Controle de qualidade* dos materiais, elementos, reposição, peças, etc., que serão utilizados, para assegurar uma boa reparação e durante o maior tempo.
b) *Relações públicas* - Devem-se estabelecer com os usuários as necessidades de bem-estar e segurança requeridas, a fim de manter a instalação da forma mais adequada possível.
c) *Confecção de manuais* que contenham as instruções de funcionamento, com os quais se buscará manter o máximo rendimento do equipamento e das instalações do hotel.

Critérios para planejamento

Os critérios para planejar a manutenção corretiva incluem:

a) *Operatividade*, que compreende manter a instalação hoteleira em permanente funcionamento.
b) *Funcionalidade*, que implica em diversificação especializada dos trabalhos, a fim de corrigir e apoiar o funcionamento do hotel em todas as suas atividades.
c) *Economia* de meios, tempo e materiais, o que se traduz em organização racional e em sistema de aprovisionamento, armazenagem e controle de reservas de materiais de reparação e consumo.
d) *Flexibilidade*, que permite absorver, a qualquer momento, trabalhos de natureza e urgência diversas, mediante o próprio organismo de manutenção, ou com o apoio de elementos externos especializados. A simplificação administrativa é coadjuvante da flexibilidade de apoio da manutenção corretiva.

Tarefas periódicas de manutenção

Essas tarefas obedecem à necessidade de recondicionar sistematicamente a instalação, o que obriga a desempenhar tarefas periódicas de manutenção, como pinturas, colocação de carpetes, etc.

Renovação

Quando, por razões de eficiência, modernismo, aplicação de novas tecnologias e atualização de sistemas, o hotel deseja melhorar e manter ao máximo sua imagem, busca substituir equipamentos antigos por outros recentes e fazer novas distribuições, ampliações e disposição de plantas.

Por outro lado, a renovação e a aquisição de novos equipamentos incide na melhoria da qualidade dos serviços. A aquisição do referido equipamento e mobiliário obriga a detectar o estado do equipamento e conhecer suas características, para aplicar, desde o início, as medidas preventivas de manutenção.

ORGANIZAÇÃO GERAL DA MANUTENÇÃO

A importância da manutenção está em relação direta com o avanço tecnológico e com a exigência cada vez maior do bem-estar dos hóspedes. Sua organização deve obedecer, entre outros aspectos, à otimização dos meios de serviços do hotel; ao equilíbrio entre as tarefas de manutenção e as de serviço, de forma a simplificar as primeiras e melhorar as segundas; ao tipo e características do hotel e seu dimensionamento; à magnitude de atividades, tarefas, diversificação dos equipamentos e à conceituação administrativa da organização.

A organização de um departamento central que se encarregue de planejar e controlar a manutenção em nível global permite o apoio logístico e técnico do sistema hoteleiro, o que facilita o apoio nas tarefas de manutenção preventiva e corretiva analisada anteriormente.

Paralelamente a esse departamento central, pode-se determinar uma organização geográfica ou de localização, de acordo com as atividades nas diversas áreas do hotel (lazer, bares, cozinhas, piscinas, quartos, administração, salas de máquinas, etc.). Essa organização será válida somente se o hotel for muito grande e complexo, para o que deverá contar com elementos de manutenção móveis.

No sistema de manutenção hoteleira, para ajustar um organismo dentro do sistema hoteleiro devem-se observar os aspectos que permitam obter o perfil de uma dependência coesa.

Organização do pessoal de manutenção

Em função do tamanho do hotel, do número e da especialização dos seus componentes, a organização estará sujeita à própria forma organizacional do sistema (centralizado ou funcional) e às considerações:

1. *Para hotéis pequenos* de até 12 funcionários, a manutenção deve ser responsabilidade de cada um, na sua respectiva área. Existirá somente um indivíduo responsável pela manutenção preventiva e por algumas reparações, além de dirigir e inspecionar o

estabelecimento e controlar o pessoal. Para maiores trabalhos de reparação se recorrerá aos respectivos especialistas externos.

2. *Para hotéis médios* de até 25 funcionários, é plausível que exista uma equipe de manutenção constituída por um chefe de equipe, um eletricista e um pedreiro ou pintor. Como no caso anterior, as tarefas de limpeza e arrumação estarão a cargo dos funcionários, cada um na sua respectiva área. O chefe da equipe deverá coordenar os elementos de manutenção e supervisionar os funcionários. Pessoalmente, deverá ser um especialista mecânico-eletricista, que realizará as tarefas de reparação de maior envergadura com os demais elementos do grupo. Para tarefas muito complexas, deve-se recorrer a oficinas ou especialistas externos.
3. *Para grandes hotéis*, a organização do pessoal de manutenção requer visão mais complexa em função do tamanho do hotel. Geralmente, agrupa-se em um departamento que reúne elementos de base, elementos especializados e grupos de reparos (Fig. 8.3).
   a) O *pessoal de base* é formado pelos funcionários do hotel, responsáveis pela limpeza dos equipamentos e das máquinas, ferramentas, locais e instalações e cuja tarefa consiste na manutenção preventiva do objeto da sua responsabilidade.
   b) O *pessoal especializado* é formado por funcionários encarregados de realizar as tarefas especializadas de manutenção, como trocas, reparos, ampliações, etc.; entre eles estão mecânicos, eletricistas, soldadores, pintores, técnicos em ar condicionado, circuitos de televisão, rádio, etc. Sua responsabilidade consiste na manutenção e na rápida implementação dos sistemas especializados e técnicos, que formam a rede de atividades técnicas que permitem o funcionamento do hotel.
   c) Os *grupos de reparação*, em geral, contam com uma oficina de reparos bem equipada, a fim de atender, de forma rápida e eficaz, as ordens de serviço prioritárias. Esse pessoal deverá estar bem treinado, com muita experiência, ser especialista na sua área e adequadamente organizado, para cumprir com a norma de que toda reparação deve ser rápida, eficaz e econômica.

A título de informação, segundo a "Universal Maintenance Standard", a quantidade de pessoal dedicado à manutenção preventiva em relação à folha de pagamento equivale, numa empresa média, a 4%. Poderia se tomar como número de referência para tais instalações esses 4%, em função da capacidade total de hóspedes e pessoal hoteleiro; por exemplo, se um hotel de cinco estrelas tivesse aproximadamente 200 funcionários e 800 hóspedes, poderia se estimar que os 4% de 1.000 (ou seja, 40 pessoas) se dedicariam ou participariam da manutenção da instalação, incluindo o pessoal de base e o especializado; ao mesmo tempo, a equipe de manutenção poderia ser composta de:

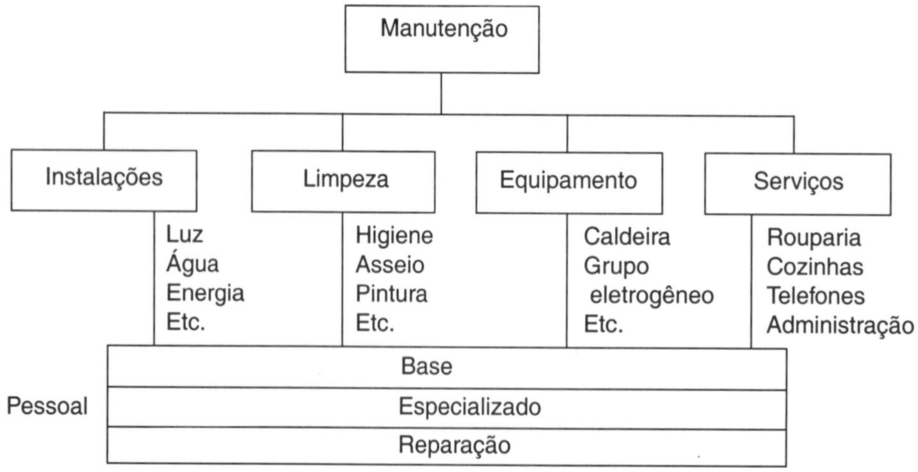

Figura 8.3

Mecânico	2
Eletricista	2
Encanador	1
Supervisor	4
Pedreiro	1
Carpinteiro	1
Pintor	1
Ajudantes (escolhidos entre os próprios trabalhadores)	28
	40

Organização do serviço de manutenção do ponto de vista da alocação

Essa organização obedece, por sua vez, a uma organização dentro do departamento de manutenção, a saber:

a) *Equipes do pessoal de manutenção não especializada*, isto é, que realizam os trabalhos de limpeza e manutenção de rotina.

b) *Equipes do pessoal de manutenção especializada*, os quais se encarregam de trabalhos especializados e homogêneos, como os de eletricidade, energia, equipamentos, telecomunicações, etc.

c) *Equipes de reparações* - Quando, no próprio hotel, se realizam as reparações maiores, esse pessoal costuma trabalhar na oficina geral de reparações do hotel, onde se realizam tarefas com ferramentas e equipamentos complexos. Esse tipo de trabalho normalmente se entrega a oficinas e a especialistas externos.

Organização administrativa

A organização administrativa obedece à necessidade de criar um organismo com características hierárquicas, fins e objetivos; com isso se pretende evitar interferências de ordens e perda de tempo. O chefe de manutenção dependerá, segundo o caso, do gerente de segurança ou de engenharia e coordenará suas tarefas com o de pessoal, o de serviços e os chefes de outras áreas envolvidas. Os outros componentes do departamento dependerão diretamente do chefe da manutenção, no que se refere às tarefas de manutenção.

A padronização de documentos facilita a tarefa administrativa, ao eliminar tempo perdido, facilitar e agilizar pedidos e orçamentos, esclarecer as informações e ao unificar procedimentos de trabalho segundo o plano de manutenção.

Distribuição de tarefas

Uma boa organização de manutenção, além da organização física e dos meios, inclui o projeto de um programa de manutenção que sirva como base para a distribuição de tarefas dos componentes da equipe de manutenção. Assim, a distribuição de tarefas obedece a critérios de programação, à importância da operação, à prioridade e valor das áreas e aos equipamentos e ferramentas necessários, além da organização do pessoal. As áreas especiais de manutenção se adjudicam ao pessoal especializado, e devem ter em conta as seções de trabalho, as áreas de funcionamento, as medidas de segurança, os meios e as ferramentas, os tempos e os prazos e a qualidade do trabalho.

Inspeções

Na organização de manutenção devem-se incluir a tarefas de inspeção; nesse caso, as inspeções periódicas e programadas, que obedecem a mais uma função da organização de manutenção.

Toda inspeção abrange três etapas: de preparação, de execução e de controle e retroalimentação.

Etapa de preparação

Essa etapa compreende:

- Determinar as áreas que devem ser investigadas
- Preparar a documentação pertinente
- Estabelecer o roteiro, a data e os horários de inspeção
- Determinar os aspectos nos quais incidirá a inspeção

Execução

As etapas de execução englobam:

- Realizar a visita de acordo com o programa
- Reunir dados depois da execução e da revisão correspondentes

- Dar indicações no que se refere às falhas de manutenção

Controle e retroalimentação

- Redigir os relatórios correspondentes
- Analisar os resultados
- Programar novas tarefas de manutenção ou atualizar os respectivos programas

ORGANIZAÇÃO DO ABASTECIMENTO

A organização de manutenção para cumprir sua função, além de pessoal e meios necessários, requer materiais diversos, peças de reposição, limpeza e acessórios, sem o que podem ocorrer passos e tempos perdidos nas reparações. A organização de depósitos obedece a essa premente necessidade de contar com um sistema rápido de abastecimento, que permita apoiar, de forma constante, o sistema de manutenção. Portanto, para organizar um bom sistema de abastecimento, é necessário observar: atividades de manutenção, classificação dos materiais, armazenamento, estudo dos tempos de pedido e nível mínimo de armazenamento.

Atividades de manutenção

Essas atividades se executam no hotel e satisfazem às necessidades de materiais, peças de reposição, acessórios, ferramentas, etc.

Classificação dos materiais

Os materiais se classificam em:

- Materiais de limpeza
- Materiais de consumo
- Materiais de reparação
- Peças de reposição e acessórios

Armazenamento

De acordo com a dimensão do hotel, se pode contar com:

a) Um único depósito no qual se armazenem os materiais tecnicamente e por tipos e famílias, de acordo com o estipulado no item anterior e em função das diretrizes que a segurança estabelece para esses casos.
b) Mais de um depósito, quando se trata de instalações muito grandes; cada um obedece a certo tipo de materiais (depósito elétrico, de ferramentas, de peças de reposição de equipamentos, de pinturas, de água e esgoto, de rouparia, de artigos de limpeza, etc.).

Estudo de tempos de pedido

Esse estudo será feito com base no período de duração de cada peça de reposição, segundo a média de consumo dos materiais de limpeza e de consumo e de acordo com as dificuldades de abastecimento do mercado, devido à escassez, distâncias, etc.

Nível mínimo de armazenamento

O nível mínimo de armazenamento obedecerá às técnicas de reservas, ao controle estatístico do consumo médio e à exigência de satisfazer qualquer necessidade imprevista. Deverá ser igual, em dias operativos, ao consumo durante o prazo de abastecimento mais a quantidade de dias que represente o tempo do pedido.

9

Disposições de Manutenção na Organização Hoteleira

CONSIDERAÇÕES GERAIS

A instalação hoteleira, no conjunto, constitui uma unidade fixa do serviço hoteleiro e seu bom funcionamento permite alcançar com êxito seus objetivos, o que facilita a continuidade das operações e evita causas de acidentes por falta de manutenção. Do ponto de vista filosófico, o lugar de trabalho (isto é, a instalação, as tarefas, os equipamentos e as ferramentas que o indivíduo utiliza para seu desenvolvimento profissional) consiste praticamente na projeção física do seu *eu*. Por isso, é conveniente que todos os elementos sejam semelhantes, racionais e acessíveis ao funcionários, criando um entorno de atividade positivo e motivador, mediante, entre outras coisas, a manutenção.

Tanto os empregados do hotel como os hóspedes passam, pelo menos, a terça parte do dia ou 12 horas em seu interior, respectivamente. Isso implica em que o responsável pela instalação pense em comodidade, operacionalidade e segurança, o que redundará em maior bem-estar para funcionários e usuários.

Em termos gerais, para ditar disposições sobre a manutenção devem-se considerar certos mecanismos que facilitem e regulem a manutenção por meio de um marco de referência de conhecimento e de norma. Tais mecanismos ou aspectos são:

- Ter conhecimento integral sobre a instalação (o hotel)
- Conhecer detalhadamente todas as atividades que se realizam no hotel
- Conhecer detalhadamente as operações de manutenção
- Contar com um manual de normas da instalação
- Contar com um manual de manutenção para cada área, cada ambiente e cada equipamento
- Considerar as sanções aos responsáveis pela manutenção
- Efetuar inspeções periódicas de acordo com o plano geral de inspeções
- Contar com um manual de treinamento (Fig. 9.1)

No marco de referência anterior podem-se considerar as seguintes tarefas e disposições técnicas de manutenção a serem aplicadas no hotel.

MANUTENÇÃO DE LOCAIS

Pintura

Tanto em interiores como exteriores, a finalidade é proteger o material de revestimento e proporcionar sensação agradável ao ambiente, o que se acrescenta ao aprimoramento da imagem da instalação.

Ar condicionado

Ao falar de ar condicionado, devem-se observar os efeitos buscados com seu uso:

Temperatura

Deve-se manter uma temperatura agradável no ambiente, geralmente variando entre 20 e 22°.

Grau de umidade

A umidade provém de infiltrações, chuvas, ventos, pisos ou climas muito úmidos, enquanto a umidade *ascendente* provém do subsolo. Para combatê-la se utilizam camadas impermeabilizantes de pelo menos 1,3mm sobre o piso, ou duas ou mais camadas de piçarra ou de 1,8mm de asfalto, chumbo, amianto ou filtro fibroso entre as duas camadas de betume.

a) A umidade se detém permanentemente por meio de muros externos bem recobertos com materiais que permitam sua absorção.
b) O grau ótimo de umidade depende da temperatura existente, o que dá lugar às chamadas curvas de conforto. Em condições normais de trabalho costuma ser de aproximadamente 60%.

Contaminação ambiental

Geralmente, no ar flutuam partículas de pó, bactérias e qualquer tipo de vírus que podem ser perigosos para a saúde e o bem-estar do indivíduo. Isso o obriga a ventilar melhor o ambiente, a fim de substituir ou renovar o oxigênio que se gasta na respiração, prevenir a concentração excessiva de umidade, reduzir a concentração de bactérias e vírus de modo a suprimir os odores e reduzir o calor excessivo. Quando a velocidade do ar é moderada, produz uma sensação de alívio; mas quando é excessiva, gera correntes de ar desagradáveis e perigosas para o pessoal.

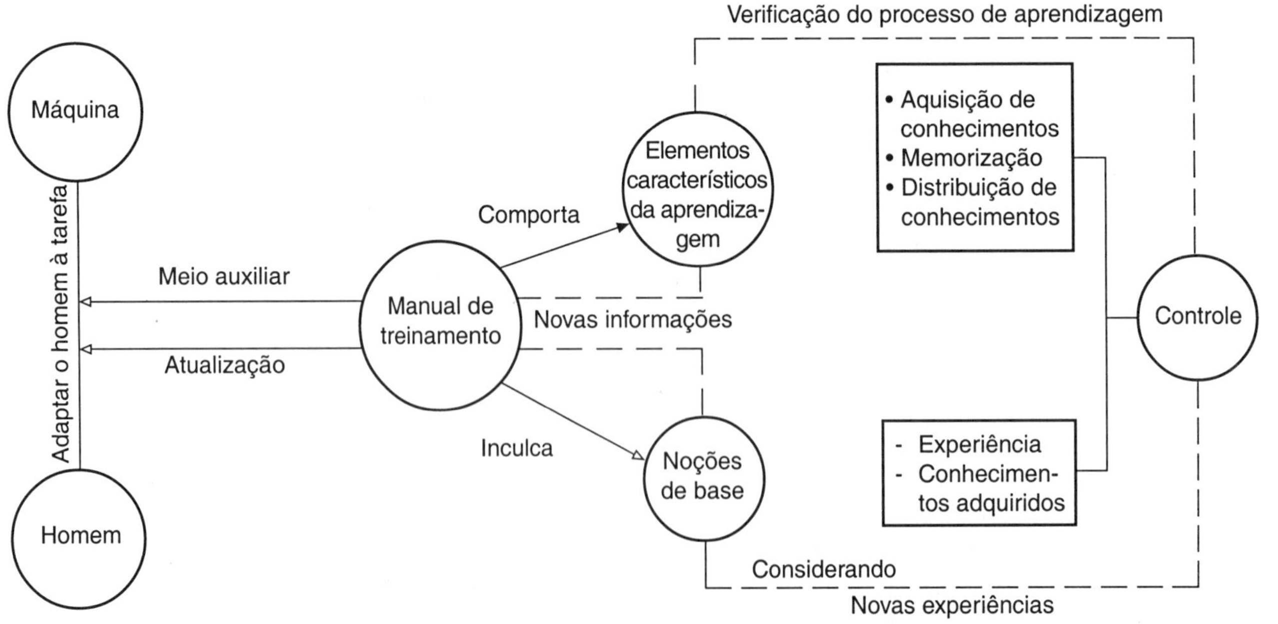

Figura 9.1 – Valor do manual de treinamento.

Calefação

Instalações de vapor e calefação

Nas instalações de vapor e calefação deve-se fazer manutenção preventiva (caldeiras, geradores, etc.). A calefação pode ser central ou por radiadores (secundária); além disso, se transfere por condução (por *contato*) e varia segundo o material, ou por *convecção* (processo similar ao da radiação da luz).

Vazamentos de calor

Para evitar vazamentos de calor através de orifícios nas paredes, deve-se verificar a existência de frestas nas janelas e nas portas e, também, de portas e janelas abertas que produzam corrente de ar; além disso, não se devem isolar os tetos com depósitos de água. Por outro lado, o calor do edifício manterá uma boa temperatura ambiente.

Correntes de ar

As correntes de ar devem ser evitadas.

Calor solar

O calor solar deve ser aproveitado ao máximo.

Tipos de calefação central

A calefação central pode ser de várias formas:

a) Por circulação de água quente que, no caso, sai da caldeira e circula pelos encanamentos e canais de fluxo.
b) Por ar quente e condicionamento de ar. Requerem ductos nas paredes: geralmente, o ar proporcionado aos quartos é de 60ºC.
c) Aquecedores de acumulação elétrica – A calefação por esses aparelhos obedece ao princípio de armazenagem de calor em materiais refratários, e se faz por meio de aquecedores especiais.
d) Calefação elétrica do piso – Esse tipo de calefação é similar ao aquecimento de armazéns, mas difere nos elementos utilizados, que nesse caso ficam embutidos na base de cimento do piso, de forma que esta armazene calor.
e) Colocação de radiadores e pontos de calor, de preferência em lugares opostos aos que perdem o calor, como portas e janelas.

Caldeira

A caldeira constitui o elemento e o equipamento mais importante e caro da calefação. Geralmente é manipulada e está a cargo de pessoal especializado. O responsável pela caldeira deverá ter cuidado, em especial com a manutenção, nas seguintes operações:

- Limpeza do quarto de caldeiras
- Manutenção diária, semanal e mensal da caldeira
- Registro do consumo de óleo
- Manutenção da temperatura correta
- Correta recepção e armazenagem do combustível
- Cumprimento das normas e das técnicas de operação

Condicionamento acústico

O condicionamento acústico abrange, de um lado, o isolamento de ruídos e a insonoridade que se consegue com cortiça, carpete e tabiques e, de outro, a música ambiente que age como calmante, dependendo do ambiente e do momento. A boa manutenção de ambos os sistemas deve estar a cargo de especialistas, que periodicamente cumprirão um plano de inspeção e revisão de todas as instalações e equipamentos.

Revestimentos

A manutenção dos revestimentos das paredes, dos pisos e dos tetos deve ser feita de acordo com os materiais utilizados para cada um deles, como madeiras, carpetes e outros. Deve-se estar atento a qualquer indício de dano ou deterioração prematura; por sua vez, o verniz para a madeira, assim como a limpeza e o tratamento dos carpetes, são tarefas essenciais a cada certo tempo; além disso, a reforma das tapeçarias faz parte do programa de renovação total ou parcial.

Carpintaria, serralheria e vidraçaria

A boa manutenção (envernizar, encerar, lubrificar e lavar, dependendo do caso) impede danos, avarias e deterioração precoce, que obrigam à realização de tarefas de reparação e/ou reposição. O tratamento da madeira deve se realizar com óleo de alcatrão.

Escoamento

Em geral, o sistema de escoamento se deteriora por falta de manutenção dos encanamentos de esgoto ou pelo uso de materiais defeituosos. O sistema coletor de esgoto, os bueiros, etc. se deterioram por falta de limpeza, de drenagem, do uso de elementos anticorrosivos e pelo acúmulo de resíduos que causam entupimento e danos no sistema. É necessário utilizar produtos químicos dissolvidos no sistema de drenagem para facilitar o escoamento das águas servidas. Por outro lado, a podridão de resíduos origina fungos, insetos, ratos, etc.

O tratamento deve ser generalizado às redes de esgoto, encanamentos, válvulas, etc. A depuração dos resíduos inclui filtragem e drenagem das águas residuais.

Sistema de água

O abastecimento de água é de vital importância para o bom funcionamento do hotel, pois, com isso, se assegura a seqüência de atividades como calefação, cozinhas, oficinas, etc. A rede de distribuição pode obedecer a um abastecimento constante, mediante pressão ou ligada à rede principal do serviço geral da cidade. O abastecimento também pode ser de caráter intermitente, quando realizado periodicamente, como em hotéis que se encontrem em determinada localização que obrigue a usar sistemas de bombeamento para manter cheios os reservatórios de água.

Em todo sistema de abastecimento de água devem-se considerar os diversos elementos que o constituem para realizar um bom serviço de manutenção integral. Esses elementos são compostos pelos encanamento de abastecimento, canos de distribuição, caixa, encanamento central exterior, chave central acoplada ao encanamento central, válvula de esfera acoplada à caixa e ao encanamento de abastecimento, encanamento do ladrão, chaves de saída, chaves diversas e chaves de esvaziamento para quando for necessário esvaziar o sistema, em casos determinados.

O serviço de manutenção deve contar com um especialista em hidráulica, para prevenir o desgaste do sistema e para que seu pessoal possa efetuar, a qualquer momento, as reparações pertinentes. Vazamentos de água, umidade nas paredes, goteiras nos registros e chuveiros e ruído ao abrir ou fechar as torneiras, que geralmente resultam da formação de bolhas de ar, são algumas das situações de deterioração que devem ser evitadas. Por sua vez, o revestimento dos encanamentos, as inspeções periódicas, as tarefas de limpeza e os ajustes preventivos dos registros e demais acessórios do sistema são outras tarefas de manutenção do sistema de abastecimento de água.

Um estudo recente que aparece no livro "Servicios y mantenimiento de hoteles y residencias", de Rosemary Hurst (Paraninfo, Madrid, 1976) sobre as necessidades mínimas de consumo diário de água fria por pessoa, indica um total de 114 litros/pessoa/dia; o estudo mostra também os indicadores de consumo mais ou menos aceitáveis:

Uma banheira de 178mm de profundidade	114 litros
Um banho demorado	159 litros
Uma ducha	de 23 a 26 litros
Pia com a tampa colocada	de 7 a 9 litros
Descarga	9 litros
Água para beber, pessoa/dia	1,35 litro
Água para cozinhar, pessoa/dia	2,73 litros

O uso de água quente obedece a certas temperaturas médias e está em função do uso que se dê ao edifício e ao tipo de residentes.

Temperaturas médias

Água fria	De 4,4 a 7,2°C
Banho morno	35,6°C
Banho quente	40,6°C
Lavar as mãos	43,3°C
Lavar roupa	De 60 a 82,2°C

MANUTENÇÃO DAS INSTALAÇÕES DE SEGURANÇA

As instalações, os equipamentos e os meios de segurança (como os sistemas de fechaduras, cofres, alarmes, sistemas eletrôniczzos, circuitos fechados, linhas de comunicação, etc.) requerem supervisão constante e manutenção permanente dos elementos. Os grupos eletrogêneos ou as fontes de energia alternativa devem permanecer em bom estado de funcionamento, da mesma forma que os equipamentos de combate a incêndios; para isso, é imprescindível manutenção permanente, de acordo com as características e as normas do fabricante para cada equipamento.

Os equipamentos de segurança são mais necessários e mais complexos a cada dia; além de serem cômodos e funcionais, devem permitir manutenção permanente. O uso de capacetes, óculos, luvas, cintos de segurança, botas de borracha, roupas contra incêndios, etc. obriga à revisão permanente e à aplicação de qualquer medida preventiva contra a deterioração precoce.

Assim, todos os dispositivos de segurança, sejam manuais, mecânicos ou automáticos, devem ser submetidos a manutenção, limpeza, inspeções e revisão permanentes, a fim de estarem operativos para poder cumprir seu objetivo. Nesse sentido, as normas de segurança e manutenção são muito importantes e devem ser de conhecimento de todo o pessoal.

MANUTENÇÃO DE DEPÓSITOS

A armazenagem constitui uma atividade a mais do processo produtivo, orientada a situação, ordenamento, proteção e expedição dos materiais. O depósito, considerado como espaço autorizado para abrigar materiais até sua utilização posterior ou expedição, segundo o caso, necessita de um sistema de manutenção e proteção para evitar a deterioração dos materiais e o roubo de mercadorias e melhorar a manipulação dos elementos, com maior segurança.

Os trabalhos de manutenção têm por finalidade proteger os depósitos em relação a: fogo e explosão, acidentes, umidade e corrosão, pó e sujeira, roubo e deteriorações diversas.

Fogo e explosão

Para evitar o fogo e as explosões devem-se armazenar separadamente os materiais inflamáveis e proporcionar instalações de isolamento, de forma a existirem corredores de acesso bem delimitados e livres, ventilação automática e suficiente e instalações elétricas blindadas.

Acidentes

Para prevenir acidentes, deve-se evitar o derramamento de líquidos e óleos nos pisos, dar maior estabilidade e rigidez aos suportes de sustentação e inspecionar periodicamente as estantes e as formas de armazenagem.

Umidade e corrosão

Para evitar umidade e corrosão, deve-se manter o sistema de instalação de água e escoamento em perfeito estado de conservação, impedir a entrada de vapores corrosivos de outros materiais, melhorar a climatização do ambiente e usar proteções individuais (embalagens herméticas, papéis de proteção anticorrosiva, paredes impermeabilizadas e proteção suplementar contra umidade).

Pó e sujeira

Para impedir o acúmulo de pó e sujeira, deve-se manter um sistema de limpeza permanente, utilizar embalagens herméticas e materiais de consumo e embalagens que originem menos resíduos.

Roubo

Para evitar os roubos, devem-se construir locais especiais fechados, com sistemas de segurança e equipamentos de vigilância, segurança e controle, para o caso de depósitos abertos.

Deteriorações diversas

Medidas de manutenção permanente deverão ser tomadas de acordo com as circunstâncias (por exemplo, rodízio de materiais para evitar o envelhecimento), bem como medidas de proteção dos materiais armazenados ao ar livre, para evitar os danos ocasionados pela ação de agentes climáticos.

Manutenção das instalações elétricas

Geralmente, o tempo de atividade de um hotel é de 24 horas; portanto, a caldeira e o sistema elétrico devem funcionar durante as 24 horas do dia, para oferecer um serviço permanente e manter uma série de atividades de primeira ordem e necessárias para o andamento do hotel.

Os problemas de manutenção de eletricidade são múltiplos e variados; porém, devem ser considerados os gerais, sem deixar de lado qualquer situação, por mais irrelevante que possa parecer.

Isolamento dos ductos

O isolamento dos ductos evita curtos-circuitos e incêndios, assim como acidentes por eletrocução; porém, é necessário ter cuidado com as correntes superiores a 48V. Não se devem tolerar fios desencapados, e devem ser evitados os contatos mal feitos ou mal consertados, pelo que se troca tudo por elementos novos. Além disso, devem-se usar isolantes de porcelana, borracha ou plástico.

Em caso de superaquecimento de qualquer instalação elétrica, deve-se deter a marcha dos equipamentos ou máquinas, para revisão imediata. Todo superaquecimento é sinal de mau funcionamento do sistema elétrico. A rápida reparação evita paralisação muito longa por avaria; ao realizá-la, não se deve trabalhar com *tensão*, para impedir curtos-circuitos; não se devem trocar fusíveis queimados localizados antes ou depois de um interruptor, sem desligá-lo.

Quando queimar um fusível, ele não deverá ser substituído por outro de maior força, nem por qualquer pedaço de fio de cobre. Queimando-se continuamente, será conveniente inspecionar a instalação, a fim de determinar os defeitos e corrigi-los. Também é necessário conhecer o emprego e as adequações dos fusíveis, como segue:

- 2A, para aparelhos de 480w
- 5A, para aparelhos de 1.200w
- 10A, para aparelhos de 2.400w
- 13A, para aparelhos de 3.000w

Finalmente, é preciso fazer a manutenção da caixa principal de fusíveis e do interruptor principal.

Fios de terra

Os fios de terra devem ser previstos e instalados, pois a corrente que pode haver em uma peça metálica passa para a terra por esses fios. Para tanto, é necessário conhecer e verificar o circuito elétrico.

Limpeza e lubrificação

A limpeza e a lubrificação dos motores elétricos devem ser realizadas pelo pessoal da manutenção, assim como os motores com coletores.

Quando as escovas de um motor de anéis ou de coletor soltam faíscas, devem ser revisadas imediatamente.

Locais perigosos

Em locais perigosos onde existam pintura, verniz e gases explosivos, deve-se usar material blindado e, em certos casos, é preciso que a aparelhagem seja externa.

Aparelhos de medida ou segurança não devem ser manipulados, a não ser para exclusiva limpeza exterior. A manutenção e a regulagem são questões tão delicadas, que não devem ser confiadas a um único especialista do serviço de manutenção.

Finalmente, deve-se controlar o sistema elétrico em geral mediante verificação da leitura dos contadores ou instalação de medidores para determinar vazamentos, etc.

A iluminação está em função da fonte de energia que pode ser a fonte central, ou um grupo eletrogêneo ou outras fontes diversas. Da boa manutenção do sistema elétrico depende a permanência do serviço de iluminação; porém, isso reúne certos requisitos que obedecem ao nível de iluminação exigido conforme atividade, tarefas, ambientes e locais.

O nível de iluminação se mede por lumens/pé^2, enquanto a unidade de iluminação é o lux, equivalente a um lúmen/cm^2. Para converter uma unidade à outra, existe a seguinte operação:

$$1 \text{ lux} = \frac{1}{10{,}76} \text{ lumens/pé}^2,$$

ou seja, $\frac{1}{11}$ para efetuar cálculos rápidos

A lista a seguir mostra os valores mínimos de iluminação recomendados em lumens; deve-se considerar que a iluminação varia com a cor do mobiliário e com as cores internas do ambiente.

Ambiente	Iluminação
Garagens	7 lumens 30,5cm^2
Banheiros	10 lumens 30,5cm^2
Escadas	10 lumens 30,5cm^2
Leitura informal	15 lumens 30,5cm^2
Cozinhas	20 lumens 30,5cm^2
Oficinas	20 lumens 30,5cm^2
Trabalhos manuais ou leituras contínuas	30 lumens 30,5cm^2
Costuras e trabalhos de oficina	70 lumens 30,5cm^2

Manutenção contra incêndios

A constante ameaça de incêndio tem obrigado a estabelecer e conservar um sistema de manutenção que evite as possíveis causas e, em segundo lugar, combata-o e controle-o em suas primeiras fases.

Medidas para reduzir as possibilidades de incêndio

As medidas necessárias para reduzir ao mínimo as possibilidades de incêndio incluem a eliminação de todas as causas, como armazenagem de resíduos e materiais inflamáveis sem proteção. Fósforos e cigarros devem ser evitados onde exista risco de incêndio. Uma das causas principais é a eletricidade; por isso, é conveniente deixar equipamentos e utensílios, que não estão sendo usados, desligados fora das horas de trabalho. Da mesma forma, os ductos de gases ou líquidos combustíveis que representem riscos de explosão devem ser protegidos.

Acúmulo de material combustível

O acúmulo de material combustível de qualquer tipo (especialmente lixo ou resíduos) constitui uma possível fonte de incêndio diante de qualquer faísca de origem diversa que se possa produzir; portanto, é conveniente elaborar um plano de manutenção de asseio e ordem considerando:

a) Manter depósitos de resíduos que reúnam os requisitos de segurança para toda substância que possa arder de forma espontânea e determinar periodicamente seu esvaziamento definitivo.
b) Cuidar da ordem e do asseio, e evitar o acúmulo de lixo e resíduos.

Fogo aberto ou produzido por faíscas

O fogo aberto ou produzido por faíscas é totalmente evitável. Os maçaricos e as ferramentas elétricas que se usam nas oficinas para cortar, soldar, etc., geralmente são utilizados sem as devidas precauções, o que, na maioria das vezes, é causa de incêndio. Uma boa manutenção consistirá em:

a) Manter as substâncias combustíveis afastadas das oficinas onde se trabalha com as ferramentas citadas.
b) Cobrir com capas ou qualquer outro tipo de proteção conveniente as substâncias que possam provocar incêndio.
c) Ligar à terra todo equipamento elétrico, a fim de evitar arcos e faíscas.
d) Evitar jogar guimbas no lixo ou nos pisos, por falta de cinzeiro.
e) Manter um programa de inspeção e manutenção constante dos acessórios de segurança.

Vapores de líquidos inflamáveis

Os vapores de líquidos inflamáveis acumulam-se na superfície de líquido contido no ar receptor. Esses vapores se acendem e se ocorrer mistura com o ar na proporção devida, a combustão será tão rápida que dará lugar a uma explosão. As precauções são:

a) Manter os líquidos inflamáveis em recipientes fechados ou em vasilhames de segurança.
b) Proibir o uso de todo elemento e atividades que possam ocasionar faíscas nas proximidades das substâncias voláteis inflamáveis.
c) Cuidar para que as substâncias inflamáveis estejam armazenadas em lugares afastados do calor e das faíscas.
d) Proceder com segurança à limpeza e à reparação dos tanques que contenham solventes.

Aparelhos elétricos portáteis

Os aparelhos portáteis são fonte de incêndios. As principais causas são uso de equipamento fora dos padrões, má conservação e utilização deficiente. O cordão de extensão é o ponto fraco desses equipamentos, devido ao desgaste e à falta de cuidado por parte do usuário, com a conseqüente destruição do isolamento.

Programas de inspeções de manutenção

A programação de inspeções de manutenção, nos pontos críticos em particular, permite determinar a tempo as possíveis causas de incêndios, o estado das instalações, o cumprimento das normas e o estado dos materiais capazes de provocar uma tragédia.

O equipamento e as instalações, assim como os meios de que disponha a brigada de incêndios para combater o fogo, devem receber manutenção permanente; além disso, os equipamentos devem ser consertados e recuperados ou substituídos quando as circunstâncias o exigirem.

LIMPEZA

A limpeza é a atividade mais elementar da manutenção e a que mais contribui para evitar avarias, reparações ou acidentes; inclui uma série de aspectos e todo o conjunto do hotel.

Limpeza do posto de trabalho

A limpeza consiste principalmente em não deixar sujo o posto de trabalho, acarretando o menor número de resíduos possível e não derramando líquidos. Cinzeiros, cestos de papéis e lixeiras são os mais adequados para jogar os refugos. Quanto mais limpo estiver o posto, mais cuidado se terá para mantê-lo assim. A ordenação de todos os elementos não é somente uma questão estética, mas favorece sua correta e rápida utilização. Tudo isso aumenta a eficácia, a segurança e a qualidade do serviço. Como é inevitável a aparição da sujeira, deve-se realizar uma limpeza geral por meio de um serviço especializado, com uma freqüência que mantenha o nível desejado. Esse serviço deve ser estendido aos quartos.

Recolhimento e retirada de lixo e resíduos

O recolhimento e a retirada de lixo e resíduos são feitos por meio de canalizações que conduzem à rede de esgotos, ou pelo serviço de lixo que os eliminam do posto de trabalho ou dos lugares onde os serviços de limpeza depositam.

Eliminação dos elementos prejudiciais

A eliminação dos elementos prejudiciais supõe a separação prévia daqueles que não o são e que podem ser recuperados e depurados.

Isso deve ser feito previamente, se possível na limpeza e na coleta; do contrário, deverá ser realizado depois; porém se for muito trabalhoso, deverá se proceder à eliminação conjunta. Para tanto, podem-se usar fornos crematórios, processos químicos, sistemas biológicos naturais e ecológicos, etc.

Depuração dos suportes nocivos

A depuração dos suportes nocivos abrange filtração e drenagem de águas residuais, fumaças, gases e todos os elementos que possam contribuir para a contaminação ambiental no caso de serem expelidos para o exterior, ou que permitam a recuperação do suporte, que circulará em circuito fechado se utilizado interiormente.

Limpeza, desinfecção, pintura periódica e campanhas de publicidade sobre higiene e salubridade

Limpeza, desinfecção, pintura periódica e campanhas de publicidade sobre higiene e salubridade são aspectos fundamentais para se conseguir um nível sanitário aceitável. Caminha-se de forma decidida para um aumento considerável das exigências nessa área, embora ainda se esteja muito longe de obter as condições sanitárias desejadas. Os hotéis antigos, em especial, possuem níveis demasiadamente baixos, devido à excessiva tolerância dos serviços oficiais de salubridade.

Serviços de asseio pessoal

Os serviços de asseio pessoal incluem lavabos, chuveiros, vestiários, uniformes e sua limpeza, etc. Deve-se procurar manter os serviços perto dos pontos de trabalho e não formar filas e aglomerações entre eles. Naturalmente, devem ser divididos em masculinos e femininos. O asseio pessoal produz regulação do tônus vital ao atuar como relaxante ou estimulante e contribui para melhorar a produtividade.

Principais normas de limpeza

As principais normas de limpeza são:

a) Limpeza freqüente e superficial do posto de trabalho pelos próprios funcionários e limpeza permanente na área dos quartos, pelas camareiras.
b) O pessoal de limpeza deve se encarregar das atividades mais intensas.
c) Evitar usar vassoura e jateamento, que somente levantam pó e trasladam a sujeira.
d) Usar aspiradores, panos, escovas e foles de baixa pressão (de 10 a 1.000g).
e) Deixar em ordem o posto de trabalho (principalmente ao sair), assim como os quartos depois da limpeza.
f) Limpar rapidamente os óleos escorregadios e os produtos corrosivos, inflamáveis, tóxicos ou corantes derramados.
g) Não usar produtos de limpeza que ataquem os materiais, principalmente os de efeito desengordurante.
h) Utilizar anticongelante, venenos e outras substâncias (pílulas anticoncepcionais) para eliminar as ratazanas.
i) Manter as lixeiras bem fechadas e pulverizadas com inseticidas, para eliminar moscas; colocar também telas metálicas nas portas e nas janelas dos lugares onde exista grande quantidade de moscas e insetos.
j) Tampar com cimento todos os buracos e frestas das paredes, pisos e lugares onde se utilizem inseticidas, a fim de eliminar as baratas; ainda assim, aumentar o grau de limpeza em todos os ângulos das habitações, pias, gavetas, armários e equipamentos onde se possam alojar baratas e borrifá-los com inseticidas suaves.
k) Pulverizar periodicamente com líquidos especiais os lugares onde se encontrem formigas, percevejos e pulgas.

MANUTENÇÃO DE ÁREAS DIVERSAS

Quando o estabelecimento hoteleiro não dispõe de pessoal qualificado suficiente para desempenhar certas tarefas de manutenção, as instalações sofrerão deterioração, cedo ou tarde, o que obrigará a gerência geral a considerar a possibilidade de contratação externa para a manutenção.

Mecanismos de transporte

Os mecanismos de transporte incluem a manutenção de meios mecânicos, como elevadores comuns, elevadores de carga, empilhadeiras, etc. e os veículos de transporte do hotel. Essa manutenção é tanto preventiva, quanto corretiva. Os sistemas de transporte vertical são projetados segundo o modelo de *dispersão "satelizada"* ou *técnica de Tinkertey*, cada vez mais utilizado. Constitui-se de uma série de blocos que se comunicam, internamente, de modo vertical e, externamente, de modo horizontal, propiciando grandes vantagens de comunicação, circulação e manutenção, ao oferecer significativa flexibilidade ao sistema.

Os principais sistemas empregados são os elevadores de carga, elevadores comuns e outros equipamentos ascensores. Independentemente da manutenção do sistema elétrico dos elevadores, feita pelo fabricante ou por especialistas, a manutenção dos cabos exige lubrificação periódica e limpeza prévia; por outro lado, os cabos são perigosos quando apresentam mais de 10% de fios danificados.

A manutenção de veículos ou de motores similares, como os de lavanderia e cozinha, englobam lavagem, lubrificação e verificação dos mecanismos e, nos equipamentos elétricos, revisão da fonte de energia, além de verificação diária dos pneus, níveis de água e óleo, freios, faróis, etc. É necessária uma revisão geral, depois de uma revisão restrita, especialmente do motor, após a seguinte quilometragem:

Camionetes com motor a gasolina:	de 50.000 a 70.000km
Caminhões com motor a gasolina:	de 80.000 a 100.000km
Caminhões com motor diesel:	de 100.000 a 150.000 km

Maquinaria e equipamento

O hotel conta com uma série de equipamentos e máquinas grandes, médias e pequenas, que lhe permitem proporcionar uma série de serviços em conjunto. Esses equipamentos geralmente são heterogêneos e podem obedecer à dimensão e amplitude das atividades do hotel, assim como corresponder a diversas marcas, dependendo do projeto dos fabricantes, das características e dos alcances de operação; por exemplo, pode-se falar de equipamentos de lavanderia, de limpeza, de cafeteria e de cozinha.

Equipamento de lavanderia

O equipamento de lavanderia inclui desde o mais simples até os sistemas mais integrados. Os hotéis pequenos geralmente usam os serviços de lavanderias industriais.

Equipamento de limpeza

O equipamento de limpeza inclui aspiradores, e máquinas de uso profissional, para lustrar, encerar, etc. os ambientes internos (pisos, quartos e salas de estar). Normalmente, são de diversas marcas e sua manutenção obedece às especificações de cada fabricante. Em todos os casos é conveniente considerar o período de garantia do fabricante para qualquer reclamação; além disso, devem se considerar certas situações, como aquecimento excessivo, vibrações, ruídos estranhos, para verificá-los imediatamente. O controle dos dispositivos dos equipamentos, lubrificação e limpeza devem ser constantes durante sua operação.

Equipamento de cafeteria

O equipamento de cafeteria costuma ser diversificado de acordo com sua dimensão. Em geral, são fritadeiras elétricas, máquinas para café e sucos, congeladores, carrinhos de transporte, armários, estantes, etc. A manutenção é variada, pois obedece a diferentes meios (mecânicos, manuais, elétricos, de madeira, etc.). Por isso, a manutenção centraliza-se na limpeza e nos ajustes dos diferentes equipamentos. Para avarias e reparações, deve-se acudir da manutenção corretiva ou do fabricante.

Equipamento de cozinha

Em relação ao equipamento de cozinha, os hotéis grandes e médios contam com cozinhas industriais de diversos tamanhos e características, dependendo da sua dimensão.

A manutenção preventiva deverá estar a cargo do pessoal da manutenção do hotel e as tarefas inerentes se realizarão de acordo com as recomendações do fabricante; por sua vez, a manutenção corretiva será responsabilidade do fabricante ou do seu representante.

Mobiliário

O mobiliário do hotel inclui artigos de madeira, vidro, cerâmica, tapeçaria, etc. Para cada um deles existe um sistema de manutenção especial; porém, sua limpeza permanente é o denominador comum da manutenção de utensílios e mobiliário.

Jardins e áreas esportivas

A manutenção das áreas abertas, além de oferecer um aspecto agradável e de segurança, facilita a realização das atividades para as quais foram projetadas.

Os jardins devem estar sempre limpos, sem lixo, com a grama aparada, plantas e flores tratadas segundo técnicas e conhecimentos de jardinagem.

As áreas verdes deverão ser limpas e frescas, de forma a evitar o desgaste ou a destruição pelos usuários, com a prática de esportes impróprios.

As instalações esportivas (quadras de tênis, basquete ou outras similares) devem ser mantidas limpas, com os pisos aplanados e nivelados, livres de graxas e óleos, se forem de cimento ou materiais similares. As tabelas, redes, etc. devem se encontrar em perfeito estado de limpeza e segurança.

As piscinas requerem revisão diária dos filtros; esvaziamento e limpeza deverão ser executados de manhã, entre 5 e 7h. É conveniente usar substâncias desinfetantes, como cloro, sulfato de cobre, etc., que contribuam para manter o bom estado da piscina.

CONFIABILIDADE DA MANUTENÇÃO

A manutenção preventiva permite dar maior confiabilidade ao sistema operativo do hotel. As conseqüências vantajosas obtidas da sua aplicação permanente são:

a) Redução das possibilidades de avarias em máquinas e equipamentos e também da rápida deterioração das instalações.
b) Aumento da vida útil dos equipamentos e das instalações em contraposição ao seu uso, o que se traduz em maior rentabilidade devido ao maior valor residual.
c) Diminuição de riscos e possíveis causas de acidentes, o que dá maior confiança a usuários e funcionários.
d) Oferta de um serviço mais completo em qualidade, tempo e segurança.
e) Redução dos custos de manutenção e, portanto, dos custos operacionais totais.

PROGRAMA DE MANUTENÇÃO

Para realizar uma boa tarefa de manutenção, se requer todo um processo de atividades, que conformam o plano geral da manutenção.

INFORMAÇÃO E DOCUMENTAÇÃO

O ponto de partida chega a ser a reunião prévia da informação pertinente sobre equipamentos, materiais e instalações, que permite desenvolver um bom plano de manutenção. Essa informação abrange:

a) *Informação geral sobre o equipamento* - Características, marca, tipo e dispositivos auxiliares.
b) *Programa de atividades* - Tipo de atividade, cargas de trabalho às quais serão submetidos os equipamentos e sua vida útil.
c) *Estado e tempo das instalações* - Situação atual dos diversos serviços da instalação física e do tempo de operação do conjunto, a fim de determinar desgastes, situações de emergência, reparações ou reestruturações.
d) *Documentação* - Para cada caso é necessária documentação que reflita como inventário a situação atual dos equipamentos e instalações e uma espécie de radiografia da manutenção. Entre os documentos mais comuns estão:

- Fichas de equipamentos
- Fichas de manutenção
- Folhas de análises
- Diagnóstico e ordem de manutenção
- Folhas de custos
- Relatórios de inspeções

PROGRAMAÇÃO DE TAREFAS

A programação tem por objetivo prever o conjunto de tarefas de manutenção que devem ser executadas em um período determinado, a fim de equilibrar as cargas de trabalho com as possibilidades de manutenção, para evitar improvisos no momento da execução.

A improvisação geralmente se deve à indiferença pelas tarefas de manutenção, que se traduz em defeitos típicos do sistema. Exemplo disso são:

- Solicitar a manutenção de forma inadequada e incompleta.
- Ocultar a gravidade da anomalia.
- Documentação técnica incompleta do equipamento ou da instalação.
- Falta de preparo do organismo de manutenção para realizar a tarefa.
- Falta de ferramentas, materiais e peças de reposição para enfrentar a tarefa.

Do exposto se infere que a programação de tarefas obedece a um processo inter-relacionado de atividades, prioridade da operação e tipos de manutenção.

Previsão das atividades

A previsão das atividades está em função de:

- Dados recopilados
- Estado atual do equipamento e das instalações
- Programação das cargas de trabalho para os equipamentos e de atividades para as instalações
- Disponibilidade dos meios materiais e humanos de manutenção
- Agrupamento de tarefas em trabalhos de manutenção preventiva e corretiva

Prioridade da operação

A prioridade da operação é feita em função de maior ou menor incidência dos sistemas operativos no sistema total de funcionamento do hotel, de forma que também se considerem os tempos e estados de desgaste dos equipamentos e instalações.

Tipos de manutenção

O programa deve se enquadrar em períodos como marco de referência, para que os funcionários se ordenem seqüencialmente por urgência, a fim de realizar o programa sem atrasos, nem superposição de tarefas.

Meios de planejamento

Para realizar um bom planejamento, é válida uma série de elementos que, devidamente concatenados, se traduzam no plano geral de manutenção:

a) Inicialmente, se recorre a dados históricos e de previsão como elemento de antecipação, a fim de realizar o diagnóstico dos meios e das medidas necessárias para a boa manutenção.
b) *Plano esquemático de manutenção* - Permite estabelecer a capacidade de execução das tarefas de manutenção em função dos trabalhos que devem ser realizados e dos tempos previstos. Para os equipamentos, se calculará a *carga máxima* de trabalho, o que permite programar as tarefas de manutenção preventiva.
c) *Gráfico de manutenção* - É um instrumento de guia e controle que inclui tanto os equipamentos e as instalações sujeitos à manutenção como as tarefas e ordens de urgência no tempo, de forma que estabelecem o início e o fim de cada trabalho.
d) *Inventário* - Refere-se ao tipo e à quantidade de peças de reposição, material de manutenção, data de compra e aquisição e níveis de estoque que se devem considerar como apoio principal à tarefa de manutenção. Exemplo de um plano de manutenção é mostrado na Figura 9.2.

Ordenamento de um plano

A classificação dos diversos trabalhos de manutenção deve obedecer aos critérios:

a) Trabalhos similares devem estar a cargo de somente um grupo de manutenção.
b) Trabalhos cíclicos com características especiais devem ser programados de acordo com a duração do ciclo.
c) Trabalhos acidentais, programados com os tempos de folga que se deixam para tal finalidade no programa geral.
d) Considerar o plano em função das características do hotel: estado das instalações, capacidade de serviço, tipos de atividades, jornadas de trabalho, etc.
e) Evitar que os trabalhos de manutenção quebrem a continuidade do serviço do hotel.

Funcionamento do plano

O bom funcionamento do plano de manutenção obedece aos princípios:

a) Estruturar o plano de forma clara e factível.
b) Contar com os meios e as disponibilidades para sua realização.
c) Contar com um sistema de apoio para abastecimento e armazenagem de ferramentas, meios, equipamentos e peças de reposição que a manutenção requer.
d) Estabelecer as responsabilidades dos diversos componentes do sistema de manutenção e dos funcionários, em geral, quando se trata de tarefas elementares da manutenção preventiva (limpeza, ordem, reparo, lavagem, lubrificação, etc.).
e) Dar flexibilidade ao plano, permitindo sua fácil adaptação em situações inesperadas. Para isso, é conveniente contar com um tempo de segurança de 20%, disponível para trabalhos de emergência.

1. O *funcionamento* do plano começa com a documentação para ordenar o trabalho. As tarefas normais de manutenção preventiva obedecem a uma série de normas, estipuladas para cada ponto do trabalho e que, às

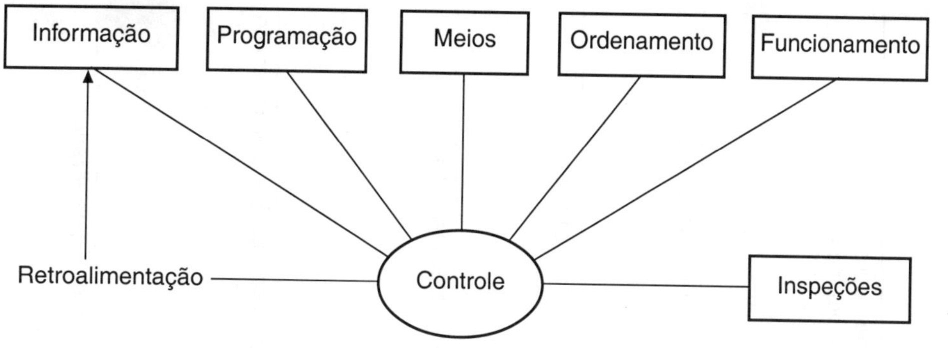

Figura 9.2

vezes, são trabalhos rotineiros. Porém, para as tarefas de manutenção, que requerem operações especiais a serem cumpridas em um período planejado, é necessária certa documentação que inicie o trabalho e que, com seu estudo permanente, permita manter operativo o circuito do plano.

a) *Ordem de reparação* - Documento em que se ordenam os trabalhos de reparação, de acordo com os dados solicitados ou com as fichas e relatórios das inspeções.
b) *Ordem de saída* - Indica o material que se deve entregar para executar a tarefa; além disso, controla e valoriza a saída do respectivo depósito, com seus correspondentes custos.
c) *Folha de avanço* - Documento que resume o trabalho diário, a mão-de-obra utilizada, a quantidade de materiais usados e qualquer outra situação que se tenha apresentado no desenvolvimento da tarefa.
d) *Gráfico de Gantt* - Também chamado de controle de avanço dos trabalhos detalhados no plano.

2. A *responsabilidade* atribuída a cada grupo de manutenção permite maior fluidez no sistema, facilita o conhecimento dos tempos previstos e agiliza a tomada de medidas corretivas a tempo.
3. A *inspeção* é um elemento coadjuvante básico para o funcionamento do plano. Permite determinar o estado da manutenção em geral, estudar os equipamentos e as instalações em particular, cumprir os planos de manutenção, solucionar as dificuldades nas tarefas de manutenção e resolver os imponderáveis não considerados na política e nos planos de manutenção. As inspeções, como foi informado em itens anteriores, podem ser informais ou ocasionais, que se realizam a qualquer momento, sem nenhuma preparação e as programadas ou periódicas, que obedecem a um plano previamente estabelecido, de acordo com normas e impressos que facilitam a reunião da maioria dos dados necessários (Tabela 9.1).
4. *Relação da manutenção com outros serviços* - Na execução do plano, o serviço de manutenção deve-se relacionar com outros serviços do hotel para que, mediante a comunicação e o apoio mútuo, se evitem interferências no trabalho e se realize a atividade de manutenção nas melhores condições, com maior qualidade no menor tempo e com custos menores. Sua relação mais ou menos direta se consegue com os serviços:

a) Os supervisores, objetivando verificar o estado da manutenção dos andares.
b) O departamento de rouparia, para conhecer seu estado e suas atividades.
c) A governança, a fim de programar a limpeza e a lavagem das paredes dos quartos periodicamente.
d) Os supervisores de serviços gerais, com o propósito de planejar o trabalho de limpeza em todos os ambientes, que inclui faxineiros para vestíbulos, corredores, ambientes noturnos, banheiros, lavabos, etc.
e) O departamento de engenharia, para efetuar trabalhos de:

- Eletricidade, para fazer reparos no sistema e instalar iluminações especiais em reuniões e convenções
- Encanamento, para reparos no sistema de água e drenagem

Tabela 9.1 – Planos de inspeção periódica.

Período	Aspectos que abrange (pontos)	Tarefas e objetivos	Executantes
Diário	Aparelhos auxiliares de trabalho Aspecto geral do equipamento	Funcionamento geral do equipamento. Inspeção de correias e acessórios e partes de funcionamento diário	Operador
Semanal	Equipamento em funcionamento Locais e sistemas auxiliares	Verificação do estado do equipamento, limpeza, lubrificação, ajustes similares, regulagens, verificação das instalações de segurança, luz, energia, água, verificação de níveis, filtros e separadores, etc.	Operadores e equipe de manutenção
Mensal	Aparelhos e equipamentos especiais Depósitos, sistemas de calefação e refrigeração, etc.	Verificação de reajustes, medidas de segurança em funcionamento, ordem e limpeza e funcionamento regular dos sistemas	Equipe de manutenção
Trimestral	Material de manutenção de uso freqüente: fios, correntes e cordas	Verificação do estado de operacionalidade e da manutenção: lubrificação, armazenamento em locais secos e procedimento de armazenagem	Equipe de manutenção
Semestral	Material de manutenção de menor freqüência de uso. Equipamentos em geral	Inspeção de alteração e consumo de óleo, verificação de índices de neutralização e de saponificação, de coxins, de caixas de gaxetas, de purificadores de água e de óleo. Limpeza de filtros, ajustes maiores, regulagens, etc.	Equipe de manutenção
Anual	Equipamentos em geral, material de manutenção de carga e descarga	Inspeção geral, desmontagem de equipamentos e instalações para inspeção total; medição de folgas, determinação de peças e subsistemas que devem ser trocados por excessivo desgaste	Técnicos e equipe de manutenção
18 meses	Caldeiras, fornos e aquecedores	Inspeção de incrustações, pressão de caldeiras, estado dos queimadores, válvulas de segurança, instrumentos de medição	Técnicos especializados
24 meses	Sistemas alimentados por ar ou vapor e sistema geral	Verificação, em todas as instalações, de medida e segurança em nível técnico	Engenheiros especializados
Cada 4 ou 5 anos	Sistemas especiais	Inspeções gerais, obrigatórias por lei	Ministério da Indústria e Ministério do Trabalho

- Calefação, para manter a temperatura apropriada no hotel por meio da manutenção do sistema de calefação. Os queimadores, termostatos, radiadores e válvulas exigem atenção permanente
- Ventilação e ar condicionado, cuja manutenção é indispensável e variada, segundo o sistema central ou de unidades individuais
- Refrigeração, para evitar perdas pela deterioração de comestíveis em conseqüência do não funcionamento ou dano de uma câmara frigorífica
- Elevadores que permitam a comunicação e o transporte permanente em cada andar do hotel; em geral, esse tipo de manutenção costuma estar sob contrato com os próprios fabricantes ou com equipes de técnicos especializados
- Abastecimento de materiais e ferramentas com o departamento de administração, a fim de contar com os meios econômicos pertinentes
- Segurança com o departamento ou a sua gerência, a fim de colaborar em trabalhos de manutenção necessários para a segurança
- Serviços em conjunto com todos os outros, para facilitar sua tarefa (armazéns, cozinhas, cafeteria, bar, piscina, etc.)
- Treinamento do pessoal com a sua gerência, a fim de contar com elementos de trabalho idôneos, bem preparados e integrados

DIFICULDADES NA EXECUÇÃO DO PLANO

Existe uma série de situações adversas ou negativas que dificultam, em grande parte, a execução correta e completa do plano de manutenção.

Algumas são:

a) Falta de apoio dos níveis superiores, devido ao desconhecimento ou ao desinteresse dos executivos.
b) Falta de interesse de grupos na manutenção e, portanto, ausência de espírito de equipe.
c) Falta de responsabilidade na execução das tarefas, o que permite alguém extrapolar suas atribuições, sem considerar as conseqüências do não cumprimento das normas de manutenção.
d) Complexo de auto-suficiência que impede recorrer a grupos e meios de manutenção requeridos, o que distorce os objetivos da manutenção em avanços, tempo e resultados.
e) Falso conceito de economia, ao não cumprir o plano e não realizando certas tarefas de manutenção.
f) Disputas internas que facilitam a sabotagem ao colega, pensando prejudicá-lo quando, na realidade, os prejudicados são o hotel e os usuários.
g) Sentir-se inferiorizado por necessitar de maior apoio na manutenção.
h) Falta de consciência dos diferentes departamentos do hotel.
i) Falta de apoio dos outros departamentos do hotel.

CONTROLE DO PLANO

A medição da eficácia do plano de manutenção é de extrema importância para criar um ambiente de segurança e de seqüência das atividades que se realizem no hotel. O controle se exerce desde que se elabora o plano e sigam todas as etapas e incidências que o integram. Normalmente, se recorre à supervisão permanente que permitirá orientar e regular os desvios dos objetivos traçados; por outro lado, devem-se dispor de diferentes meios e procedimentos de controle, de simples relatórios e visitas até sistema integrado de controle administrativo, no qual se analisem as atividades realizadas, a medição de esforços e rendimentos, os documentos e os coeficientes de controle. Relatórios e gráficos de controle permitirão retroalimentar o sistema e medir três aspectos fundamentais da manutenção:

- Eficiência da meta do trabalhador

Eficácia pessoal $\Sigma p = \dfrac{\text{H - H em trabalhos de manutenção}}{\text{H - H disponíveis}}$

Eficácia dos equipamentos $\Sigma p = \dfrac{\text{tempo de funcionamento}}{\text{tempo do período}}$

Trabalhos pendentes $Tp = \dfrac{\text{número de trabalhos pendentes}}{\text{número de trabalhos terminados}}$

- Eficiência do serviço

$$\text{Produtividade} = \frac{\text{horas diretas de manutenção}}{\text{horas diretas de produção}}$$

- Custos do serviço

$$\text{Custos de manutenção} = \frac{\text{custo de manutenção por período}}{\text{custo de produção por período}}$$

SUGESTÕES

As sugestões que se devem considerar para cumprir o plano de manutenção são:

a) Conscientização da importância de cumprir as normas de manutenção.
b) Criar um sentido de responsabilidade em termos de corporação.
c) Procurar o conhecimento e o interesse dos usuários.
d) Definir atribuições e responsabilidades para gerência, funcionários e usuários.
e) Fazer com que a qualidade do serviço seja conhecida como conseqüência da boa manutenção.
f) Criar no pessoal o hábito de indicar, a tempo, qualquer situação anômala que requeira apoio da manutenção.
g) Capacitar para que, no caso de avarias, sejam fornecidos dados reais, sem medo de represálias ou castigos; o interesse geral de manter a operacionalidade do hotel é primordial.
h) Não procurar culpados, mas soluções.

A Figura 9.3 e as Tabelas 9.2 a 9.13 mostram o exemplo de programa de manutenção correspondente a um sistema de controle de ar condicionado, retirado da obra "Principios generales para la dirección de estabelecimientos hoteleros", de Jesús Felipe Gallegos.

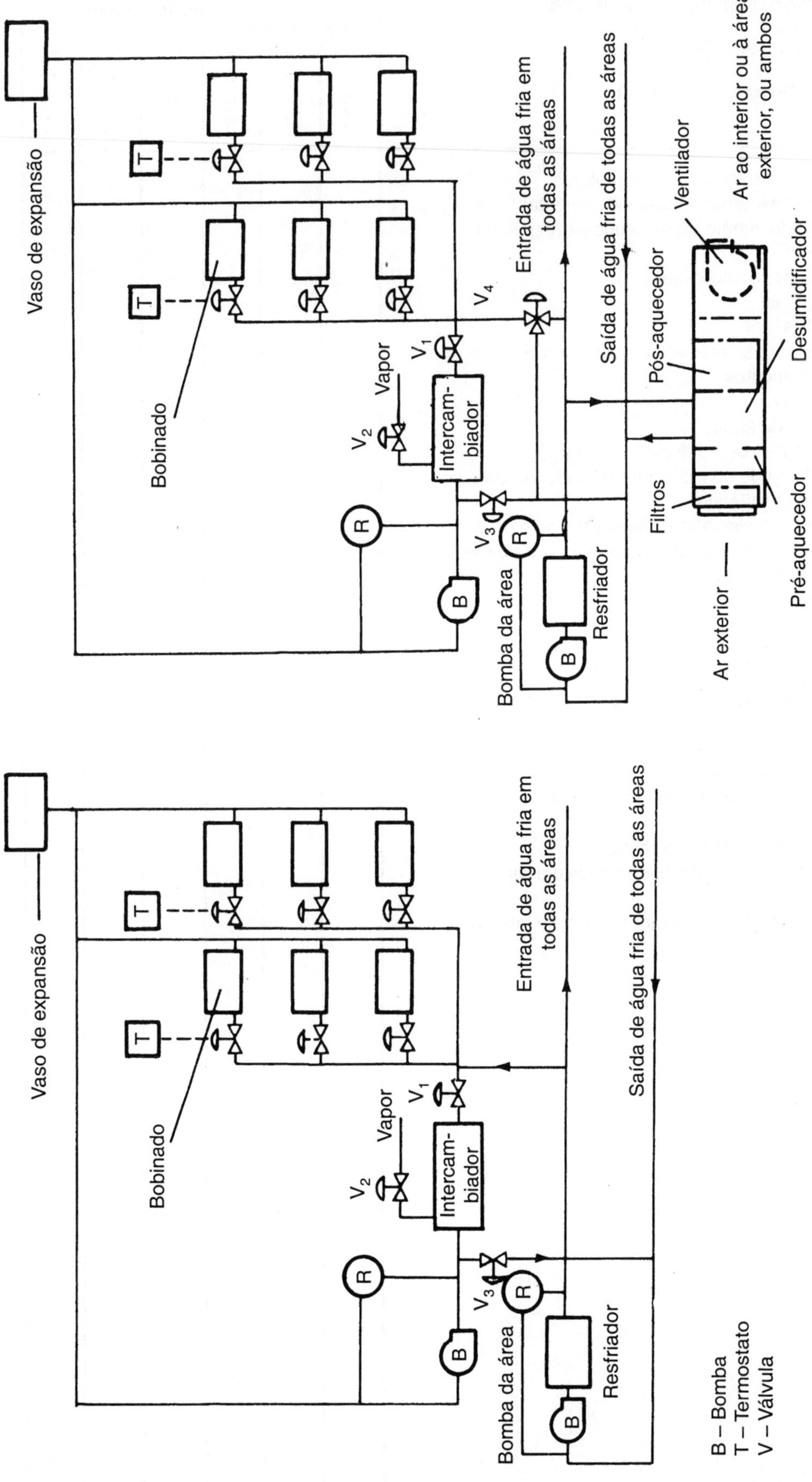

Figura 9.3 – Exemplo de programa de manutenção de um sistema de controle de ar condicionado, projetado por Jesús Felipe Gallegos.

Tabela 9.2 – Programa de manutenção.

Torres de recuperação

Operações a realizar	Periodicidade							
	Diária	Semanal	Quinzenal	Mensal	Bimestral	Trimestral	Semestral	Anual
• Medir o consumo do motor ou dos motores	X							
• Verificar o funcionamento da bóia de alimentação de água		X						
• Verificar o funcionamento da resistência antigelo na bandeja de água		X						
• Revisar e apertar as ancoragens				X				
• Esticar as correias				X				
• Alinhar as polias				X				
• Verificar se os coxins apresentam ruídos anormais por ruptura dos rolamentos				X				
• Lubrificar os coxins				X				
• Limpar os filtros de água				X				
• Verificar os circuitos de purificação e deságüe				X				
• Verificar o sistema de controle para o funcionamento de ventiladores por seqüência				X				
• Limpar a bandeja e eliminar as impurezas com pressão d'água (em ambientes com muito pó, uma vez ao mês)					X			
• Verificar a velocidade dos motores					X			
• Revisar e alinhar as polias						X		
• Limpar as pás do ventilador							X	
• Limpar a parte inferior do motor com ar comprimido							X	
• Limpar os pulverizadores								X
• Eliminar as substâncias depositadas no seu interior								X
• Limpar os coxins com petróleo e lubrificação posterior								X
• Verificar o induzido de motores								X
• Verificar o bobinado de motores								X
• Medir o isolamento entre bobinados e entre eles e a massa								X
• Verificar a folga dos rasgos de chaveta								X
• Verificar as juntas nos registros de bandeja e repor, se necessário								X
• Verificar, de forma geral, a pintura e o tipo de intempérie								X

Tabela 9.3 – Programa de manutenção.

Grupos para resfriamento Operações a realizar	Periodicidade							
	Diária	Semanal	Quinzenal	Mensal	Bimestral	Trimestral	Semestral	Anual
• Medir o consumo de motor ou motores	X							
• Verificar a pressão alta	X							
• Verificar a pressão baixa	X							
• Verificar a pressão do óleo	X							
• Verificar a pressão de drenagem	X							
• Verificar a temperatura de evaporação na tubulação de entrada e saída	X							
• Verificar a temperatura de condensação da tubulação de entrada e saída	X							
• Verificar a temperatura do óleo no cárter	X							
• Verificar o nível do óleo no visor do cárter		X						
• Verificar a operação do sistema de drenagem (se durante o funcionamento da bomba trabalha várias vezes por hora, significa que entra ar na máquina, caso se devem localizar e consertar esses vazamentos)		X						
• Verificar que não há bolhas no visor da linha do líquido			X					
• Verificar o controle de capacidade				X				
• Verificar a válvula termostática e o superaquecimento dos gases na saída do evaporador				X				
• Verificar os termostatos de controle				X				
• Verificar os pressostatos de segurança					X			
• Verificar o termostato antigelo					X			
• Trocar o óleo e o filtro								X
• Trocar o filtro de refrigeração e o filtro de drenagem devoluta								X
• Verificar o desgaste dos coxins								X
• Verificar o sistema de drenagem								X
• Verificar a câmara do refrigerante								X
• Limpar os tubos do evaporador								
• Limpar os tubos do condensador								X
• Verificar o quadro de controle								X
• Inspecionar o arranque e a limpeza dos contatos								
• Verificar a ausência de vazamentos no circuito frigorífico								X
• Verificar as folgas dos rasgos de chaveta dos eixos								X
• Medir o isolamento entre bobinados do motor e entre eles								X
e a massa								X
• Dar um retoque geral na pintura								
• Em longos períodos de parada:								X
								X
– Bombear o refrigerante para o condensador								X
– Fechar as válvulas de aspiração e descarga do compressor								
– Verificar, a cada quinze dias, as leituras de manômetros e o quadro de controle								
– Manter ligada a resistência do cárter								
– Desligar o interruptor geral de alimentação								

Tabela 9.4 – Programa de manutenção.

Bobinados Operações a realizar	Periodicidade							
	Diária	Semanal	Quinzenal	Mensal	Bimestral	Trimestral	Semestral	Anual
Essas operações se farão por amostragem em um de cada 16 bobinados, em forma rotativa por periodicidade								
• Verificar que o motor arranca e pára, de acordo com as temperaturas do termostato				X				
• Limpar os filtros				X				
• Verificar a drenagem da bandeja de condensação				X				
• Revisar as prensas na válvula de comporta				X				
• Verificar o funcionamento das válvulas de três vias					X			
• Se não forem laváveis, fazer a reposição dos filtros						X		
• Limpar as pás de turbinas nos ventiladores								X
• Fazer uma limpeza geral do bobinado, incluindo as baterias, com aspirador								X
• Verificar as ancoragens e os meios de sujeição								X

Tabela 9.5 – Programa de manutenção.

Climatizadores e multizonas Operações a realizar	Periodicidade							
	Diária	Semanal	Quinzenal	Mensal	Bimestral	Trimestral	Semestral	Anual
• Medir o consumo do motor	X							
• Verificar o ponto de ajuste dos termostatos de bulbo com temperaturas	X							
• Verificar o ponto de ajuste de termostatos de ambientes com temperaturas	X							
• Verificar abertura e fechamento das válvulas de três vias por percurso total dos modutroles ao acionar os termostatos		X						
• Limpar os filtros primários, laváveis ou não			X					
• Verificar e reajustar ancoragens				X				
• Esticar as correias				X				
• Alinhas as polias				X				
• Verificar se os coxins apresentam ruídos anormais por ruptura dos rolamentos				X				
• Lubrificar os coxins				X				
• Se não laváveis, repor os filtros primários					X			
• Verificar a velocidade do motor					X			
• Verificar e alinhar as polias						X		
• Verificar o acionamento de modutroles de zona						X		
• Limpar as pás do ventilador							X	
• Limpar a parte inferior do motor com ar comprimido							X	
• Limpar as baterias de preaquecimento, resfriamento e reaquecimento								X
• Limpar os coxins com petróleo e lubrificação posterior								X
• Verificar o induzido do motor								X
• Verificar os bobinados do motor								X
• Medir o isolamento entre bobinados e entre eles e a massa								X
• Verificar a folga dos rasgos de chaveta								X
• Limpar os pulverizadores de umectação								X
• Repor a junta na bóia da bandeja de umectação								X
• Retocar, de forma geral, a pintura								X
• Repor os filtros absolutos e/ou rotativos quando o sistema de controle mostrar sua obstrução								X

Tabela 9.6 – Programa de manutenção.

Quadros elétricos Operações a realizar	Periodicidade							
	Diária	Semanal	Quinzenal	Mensal	Bimestral	Trimestral	Semestral	Anual
• Se o quadro possui pulsador e/ou interruptor de teste de pilotos, verificar que não estejam fundidos e, se for o caso, repô-los	X							
• Se o quadro não dispõe de sistema automático de teste de pilotos, verificar que estejam ligados os dos equipamentos em funcionamento e repor os necessários	X							
• Verificar que não esteja ligado nenhum piloto de alarme e corrigir a causa do que assinale essa falha	X							
• Ler os amperímetros nos equipamentos que os possuam e anotar o consumo na folha de controle de manutenção correspondente	X							
• Revisar os fusíveis cartucho corta-circuitos e repor os que estejam queimados	X							
• Verificar os pulsadores de marcha parada e verificar ao mesmo tempo os pilotos de sinalização	X							
• Verificar os circuitos de manobras e encravamento				X				
• Limpar os contatos em guarda-motores e arranques				X				
• Verificar o funcionamento dos relés térmicos					X			
• Reajustar terminais e placas de circuito impresso							X	
• Fazer limpeza geral em todos os mecanismos e partes interiores do quadro, com aspirador								X
• Retoque, de forma geral, na pintura								X

Tabela 9.7 – Programa de manutenção.

Grupos eletrobombas Operações a realizar	Periodicidade							
	Diária	Semanal	Quinzenal	Mensal	Bimestral	Trimestral	Semestral	Anual
• Medir o consumo do motor	X							
• Verificar o gotejamento na prensa e reajustar, se for excessivo	X							
• Controlar o visor de óleo e o nível		X						
• Verificar que os desaguadouros não estejam obstruídos		X						
• Verificar as ancoragens do corpo da bomba e bancada				X				
• Reajustar os terminais do motor				X				
• Verificar se os coxins apresentam ruídos anômalos por ruptura dos rolamentos				X				
• Lubrificar os coxins				X				
• Verificar o alinhamento do acoplamento motor-bomba				X				
• Verificar a velocidade do motor					X			
• Limpar a câmara de óleo						X		
• Trocar o óleo						X		
• Limpar as partes exteriores do motor com ar comprimido							X	
• Limpar os coxins com petróleo e lubrificação posterior							X	
• Verificar o induzido do motor								X
• Verificar os bobinados do motor								X
• Medir o isolamento entre bobinados e entre eles e a massa								X
• Verificar a folga dos rasgos de chaveta do motor e da bomba								X
• Limpar a turbina e o evaporador								X
• Retocar, de forma geral, a pintura								X

Tabela 9.8 – Programa de manutenção.

Controles elétricos Operações a realizar	Periodicidade							
	Diária	Semanal	Quinzenal	Mensal	Bimestral	Trimestral	Semestral	Anual
Válvulas motorizadas								
• Variar a leitura do termostato que a controla e verificar se funciona (com 24V, não danificar os extremos do induzido do motor, porque se queima a resistência do termostato)				X				
• Limpar o pó depositado com uma suave escova de pua								X
• Limpar os resíduos de óleo nos seus mecanismos, com tricloroetano neutralizado e um pincel de pua delicado								X
Notas								
• Apresentado-se vazamento de água, trocar a mola e a junta, de acordo com as instruções do fabricante. Em caso de desmontá-la, limpar com tricloroetano a cavidade da junta, a mola e a arruela								
• Se o motor estiver queimado, trocar todo o conjunto elétrico e reajustar a válvula, de acordo com as instruções do fabricante								
Termostatos potenciométricos								
• Variar a leitura do termostato, para verificar se o equipamento controlador realiza o ciclo completo e comparar as leituras com um termostato padrão				X				
• Limpar o pó depositado nos seus mecanismos com uma suave escova de pua								X
• Limpar o ponto de contato do cursor, com lixa 00, entre o induzido e a superfície de contato do cursor, de forma a não forçar o braço do referido cursor								X
• Limpar os resíduos de óleo nos seus mecanismos com tricloroetano neutralizado e pincel de pua delicado								X
• Reajustar a calibragem do elemento sensível mediante um termômetro padrão e de acordo com as instruções do fabricante, sempre que se observe um desajuste superior a 2%								X
Termostatos tudo – nada								
• Variar a leitura do termostato, para verificar se age sobre o equipamento que controla e comparar as leituras com um termômetro padrão				X				
• Limpar o pó depositado em seus mecanismos com uma suave escova de pua								X
• Limpar os resíduos de óleo em seus mecanismos com tricloroetano neutralizado e um pincel de pua delicado								X
• Reajustar a calibragem do elemento sensível, mediante um termômetro padrão e de acordo com as instruções do fabricante, sempre que se observe um desajuste superior a 2%								X

Tabela 9.9 – Programa de manutenção.

Controles elétricos Operações a realizar	Periodicidade							
	Diária	Semanal	Quinzenal	Mensal	Bimestral	Trimestral	Semestral	Anual
Motor modutrol								
• Mediante um termostato que age sobre o modutrol, variar seu ponto de leitura para que o motor faça o percurso completo, livre, sem trava				X				
• Reajustar os meios de fixação							X	
• Limpar o pó depositado nos seus mecanismos, com uma suave escova de pua								X
• Limpar o ponto de contato do cursor, com lixa 00, entre o induzido do potenciômetro e a superfície de contato do cursor, de forma que não force o braço do referido cursor								X
• Limpar os resíduos de gordura nos seus mecanismos com tricloroetano neutralizado e um pincel de pua delicado								X
Nota: Se for necessário reajustar o percurso da válvula, não deverá ser forçado o eixo do motor, porque as engrenagens se danificam.								
Interruptores de fluxo								
• Ligar os equipamentos de circulação de água e/ou ar e verificar o acionamento do interruptor sobre o equipamento que controla				X				
• Reajustar os meios de fixação							X	
• Limpar o pó depositado nos seus mecanismos com uma suave escova de pua								X
• Limpar os resíduos de gordura nos seus mecanismos com tricloroetano neutralizado e pincel de pua delicado								

Tabela 9.10 – Programa de manutenção.

Motores elétricos em geral

Operações a realizar	Periodicidade							
	Diária	Semanal	Quinzenal	Mensal	Bimestral	Trimestral	Semestral	Anual
• Medir o consumo do motor	X							
• Reajustar os terminais do motor				X				
• Verificar se os coxins não apresentam ruídos anormais por ruptura dos rolamentos				X				
• Lubrificar os coxins				X				
• Verificar a velocidade do motor					X			
• Limpar as partes internas do motor com ar comprimido							X	
• Verificar o induzido do motor								X
• Medir o isolamento entre bobinados e entre eles e a massa								X
• Verificar a folga dos rasgos de chaveta								X
• Fazer um retoque geral na pintura								X

Tabela 9.11 – Programa de manutenção.

Caldeiras de água quente Operações a realizar	Periodicidade							
	Diária	Semanal	Quinzenal	Mensal	Bimestral	Trimestral	Semestral	Anual
• Verificar o nível de água na instalação, segundo a leitura do manômetro e repor, se necessário	X							
• Verificar a temperatura da água em encanamentos de entrada e saída durante os horários de pico de funcionamento	X							
• Fazer funcionar as válvulas de segurança				X				
Lado dos tubos								
• Limpar os tubos de fumaça com uma escova								X
Lado da fumaça								
• Limpar a fuligem das caixas de inversão e do ducto								X
• Molhar a superfície de calefação com lixívia de soda cáustica de 10 a 15% quando a caldeira estiver a 40ºC, e repetir essa operação se as incrustações não se desprenderem. Não umedecer a alvenaria da fornalha								X
• Depois do tratamento alcalino, lavar com água limpa, sem umedecer a alvenaria								X
• Abrir portas e registros para que sequem, colocar cápsulas com cloreto de cálcio nas caixas de inversão anterior e posterior e na tubulação da fornalha. Encher de cápsulas somente até a metade, para não transbordarem ao absorver a umidade.								X
• Fechar portas e registros. Quando a caldeira estiver muito tempo sem funcionar, colocar novas cápsulas de cloreto de cálcio a cada 10 dias								X
Lado de água								
• Retirar um terço da água da caldeira								X
• Para cada metro cúbico de conteúdo de água, colocar 150 de hidrato de hidracina e jogá-los, através de um manguito, para a válvula de segurança, assim como 200g de fosfato trissódico (diluído em água quente). Deve-se ter precaução com o hidrato de hidrazina, que é tóxico								X
• Encher a caldeira até a válvula de segurança com água destilada								X
• Tirar a água da caldeira em caso de perigo								X

Tabela 9.12 – Programa de manutenção.

Queimadores de combustíveis líquidos Operações a realizar	Periodicidade							
	Diária	Semanal	Quinzenal	Mensal	Bimestral	Trimestral	Semestral	Anual
• Verificar a pressão dos ductos	X							
• Limpar os pulverizadores, se o funcionamento for com óleo combustível			X					
• Limpar os pulverizadores, se o funcionamento for com gasóleo				X				
• Verificar as temperaturas de corte e reativação, segundo os termostatos					X			
• Limpar e regular os eletrodos					X			
• Verificar a temperatura de corte do termostato de segurança					X			
• Quando funcionar com óleo combustível, verificar a temperatura de corte dos termostatos, no depósito de reaquecimento					X			
• Medir a pressão e a temperatura na câmara de combustão							X	
• Medir a pressão e a temperatura na chaminé							X	
• Analisar as fumaças								
• Fazer limpeza geral do queimador								
• Reajustar parafusos e ancoragens								
• Fazer um retoque geral na pintura								

Tabela 9.13 – Programa de manutenção.

Exaustores

Operações a realizar	Periodicidade							
	Diária	Semanal	Quinzenal	Mensal	Bimestral	Trimestral	Semestral	Anual
• Medir o consumo do motor	X							
• Verificar e reajustar as ancoragens				X				
• Esticar as correias				X				
• Alinhar as polias				X				
• Verificar se os coxins apresentam ruídos anormais por ruptura dos rolamentos				X				
• Lubrificar os coxins				X				
• Verificar a velocidade do motor					X			
• Verificar as polias e seu alinhamento						X		
• Limpar as pás do ventilador							X	
• Limpar a parte interior do motor com ar comprimido							X	
• Limpar os coxins com petróleo e lubrificação posterior								X
• Verificar o induzido do motor								X
• Verificar os bobinados do motor								X
• Medir o isolamento entre bobinados e entre eles e a massa								X
• Verificar a folga dos rasgos de chaveta								X
• Fazer um retoque geral na pintura								X

10

Rentabilidade da Segurança e da Manutenção Hoteleiras

SEGURANÇA

Os investimentos em segurança enfrentam o fator incerteza, se considerarmos a intangibilidade dos resultados; quando a estratégia hoteleira se fundamenta em uma política de minimização de custos, a redução de custos por acidentes é o resultado de um investimento na segurança. Por outro lado, cabe analisar os diferentes custos de investimentos e os custos ocasionados por acidentes, de forma que se equilibrem os resultados e esses últimos tenham a tendência de ser mínimos e que a diferença entre ambos indique a rentabilidade do hotel, no aspecto da segurança. Assim, determinar o custo por acidentes revela que o passo seguinte será estabelecer os custos dos subprogramas de segurança, os quais se transformarão em um programa orçamentário. Em outras palavras, devem-se determinar os custos dos componentes do investimento:

- Custos de investimento pessoal
- Custos de investimentos em medidas de melhorias e segurança de equipamentos
- Custos de investimentos na melhoria do ambiente

Tendo os valores dos custos de acidentes e dos custos de investimento, o próximo passo será a rentabilidade dos investimentos na segurança. Assim, como muitos produtos são mais rentáveis que outros, da mesma forma a rentabilidade de um subsistema (nesse caso, o da segurança) pode contribuir par minimizar os custos e aumentar o benefício líquido do hotel.

Todo custo por acidentes está conformado por dois tipos de custos: a) os diretos, formados pelo custo dos seguros e o denominado custo de capital humano; b) os indiretos ou custos não assegurados, conseqüência do resultado do acidente[1].

A fórmula mais simples para encontrar os custos por acidentes em hotéis obedece a três grandes temas ou conceitos:

[1]Para maiores informações sobre o tema, consultar o livro "Seguridad industrial", do mesmo autor, publicado pela Editora Limusa.

1. *Custo direto* em relação aos acidentes sofridos pelos funcionários do hotel. Esse custo será igual ao valor do salário integral do empregado, multiplicado pelo número de dias que a lei de cada país obrigue o patrão a pagar, segundo o tipo de acidente: morte, invalidez permanente, invalidez temporária e tratamento médico. Para a categoria de primeiros socorros, é suficiente considerar o custo do salário do dia do acidente. Então:

$$Cd = S \times di,$$

Cd = custo direto
S = salário integral
di = número de dias debitados a pagar

2. *Custo indireto* em relação aos acidentes sofridos pelos funcionários do hotel. Aplica-se para esse custo e de forma simplificada, a proporção de Heinrich, de 4 por 1, ao valor dos custos indiretos em relação aos diretos; então, $CI = 4\ (Cd) = 4\ (S \times di)$.
3. *Custo de imagem do hotel* em relação aos acidentes e incidentes sofridos pelos hóspedes. O critério se fundamenta na probabilidade de recusa dos serviços do hotel por parte dos hóspedes, em conseqüência de haver sofrido acidentes e incidentes que denotam falta de segurança e bem-estar. As reações variam em cada indivíduo, podendo existir uma reação de indiferença e outra de recusa. Estimadas as probabilidades, tem-se:

De acordo com os critérios subjetivos e probabilísticos, determinam-se na Tabela 10.1 os graus de rejeição sobre uma probabilidade de 50% do universo de hóspedes do hotel, pois os outros 50% são considerados como elementos de reação indiferente (ver também Tabela 10.2 e Figs. 10.1 e 10.2).

Para efeitos de cálculo, cabe elaborar a seguinte classificação empírica dos acidentes:

- Categoria A1: = acidente pessoal grave
- Categoria A2: = assalto ao hotel
- Categoria A3: = roubo de pertences
- Categoria A4: = perigo por má alimentação
- Categoria A5: = falta de ordem e limpeza
- Categoria A6: = ruídos e desordens
- Categoria A7: = ameaças de fogo[2]

Consideram-se os acidentes no ano:

- A1 = 70 Acidentes e incidentes pessoais como segue:
- A2 = 3 Acidentes pessoais por *assalto* ao hotel, com roubo
- A3 = 2 Acidentes pessoais como conseqüência de um *roubo* sob ameaça de fogo
- A4 = 5 Acidentes pessoais por *má alimentação*, devido à falta de higiene
- A5 = 20 Acidentes pessoais por falta de ordem e limpeza, devido à desordem no hotel
- A6 = 30 Acidentes pessoais devido a *desordens* por causas diferentes
- A7 = 10 Acidentes pessoais devido a ameaças de fogo por desorganização (desordens)

Estimando-se que a capacidade do hotel seja para 100 hóspedes, com uma receita de $ 10.000,00/noite/hóspede e supondo que a ocupação seja total durante os 365 dias, a receita anual será:

$$100 \times 10.000 \times 365 = \$365.000.000$$

Ao aplicar o quadro de probabilidades, os custos por imagem do hotel, de acordo com o número de acidentes enumerados, serão:

A2 =	3 =	7%	de $365.000.000	=	$ 25.550.000,00
A3 =	2 =	6%	de $365.000.000	=	$ 21.900.000,00
A4 =	5 =	1%	de $365.000.000	=	$ 3.650.000,00
A5 =	20 =	1%	de $365.000.000	=	$ 3.650.000,00
A6 =	30 =	1%	de $365.000.000	=	$ 3.650.000,00
A7 =	10 =	3%	de $365.000.000	=	$ 10.950.000,00
		19%			$ 69.350.000,00

O resultado indica que, por imagem, se podem perder $ 69.350.000,00 ao ano, ou seja, o equivalente a 19% dos hóspedes que não voltarão às instalações ou as abandonarão antes do tempo, dependendo de como os acidentes tenham acontecido. Esse custo de imagem passa inadvertido e geralmente se confunde com a retração do mercado,

[2] O incêndio não é considerado um sinistro.

Tabela 10.1

Elementos	Aspectos	Grau de rejeição	Total
A1 Acidente pessoal grave	• Morte • Incapacidade permanente e incapacidade temporária • Cuidados médicos	14 10 4	28
A2 Assalto ao hotel	• Lesão • Intimidação • Insegurança	5 5 4	14
A3 Roubo de pertences	• Roubo total violento • Furto total encoberto • Furto parcial	10 8 2	20
A4 Perigo por má alimentação	• Doença grave • Doença leve • Mal-estar	5 3 2	10
A5 Falta de ordem e limpeza	• Desconforto • Acidentes leves • Maus odores	3 2 1	6
A6 Ruídos e desordens	• Desordens • Prostituição • Ruídos de equipamentos	5 3 2	10
A7 Ameaças de fogo	• Queimaduras • Pânico • Desconfiança	5 4 3	12
			100

com aspectos de crise econômica, etc., quando na realidade constituem uma perda oculta, decorrente de má política de segurança e falta de um sistema integrado de prevenção de acidentes.

Em termos de hóspedes, caberia considerar que 6.935 hóspedes não regressarão ao hotel pelos acidentes ocorridos: 100 × 365 = 36.500 hóspedes/ano e 19% de 36.500 = 6.935 turistas perdidos. Dessa forma, os custos totais por acidentes e incidentes nos hotéis podem ser resumidos:

Custos diretos = $S \times di$ +
Custos indiretos = $4(S \times di)$ +
Custos de imagem = X% receita total

Custo total = $(S \times di)\,N + 4([S \times di]\,N)$ + X% prováveis perdas *It*

S = salário diário integral
di = salário de dias debitados por pagar
N = número de acidentes
X% = porcentagem de prováveis perdas ou de hóspedes que abandonarão o hotel ou não regressarão, pelos acidentes.

CUSTOS DE MANUTENÇÃO

O custo de manutenção inclui:

- Custo da mão-de-obra da manutenção
- Custo dos materiais usados nas tarefas de manutenção
- Custo de manutenção dos estoques
- Custo das horas perdidas de serviço devido às tarefas de manutenção
- Custo de manutenção das instalações
- Custo de manutenção de equipamentos

CUSTO DE PESSOAL

O custo de pessoal abrange os custos de mão-de-obra direta e indireta.

O empregado comum do hotel contribui com seu trabalho nas tarefas simples de manutenção de origem normativa e seu valor é igual ao custo em horas reais a preço real da dedicação para as referidas tarefas (custo indireto, CI).

A mão-de-obra direta obedece ao pessoal do departamento de manutenção, que corresponde ao tipo de custo fixo de manutenção. Os cus-

Tabela 10.2 – Inter-relação de elementos.

A \ B	**Acidente Pessoal**	**Assalto**	**Roubo**	**Má alimentação**	**Falta de ordem e limpeza**	**Ruídos e desordens**	**Ameaças de fogo**
Acidente pessoal		Lesão 5	Roubo violento 10	Doença grave 5	Acidente grave 2	Ruídos de máquinas 2	Queimaduras 5
Assalto	Morte 14		Roubo violento 10	Mal-estar 2	Desconforto 3	Desordens 5	Pânico 4
Roubo	Incapacidade permanente e total 10	Lesão 5		Mal-estar 2	Desconforto 3	Desordens 5	Desconfiança 3
Má alimentação	Atendimento médico 4	Insegurança 4	Roubo parcial 2		Maus odores 1	Ruídos de equipamentos 2	Desconfiança 3
Falta de ordem e limpeza	Acidentes leves 2	Insegurança 4	Furto parcial 2	Doença grave 3		Prostituição 3	Incêndio 5
Ruídos e desordens	Incapacidade permanente e total 10	Intimidação 5	Roubo violento 10	Mal-estar 2	Desconforto 3		Pânico 4
Ameaças de fogo	Morte 14	Lesão 5	Furto total encoberto 8	Doença grave 5	Acidentes leves 2	Desordens 5	

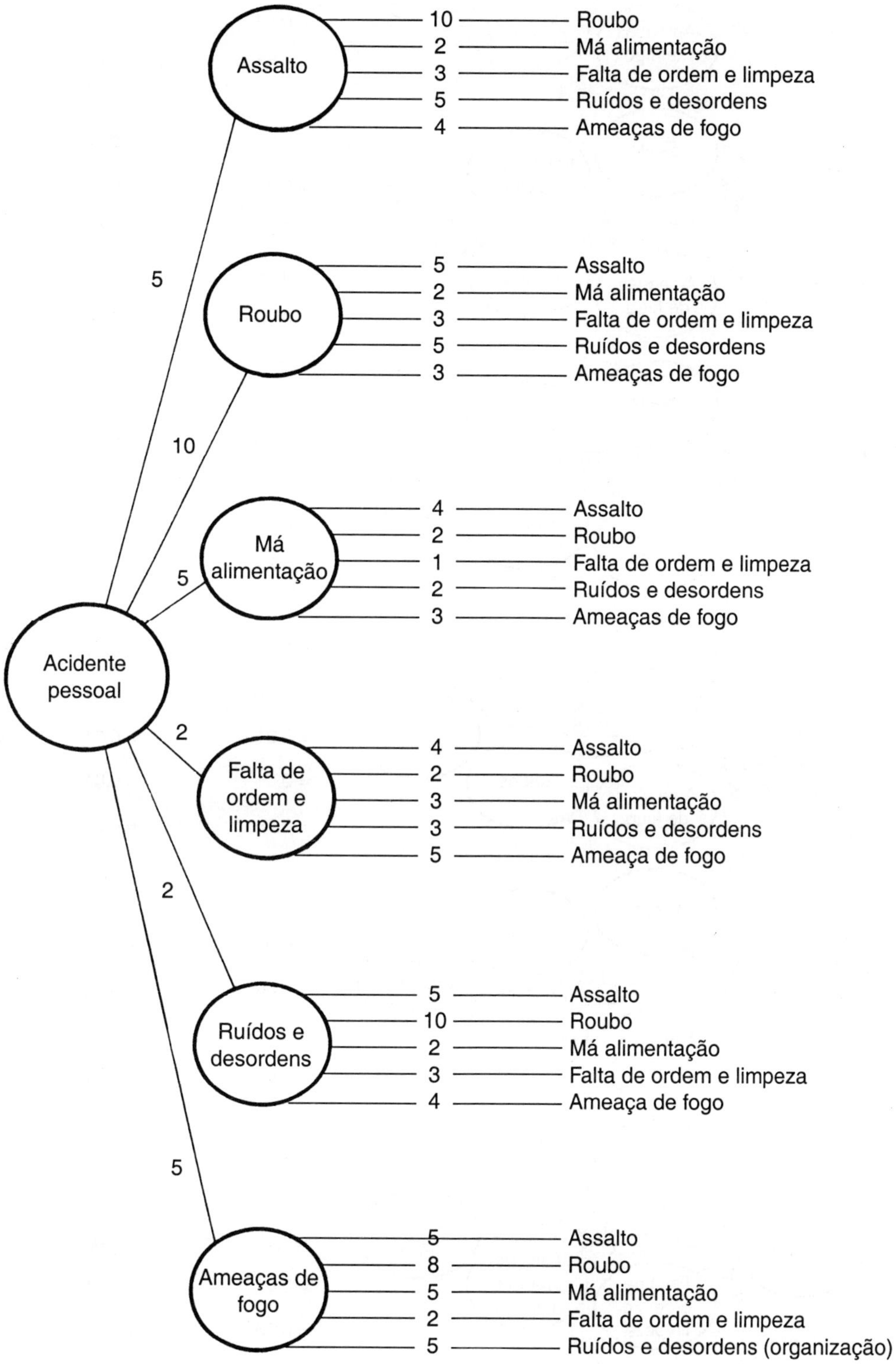
Assalto
10 Roubo
2 Má alimentação
3 Falta de ordem e limpeza
5 Ruídos e desordens
4 Ameaças de fogo
5
Roubo
5 Assalto
2 Má alimentação
3 Falta de ordem e limpeza
5 Ruídos e desordens
3 Ameaças de fogo
10
Má alimentação
5
4 Assalto
2 Roubo
1 Falta de ordem e limpeza
2 Ruídos e desordens
3 Ameaças de fogo
Acidente pessoal
2
Falta de ordem e limpeza
4 Assalto
2 Roubo
3 Má alimentação
3 Ruídos e desordens
5 Ameaça de fogo
2
Ruídos e desordens
5 Assalto
10 Roubo
2 Má alimentação
3 Falta de ordem e limpeza
4 Ameaça de fogo
5
Ameaças de fogo
5 Assalto
8 Roubo
5 Má alimentação
2 Falta de ordem e limpeza
5 Ruídos e desordens (organização)

Figura 10.1

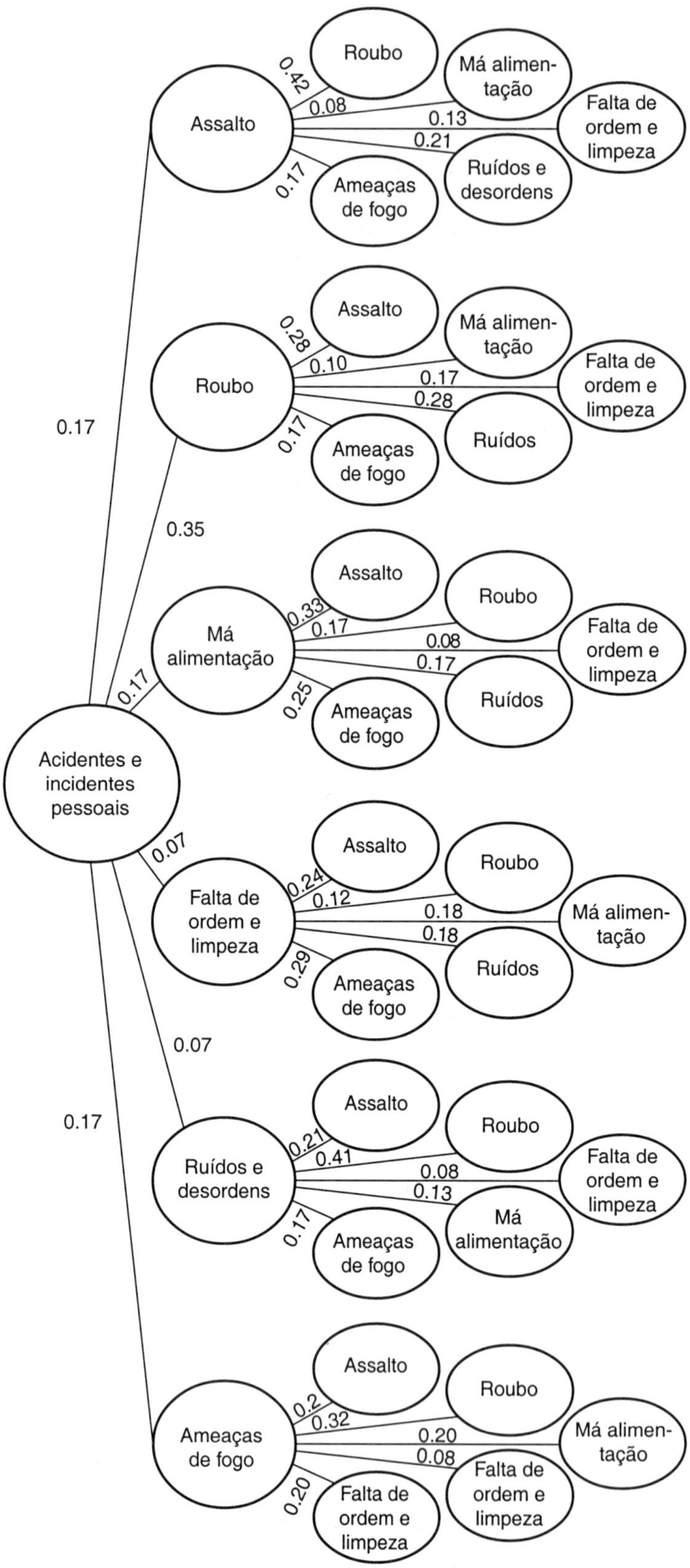

= 0,07/0,99	= 0,07	=	7,0	
= 0,01/	= 0,01	=	1,0	
= 0,02	= 0,02	=	2,0	
= 0,04	= 0,04	=	4,0	
= 0,03	= 0,03	=	3,0	(17)
= 0,10	= 0,10	=	10,0	
= 0,04	= 0,04	=	4,0	
= 0,06	= 0,06	=	6,0	
= 0,10	= 0,10	=	10,0	
= 0,06	= 0,06	=	6,0	(36)
= 0,06	= 0,06	=	6,0	
= 0,03	= 0,03	=	3,0	
= 0,01	= 0,01	=	1,0	
= 0,03	= 0,03	=	3,0	
= 0,04	= 0,04	=	4,0	(17)
= 0,02	= 0,02	=	2,0	
= 0,008	= 0,01	=	1,0	
= 0,01	= 0,01	=	1,0	
= 0,01	= 0,01	=	1,0	
= 0,29	= 0,03	=	3,0	(8)
= 0,01	= 0,01	=	1,0	
= 0,03	= 0,03	=	3,0	
= 0,06	= 0,06	=	1,0	
= 0,009	= 0,01	=	1,0	
= 0,01	= 0,01	=	1,0	(7)
= 0,03	= 0,03	=	3,0	
= 0,05	= 0,05	=	5,0	
= 0,03	= 0,03	=	3,0	
= 0,01	= 0,01	=	1,0	
= 0,03	= 0,03	=	3,0	(15)
Σ = 0,99			100,0%	

Figura 10.2

tos mencionados constam da folha de pagamento, na linha de gastos gerais. A isso soma-se o custo do pessoal qualificado, quando há trabalhos que devam ser realizados fora do centro de trabalho (CD).

Somam-se, também, os custos de formação do pessoal de manutenção, em conseqüência da atualização necessária segundo o avanço tecnológico e das complicações e mudanças do hotel (CF).

Assim é o custo do pessoal de manutenção:

$$CP = CD + CI + CF$$

CUSTO DE MATERIAIS

O custo dos materiais usados nas tarefas de manutenção está dado pelos gastos obtidos nas notas fiscais, na compra de materiais de trabalho, consertos, ferramentas e acessórios, com a finalidade de atender a todas as tarefas de manutenção, tanto preventiva como corretiva.

CUSTO DE MANUTENÇÃO DE ESTOQUES

Geralmente, existe um depósito da manutenção que gera um custo de funcionamento que obedece a atividades diversas, como:

- Distribuição interna
- Limpeza
- Controle de entradas e saídas
- Gestão de estoques, que inclui trâmites de pedidos, recepções, reclamações, etc
- Codificação de materiais e peças de reposição

CUSTO DE HORAS PERDIDAS

Em muitas ocasiões, devido a tarefas de manutenção, algumas instalações (como um determinado andar ou um ambiente de lazer) ficam fechadas, e, portanto, são inoperantes durante um ou vários dias. Os tempos de uso desperdiçados implicam em um custo que significa perda no conjunto das entradas globais do hotel. Tais custos deverão ser aplicados ao tema da manutenção, ao consolidar o custo total para este conceito.

CUSTO DE MANUTENÇÃO DAS INSTALAÇÕES

A manutenção das instalações se enquadra na tarefa administrativa e inclui:

a) Custo de manutenção preventiva dos locais, englobando gastos de limpeza e conservação geral do imóvel. Esses gastos costumam estar orçados na linha correspondente a gastos gerais.
b) Custo de manutenção da infra-estrutura do hotel, referente à instalação física e diretamente proporcional à antigüidade do edifício; assim, quanto mais antigo, maior será o gasto de manutenção em atividades de restauração, ampliação, reforço, etc. Desse modo, quanto menor for a manutenção preventiva dos locais, maior será o gasto de manutenção corretiva das instalações.

Manutenção de instalações diversas

As instalações elétrica, de água, deságüe e de energia, de quaisquer tipos, representam uma importante linha de gastos nos custos de manutenção, devido à qualidade da mão-de-obra utilizada. Nessa linha, os custos de manutenção são mais altos, graças à natureza dos trabalhos e ao custo dos acessórios e das peças de reposição.

CUSTO DE MANUTENÇÃO DE EQUIPAMENTOS

O custo de manutenção de equipamentos é obtido diretamente dos documentos de trabalho correspondentes aos históricos de cada equipamento ou máquina e das folhas de custos pertencentes a cada um. Neles, se evidenciam os custos preventivos e os corretivos, mediante a valorização das horas de trabalho, das peças de reposição e materiais utilizados e das horas de trabalho perdidas pela paralisação do funcionamento.

O custo por paralisação dos equipamentos do hotel repercute no seu sistema funcional, em termos de redução de atividades e de medidas de emergência que devam ser tomadas para contornar a situação e, finalmente, na qualidade do serviço o qual afeta.

O custo total da manutenção é a integração de todos os custos mencionados.

Quando tal custo supera a cifra do investimento em equipamento, pessoal e instalações, cabe pensar que a manutenção é deficiente. Existem alguns indicadores que permitem obter uma informação significativa sobre a utilização de um meio determinado. Entre os indicadores de manutenção podem ser considerados:

$$\text{1. Eficácia da manutenção} = \frac{\text{número total de horas de trabalho da instalação} \times 100}{\text{número total de horas de trabalho da instalação} + \text{número total de horas paradas por avarias}}$$

$$\text{2. Eficácia da manutenção preventiva} = \frac{\text{quantidade de homens/hora em trabalhos preventivos} \times 100}{\text{quantidade de homens/hora de manutenção}}$$

$$\text{3. Incapacidade de manutenção} = \frac{\text{quantidade de pedidos de manutenção com antigüidade superior a uma semana} \times 100}{\text{quantidade de pedidos pendentes}}$$

$$\text{4. Custo total de manutenção} = \frac{\text{custo de manutenção} \times \text{custo do tempo de paralisação} \times 100}{\text{valor real de imóveis, máquinas e instalações}}$$

Para reduzir os custos de manutenção, deve-se encontrar o *ponto ótimo de manutenção*. Esse ponto está na intersecção entre os custos atribuídos à manutenção preventiva e os custos por paralisações devidas à manutenção corretiva (Fig. 10.3).

Mediante o método de aproximações sucessivas tratará de alcançar o ponto (*P*) ao acrescentar a manutenção preventiva.

RENTABILIDADE DA SEGURANÇA HOTELEIRA

De acordo com a análise que o autor faz na sua obra "Seguridad industrial" (Editora Limusa, 1986), os custos totais de investimento de segurança podem-se reduzir a:

- Custos totais de investimentos em pessoal
- Custos de investimentos do ambiente
- Custos de investimentos em equipamento
- Custos de investimentos em tarefa
- Rentabilidade

CUSTOS TOTAIS DE INVESTIMENTOS EM PESSOAL

Esse item inclui os custos de formação em segurança e os de proteção de pessoal, ou seja, o implemento e os meios de segurança individual.

A idéia básica de aplicação da fórmula a seguir se fundamenta no critério de que o investimento é igual ao consumo dos conhecimentos, pelo qual resta um valor residual que obedece ao fator experiência. Em conseqüência, quando a capacitação se faz periodicamente, os resultados são maiores, enquanto os investimentos serão cada vez menores.

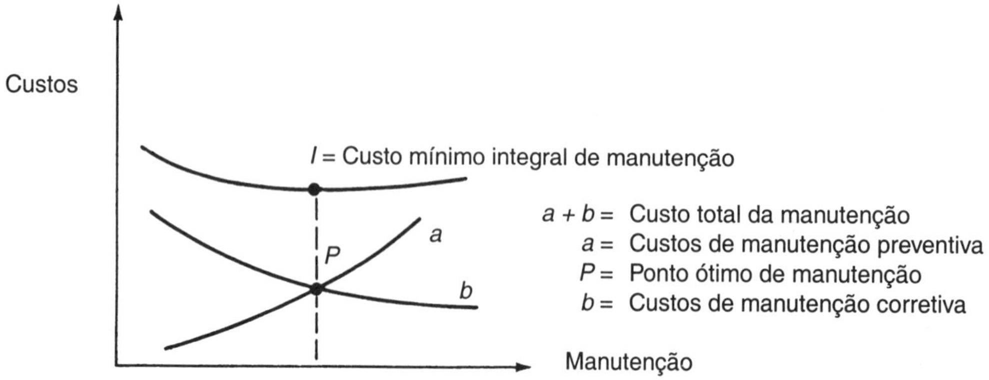

Figura 10.3

(Atualização do pessoal ≃ de formação de pessoal)
custos menores k diferente o custos maiores

Com base no livro de referência, pode-se transcrever:

Denominando X o investimento total correspondente a um período determinado, que será igual a $X = \lambda_i + g_i$, onde λ_i = investimento inicial e g_i = investimento igual ao consumo do período anterior. Como se aprecia na Figura 10.4, o valor do consumo será a medida na qual se deve investir durante o próximo período, pelo que $g_n = \lambda_n$.

Com todos esses conceitos, a fórmula será:

$$a(\lambda_i + c + d \cdot Xi)(a+1)^{n-1} + a(\lambda_i + c + d \cdot X_1)(a+1)^{n-2} \ldots$$
$$a(\lambda_i + c + d \cdot Xn)(a+1)^{n-n}$$

Geralmente, para calcular o consumo total de qualquer período, temos:

$$Ct = \sum_{i-1}^{i=n} a([\lambda_i + c + d]\, X_n + X_{n-1})(a+1)^{n-1}$$

No exemplo seguinte: investimento inicial = 100 (em mil) consumo = a = 20%; c = 1 e d = 0,02. Os respectivos consumos serão como mostrados abaixo.

		Cons	*Inv*
Ao final do primeiro período	$= 0{,}2(100 + 1 + 0{,}02 \times 100)(1{,}2)^4 =$	40	100
Ao final do segundo período	$= 0{,}2(100 + 1 + 0{,}02 \times 140)(1{,}2)^3 =$	35	40
Ao final do terceiro período	$= 0{,}2(100 + 1 + 0{,}02 \times 175)(1{,}2)^2 =$	31	35
Ao final do quarto período	$= 0{,}2(100 + 1 + 0{,}02 \times 206)(1{,}2)^1 =$	25	31
Ao final do quinto período	$= 0{,}2(100 + 1 + 0{,}02 \times 231)(1{,}2)^0 =$	21	25

Como se observa, os consumos diminuem à medida que se realimenta o sistema e os investimentos são iguais aos referidos consumos. O consumo total é igual a 152 e o investimento total igual a 100 + 131 = 231, pois o investimento correspondente ao final do quinto período se efetivará no período seguinte. Portanto, o valor residual ao final do quinto período é igual a 231 - 152 = 79.

Os custos de proteção de pessoal estão ajustados pelos gastos de consumo, dados pelas necessidades determinadas no plano de segurança. Esses gastos, da mesma forma que os de formação, podem-se realizar por meio de um investimento inicial e parciais em diversas etapas do plano. Então, o custo total de proteção de pessoal se ajustará pela soma dos dois custos anteriores: o de preparação e o de consumo. O cálculo desses últimos não necessita de maior demonstração, já que seu valor se toma diretamente dos orçamentos operativos e dos gastos reais durante cada período (Fig. 10.4).

Custos de investimentos do ambiente

A prevenção para manter o bom ambiente trata de eliminar os riscos a que estão expostos o empre-

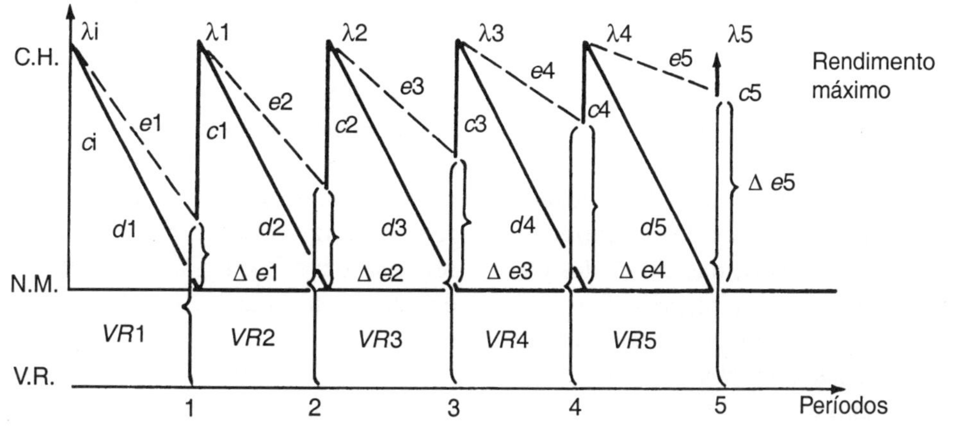

Figura 10.4. Fator decrescente e aumento do capital humano.

gado e o hóspede, como conseqüência do contato com substâncias tóxicas, pó, radiações, calor, ruídos, falta de higiene, agentes contaminantes, etc.

Os investimentos são necessários em relação aos sistemas de ventilação, à iluminação, à calefação, à refrigeração e à higiene. É conveniente diferenciar quando se faz um investimento em um equipamento por manutenção e quando se faz para proteção do ambiente. Segundo estatísticas, as grandes indústrias químicas, que deterioram mais o ambiente, têm um gasto da ordem de 25% dos seus rendimentos na luta pela conservação do ambiente. Em se tratando de pequenas e médias empresas nesse mesmo setor, estima-se entre 8 e 10%; portanto, se os hotéis são empresas de serviço em que as atividades de transformação são mínimas e os equipamentos e processos são pouco contaminantes (com exceção do lixo, que obriga a um cuidado especial na higiene), cabe assegurar como elemento de referência que os investimentos hoteleiros, para manter seu ambiente em grau de excelência, devem ser de 1 a 2% dos rendimentos totais. Assim, no exemplo citado, se os rendimentos anuais forem da ordem de $ 365.000.000,00, os investimentos no cuidado do ambiente (ventilação, higiene, limpeza, iluminação, eliminação do pó e dos gases tóxicos) serão de $ 3.650.000,00 a $ 7.300.000,00 ao ano.

Custos de investimentos em equipamentos

Os custos de investimentos em equipamentos reduzem-se, basicamente, a gastos em curto e médio prazo com as instalações e por conceito de aquisição de novos equipamentos. A maior parte, aqui, corresponde ao sistema de combate a incêndios.

Custos de investimentos na tarefa

Os custos de investimentos na tarefa reduzem-se a custos para realizar estudos de organização, reestruturação e racionalização das atividades efetuadas no hotel. Em outras palavras, são custos administrativos e de reestruturação de métodos. A soma dos custos parciais é igual ao custo total de investimentos em segurança:

$$CT \text{ investimentos} = CP + CMe + CEq + Ct$$

Rentabilidade

Todo investimento implica em gastos, enquanto seus resultados geram rendimentos. O investimento em segurança inclui gastos com pessoal, tarefas, equipamentos e ambiente; por sua vez, os rendimentos estão ajustados pela diminuição de custos de acidentes, sem considerar aqueles acidentes fortuitos ou por situações incontroláveis (terremotos, inundações, guerras, etc.).

Na determinação da rentabilidade da segurança se deve considerar, do ponto de vista das matemáticas, a taxa de mercado correspondente ao setor hoteleiro, em função do maior ou do menor risco que compromete cada setor produtivo. Assim, para o setor hoteleiro, pela sua significação de menor risco e conforme os graus de risco do seguro de risco de trabalho publicado pelo regulamento do IMSS, em 1981, os hotéis classificam-se:

> Fração 861: *Serviços de hospedagem temporária, com outros serviços auxiliares: categoria II*
> Compreende as empresas que prestam serviços de hospedagem em hotéis, motéis, acampamentos para "trailers", casas de hóspedes, apartamentos e outros estabelecimentos de hospedagem, que contam com instalações auxiliares (caldeiras e lavanderias), serviços integrados de bares, salas de jogos, pista de dança e/ ou veículos.

De acordo com essa classificação, o grau de risco da classe II é de 4 a 14. *O coeficiente de segurança* equivalente à classe II é determinado pelo autor na sua obra "Modelo de previsión técnica para el ajuste salarial" (Editora Limusa, 1985), de modo que a média dos valores de *If* e *Ig* se encontra nas tabelas do IMSS, equivalentes a 2.146 e 5.127 (a média é o número 3.667).

Para essa classe, o coeficiente de segurança é igual a 1,04. Se para o setor metalúrgico, que se encontra na classe V ou de maior risco (61 - 100) o coeficiente de segurança é de 1,29 e, segundo o autor, a taxa de 8% poderia ser um elemento importante na decisão sobre a taxa de atualização no referido setor, caberá concluir, por comparação, ser recomendável para o setor hoteleiro uma taxa de 6%. Então, se para 1,29 temos 8%, para 1,04 teremos 6,4%.

Analise a diminuição da possível perda do hotel, por imagem, segundo o exemplo anterior, pelos investimentos que se supõem orçar para o ano seguinte com os gastos indicados:

• Investimentos em pessoal:	Capacitação	\$ 2.000.000	
	Proteção de pessoal	\$ 2.000.000	\$ 4.000.000
• Investimentos em equipamento:	1% da receita anual (\$ 365.000.000)		\$ 3.650.000
• Investimentos em melhorias do ambiente:	2% da receita anual (\$ 365.000.000)		\$ 7.300.000
• Investimentos na tarefa:	1% da receita anual (\$ 365.000.000)		\$ 3.650.000
			\$ 18.600.000

Supondo que, com esse investimento, ao final do ano se consiga a eliminação de 50% da perda (\$ 69.350.000,00) por imagem, teríamos:

Investimento = \$ 18.600.000; taxa = 6%; período = um ano;

$$\text{renda} = \frac{\$\ 69.350.000{,}00}{2} = \$\ 34.675.000{,}00$$

Ao aplicar o valor atual para 6% e um ano, na tabela respectiva temos o valor de 0,943; multiplicado pela suposta renda anual de \$ 34.675.000, dá \$ 32.698.525, renda atualizada maior que \$ 18.600.000 de investimento.

O investimento será positivo quando V, valor de capital, for maior que os custos de investimento A; esta diferença $V - A$, conhecida como "goodwill" *do investimento*, permite determinar a escolha ou não de um projeto.

Por outro lado, supondo que não se deseja investir tudo em um ano, mas que se pense o seguinte:

\$ 8.600.000 iniciais e 5 anos de \$ 2.000.000,00

O benefício atualizado desse investimento é:

- $2.000.000 \times 0{,}943 = 1.886.000$
- $2.000.000 \times 0{,}890 = 1.780.000$
- $2.000.000 \times 0{,}8396 = 1.679.200$
- $2.000.000 \times 0{,}7921 = 1.584.200$
- $2.000.000 \times 0{,}7473 = 1.494.600$

$\Sigma\, Dp = 8.424.000$

Benefício atualizado = $\Sigma\ (Rp - Dp) - I$

Supondo que as possíveis rendas calculadas com base na eliminação das perdas do exemplo ascendam a \$ 69.350.000, conforme a Figura 10.5 temos:

25' × 0.943	=	\$ 23.575.000,00
22' × 0.890	=	19.580.000,00
10' × 0.8396	=	8.396.000,00
8' × 0.7921	=	6.336.800,00
\$ 4.350.000 × 0.7473	=	3.250.755,00
$\Sigma\, Rp$	=	\$ 61.138.555,00

BA = \$ 61.138.555,00 - \$ 8.424.000,00 - \$ 8.600.000,00 = \$ 44.114.555,00, o que indica que o projeto de investimento é rentável.

Empregando o conceito das receitas médias ou fator de recuperação:

Receitas médias = $\Sigma\, Rp \times$ crf
Gasto médio anual × crf = receitas médias

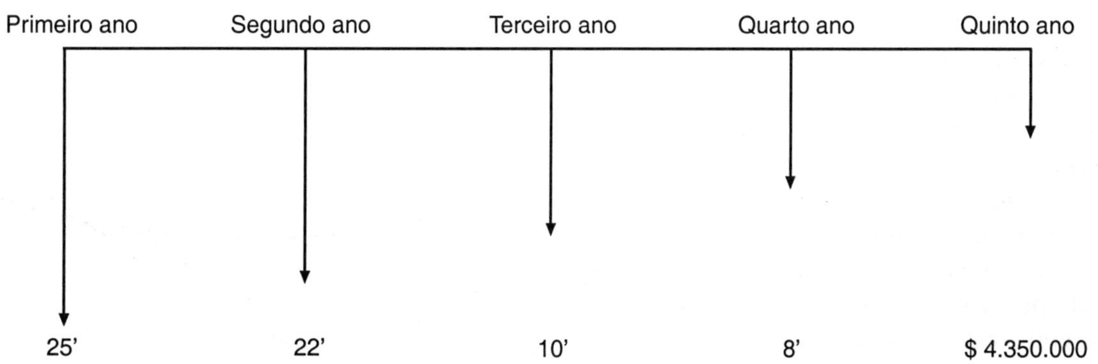

Figura 10.5

Substituindo, temos:

S $Rp \times$ crf	= 61.138.555 × 0,237	= 14.489.837 = (Receita anual)
Gasto médio	= (8.600.000 + 8.424.000) × 0,237	= 4.034.688 anual × cfr = (gasto médio anual)
Receita média anual		= 10.934.492

o que significa, igualmente, que o investimento é rentável (Tabelas 10.3 e 10.4).

Investimentos em manutenção

Os investimentos em manutenção em uma instalação hoteleira devem corresponder às seguintes necessidades, próprias do funcionamento do hotel:

a) O envelhecimento da instalação determina a necessidade de realizar *investimentos de reposição*, buscando substituir meios envelhecidos por outros novos, como troca de instalações elétricas, esgotos, encanamento, muros e pinturas, etc.

b) A ampliação das atividades determina a necessidade de realizar *investimentos de expansão*, que permitem aumentar os ativos e, com isso, as novas funções que devem ser desenvolvidas.

c) O avanço tecnológico determina a necessidade de realizar *investimentos de modernização*, para enfrentar o efeito da obsolescência de equipamentos e máquinas, devido à tecnologia.

O valor de um equipamento ou investimento em geral será igual, em cada momento, ao valor inicial menos as amortizações produzidas. As amortizações de equipamento e instalações incidem em três fatores: a *obsolescência* e o *envelhecimento da máquina*, de caráter fixo e o *consumo por desgaste*, que constitui um valor variável.

Quando se faz uma inovação tecnológica não prevista que diminui os custos padrão, dá-se origem a uma perda por obsolescência, que deve ser contabilizada como perda extraordinária (Fig. 10.6).

O mesmo acontece quando ocorre uma avaria não prevista e aumentam os gastos de exploração (Fig. 10.7).

A renovação técnica do equipamento se faz quando seu valor econômico (*V* - *B*) é nulo, ou seja, o gasto se iguala ao valor médio da unidade funcional e não se pode conseguir economia nenhuma. Continuando com ele, o grau superará o custo médio possível com outro equipamento.

O critério de renovação será substituir o equipamento quando os gastos de exploração mais a amortização financeira, nesse momento, começarem a superar o custo médio com outro equipamento substitutivo.

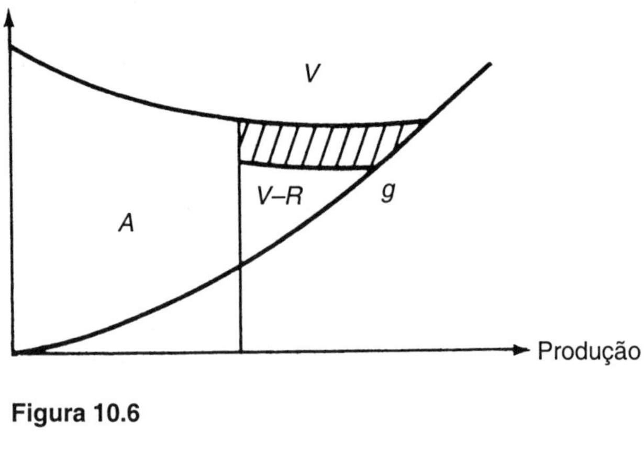

Figura 10.6

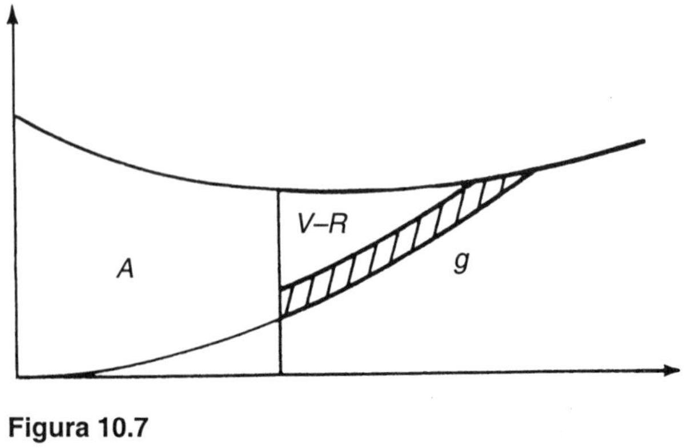

Figura 10.7

Tabela 10.3 – Fatores de recuperação de capital.

Anos de recupe ração	2%	4%	6%	8%	10%	12%	14%	15%	16%	18%	20%	25%	30%	35%	40%	45%	50%
1	1,020	1,040	0,080	1,080	1,100	1,120	1,140	1,150	1,160	1,180	1,200	1,250	1,800	1,350	1,400	1,450	1,500
2	0,515	0,530	0,545	0,581	0,578	0,592	0,607	0,615	0,823	0,839	0,615	0,694	0,734	0,778	0,817	0,858	0,900
3	0,347	0,360	0,374	0,388	0,402	0,416	0,431	0,438	0,445	0,460	0,475	0,512	0,551	0,590	0,629	0,670	0,711
4	0,263	0,275	0,289	0,302	0,315	0,329	0,343	0,350	0,357	0,372	0,386	0,423	0,462	0,501	0,541	0,582	0,623
5	0,212	0,225	0,237	0,250	0,264	0,277	0,291	0,298	0,305	0,320	0,334	0,372	0,411	0,450	0,491	0,533	0,576
6	0,179	0,191	0,203	0,216	0,230	0,243	0,257	0,264	0,271	0,286	0,301	0,339	0,378	0,419	0,461	0,504	0,548
7	0,155	0,167	0,179	0,192	0,205	0,219	0,233	0,240	0,248	0,262	0,277	0,316	0,357	0,399	0,442	0,486	0,531
8	0,137	0,149	0,161	0,174	0,187	0,201	0,216	0,223	0,230	0,245	0,261	0,300	0,342	0,385	0,429	0,474	0,520
9	0,123	0,134	0,147	0,160	0,174	0,188	0,202	0,210	0,217	0,232	0,248	0,289	0,331	0,375	0,420	0,466	0,513
10	0,111	0,123	0,136	0,149	0,163	0,177	0,192	0,199	0,207	0,223	0,239	0,280	0,323	0,368	0,414	0,461	0,509
11	0,102	0,114	0,127	0,140	0,154	0,188	0,183	0,191	0,199	0,215	0,231	0,273	0,318	0,363	0,410	0,458	0,506
12	0,095	0,107	0,119	0,133	0,147	0,161	0,177	0,184	0,192	0,209	0,225	0,268	0,313	0,360	0,407	0,455	0,504
13	0,088	0,100	0,113	0,127	0,141	0,156	0,171	0,179	0,187	0,204	0,221	0,265	0,310	0,357	0,405	0,454	0,503
14	0,083	0,095	0,108	0,121	0,138	0,151	0,167	0,175	0,183	0,200	0,217	0,262	0,308	0,355	0,404	0,452	0,502
15	0,078	0,090	0,103	0,117	0,131	0,147	0,163	0,171	0,179	0,198	0,214	0,259	0,306	0,354	0,403	0,452	0,501
16	0,074	0,086	0,099	0,113	0,143	0,143	0,160	0,168	0,178	0,194	0,211	0,257	0,305	0,353	0,402	0,451	0,501
17	0,070	0,082	0,095	0,110	0,125	0,140	0,157	0,165	0,174	0,191	0,209	0,256	0,304	0,352	0,401	0,451	0,501
18	0,067	0,079	0,092	0,107	0,122	0,138	0,155	0,163	0,172	0,190	0,208	0,255	0,303	0,352	0,401	0,451	0,500
19	0,064	0,076	0,090	0,104	0,120	0,136	0,153	0,161	0,170	0,188	0,206	0,254	0,302	0,351	0,401	0,450	0,500
20	0,061	0,074	0,087	0,102	0,117	0,134	0,151	0,160	0,169	0,187	0,205	0,253	0,302	0,351	0,400	0,450	0,500
21	0,059	0,071	0,085	0,100	0,116	0,132	0,150	0,158	0,167	0,186	0,204	0,252	0,301	0,351	0,400	0,450	0,500
22	0,057	0,069	0,083	0,098	0,114	0,131	0,148	0,157	0,166	0,185	0,204	0,252	0,301	0,350	0,400	0,450	0,500
23	0,055	0,067	0,081	0,096	0,113	0,130	0,147	0,156	0,165	0,184	0,203	0,251	0,301	0,350	0,400	0,450	0,500
24	0,053	0,066	0,080	0,095	0,111	0,128	0,148	0,155	0,165	0,183	0,203	0,251	0,301	0,350	0,400	0,450	0,500
25	0,051	0,064	0,078	0,094	0,110	0,127	0,145	0,155	0,164	0,183	0,202	0,251	0,300	0,350	0,400	0,450	0,500
30	0,045	0,058	0,073	0,089	0,106	0,124	0,143	0,152	0,162	0,181	0,201	0,250	0,300	0,350	0,400	0,450	0,500
40	0,037	0,051	0,068	0,084	0,102	0,121	0,141	0,151	0,160	0,180	0,200	0,250	0,300	0,350	0,400	0,450	0,500
50	0,032	0,047	0,063	0,082	0,101	0,120	0,140	0,150	0,160	0,180	0,200	0,250	0,300	0,350	0,400	0,450	0,500

Nota: Calculam-se como inversos dos elementos correspondentes do apêndice, Tabela 2.
Adaptada da obra de John Williams Franck Freud, "Elementos modernos de estadística empresarial", Prentice Hall International, 1973 e retirada do livro "Seguridad industrial", do autor.

Tabela 10.4 – Valor atual de $1.

Períodos de paga-mento	**2%**	**4%**	**6%**	**8%**	**10%**	**12%**	**14%**	**15%**	**16%**	**18%**	**20%**	**25%**	**30%**	**35%**	**40%**	**45%**	**50%**
1	0,980	0,962	0,934	0,926	0,909	0,893	0,877	0,870	0,862	0,847	0,833	0,800	0,769	0,741	0,714	0,690	0,667
2	0,961	0,925	0,890	0,857	0,826	0,797	0,769	0,756	0,743	0,718	0,694	0,640	0,592	0,549	0,510	0,476	0,444
3	0,942	0,889	0,840	0,794	0,751	0,712	0,675	0,658	0,641	0,609	0,579	0512	0,455	0,406	0,364	0,328	0,296
4	0,924	0,855	0,792	0,735	0,683	0,636	0,592	0,572	0,552	0,516	0,402	0,410	0,350	0,301	0,260	0,226	0,198
5	0,906	0,822	0,747	0,681	0,621	0,567	0,519	0,497	0,478	0,437	0,402	0,328	0,269	0,223	0,186	0,156	0,132
6	0,888	0,790	0,705	0,630	0,584	0,507	0,456	0,432	0,410	0,370	0,335	0,262	0,207	0,165	0,133	0,108	0,088
7	0,871	0,760	0,685	0,683	0,513	0,452	0,400	0,376	0,364	0,314	0,279	0,210	0,159	0,122	0,095	0,074	0,059
8	0,853	0,731	0,627	0,540	0,487	0,404	0,351	0,327	0,305	0,266	0,233	0,168	0,123	0,191	0,068	0,051	0,039
9	0,837	0,703	0,592	0,500	0,424	0,361	0,308	0,284	0,263	0,225	0,194	0,134	0,094	0,067	0,048	0,035	0,026
10	0,820	0,676	0,558	0,463	0,386	0,322	0,270	0,247	0,227	0,191	0,162	0,107	0,073	0,050	0,035	0,024	0,017
11	0,804	0,650	0,527	0,429	0,350	0,287	0,237	0,215	0,195	0,162	0,135	0,086	0,056	0,037	0,025	0,017	0,012
12	0,788	0,625	0,497	0,397	0,319	0,257	0,208	0,187	0,168	0,137	0,112	0,069	0,043	0,027	0,018	0,012	0,008
13	0,773	0,601	0,469	0,368	0,290	0,229	0,182	0,163	0,145	0,116	0,093	0,055	0,033	0,020	0,013	0,008	0,005
14	0,758	0,577	0,442	0,340	0,283	0,205	0,160	0,141	0,125	0,099	0,078	0,044	0,025	0,015	0,009	0,006	0,003
15	0,743	0,555	0,417	0,315	0,239	0,183	0,140	0,123	0,108	0,084	0,065	0,035	0,020	0,011	0,006	0,004	0,002
16	0,728	0,534	0,394	0,292	0,218	0,163	0,123	0,107	0,093	0,071	0,054	0,028	0,015	0,008	0,005	0,003	0,002
17	0,714	0,513	0,371	0,270	0,198	0,146	0,108	0,093	0,080	0,060	0,045	0,023	0,012	0,006	0,003	0,002	0,001
18	0,700	0,494	0,350	0,250	0,180	0,130	0,095	0,081	0,069	0,057	0,038	0,019	0,009	0,005	0,002	0,001	0,001
19	0,688	0,475	0,331	0,232	0,164	0,118	0,083	0,070	0,060	0,043	0,031	0,014	0,007	0,003	0,002	0,001	
20	0,673	0,458	0,312	0,215	0,149	0,104	0,073	0,061	0,051	0,037	0,026	0,012	0,005	0,002	0,001	0,001	
21	0,650	0,439	0,294	0,199	0,135	0,093	0,064	0,053	0,044	0,031	0,022	0,009	0,004	0,002	0,001		
22	0,547	0,422	0,278	0,184	0,123	0,083	0,056	0,046	0,038	0,026	0,018	0,007	0,003	0,001	0,001		
23	0,634	0,406	0,262	0,170	0,112	0,074	0,049	0,040	0,033	0,022	0,015	0,006	0,002	0,001			
24	0,522	0,390	0,247	0,158	0,102	0,068	0,041	0,035	0,028	0,019	0,013	0,005	0,002	0,001			
25	0,610	0,375	0,233	0,148	0,092	0,054	0,038	0,030	0,024	0,010	0,010	0,004	0,001	0,001			
30	0,552	0,308	0,174	0,099	0,057	0,033	0,020	0,015	0,012	0,007	0,004	0,001					
40	0,453	0,208	0,091	0,046	0,022	0,011	0,005	0,004	0,003	0,001	0,001						
50	0,372	0,141	0,054	0,021	0,009	0,003	0,001	0,001	0,001								

Nota: As quantidades se calculam ao final do período.
Retirada do livro do autor, "Seguridad industrial", Editora Limusa.

11

Conclusões

A administração hoteleira obedece a um complexo de atividades devidamente integradas que não se limitam às clássicas já conhecidas de recepção, hospedagem e alimentos. Cada uma delas implica, ao mesmo tempo, em uma série de tarefas, as que seguem uma conceituação moderna de serviço para o bem-estar dos usuários.

O hotel, como organização empresarial com fins lucrativos e funções administrativas diversas, requer grande aprofundamento na sua essência e em seus objetivos. A administração de serviços é, em primeiro lugar, uma atividade múltipla de conhecimentos técnicos e humanos: a) *conhecimentos técnicos* referentes a sistemas, administração, finanças, planejamento, segurança, manutenção e orçamento; b) *conhecimento humano* no que se refere ao conhecimento da personalidade, comportamento individual e de grupos, necessidades, motivações e vivências sociais. O gerente ou o administrador de um hotel e, em geral, todos os executivos, devem estar preparados para os dois tipos de disciplinas, se pretendem administrar de forma mais profissional, e não empírica, um estabelecimento hoteleiro.

A segurança hoteleira constitui um dos elementos fundamentais do sistema hoteleiro, de forma a propiciar a segurança do funcionário e, principalmente, segurança, comodidade e bem-estar ao usuário. Seus resultados em curto prazo se traduzem em melhor imagem e rentabilidade, como conseqüência da diminuição de custos por acidentes. Se existe empresa ou organização na qual se deva dar maior importância à segurança, sem dúvida alguma é o hotel, pois em 100% dos casos seu mercado e potencial de trabalho obedecem exclusivamente ao indivíduo.

A manutenção é o fator primordial da segurança e da administração, ao facilitar a seqüência correta das atividades do hotel nas melhores condições de segurança, ordem, limpeza e evitar, quanto possível, gastos desnecessários e o surgimento de procedimentos inseguros, tanto para os usuários como para os funcionários.

Em relação aos incêndios, o problema é tão grave que somente quando acontecem é que valorizamos sua imensa seqüela de tragédia e perdas materiais e humanas. A boa administração deverá evitar sempre esse tipo de desastre, conscientizando-se do alcance das medidas técnicas de prevenção e da gravidade dos fatos, quando aconteçam.

No presente livro, o autor quis apresentar uma panorâmica dos três aspectos mencionados, dirigida especialmente à administração de hotéis, objetivando colaborar com o setor hoteleiro mediante um estudo simples, sensato e ligado à realidade, apesar do pouco que foi escrito a respeito.

Espera-se que, com a leitura destas páginas, as metas propostas tenham sido atingidas e possa ser evitada, em mais de uma ocasião, a probabilidade de uma tragédia; esta obra busca motivar empresários e gerentes a doarem todos seus conhecimentos técnicos e sua qualidade humana em favor da hotelaria como um serviço nobre e seguro, e não como um apetite voraz de lucro.

Bibliografia

Acckol-Sasiemi, "Fundamentos de investigación de operaciones", Limusa, México.

Ackoff, R. L., "Planificación de empresa", Limusa, México, 1984.

Blake, R. O., "Industrial/safety", 3a. ed.

Buzby, W. J. y Paine, D., "Hotel and motel security management", Security World Publishing Co. Inc., Los Ángeles.

Faverge, J. M., "Psicología de los accidentes de trabajo", Trillas, México.

Gallegos, J. F., "Principios generales para la dirección de establecimientos hoteleros", Edit. Madrid.

Grant, I., "Manual de ingeniéria económica y organización industrial", CECSA, México.

Heinrich, H. W., "Prevención de accidentes industriales", McGraw Hill, México.

Hurst, R., "Servícios y mantenimiento de hoteles y residencias", Paraninfo, Madrid.

Latin, G. W., "Administración moderna de hoteles y moteles", Trillas, México.

Lawson, F., "Hoteles, moteles and condominiums". The Architectural Press, LTD., Londres.

McIntosch, R. y Gupta, S., "Turismo. planeación, administración y presupuestos", Limusa, México.

O'Donnell, K., "Curso de administración moderna", Ediciones del Castillo.

Ramírez, C., "Seguridad Industrial". Limusa, México, 1986.

Role y otros, "Pensions de l'hotelleries", Editivas J. Lanere, CLT, París, 1977.

Simonds-Grimaldi, "Organización de la seguridad en el trabajo". Ediciones Rialp, S.A.

Soler Dopff, C., "Higiene y seguridad en el trabajo", Vicens-Vives, España.

Spencer, M. H., "Contemporary economics", derechos reservados por Worth Publishers Inc., Nueva York, 1971.

Índice remissivo

A

B

C

NOTA: As páginas seguidas pelas letras *f* e *t* significam, respectivamente, figura e tabela.

Impressão e Acabamento
Oesp Gráfica S.A (Com Filmes Fornecidos Pelo Editor)
Dept° Comercial Alameda Araguaia, 1901 - Barueri - Tamboré
Tel. 4195-1805 Fax 4195 - 1384